高等学校土木工程专业系列教材

道路勘测设计

主　编　林　俊　高涛涛
副主编　赵黎明　陆　亚
　　　　程高云　张金雷

西南交通大学出版社
·成　都·

内容简介

本书以现行的道路设计标准、规范为依据,以道路勘测设计过程为主线,力求体现道路勘测设计的新理念、新方法和新技术。全书借助道路计算机辅助设计软件理解几何设计理论和方法,以强化本书的实践性特征。本书主要内容包括绪论、道路的平面设计、道路的纵断面设计、道路的横断面设计、道路选线与定线、道路平面交叉设计、道路立体交叉设计、路线 CAD 辅助设计。

本书可作为道路桥梁与渡河工程、交通工程和土木工程专业的教材,也可供从事公路、城市道路及相关道路工程设计的工程技术人员和道路施工、养护、管理单位的工程技术人员参考。

图书在版编目(CIP)数据

道路勘测设计 / 林俊,高涛涛主编. -- 成都:西南交通大学出版社,2024.7. -- ISBN 978-7-5643-9852-1

Ⅰ. U412

中国国家版本馆 CIP 数据核字第 2024CC1997 号

Daolu Kance Sheji

道路勘测设计

主　编 / 林　俊　高涛涛	责任编辑 / 姜锡伟
	封面设计 / 吴　兵

西南交通大学出版社出版发行
(四川省成都市金牛区二环路北一段 111 号西南交通大学创新大厦 21 楼　610031)
发行部电话:028-87600564　028-87600533
网址:http://www.xnjdcbs.com
印刷:成都中永印务有限责任公司

成品尺寸　185 mm × 260 mm
印张　20.75
字数　517 千
版次　2024 年 7 月第 1 版
印次　2024 年 7 月第 1 次

书号　ISBN 978-7-5643-9852-1
定价　59.00 元

课件咨询电话:028-81435775
图书如有印装质量问题　本社负责退换
版权所有　盗版必究　举报电话:028-87600562

前　言

  本书主要介绍了交通运输系统的概念，道路勘测设计的依据和道路勘测设计新技术，道路平面、纵断面、横断面设计的基本原理和方法，道路选线和定线的概念、要点和方法，道路平面交叉和立体交叉设计的基本概念和设计方法，路线 CAD 辅助设计等内容。

  教材紧跟道路勘测设计的发展趋势，在精练道路勘测设计传统知识点的基础上，力求反映道路勘测设计新技术、道路几何设计新方法，在内容编写上以实用、实际、实效为原则，采用理论与实际相结合的方法，结合现行的《公路工程技术标准》（JTG B01—2014）、《公路路线设计规范》（JTG D20—2017）和《城市道路工程设计规范》（CJJ 37—2012）（2016 年版）、《公路立体交叉设计细则》（JTG/T D21—2014）等标准和规范，重点培养学生分析和解决道路勘测设计工程实际问题的能力。

  本教材全面系统地阐述了道路勘测设计的基本概念、基本原理和设计方法，重点阐述了公路和城市道路设计的技术要求和设计理念。本教材共分八章，内容包括绪论、道路的平面设计、道路的纵断面设计、道路的横断面设计、道路选线与定线、道路平面交叉设计、道路立体交叉设计、道路 CAD 辅助设计等。

  全书共 8 章，由重庆工程学院林俊、高涛涛、赵黎明、陆亚，林同棪国际工程咨询（中国）有限公司程高云，重庆外语外事学院张金雷合作完成。林俊编写第 1、5 章，高涛涛编写第 2、3 章，陆亚编写第 4 章，赵黎明编写第 6 章，程高云编写第 7 章，张金雷编写第 8 章。

  本书在编写过程中主要参考了现行《公路工程技术标准》《公路路线设计规范》《城市道路工程设计规范》，同时也参考了相关的专业教材及学术期刊（详见参考文献）。本书为校企合作教材，教材中的道路路线设计案例依托华设设计集团子公司江苏狄诺尼信息技术有限责任公司自主研发的 EICAD + AIRoad 交互式数字化设计平台进行设计，公司专家团队在教材编写过程中提供了大量的素材和技术支持。在此谨向相关作者和单位表示深深的谢意！同时，对为本书付出辛勤劳动的编辑同志们表示衷心的感谢！

  由于编者水平有限，书中难免有缺点和疏漏之处，恳请各位读者批评指正，来函径寄重庆工程学院土木工程系（邮编：400056），以利于我们适时修订，不胜感激。

编　者

2024 年 1 月

目 录

第1章 绪 论 ········· 001
  1.1 道路交通概述 ········· 003
  1.2 我国道路现状与发展规划 ········· 006
  1.3 道路设计阶段及任务 ········· 007
  1.4 道路分类及基本组成 ········· 009
  1.5 道路分级及技术标准 ········· 014
  1.6 道路设计控制要素 ········· 019
  1.7 道路勘测设计新技术 ········· 029

第2章 道路的平面设计 ········· 040
  2.1 道路平面概述 ········· 042
  2.2 直 线 ········· 045
  2.3 圆曲线 ········· 048
  2.4 缓和曲线 ········· 054
  2.5 平面线形设计 ········· 061
  2.6 行车视距及其保证 ········· 070
  2.7 平面设计方法和成果 ········· 081

第3章 道路的纵断面设计 ········· 093
  3.1 道路纵断面概述 ········· 095
  3.2 纵坡设计 ········· 096
  3.3 竖曲线设计 ········· 106
  3.4 平面、纵断面线形组合设计 ········· 115
  3.5 纵断面设计方法 ········· 121
  3.6 路线纵断面图绘制 ········· 128

第4章 道路的横断面设计 ········· 137
  4.1 道路断面类型 ········· 139
  4.2 道路横断面组成及宽度 ········· 144
  4.3 道路加宽设计 ········· 151
  4.4 道路超高设计 ········· 155
  4.5 路基横断面设计及成果 ········· 164
  4.6 路基土石方数量计算与调配 ········· 169

第 5 章 道路选线与定线 ······183
5.1 选线概要 ······186
5.2 路线方案选择 ······189
5.3 平原区选线 ······196
5.4 山岭区选线 ······199
5.5 丘陵区选线 ······218
5.6 特殊地区和不良地质地区选线 ······224
5.7 道路定线方法 ······234

第 6 章 道路平面交叉设计 ······242
6.1 道路平面交叉概述 ······244
6.2 平面交叉口的平面设计 ······251
6.3 平面交叉口的视距验算 ······253
6.4 平面交叉口的交通组织设计 ······256
6.5 通行能力与服务水平分析 ······263
6.6 平面交叉口的立面设计 ······266

第 7 章 道路立体交叉设计 ······275
7.1 道路立体交叉概述 ······276
7.2 立交的类型、特点与选择 ······280
7.3 互通式立交设计 ······285

第 8 章 路线 CAD 辅助设计 ······303
8.1 路线 CAD 辅助设计概述 ······303
8.2 EICAD 辅助公路路线设计示例 ······304

参考文献 ······324

第1章 绪 论

☞ 【导读】

通向云端的"天梯"——雅西高速公路

"一条青色飘带,激动亿万情怀。茶马跨越天堑,西南通江达海。"车轮滚滚,穿山越岭,行驶在雅西高速公路上,一路的美景竟遮盖不住这项宏伟工程的最美光芒。

在我国,有一条被称为"天梯高速"的公路,它以 240 km 的全长和几乎全程高架的壮丽景观,吸引了无数自驾游爱好者。这条公路不仅将西昌市与雅安市紧密相连,更在行驶过程中为人们呈现了一幅幅如画的风景。它串起了从雅安北端起的蒙顶山景区、碧峰峡大熊猫基地,到荥经云峰寺、龙苍沟鸽子花风景区、大相岭生态景观,到汉源的清溪古镇、九襄花都、汉源湖风光,再到石棉的安顺场红军纪念馆、栗子坪月亮湖、孟获城高山草甸自然景观,以及再往前的冕宁彝海结盟、西昌邛海、泸沽湖风光。行驶在这条路上的人们此时只有一种感觉:一切美景尽收眼底。然而,更让人感叹的是,高速公路本身就是一道"最美风景"。

作为交通运输部确定的"勘察设计典型示范"和"科技示范"双示范项目,雅西高速公路是北京至昆明高速公路(G5)和八条西部大通道之一甘肃兰州至云南磨憨公路在四川境内的重要组成部分,起于雅安对岩镇,经雨城区、荥经、汉源、石棉,止于凉山彝族自治州冕宁县泸沽镇。

从 2007 年开工建设,至 2012 年 4 月 29 日零点,G5 高速最后的断点正式打通,雅西高速公路就这样实现了京昆高速全线连通。这条全长 240 km 的高速公路,经由四川盆地边缘横断山区爬升,跨越青衣江、大渡河、安宁河等水系和 12 条地震断裂带,展布在崇山峻岭之间,山峦重叠、地势险恶,因此又有了"天梯高速"的别称。它采用四车道,设计速度 80 km/h,整体式路基宽度为 24.5 m,沥青混凝土路面。其中桥隧长约 132 km,桥隧比高达 55%,汉源、石棉境内桥隧比更是超过 70%。全线有桥梁 270 座,长约 91 km,其中特大桥 23 座,大桥 168 座;有隧道 25 座,长约 41 km,其中特长隧道 2 座,长隧道 16 座。

众所周知,国道 108 线泥巴山路段以山高路险弯道多而闻名于世,在道路通行正常的情况下翻越泥巴山一般需要 3 h,若遇到路滑、堵车、交通管制,更是六七个小时才能过山。由于独特的地理位置,冬季的泥巴山不仅有冰雪路面,而且能见度极低,更是让不少人望而却步,冰雪中行车危险程度高,行车速度慢,翻越泥巴山愈发艰难。如今,雅西高速公路泥巴山隧道让天堑变通途。

雅西高速公路腊八斤大桥在云雾中若隐若现

亮点让"天梯"更绚烂

亮点一：泥巴山大相岭隧道

泥巴山隧道全长超过 10 km，是我国西部复杂山区高难度公路隧道的典型工程，岩爆、大变形、涌突水等不良地质时有发生。隧道穿越 17 条大断层，埋深超过 1 000 m 的路段达 5 km，最大埋深达 1 650 m，设通风斜井长 1 500 m，地下风机房面积 6 000 m²，这些都是我国公路建设规模之最。为提高隧道运营安全性，隧道每隔 100 m 设监控摄像头，每隔 50 m 安装消防栓，并设置 28 个应急通道，方便车辆应急疏散。

亮点二：奇特的双螺旋隧道

"螺旋隧道"就是在山体里面盘旋的"盘山"隧道，与直线穿越泥巴山不同，雅西高速公路跨越拖乌山正是通过"螺旋隧道"实现的。螺旋隧道能在较短水平距离克服足够高度差，从而实现减缓道路纵坡。1 号螺旋隧道由干海子螺旋隧道入洞，爬升 200 m 后出洞，再经铁寨子 2 号螺旋隧道攀爬 100 多米后，顺利翻越拖乌山。双螺旋隧道全长 11.5 km，是国内最长的螺旋隧道，翻越拖乌山全程时间由过去的 1 h 以上缩短为 10 min，同时极大地提高了行车安全性。

亮点三：51 km 超长坡道

雅西高速公路海拔在 630～2 440 m，道路竖向起伏较大，有一半路段都是陡急坡道，其中大相岭隧道南口到汉源段连续 26 km 坡道，荥经到大相岭隧道北口段连续 33 km 坡道，石棉至拖乌山菩萨岗隧道段连续 51 km 坡道，超长坡道的行车安全问题需要特别关注。沿途设置了完备的交安设施，此外还设置有 12 条避险车道，强制减速措施有网索，以及厚达 3 m 的混凝土挡板，几十吨的大货车在常规情况下也不太可能冲垮；而在挡板之前，还有一道轮胎缓冲墙，能够对驾乘者起到很好的缓冲保护作用。

——资料来源（有修改）：崔丽媛. 雅西高速公路：通向云端的"天梯"[J]. 交通建设与管理，2015（13）：34-35.

第 1 章 绪 论

雅西高速公路的通车,无疑是我国交通建设史上的一座丰碑。这条高速公路穿越崇山峻岭,克服了无数技术难题。它的建成通车不仅体现了我国交通建设的卓越实力,更为区域经济的发展注入了强大动力。雅西高速公路的通车,使成都到西昌公路行车时间由 9 h 缩减为 5 h,彻底改变了横断山交通不便的历史,带动了我国主要彝族聚居区的脱贫致富,促进了民族融合,具有重要的社会经济意义。

读完雅西高速公路的介绍,我们深刻地体会到,道路的建设和发展不仅影响着交通的便利性和物流的效率,还对区域经济的发展和城市的规划布局起着至关重要的作用。我们也不禁要问,这些四通八达的道路究竟是如何设计的呢?要满足安全、舒适、经济、美观、绿色环保等诸多要求,设计师又需要采取怎样的措施和策略,需要遵循什么样的技术规范和标准呢?

☞ 【学习目的与要求】

知识单元与知识点	1. 交通运输系统及道路运输; 2. 我国道路现状与发展规划; 3. 道路设计阶段及任务、道路的分类及组成; 4. 道路分类分级标准、设计车辆及车速、交通量及通行能力等基本概念; 5. 3S 技术、BIM 技术在道路勘测设计中的应用。
能力点	1. 理解交通运输方式及道路运输的特点、地位与作用; 2. 掌握道路的分类、分级和基本组成; 3. 理解道路等级选用与设计指标和设计车辆设计速度、交通量、通行能力等设计控制要素的关系。
重难点	【学习重点】 道路分类分级的划分、设计车速和设计小时交通量。 【学习难点】 设计车速和设计小时交通量。

1.1 道路交通概述

道路交通概述

随着我国经济的发展、社会的进步,人们对交通的需求迅速增长,由多种运输方式组成的交通运输体系逐渐形成。运输活动是使用各种运载工具(如火车、汽车、船舶、飞机和管道等),使运输对象(货物或旅客)克服障碍,实现地理位置上(空间)的转移。交通运输是国民经济的基础产业之一,是联系工业和农业、城市和乡村、生产和消费的纽带,它把国民经济各领域和各个地区联系起来,在社会物质财富的生产和分配过程中,在广大人民生活中起着极为重要的作用。

1.1.1 现代交通运输方式

现代交通运输体系是由铁路、道路(公路、城市道路)、水运、航空及管道 5 种运输方式组成。它们共同承担客货运的集散与交流，根据不同自然地理条件和运输功能发挥各自的优势，相互分工合作、取长补短、协调发展，形成了统一的运输体系，在我国经济建设中起到了重要的作用。

铁路运输是一种陆上运输方式，以两条平行的铁轨引导列车，利用列车运送客货。它的优点有：① 运行速度快、运行能力巨大，尤其适宜于大宗、笨重货物的长距离运输；② 运输成本相对较低，耗费能源较少；③ 运输过程受气候和季节影响比较小，连续性强，能保证全年不中断运行；④ 运输到发时间准确性高、计划性强，比较安全准时；⑤ 通用性能好，既可运送旅客，又可运送各类不同货物商品；⑥ 火车运行平稳，安全可靠，并且比较环保。不足之处有：① 初始建设投资高，并且建设周期长；② 营运缺乏弹性，需调度等候；③ 属线形运输，只能在固定线路上行驶，一般不能直接送货到门，灵活性差，须与其他运输方式配合衔接。铁路运输如图 1-1 所示。

图 1-1　铁路运输

水路运输是以船舶为主要运输工具，以海洋、河流、人工河道及湖泊为运输活动范围的一种运送客货的运输方式，适宜于运距长、运量大、时间性不太强的各种大宗物资运输。它的优点有：① 运载量大，在所有的运输方式中，水运运输能力最大，平均运行距离长；② 通用性能较好，既可运送旅客又可运送货物，尤其是运送大体积和大质量的货物；③ 建设投资小，尤其在节约用地方面较铁路与公路运输经济效益明显；④ 运输成本低。其缺点是：① 受自然条件（水域、港口、水位、气候等）影响，易中断运输；② 航行速度慢，需要与其他运输方式配合衔接。水路运输如图 1-2 所示。

图 1-2　水路运输

航空运输,是使用飞机、直升机及其他航空器运送人员、货物、邮件的一种运输方式。它的优点有:① 运行速度快,舒适性高,适于快速运送旅客及贵重紧急商品、货物;② 机动性能好,几乎可以飞越各种天然障碍,可以到达其他运输方式难以到达的地方。它的缺点有:① 运输成本高,价格贵;② 运输极易受天气影响,经常延飞,而且遇紧急事故不易处理,易造成损失。航空运输如图1-3所示。

图1-3 航空运输

管道运输是用管道作为运输工具的一种长距离输送液体和气体物资的运输方式,是一种专门由生产地向市场输送石油、煤和化学产品的运输方式。管道运输的优点是:① 运输量大,运输工程量小,占地少,只需要铺设管线、修建泵站,土石方工程量比修建铁路小得多;② 在各种运输方式中能耗最低;③ 安全性好,无噪声,无污染,成本低;④ 受气候影响小,可以全天候运输;⑤ 因埋设于地下,线形灵活性好;⑥ 可以实现封闭运输,损耗少。其缺点有:① 专用性强,只能运送液体、气体和粉状货物;② 管道线路一经敷定,运量无调节余地,运输弹性小。管道运输如图1-4所示。

道路运输是指借助一定的运输工具(如机动车和非机动车),将货物和旅客沿道路的某个方向做有目的地移动的过程,适于人流及货物的各种运距的小批量运输。其特点有:① 灵活性强、货物的损耗低、运送速度快、可点对点运输,不需要转运或反复装卸搬运;② 建设投入资金低,修建公路的材料和技术相对于其他运输方式易解决;③ 批量不限,覆盖面广。由于适应性强,便利快捷,容易获得,道路运输已经充分渗入社会生活、生产领域的各个方面,从衣食住行方面贴近人们的生活,是其他运输方式所不能比拟的。道路运输如图1-5所示。

图1-4 管道运输

图1-5 道路运输

1.1.2 道路运输的地位与作用

道路是为国民经济、社会发展和人民生活服务的公共基础设施。道路运输在整个交通运输业中处于基础地位并发挥以下作用:

(1)公路运输机动灵活、快速直达,可实现门到门的运输,能迅速集中和分散货物,避免中转重复装卸,批量不受限制,时间不受约束,是我国综合运输体系中最活跃的一种运输方式。

（2）其他运输方式组织运输生产，需要公路运输提供集疏运输的条件。

（3）公路运输覆盖面广。

（4）随着公路等级的逐步提高，公路客货运量在综合运输体系中所占的比重不断提高。

（5）半个世纪以来，随着汽车保有量的逐年增加，公路运输成为世界各国各种运输方式中发展最快的一种，现已成为许多国家最主要的运输方式。

1.2 我国道路现状与发展规划

我国道路现状与发展规划

1.2.1 我国道路发展简介

早在公元前 2000 年左右，我国就已出现可行驶牛、马车的道路。秦朝时期，强调"车同轨、书同文"的法令，使得道路建设得到一定的发展。

唐代是我国古代道路发展的极盛时期，初步形成了以城市为中心的四通八达的道路网。

清代时道路网系统功能较完善，分为三等，即官马大路、大路、小路，构成从京城到各省城、省城至地方重要城市及重要城市到市镇的三级道路。官马大路分东北路、东路、西路和中路四大干线，长度超过 2 000 km。

1949 年新中国成立以前，我国（统计数据暂不包括港、澳、台地区，下同）公路总里程为 8.07 万千米，且缺桥少涵，路况极差，全国有 1/3 的县不通公路。

1949—1978 年，近 30 年，我国公路建设进入了飞速发展的新时期。据统计，1978 年年底全国公路里程达到 89 万千米，是新中国成立时的 10 倍，但是高等级公路数量很少。

1988 年 10 月，沪嘉高速公路在上海建成通车，实现了我国高速公路零的突破（统计数据暂不包括港澳台地区）。此后，我国公路交通得到了高速发展，到 2010 年年底，全国公路总里程突破了 400 万千米，高速公路里程达到了 7.41 万千米。

根据交通运输部发布的《2022 年交通运输行业发展统计公报》，截至 2022 年年底，全国公路总里程达到 535 万千米，10 年增长 112 万千米，其中高速公路通车里程 17.7 万千米，稳居世界第一。

党的十九大报告明确提出建设交通强国的宏伟目标，为新时代交通运输发展指明了方向，赋予了交通运输新的历史使命。2019 年 9 月 19 日，中共中央、国务院印发了《交通强国建设纲要》，明确从 2021 年到本世纪中叶，分两个阶段推进交通强国建设。到 2035 年，基本建成交通强国。现代化综合交通体系基本形成，人民满意度明显提高，支撑国家现代化建设能力显著增强；拥有发达的快速网、完善的干线网、广泛的基础网，城乡区域交通协调发展达到新高度；基本形成"全国 123 出行交通圈"（都市区 1 小时通勤、城市群 2 小时通达、全国主要城市 3 小时覆盖）和"全球 123 快货物流圈"（国内 1 天送达、周边国家 2 天送达、全球主要城市 3 天送达）。即"三张交通网、两个交通圈"。

其中：发达的快速网，主要由高速铁路、高速公路、民用航空组成，服务品质高、运行速度快；完善的干线网，主要由普速铁路、普通国道、航道、油气管道组成，运行效率高、服务能力强；广泛的基础网，主要由普通省道、农村公路、支线铁路、支线航道、通用航空组成，覆盖空间大、通达程度深、惠及面广。

1.2.2　国家公路网规划

推动国家公路与其他运输方式及相关产业深度融合发展，是构建现代化高质量国家公路网的重要内容。2022年7月12日，国家发展改革委、交通运输部印发《国家公路网规划》[①]，这是我国出台的第5个国家级干线公路规划。《规划》提出了国家公路网到2035年的布局方案，国家公路网规划总规模约46.1万千米，由国家高速公路网和普通国道网组成，其中国家高速公路约16.2万千米（含远景展望线约0.8万千米），普通国道约29.9万千米。

1. 国家高速公路网

按照"保持总体稳定、实现有效连接、强化通道能力、提升路网效率"的思路，补充完善国家高速公路网。保持国家高速公路网络布局和框架总体稳定，优化部分路线走向，避让生态保护区域和环境敏感区域；补充连接城区人口10万以上市县、重要陆路边境口岸；以国家综合立体交通网"6轴7廊8通道"主骨架为重点，强化城市群及重点城市间的通道能力；补强城市群内部城际通道、临边快速通道，增设都市圈环线，增加提高路网效率和韧性的部分路线。

国家高速公路网由7条首都放射线、11条北南纵线、18条东西横线，以及6条地区环线、12条都市圈环线、30条城市绕城环线、31条并行线、163条联络线组成。

2. 普通国道网

按照"主体稳定、局部优化，补充完善、增强韧性"的思路，优化完善普通国道网。以既有普通国道网为主体，优化路线走向，强化顺直连接、改善城市过境线路、避让生态保护区域和环境敏感区域；补充连接县级节点、陆路边境口岸、重要景区和交通枢纽等，补强地市间通道、沿边沿海公路及并行线；增加提高路网效率和韧性的部分路线。

普通国道网由12条首都放射线、47条北南纵线、60条东西横线，以及182条联络线组成。

1.3　道路设计阶段及任务

道路设计阶段及任务

1.3.1　道路基本建设程序

道路工程基本建设一般分为三个阶段：前期工作阶段、设计施工阶段和竣工验收试运营阶段。

（1）前期工作阶段：这一阶段是整个项目的开始，主要进行项目的规划和筹备工作，包括但不限于可行性研究、地质勘察、项目设计等。这个阶段还需要进行资金筹措，确定建设单位，以及完成相关审批手续，如项目建议书和建设许可等。

[①] 见：https://www.ndrc.gov.cn/xxgk/zcfb/ghwb/202207/P020220712348051707026.pdf。

（2）设计施工阶段：在这个阶段，根据前期工作的结果，进行详细的设计，并开始施工。设计工作包括制定施工图、工程预算和施工计划等。施工则根据设计图进行，同时需要严格的质量控制和安全管理，确保工程质量和人员安全。

（3）竣工验收试运营阶段：当道路工程完成施工后，将进入竣工验收和试运营阶段。在这个阶段，将进行全面的质量检查和验收，确保工程符合设计要求和质量标准。试运营则是对道路的运营能力的测试和评估，确保其可以安全、有效地投入使用。

这三个阶段环环相扣，每个阶段都有其特定的任务和目标，必须严格按照规定进行，以确保项目的成功。下面简要介绍可行性研究、设计阶段及其主要内容、设计文件组成。

1.3.2　道路工程可行性研究

道路工程可行性研究是前期工作阶段的重要组成部分，其主要目的是评估道路工程建设在经济、技术和社会等方面的可行性。以下是道路工程可行性研究的主要内容。

（1）市场需求分析：研究项目所在地区的交通需求，包括现有交通流量、未来发展趋势等，以确定项目的必要性和潜在的市场需求。

（2）技术可行性研究：评估采用的技术方案在工程实施上的可行性和可靠性。这包括对地质勘察结果的评估、施工工艺和技术的选择等。

（3）经济可行性研究：分析项目的投资效益，评估项目的经济效益和社会效益。这包括对项目投资估算、预期收益、成本效益比等指标的评估。

（4）社会影响评估：评估道路工程建设对周边地区的社会影响，如对环境、文化和居民生活等方面的影响。

（5）风险评估：识别和评估项目潜在的风险因素，如建设工期延误、资金短缺、安全事故等，并制定相应的风险应对措施。

通过以上内容的可行性研究，可以确定道路工程建设在经济、技术和社会等方面是否可行，并为后续的设计和施工提供依据。

1.3.3　道路设计阶段及其主要内容

道路勘测设计根据路线的设计和要求，可分为一阶段设计、两阶段设计和三阶段设计。

1. 一阶段设计

一阶段设计适用于技术简单、方案明确的小型公路工程，即根据批准的设计任务书，进行一次详细定测，编制施工图设计和工程预算。

2. 两阶段设计

公路工程基本建设项目一般应采用两阶段设计，即按初步设计和施工图设计两阶段进行。第一阶段，根据批准的设计任务书，先进行初测、编制初步设计和工程概算。

第二阶段,根据经批准的初步设计和审批意见,再进行定测、编制施工图和工程预算。也可直接进行定测、编制初步设计;然后根据批准的初步设计,通过补充测量编制施工图。

3. 三阶段设计

对于技术上复杂而又缺乏经验的建设项目或建设项目中的个别路段、特殊大桥、互通式立体交叉、隧道等,必要时应采用三阶段设计,即分初步设计、技术设计和施工图设计三个阶段。技术设计阶段主要是对重大、复杂的技术问题,落实技术方案,计算工程数量,提出修正的施工方案,修正设计概算。其深度和要求介于初步设计和施工图设计之间。

1.3.4 道路设计文件组成

设计文件是公路勘测设计的最后成果,经审查批准后是公路施工的依据。其组成、内容和要求随设计阶段不同而异。

根据《公路工程基本建设项目设计文件编制办法》的规定,设计文件由总说明书,总体设计(高速公路、一级公路),路线、路基、路面及排水,桥梁、涵洞、隧道、路线交叉,交通工程及沿线设施,环境保护,渡口码头及其他工程,筑路材料,施工方案(施工组织计划),设计概算(施工图预算),以及附件(基础资料)组成。其表达形式有文字说明、设计图、表格3种。

1.4 道路分类及基本组成

道路分类及基本组成

1.4.1 道路的分类

道路是供各种车辆(无轨)和行人等通行的工程设施,按其使用特点分为公路、城市道路、厂矿道路和林区道路等。

1. 公 路

公路是指连接城市、乡村,主要供汽车行驶的具备一定技术条件和设施的道路。公路按其重要性和使用性质又可划分为国家干线公路(简称国道)、省干线公路(简称省道)、县公路(简称县道)以及乡道四类。

国道是指具有全国性政治、经济意义的主要干线公路,包括重要的国际公路,国防公路,连接首都与各省、自治区、直辖市首府的公路,连接各大经济中心、港站枢纽、商品生产基地和战略要地的公路。国道中跨省的高速公路由交通运输部批准的专门机构负责修建、养护和管理。

省道是指具有全省(自治区、直辖市)政治、经济意义,并由省(自治区、直辖市)公路主管部门负责修建、养护和管理的干线公路。

县道是指具有全县（县级市）政治、经济意义，连接县城和县内主要乡（镇）、主要商品生产和集散地的公路，以及不属于国道、省道的县际公路。县道由县、市公路主管部门负责修建、养护和管理。

乡道是指主要为乡（镇）村经济、文化、行政服务的公路，以及不属于县道以上公路的乡与乡之间及乡与外部联络的公路。乡道由乡人民政府负责修建、养护和管理。

2. 城市道路

城市道路是指在城市范围内，供车辆及行人通行的，具备一定技术条件和设施的道路。城市道路是城市组织生产、安排生活、搞活经济、物质流通所必需的交通设施，也是城市市政设施的重要组成部分。

3. 厂矿道路

厂矿道路是指主要为工厂、矿山运输车辆通行的道路，通常分为厂内道路、厂外道路和露天矿山道路。

4. 林区道路

林区道路指修建在林区，主要供各种林业运输工具通行的道路。由于林区地形及运输木材特征，其技术要求应按专门制定的林区道路工程技术标准执行。

各类道路由于其位置、交通性质及功能均不相同，在设计时其依据、标准及具体要求也不相同，要特别注意。

1.4.2 道路的基本组成

道路由线形组成和结构组成两大部分构成。

1. 道路的线形组成

道路路线是指道路的中线。线形是指道路中线在空间中的几何形状和尺寸。中线是一条三维空间曲线，由直线和曲线组成。道路是从平面、纵面和空间3个方面来进行研究的。道路线形设计包括平面线形设计、纵面线形设计和空间线形（又称为平、纵组合线形）设计3个部分。

2. 道路的结构组成

道路的结构组成主要包括：路基、路面、桥涵、隧道、路线交叉、交通工程及沿线设施等。

（1）路基。

路基是按照路线位置和一定的技术要求修筑的带状构造物，一般由土、石按照一定结构尺寸要求所构成，承受由路面传递下来的行车荷载。路基必须坚实、稳定，以抵御车辆和自然因素对其本身的作用和影响。为了满足行车的要求，路线有些部分高出原地面，需要填筑；

有些部分低于原地面，需要开挖。因此，路基横断面形状各不相同。典型的路基横断面有路堤、路堑、半填半挖及零填零挖等4种类型，如图1-6所示。

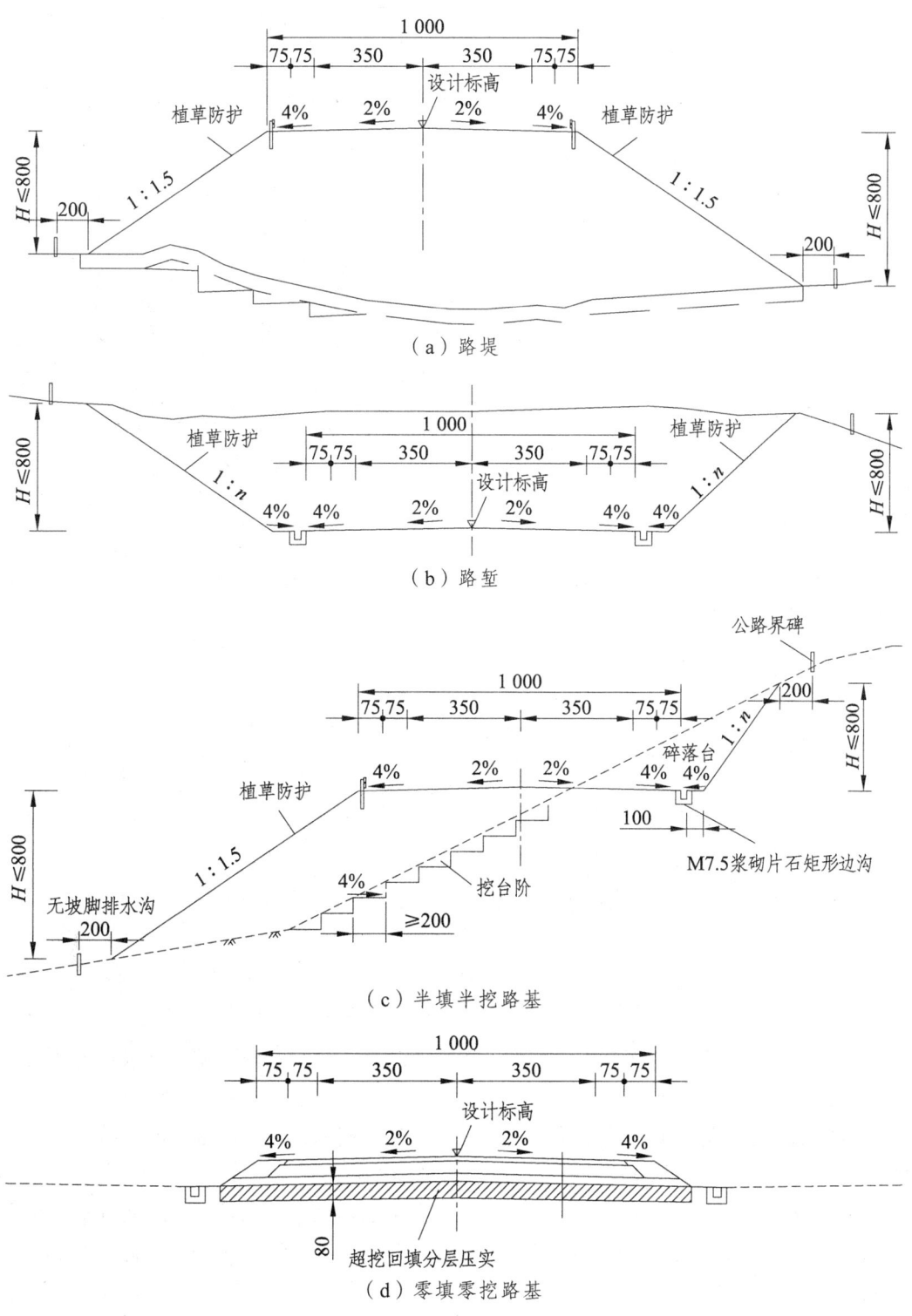

图1-6 道路路基典型横断面图（单位：cm）

路基防护指在横坡较陡的山坡上或沿河一侧路基边坡受水流冲刷威胁的路段，为保证路基稳定和加固路基边坡所修建的构造物，主要包括边坡坡面防护及挡土墙等支挡构造物防护等。图1-7、图1-8所示分别为衡重式挡墙支护段和锚杆挡墙支护段示意图。

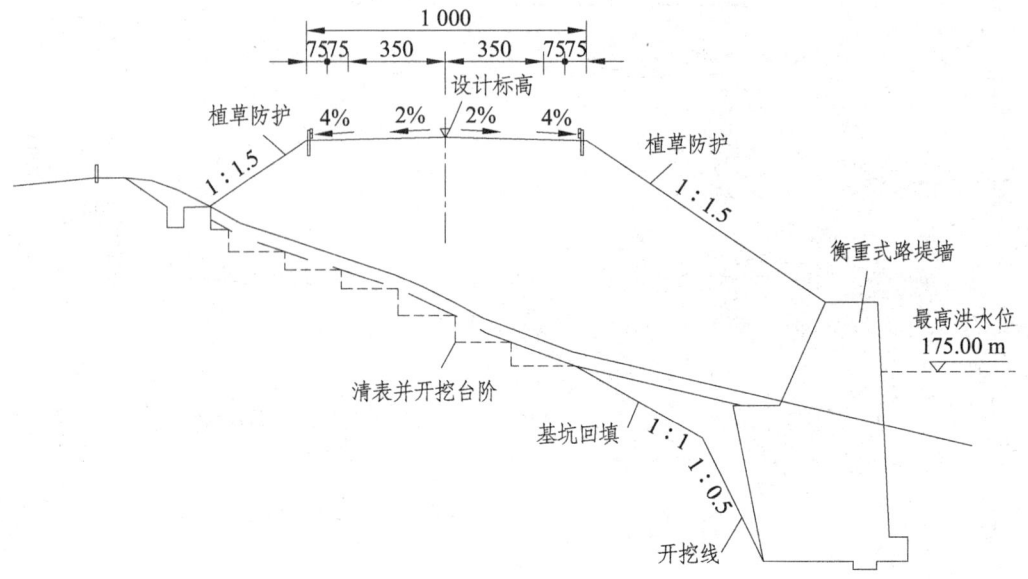

图1-7 衡重式挡墙支护段典型横断面图（单位：cm）

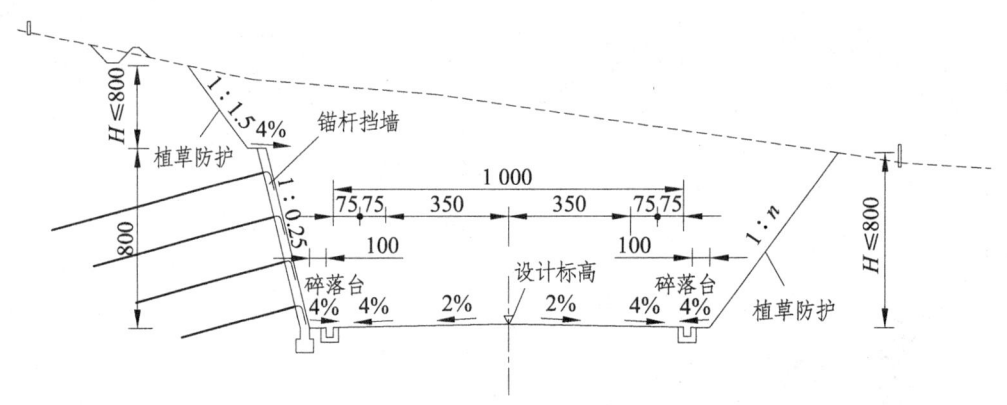

图1-8 锚杆挡墙支护段典型横断面图（单位：cm）

路基排水设施是为保持路基稳定而设置的地面和地下排水设施。道路排水系统按其排水方向可分为纵向排水系统和横向排水系统。

纵向排水设施常见的有边沟、截水沟、排水沟等；横向排水设施常见的有路拱、桥涵、透水路堤、过水路面、渡槽等。

排水系统按其排水位置不同又可分为地面排水系统和地下排水系统。地面排水系统主要是排除路基范围内的雨水、积水及由地形等原因汇集而又受到公路阻隔的地表水。在地下水位较高或有地下水露头的路段，还应设置地下排水系统。盲沟就是常用的地下排水系统设施。

（2）路面。

路面是在路基表面用各种材料分层铺筑的结构物，以供车辆在其上以一定速度安全、舒适地行驶。其主要作用是加固行车部分，使之有一定的强度、平整度和粗糙度。典型的路面结构层构成如图 1-9 所示。

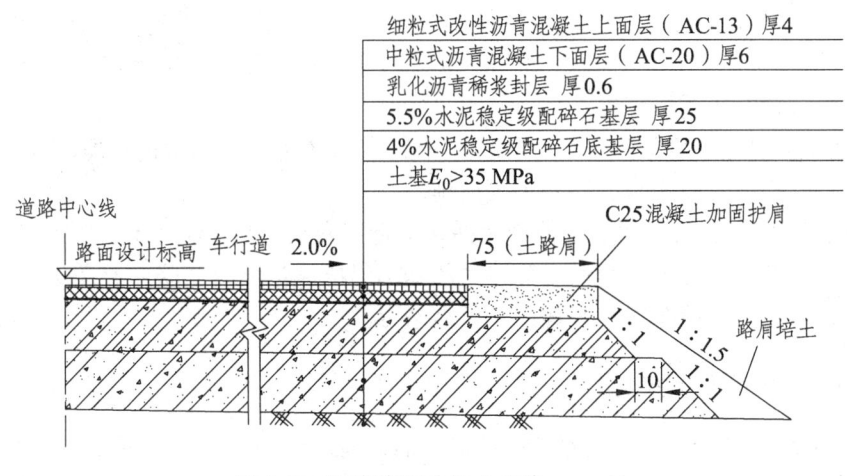

图 1-9　道路路面结构（单位：cm）

（3）桥涵。

一条公路往往需要跨越大小不同的河流、沟谷以及其他障碍物，这时一般需要修筑桥梁和涵洞等结构物（图 1-10）。当桥涵结构物的标准跨径大于或等于 5 m 或多孔跨径大于或等于 8 m 时称为桥梁，否则称为涵洞，如图 1-10 所示。公路立体交叉中也常采用桥梁来跨越其他公路、匝道、铁路等设施或障碍。

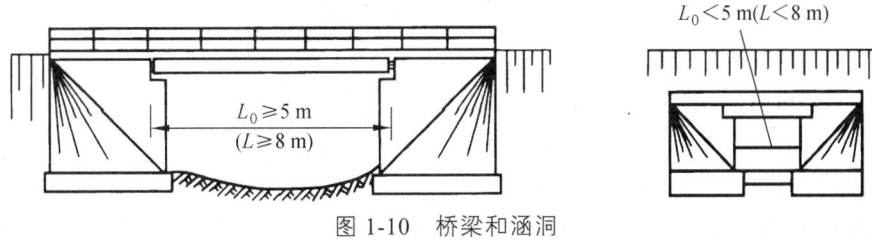

图 1-10　桥梁和涵洞

（4）隧道。

公路穿过山岭、置于地层内的结构物称为隧道。隧道在公路上能缩短里程，避免翻越山岭，保障行车的快速直捷，是山区公路中采用的特殊构造物之一，如图 1-11 所示。

（5）路线交叉。

两条或两条以上道路交会称为道路路线交叉。道路与道路交叉一般分为平面交叉与立体交叉两大类。道路与道路在同一平面内的交叉简称平交。道路与道路在不同高度上的交叉叫作立体交叉，简称立交。

图 1-11　隧道

（6）交通工程及沿线设施。

交通工程及沿线设施包括交通安全设施、管理设施和服务设施，是为了保证行车安全、舒适和路容，除主体设施外的其他设施，应按照"保障安全、提供服务、利于管理"的原则进行设计。

① 交通安全设施：为了保证行车及行人安全，充分发挥公路快速、安全、经济与舒适等作用而设置的设施，包括交通标志、标线、护栏、视线诱导设施、隔离栅、防落网、防眩设施、防风（沙）栅、积雪标杆等。

② 交通管理设施：为保障公路交通系统正常安全运行设置的必要的管理设施，包括监控、收费、通信、供配电、照明和管理养护等设施。

③ 交通服务设施：为方便公路使用者并保证行车安全，在公路沿线适当地点设置的必要的服务设施。服务设施是公路交通运输体系的基本组成，是体现公路交通文化的窗口。服务设施主要包括服务区、停车区和客运汽车停靠站等。

3. 城市道路的结构组成

城市道路除具有与公路相同的路基、路面、桥涵、隧道、路线交叉、绿化、照明排水、交通安全、管理、服务等设施外，在城市道路用地范围内，根据城市交通特点还有以下结构组成：

（1）供各种车辆行驶的车行道。其中：供汽车、无轨电车、摩托车行驶的为机动车道；供自行车、三轮车、畜力车行驶的为非机动车道。

（2）专供行人步行交通用的人行道。

（3）起防护与美化作用的绿化带。

（4）用于排除地面水的排水系统，如街沟或边沟、雨水口、窨井、雨水管等。

（5）为组织交通、保证交通安全的辅助性交通设备，如交通信号灯、交通标志、交通岛、护栏等。

（6）交叉口和交通广场。

（7）停车场和公共汽车停靠站台。

（8）沿街的地上设备，如照明灯柱、架空电线杆、给水栓、电话亭、清洁箱、接线柜等。

（9）地下各种管线，如电缆、煤气管、给水管、污水管等。

（10）在交通高度发达的现代化城市中，还建有架空的高速道路（高架路）、人行过街天桥、地下道路、地下人行通道、地下铁道等。

1.5 道路分级及技术标准

道路分级及技术标准

1.5.1 道路功能及其分类

道路功能是指道路能为用路者提供交通服务的特性。道路按功能分类的目的是将道路划分为不同层次的系统，并赋予各系统不同的任务，以期发挥道路系统的最高效能。道路功能是确定道路技术等级和主要技术指标的主要依据。

1. 公路按功能分类

我国《公路工程技术标准》（JTG B01—2014）中将公路按功能划分为干线公路、集散公路和支线公路三类。干线公路又分为主要干线公路和次要干线公路，集散公路分为主要集散公路和次要集散公路。

（1）主要干线公路。

① 连接20万人口以上的大中城市、交通枢纽、重要对外口岸和军事战略要地。

② 提供省际及大中城市间长距离、大容量、高速度的交通服务。

（2）次要干线公路。

① 连接10万人口以上的城市和区域性经济中心。

② 提供区域内或省域内中长距离、较高容量和较高速度的交通服务。

（3）主要集散公路。

① 连接5万人口以上的县（市）、主要工农业生产基地、重要经济开发区、旅游名胜区和商品集散地。

② 提供中等距离、中等容量及中等速度的交通服务。

③ 与干线公路衔接，使所有的县（市）都在干线公路的合适距离之内。

（4）次要集散公路。

① 连接1万人口以上的县（市）、大的乡镇和其他交通发生地。

② 提供较短距离、较小容量、较低速度的交通服务。

③ 衔接干线公路、主要集散公路与支线公路，疏散干线公路交通，汇集支线公路交通。

（5）支线公路。

① 以服务功能为主，直接与用路者的出行源点相衔接。

② 衔接集散公路，为地区出行提供接入与通达服务。

2. 城市道路按功能分类

根据城市道路与城市用地的关系、道路两旁用地所产生的交通流的性质，城市道路功能包括交通功能和服务功能。

城市道路按功能可分为两类：交通性道路和生活性道路。

（1）交通性道路。

交通性道路是指以满足交通运输为主要功能的道路，承担城市主要的流量及对外交通的联系，提供长距离、快速、大容量的交通服务。

（2）生活性道路。

生活性道路是指以满足城市生活性交通要求为主要功能的道路，主要为城市居民购物、社交、游憩等活动服务，要求有较好的公共交通服务条件。

1.5.2 公路分级与技术标准

1. 公路的分级

依据《公路工程技术标准》（JTG B01—2014）的规定，公路根据功能和适应的交通量分为以下5个技术等级。

（1）高速公路为专供汽车分方向、分车道行驶，全部控制出入的多车道公路。高速公路的年平均日设计交通量宜在15 000辆小客车以上。

（2）一级公路为供汽车分方向、分车道行驶，可根据需要控制出入的多车道公路。一级公路的年平均日设计交通量宜在15 000辆小客车以上。

（3）二级公路为供汽车行驶的双车道公路。二级公路的年平均日设计交通量宜为5 000~15 000辆小客车。

（4）三级公路为供汽车、非汽车交通混合行驶的双车道公路。三级公路的年平均日设计交通量宜为2 000~6 000辆小客车。

（5）四级公路为供汽车、非汽车交通混合行驶的双车道或单车道公路。双车道四级公路的年平均日设计交通量宜在2 000辆小客车以下；单车道四级公路的年平均日设计交通量宜在400辆小客车以下。

三、四级公路为"主要供汽车行驶的双车道公路"，是指公路应按汽车行驶的要求设计，同时也允许拖拉机等慢行车辆和畜力车、人力车等非汽车交通使用行车道，其混合交通特征明显，抑制干扰能力最弱。

2. 公路的技术标准

公路技术标准是指在一定自然环境条件下能保持车辆正常行驶性能所采用的技术指标体系。公路技术标准是法定的技术要求，在公路设计时必须严格遵守。我国《公路工程技术标准》（JTG B01—2014）分总则、术语、基本规定、路线、路基路面、桥涵、汽车及人群荷载、隧道、路线交叉、交通工程及沿线设施10章。

各级公路的具体标准是由各项技术指标体现的，主要技术指标（表1-1）一般包括设计速度、车道数、路基宽度、停车视距、圆曲线半径、最大纵坡等。

各级公路的技术指标是根据路线在公路网中的功能、规划交通量和交通组成、设计速度等因素确定的。其中设计速度是技术标准中最重要的指标，它对公路的几何形状、工程费用和运输效率影响最大。在考虑路线的使用功能和规划交通量的基础上，根据国家的技术政策制定设计速度。路线在公路网中具有重要经济、国防意义者，交通量较大者，技术政策规定采用较高的设计速度；反之规定较低的设计速度。对于某些公路尽管交通量不是很大，但其具有重要的政治、经济、国防意义，比如通向机场、经济开发区、重点游览区或军事用途的公路，可以采用较高的设计速度。

表 1-1 各级公路的主要技术指标汇总

公路等级		高速公路			一级公路			二级公路		三级公路		四级公路
设计速度/(km/h)		120	100	80	100	80	60	80	60	40	30	30	20
车道宽度/m		3.75	3.75	3.75	3.75	3.75	3.5	3.5	3.5	3.5	3.25	3.25	3.25
车道数/条		4、6、8	4、6、8	4、6	4、6、8	4、6	4	2	2	2	2	2
右侧硬路肩宽度/m	一般值	3.00 (2.50)	3.00 (2.50)	3.00 (2.50)	3.00 (2.50)	3.00 (2.50)	1.50	1.50	0.75			
	最小值	1.50	1.50	1.50	1.50	1.50	0.75	0.75	0.25			
土路肩宽度/m	一般值	0.75	0.75	0.75	0.75	0.75	0.75	0.75	0.75	0.75	0.50	0.50	0.25（双车道） 0.50（单车道）
	最小值	0.75	0.75	0.75	0.75	0.75	0.50	0.50	0.50	0.75	0.50	0.50	
停车视距/m		210	160	110	160	110	75	110	75	40	30	30	20
圆曲线最小半径/m	最大超高 10%	570	360	220	360	220	115	220	115				
	最大超高 8%	650	400	250	400	250	125	250	125	60	30	30	15
	最大超高 6%	710	440	270	440	270	135	270	135	60	35	35	15
	最大超高 4%	810	500	300	500	300	150	300	150	65	40	40	20
不设超高圆曲线最小半径/m	路拱 ≤2.0%	5 500	4 000	2 500	4 000	2 500	1 500	2 500	1 500	600	350	350	150
	路拱 >2.0%	7 500	5 250	3 350	5 250	3 350	1 900	3 350	1 900	800	450	450	200
最大纵坡/%		3	4	5	4	5	6	5	6	7	8	8	9
凸形竖曲线最小半径/m		11 000	6 500	3 000	6 500	3 000	1 400	3 000	1 400	450	250	250	100
凹形竖曲线最小半径/m		4 000	3 000	2 000	3 000	2 000	1 000	2 000	1 000	450	250	250	100
竖曲线最小长度/m		100	85	70	85	70	50	70	50	30	25	25	20

注："一般值"为正常情况下的采用值；"最小值"为条件受限制时可采用的值。

3. 公路等级的选用

公路等级的选用应首先根据公路网规划、地区特点、公路的交通特性等因素确定公路功能，然后根据功能结合交通量综合确定。

（1）公路技术等级选用应遵循的原则。

① 公路技术等级选用应根据路网规划、公路功能，并结合交通量论证确定。

② 主要干线公路应选用高速公路。

③ 次要干线公路应选用二级及二级以上公路。

④ 主要集散公路宜选用一、二级公路。

⑤ 次要集散公路宜选用二、三级公路。

⑥ 支线公路宜选用三、四级公路。

(2) 各级公路设计交通量的预测。

确定一条公路建设标准的主要因素是公路功能、路网规划和交通量。交通量是指设计年限末期的设计交通量。因此，确定公路技术等级以前，首先应做好可行性研究，掌握该公路各路段的近期交通量资料并合理地预测远期交通量。如果初期预测年限长，那么初期投资大，养护投入也大，若初期不能充分发挥效益，将导致资金和设施的闲置和浪费；如果预测年限短，则通车几年后很快饱和而不得不扩建，既影响交通，又增加建设成本。

各级公路设计交通量的预测应符合下列规定：

① 高速公路和具有干线功能的一级公路的设计交通量应按 20 年预测；具有集散功能的一级公路以及二级、三级公路的设计交通量应按 15 年预测；四级公路可根据实际确定。

② 设计交通量预测的起算年应为该项目可行性研究报告中的计划通车年。

③ 设计交通量的预测应充分考虑走廊带范围内远期社会、经济的发展和综合运输体系的影响。

④ 一条公路可分段选用不同的公路等级或同一公路等级不同的设计速度、路基宽度，但不同公路等级、设计速度、路基宽度间的衔接应协调，过渡应顺适。

(3) 设计路段长度。

公路建设是带状的建设项目，沿途的社会环境、经济环境和自然环境都会有很大差异，其地形、地物及交通量不尽相同，甚至存在很大的差别。因此，对于一条比较长的公路，可以根据沿途情况的变化和交通量的变化，分段采用不同的车道数或不同的公路等级。

按不同设计速度设计的路段长度不宜太短。高速公路设计路段长度不宜小于 15 km；一、二级公路设计路段长度不宜小于 10 km。不同设计速度的设计路段间必须设置过渡段。

(4) 关于分期修建。

公路分期修建必须遵照统筹规划、总体设计、分期实施的原则，使前期工程在后期仍能充分利用。高速公路整体式断面路段不得横向分割分期修建。

不同设计路段相互衔接前后一定范围，应结合地形的变化，使路线线形主要技术指标亦随之逐渐过渡，设计速度高的一侧应采用较低的平、纵技术指标，反之则应采用较高的平、纵技术指标，使平、纵线形技术指标较为均衡，避免出现突变。

1.5.3 城市道路分级与技术标准

1. 城市道路的分级

根据我国现行《城市道路工程设计规范》(CJJ 37—2012)(2016 年版)，按照道路在城市道路体系中的地位、交通功能以及对沿线建筑物的服务功能，将城市道路分为快速路、主干路、次干路、支路 4 个等级，并应符合下列规定：

(1) 快速路：为城市中大量、长距离、快速交通服务。快速路对向行车道之间应设置中央分隔带，全部控制出入，控制出入口间距及形式，应实现交通连续通行，单向设置不应少于两条车道，并应设有配套的交通安全与管理设施。

快速路沿线两侧不能设置吸引大量车流、人流的公共建筑物的出入口。

（2）主干路：应连接城市各主要分区，以交通功能为主。主干路两侧不宜设置吸引大量车流、人流的公共建筑物的出入口。

（3）次干路：与主干路结合组成城市道路网，起集散交通的作用，兼有服务功能。次干路两侧可设置公共建筑物的进出口，并可设置停车场、公共交通站点和出租车服务站。

（4）支路：次干路与居民区、工业区、市中心区、市政公用设施用地、交通设施用地等内部道路的连接线，解决局部区域交通，以服务功能为主。可直接与两侧建筑物、街坊出入口相接，既是城市交通的起点，也是交通的终端。

2. 城市道路的技术标准

《城市道路工程设计规范》（CJJ 37—2012）（2016年版）规定，道路交通量达到饱和状态时的道路设计年限：快速路、主干路应为20年；次干路应为15年；支路宜为10~15年。在设计年限内，车行道的宽度应满足道路交通增长的要求，保证车辆能安全、舒适、通畅地行驶。各级城市道路主要技术指标见表1-2。

表1-2 各级城市道路主要技术指标

项目		快速路			主干路			次干路			支路		
设计速度/（km/h）		100	80	60	60	50	40	50	40	30	40	30	20
分隔带设置		必	必	必	应	应	可	可	可	不	不	不	不
交通量设计年限		应为20年			应为20年			应为15年			宜为10~15年		
横断面形式		两、四幅路			三、四幅路			单、两幅路			单幅路		
一条机动车道最小宽度/m	设计速度	> 60 km/h						≤ 60 km/h					
	大型车或混行车道	3.75						3.5					
	小客车专用车道	3.5						3.75					

在规划阶段确定道路等级后，当遇特殊情况需变更级别时，应进行技术经济论证，并报规划审批部门批准。

当道路为货运、防洪、消防、旅游等专用道路使用时，除应满足相应道路等级的技术要求外，还应满足专用道路及通行车辆的特殊要求。

道路应做好总体设计，并应处理好与公路以及不同等级道路之间的衔接过渡。

1.6 道路设计控制要素

道路设计控制要素

设计控制是道路设计应考虑的基本要求，设计控制要素则是反映这些基本要求的具体规定和必要条件。道路设计的控制要素很多，但最基本的是与汽车性能有关的因素，如行车的速度、数量、大小、轻重等。反映车辆这些特性的要求和条件如设计车辆、设计速度、设计交通量、通行能力及服务水平、设计荷载、建筑限界、用地范围等则是道路几何设计和结构设计控制的基本因素。

1.6.1 设计车辆

1. 定 义

作为道路设计依据的车型叫作设计车辆,亦即道路设计所采用的具有代表性的车辆。道路上行驶的车辆主要是汽车,对于混合交通的道路还有一部分非机动车。汽车的行驶性能、外廓尺寸以及行驶于道路上不同种类车辆的组成对道路几何设计具有决定作用,比如确定路幅组成、车道宽度、弯道加宽、纵坡大小、行车视距及桥涵荷载等都与设计车辆有密切关系。因此选择有代表性的车辆作为道路设计的依据是必要的。

2. 设计车辆的种类及标准

(1)我国公路设计车辆。我国《公路工程技术标准》(JTG B01—2014)规定作为公路设计依据的车辆可分为5类:小客车、大型客车、铰接客车、载重汽车和铰接列车。其基本外廓尺寸见表1-3和图1-12。

表1-3 公路设计车辆外廓尺寸(单位:m)

车辆类型	总长	总宽	总高	前悬	轴距	后悬
小客车	6	1.8	2	0.8	3.8	1.4
大型客车	13.7	2.55	4	2.6	6.5 + 1.5	3.1
铰接客车	18	2.5	4	1.7	5.8 + 6.7	3.8
载重汽车	12	2.5	4	1.5	6.5	4
铰接列车	18.1	2.55	4	1.5	3.3 + 11	2.3

注:铰接列车的轴距(3.3 + 11)m为第一轴至铰接点的距离,11 m为铰接点至最后轴的距离。

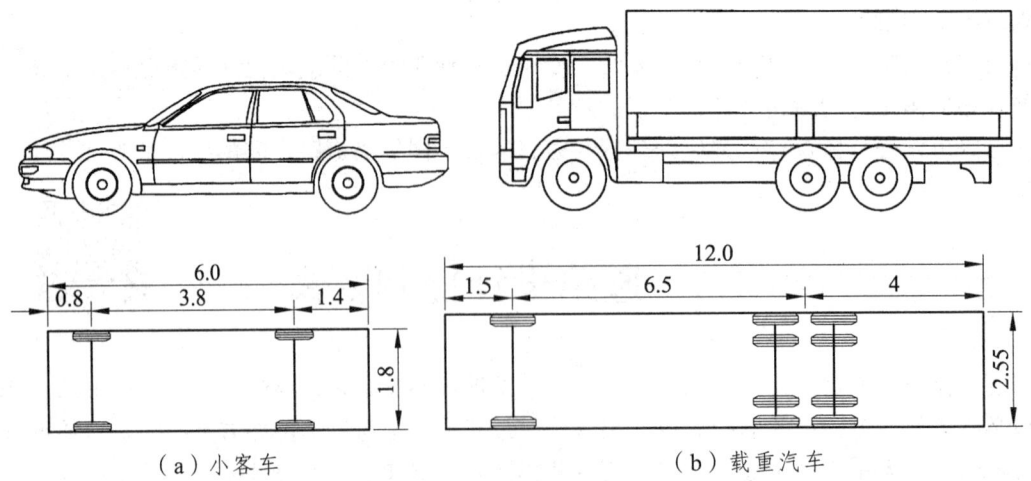

(a)小客车　　(b)载重汽车

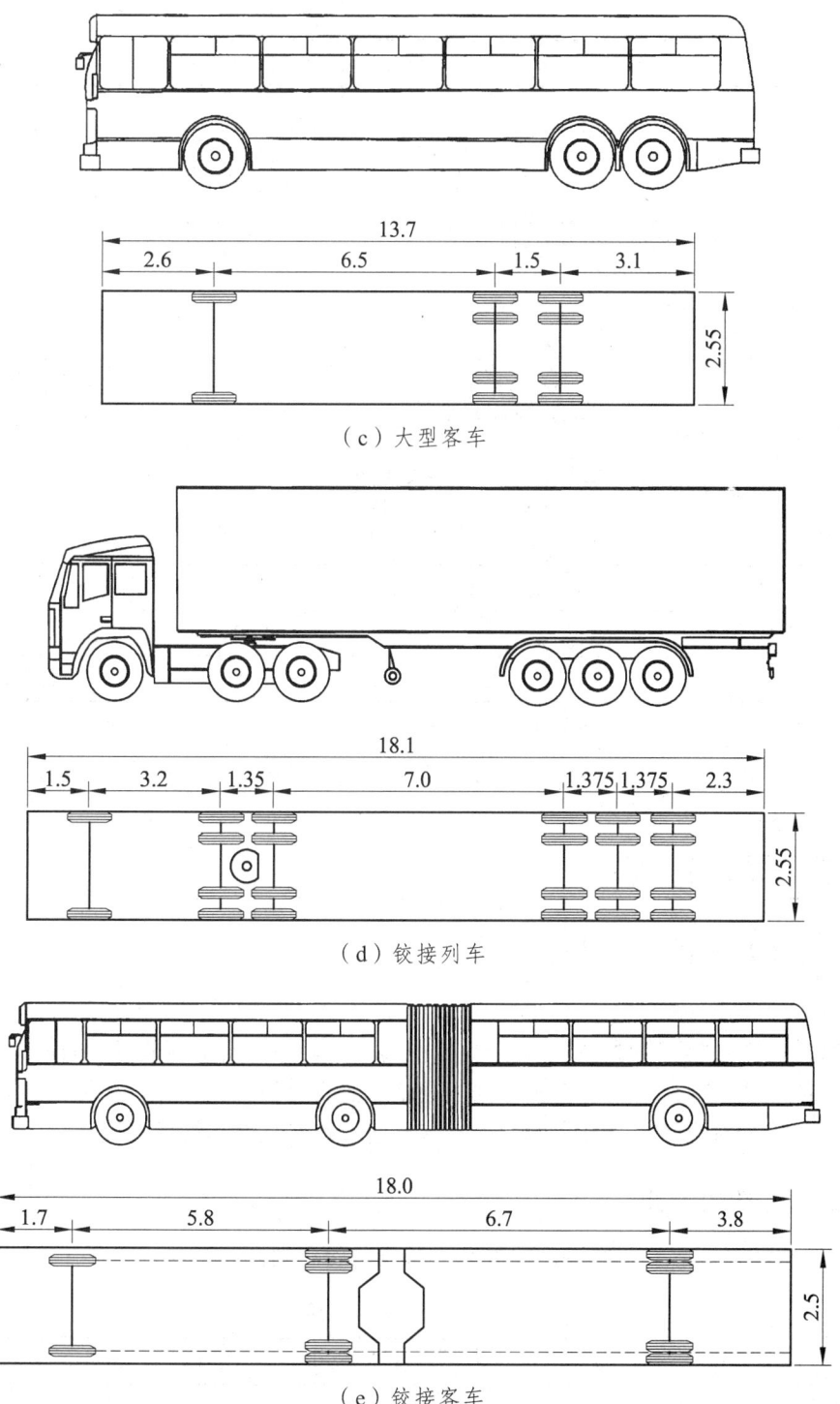

(c) 大型客车

(d) 铰接列车

(e) 铰接客车

图 1-12 设计车辆外廓尺寸（单位：m）

（2）我国城市道路设计车辆。我国《城市道路工程设计规范》（CJJ 37—2012）（2016 年版）规定，机动车设计车辆应包括小客车、大型车、铰接车，其外廓尺寸的规定见表 1-4。

表1-4 城市道路机动车设计车辆外廓尺寸

车辆类型	总长/m	总宽/m	总高/m	前悬/m	轴距/m	后悬/m
小客车	6	1.8	2.0	0.8	3.8	1.4
大型车	12	2.5	4.0	1.5	6.5	4.0
铰接车	18	2.5	4.0	1.7	5.8+6.7	3.8

注：① 总长：车辆前保险杠至后保险杠的距离。
② 总宽：车厢宽度（不包括后视镜）。
③ 总高：车厢顶或装载顶至地面的高度。
④ 前悬：车辆前保险杠至前轴轴中线的距离。
⑤ 轴距：双轴车时，为从前轴中线到后轴轴中线的距离；铰接车时，分别为前轴轴中线至中轴轴中线、中轴轴中线至后轴轴中线的距离。
⑥ 后悬：车辆后保险杠至后轴轴中线的距离。

非机动车设计车辆的外廓尺寸应符合表1-5的规定。

表1-5 非机动车设计车辆及其外廓尺寸

车辆类型	总长/m	总宽/m	总高/m
自行车	1.93	0.60	2.25
三轮车	3.40	1.25	2.25

注：① 总长：自行车为前轮前缘至后轮后缘的距离；三轮车为前轮前缘至车厢后缘的距离。
② 总宽：自行车为车把宽度；三轮车为车厢宽度。
③ 总高：自行车为骑车人骑在车上时，头顶至地面的高度；三轮车为载物顶至地面的高度。

1.6.2 设计速度

1. 设计速度的概念及其作用

设计速度是指当气候条件良好、交通密度小、汽车运行只受道路本身条件（几何要素、路面、附属设施等）的影响时，中等驾驶技术的驾驶员能保持安全顺适行驶的最大行驶速度。设计速度是决定道路几何形状的基本依据。道路的曲线半径、超高、视距等直接与设计速度有关。设计速度同时也影响车道宽度、中间带宽度、路肩宽度等指标的确定。

2. 设计速度的选用

《公路工程技术标准》（JTG B01—2014）规定各级公路的设计速度见表1-6。

表1-6 各级公路设计速度

公路等级	高速公路		一级公路			二级公路		三级公路		四级公路
设计速度/(km/h)	120	100	80	100	80	60	80	60	40	30	20

设计速度的选用：
（1）高速公路设计速度不宜低于100 km/h，受地形、地质等条件限制时，可以选用80 km/h。
（2）作为干线的一级公路，设计速度宜采用100 km/h；受地形、地质条件限制时，可采用 80 km/h。作为集散的一级公路，设计速度宜采用 80 km/h，受地形、地质条件限制时，可采用 60 km/h。

（3）高速公路和作为干线的一级公路的特殊困难局部路段，因新建工程可能诱发工程地质病害时，经论证，该局部路段的设计速度可采用 60 km/h，但其长度不宜大于 15 km，或仅限于相邻两互通式立体交叉之间的路段。

（4）作为干线的二级公路，设计速度宜采用 80 km/h；受地形、地质条件限制时，可采用 60 km/h。作为集散的二级公路，设计速度宜采用 60 km/h。二级公路位于地形、地质等自然条件复杂的山区时，经论证该路段的设计速度可采用 40 km/h。

（5）三级公路设计速度宜采用 40 km/h；受地形、地质条件限制时，可采用 30 km/h。

（6）四级公路设计速度宜采用 30 km/h；受地形、地质条件限制时，可采用 20 km/h。

《城市道路工程设计规范》（CJJ 37—2012）（2016 年版）规定各级道路设计速度见表 1-7。

表 1-7 各级道路设计速度

道路等级	快速路			主干路			次干路			支路		
设计速度/（km/h）	100	80	60	60	50	40	50	40	30	40	30	20

1.6.3 设计交通量

交通量是指单位时间内（每小时或每昼夜）通过道路上某一横断面的往返车辆总数，又称交通流量。交通量的具体数值由交通调查和交通预测确定。设计交通量是用作道路设计依据而确定的，预期到设计年限末的交通量。

1. 设计年平均日交通量（AADT）

设计交通量是指拟建公路到达交通预测年限时能达到的年平均日交通量（辆/d），用全年总交通量除以 365 而得，是确定道路等级、论证公路的计划费用或各项结构设计等的重要依据，但直接用于几何设计却不适宜。因为在一年中的每月、每日、每小时交通量都会变化，在某些季节、某些时段可能会高出年平均日交通量数倍，所以设计交通量不宜作为具体设计的依据。

远景设计年平均日交通量以公路使用任务及性质，根据历年交通观测资料推算求得，一般按年平均增长率累计计算确定，见式（1-1）。

$$N_d = N_0(1+\gamma)^{n-1} \tag{1-1}$$

式中：N_d——远景设计年平均日交通量（辆/d）；

N_0——起始年平均日交通量（辆/d）；

γ——年平均增长率（%）；

n——预测年限（年）。

2. 设计小时交通量

小时交通量是指以小时为计算时段的交通量，是确定车道数和车道宽度或评价服务水平的依据。一年中每个小时的交通量都在变化,且幅度较大。将一年中所有 8 760 h 交通量(双向)按其与年平均日交通量的百分数大小顺序排列起来并画成曲线,如图 1-13 所示。

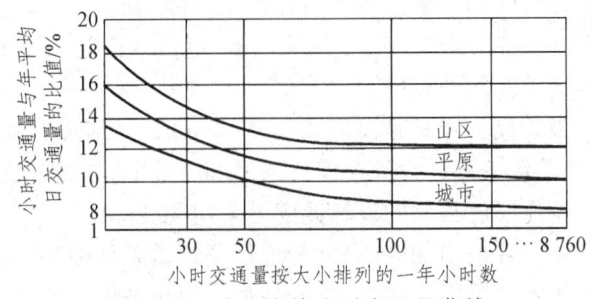

图 1-13 全年高峰小时交通量曲线

由图可知:在第 20~40 位小时交通量附近,曲线急剧变化,其右侧曲线明显变缓,而左侧曲线坡度则较大。显然设计小时交通量的合理取值范围应在第 20~40 位之内。如果以第 30 位小时交通量作为设计依据,则意味着在一年中只有 29 h 的交通量超过设计值,会发生拥挤,占全年小时数的 0.33%;相反,全年 99.67% 的时间能够保证交通畅通。目前,包括我国在内的世界许多国家都采用第 30 位小时交通量作为设计的依据,也可根据当地调查结果采用第 20~40 位小时之间最为经济合理的时位。

设计小时交通量按式(1-2)计算,即

$$N_h = N_d \cdot K \cdot D \tag{1-2}$$

式中:N_h——设计小时交通量(pcu/h);

N_d——设计年限的年平均日交通量(pcu/d);

K——设计小时交通量系数(%),当有观测资料时绘制图 1-13 求得 K 值,无资料时可根据气候分区按表 1-8 取值。

D——方向不均匀系数(%),宜取 50%~60%,亦可根据当地交通量观测资料确定。

表 1-8 各级道路的设计小时交通量系数(%)

地区		华北	东北	华东	中南	西南	西北
		京、津、冀、晋、内蒙古	辽、吉、黑	沪、苏、浙、皖、闽、赣、鲁	豫、湘、鄂、桂、琼	川、滇、黔、藏	陕、甘、宁、青、新
城市近郊	高速公路	8.0	9.5	8.5	8.5	9.0	9.5
	一级公路	9.5	11.0	10.0	10.0	10.5	11.0
	二、三级公路	11.5	13.5	12.0	12.5	13.0	13.5
公路	高速公路	12.0	13.5	12.5	12.5	13.0	13.5
	一级公路	13.5	15.0	14.0	14.0	14.5	15.0
	二、三级公路	15.5	17.5	16.0	16.5	17.0	17.5

3. 标准车型与车辆换算系数

道路上行驶的车辆种类较多,其速度、行驶规律以及占用道路的净空差异较大,但作为道路设计的交通量应折算成某一种标准车型。我国《公路工程技术标准》（JTG B01—2014）规定的标准车型为小客车，用于道路规划与技术等级划分的机动车折算系数按表1-9采用。

表1-9 各级公路车辆换算系数

汽车代表车型	车辆折算系数	说　　明
小客车	1.0	座位≤19座的客车和载质量≤2 t的货车
中型车	1.5	座位>19座的客车和2 t<载质量≤7 t的货车
大型车	2.5	7 t<载质量≤20 t的货车
汽车列车	4.0	载质量>20 t的货车

拖拉机和非机动车等交通量换算应符合下列规定：
（1）畜力车、人力车、自行车等非机动车按路侧干扰因素计。
（2）公路上行驶的拖拉机每辆折算为4辆小客车。
（3）公路通行能力分析所要求的车辆折算系数应针对路段、交叉口等形式，按不同的地形条件和交通需求，采用相应的折算系数。

1.6.4　通行能力

公路通行能力是在一定的道路和交通条件下，公路上某一路段适应车流的能力，以单位时间内通过的最大车辆数表示。单位时间通常以小时计，车辆数对于多车道公路用一条车道的通过数表示，双车道公路用往返车道合计数表示，它是正常条件下公路交通的极限值。从规划设计角度，通行能力分为基本通行能力和设计通行能力两种。

1. 基本通行能力

基本通行能力是指在理想条件下，单位时间内一条车道或一条车道某一路段可以通过的小客车最大数，是计算各种通行能力的基础。所谓理想条件包括公路本身和交通两个方面，即：公路本身应在车道宽、侧向净宽方面有足够的宽度，以及平、纵线形和视距良好；交通上只有小客车行驶，没有其他车型混入且不限制车速。现有公路即使是高速公路，基本上没有合乎理想条件的，因此通过的车辆数一般都低于基本通行能力。

基本通行能力的计算可采用"车头时距"或"车头间距"推求。车头时距是指连续两车通过车道同一地点的时间间隔，车头间距是指交通流中连续两车之间的距离。如以车头时距为例，则一条车道的通行能力 C（单位为 pcu/h）按式（1-3）计算：

$$C = 3\,600/t \tag{1-3}$$

式中：t——连续车流平均车头间隔时间（s），可通过观测求得。

如以车头间距为例，则一条车道的通行能力 C（单位为 pcu/h）按式（1-4）计算：

$$C = 1\,000V/l \tag{1-4}$$

式中：V——车速（km/h）；

l——连续车流平均车头间隔距离（m），可通过观测求得。

2. 设计通行能力

设计通行能力由可能通行能力乘以与该路服务水平相应的交通量（V）和基本通行能力（C）之比得到。可能通行能力是由于通常的公路和交通条件与理想条件有较大差距，考虑了影响通行能力的诸多因素如车道宽、侧向净宽和大型车混入后，对基本通行能力进行修正后的通行能力。

V/C 是在理想条件下，各级服务水平最大服务交通量与基本通行能力之比。基本通行能力是四级服务水平上限最大交通量。V/C 值小则最大服务交通量小，车流运行条件好，服务水平就高；反之 V/C 值大，服务交通量也大，车流运行条件差，服务水平也低。当设计小时交通量超过设计通行能力时，公路将发生堵塞。

1.6.5 服务水平

服务水平是驾驶员感受公路交通流运行状态的质量指标，通常用平均行驶速度、行驶时间、驾驶自由度和交通延误等指标表征。各级公路的服务水平应不低于表 1-10 的规定。

表 1-10 各级公路设计采用的服务水平

公路等级	高速公路	一级公路	二级公路	三级公路	四级公路
服务水平	三级	三级	四级	四级	—

注：① 一级公路作为集散公路时，设计服务水平可降低一级。
② 长隧道及特长隧道路段、非机动车及行人密集路段、互通式立体交叉的分合流区段以及交织区段，设计服务水平可降低一级。

服务水平划分为六级，是为了说明公路交通负荷状况，以交通流状态为划分条件，定性地描述交通流从自由流、稳定流到饱和流和强制流的变化阶段。服务水平的划分，高速公路、一级公路以饱和度（V/C）作为主要指标；二级、三级公路以延误率和平均运行速度作为主要指标；交叉口则用车辆延误来描述其服务水平。

根据交通流状态，各级服务水平的定性描述如下：

一级服务水平：交通流完全处于自由流状态。交通量小、速度高，行车密度小，驾驶员能自由按照自己的意愿选择行车速度，行驶车辆不受或基本不受交通流中其他车辆的影响。在交通流内驾驶的自由度很大，为驾驶员、乘客或行人提供的舒适度和方便性非常优越。较小的交通事故或行车障碍的影响容易消除，在事故路段不会产生停滞排队现象，很快就能恢复到一级服务水平。

二级服务水平：交通流处于相对自由流状态。驾驶员基本上可按照自己的意愿选择行车速度，但是开始要注意到交通流内其他使用者，驾驶人员身心舒适水平很高，较小的交通事故或行车障碍的影响容易消除，在事故路段的运行服务情况比一级差一些。

三级服务水平：交通流处于稳定流的上半段，车辆间的相互影响变大，选择速度受到其他车辆的影响，变换车道时驾驶员要格外小心，较小的交通事故仍能消除，但事故路段的服务质量大大降低，严重的阻碍使后面形成排队车流，驾驶员心情紧张。

四级服务水平：交通流处于稳定流范围下限，但是车辆运行明显地受到交通流内其他车辆的影响，速度和驾驶的自由度受到明显限制。交通量稍有增加就会导致服务水平的显著降低，驾驶人员身心舒适水平降低，即使较小的交通事故也难以消除，会形成很长的排队车流。

五级服务水平：为交通流拥堵流的上半段，其下是达到最大通行能力时的运行状态。对于交通流的任何干扰，例如车流从匝道驶入或车辆变换车道，都会在交通流中产生一个干扰波，交通流不能消除它，任何交通事故都会形成长长的排队车流，车流行驶灵活性极端受限，驾驶人员身心舒适水平很差。

六级服务水平：拥堵的下半段，是通常意义上的强制流或阻塞流。在这一服务水平下，交通设施的交通需求超过其允许的通过量，车流排队行驶，列队中的车辆出现走走停停现象，运行状态极不稳定，可能在不同交通流状态间发生突变。

1.6.6 建筑限界、用地及道路红线

1. 道路建筑限界

道路建筑限界（净空）是指为保证车辆、行人通行的安全，在道路和桥面上以及隧道中规定的高度和宽度范围内不允许有任何障碍物侵入的空间界限，又称为建筑净空。建筑限界由净高和净宽两部分组成。

在道路横断面设计中，道路标志、护栏、照明灯柱、电杆、行道树以及跨线桥的桥台、桥墩等任何部分均不得侵入道路建筑限界之内。

各级公路建筑限界规定如图 1-14 所示，城市道路建筑限界规定如图 1-15 所示。

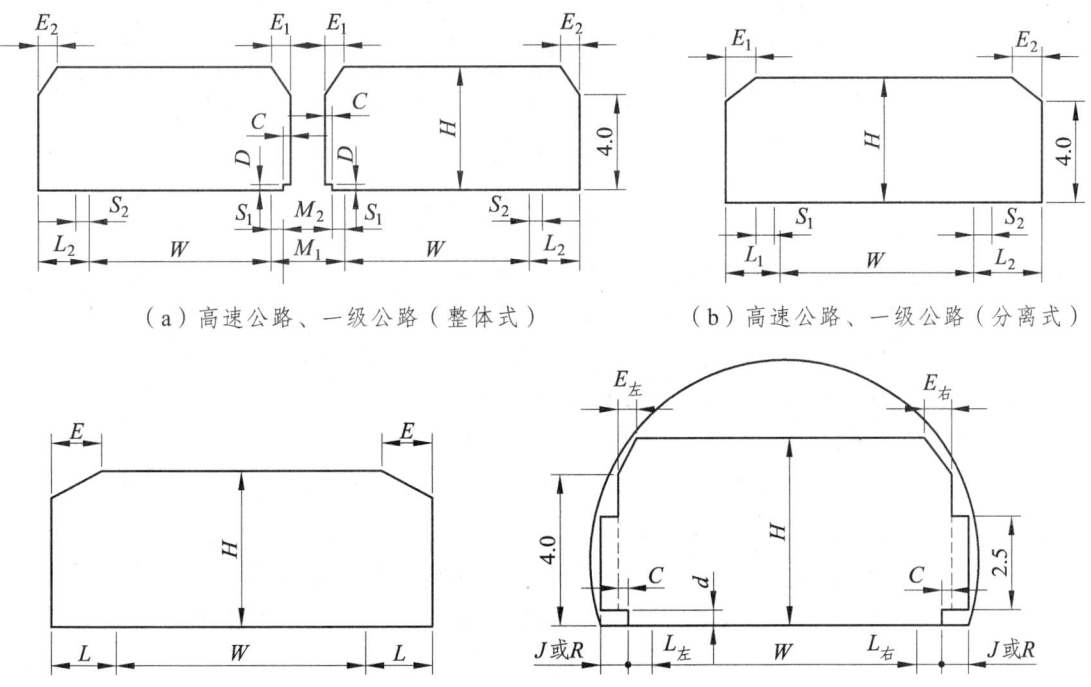

（a）高速公路、一级公路（整体式）　　（b）高速公路、一级公路（分离式）

（c）二、三、四级公路　　（d）公路隧道

图 1-14　各级公路的建筑限界（尺寸单位：m）

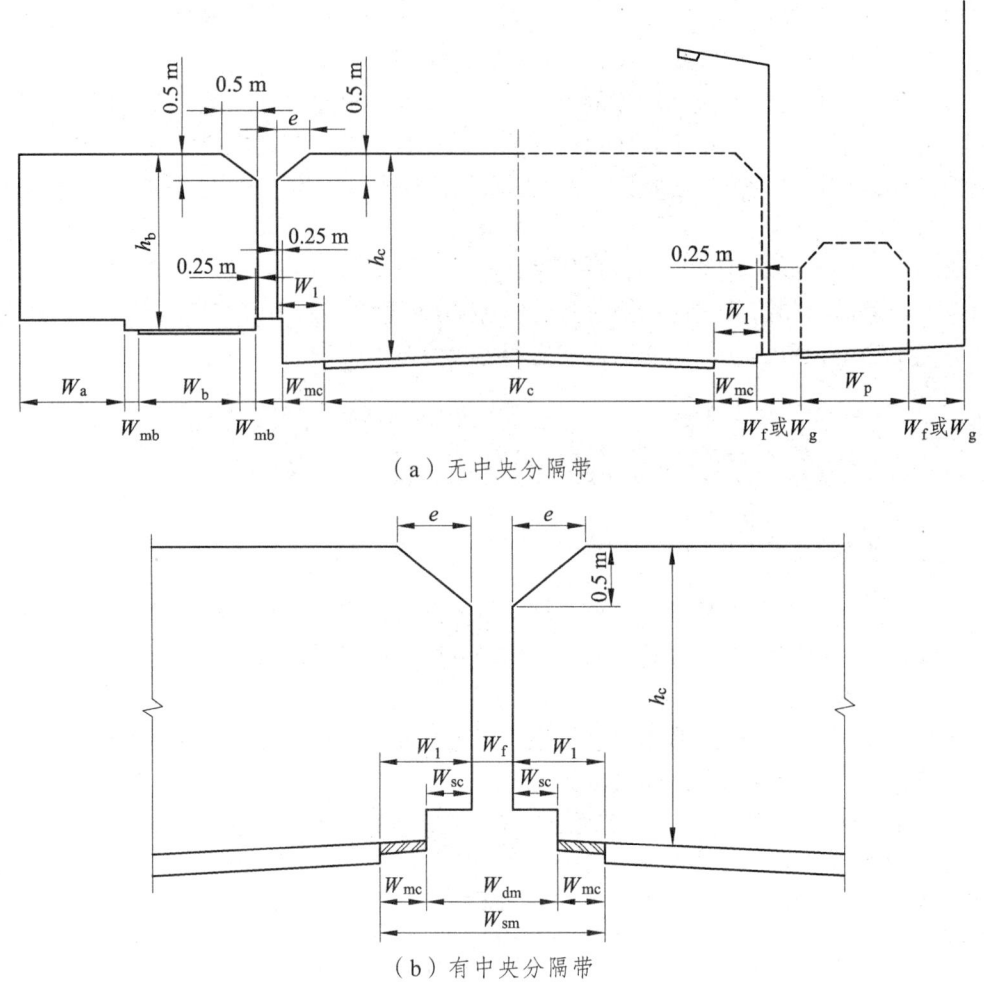

图 1-15 城市道路建筑限界（尺寸单位：m）

2. 公路用地

公路用地是指公路修建、养护及布设沿线各种设施等所需要占用的土地。公路用地必须按国家有关政策办理征地手续。公路用地应遵照保护、开发土地资源，合理利用土地，切实保护耕地，促进社会经济可持续发展的原则，合理拟定公路建设规模、技术指标、设计施工方案，确定公路用地范围。公路用地范围规定为：

（1）新建高速公路路堤两侧排水沟外边缘（无排水沟时为路堤或护坡道坡脚）以外，或路堑坡顶截水沟外缘（无截水沟时为坡顶）以外不少于 2 m 的土地为公路用地范围；一、二、三、四级公路上述边缘线以外不少于 1 m 的土地为公路用地范围。

（2）在高填深挖路段，为保证路基的稳定，应根据计算确定用地范围。

（3）在风沙、雪害及特殊地质地带，应根据设置防护林、种植固沙植物、安装防沙或防雪栅栏以及设置反压护道等的需要确定用地范围。

（4）行道树应种植在排水沟或截水沟外侧的公路用地范围内；有时根据环保要求需要种植多行林带的路段，应根据具体情况确定用地范围。

（5）公路沿线立体交叉、平面交叉、服务设施、安全设施、交通管理设施、停车区、养护管理设施以及料场和苗圃等工程用地，应根据实际需要确定用地范围。

（6）改建公路可参考新建公路确定用地范围。

3. 道路红线

道路红线是城市规划中重要的控制线，它规定了城市道路用地的边界，以确保城市道路的合理布局和建设。道路红线之间的宽度就是道路建筑红线宽度，也称为路幅宽度，是道路建设和管理的依据。在道路红线内，可以进行道路、绿化、交通设施等建设，但不能建设永久性建筑物。同时，道路红线的位置和宽度也要根据城市规划的要求和道路的功能来确定，以确保城市交通的顺畅和安全。

1.7 道路勘测设计新技术

1.7.1 3S 技术应用

道路外业勘测关键是快速、准确、有效地获取设计所需的各种地形原始数据。传统地形数据的来源一般有 3 种方法：对已有大比例尺地形图的数字化；采用航测方法从航测像片上获取数据；野外实测采集地形数据。目前，最能为道路测设提供技术支持的是 3S 技术（即遥感 RS、地理信息系统 GIS、全球定位系统 GPS）以及全数字摄影测量技术。

把 3S 技术同计算机结合起来进行道路选线，不仅能加快选线速度、提高选线质量、降低工程造价，而且能把路线选线中大量繁重的外业工作转为在室内进行，大大减轻了选线人员的体力劳动。

1. 3S 技术简介

3S 是指遥感（Remote Sensing，RS）、地理信息系统（Geographic Information System，GIS）、全球定位系统（Global Position System，GPS）。3S 技术以地理信息系统为核心，构成了对空间数据实时采集、更新、处理、分析及为各种实际应用提供科学决策咨询的强大技术体系。

RS 是在远离目标的情况下判定、量测并分析目标性质的一种技术。根据电磁波理论，应用现代技术在不用与研究对象直接接触的情况下，从高空或远距离通过传感器接收地面物体对电磁波的反射信号，并将这些信号记录下来，进行人工加工与处理，最后对研究对象的性质、特点和数量进行分析和判读，这些过程统称为遥感技术。

GIS 是以地理空间数据库为基础，在计算软件的支持下，对空间数据进行采集、管理、操作、分析、模拟和显示，并采用地理模型分析方法，实时提供多种空间和动态的地理信息，为地理研究和地理决策服务而建立起来的计算机技术系统。

GPS 是现代进行导航和定位的一种科学方法。地理位置或地理坐标是空间资料中必须具有的重要信息，使用传统的罗盘和地物来确定工程的具体地理坐标往往是困难的，尤其是在大面积范围时，因此在较大范围内进行定位，往往采用 GPS。

2. 3S 技术在道路选线中的应用

（1）RS 在道路选线中的应用。

遥感图像具有宏观、逼真、直观的特点。因此，运用遥感图像进行地质、地貌、不良地质现象的判释，具有其他方法无可比拟的优势。通过对高分辨率卫星图像的判释，查明路线经过地区的工程地质条件，并进行图像处理，通过计算机制图，绘制出彩色工程地质遥感判释图和水文地质遥感判释图，必要时进行少量有针对性的调查工作，可为路线方案研究与比选提供依据；在道路定测、施工过程中，对地质复杂地段、路线重点工程地区开展遥感调查，对为工程技术决策提供科学依据，保证施工顺利进行起到了重要作用。

实践表明，采用遥感技术，外业上可以不测地形，减少测量的外业工作量，地质测绘和钻探工作量也大大减少，所以不仅提高了设计质量，同时经济效益也很显著。我国在应用遥感技术进行不良地质现象遥感解译预测，建立道路病害动态变化分析和区域预测模型，建立道路病害数据库等方面均进行了大量应用研究并取得了重要成果。

（2）GIS 在道路选线中的应用。

GIS 实质上是由计算机程序和地理数据库联合而组成的地理空间信息模型。人们可以在 GIS 支持下提取地理系统不同侧面、不同层次的空间和时间特征信息，也可以快速模拟自然过程的演变和思维过程，取得地理预测和试验的结果，选择优化方案，避免错误的决策。GIS 在道路选线中的应用具体体现在以下几方面。

① GIS 数据采集与地理数据库管理功能。

利用 GIS 的数据采集与地理数据库管理功能，可对选线所需的基础资料进行统一管理和分类处理。将与路线方案有关的各种信息，如遥感图像、地形图、地质、水文、土地利用、交通、矿产资源、地区经济发展水平等信息资料输入地理系统中，可实现图文资料的数字化管理。GIS 通过有效的数据组织和信息分析处理，就能大大提高信息的利用率。同时，由于 GIS 中录入了大量有关的地理空间信息，所有的信息都采用数字地图的方式存放，选线人员可以在其上建立研究对象的数学模型，进行预测或分析评价。

② GIS 空间查询与分析功能。

利用 GIS 强大的空间查询与空间分析功能和地形分析功能，可对信息进行加工处理，将影响路线方案的各种因素形象化地展现在选线人员面前。

在地理信息系统的支持下，设计者可以按自己的设想任意布设或修改路线方案，对每个方案，GIS 可以很快地计算出路线里程、工程量等，可以实时生成路线断面图。GIS 还可以通过预先设定的某些目标函数，让系统自动进行路线的平纵断面优化。因此，GIS 可以快速、方便地进行路线方案的比选。

③ GIS 制图功能。

利用 GIS 的制图功能，可输出设计用图纸。GIS 可以方便地用于地图的制作，通过图形编辑清除图形采集的错误，并根据用户的要求和地物的类型对数字地图进行整饰、添加符号（包括颜色和注记），然后通过绘图仪输出，就可以得到一张精美的全要素地形图。

（3）GPS 在道路选线中的应用。

目前，GPS 在道路工程中主要用于：

① 布设各等级的路线带状平面控制网。

② 布设桥梁、隧道平面控制网。
③ 航测外业平面高程控制测量等。
④ 航空摄影测量（空三角）（机载 GPS）。
⑤ 实时动态定位（RTK）。
⑥ 隧道和大型桥梁的施工变形观测。

在道路选线工作中，GPS 的主要作用是对航空照片和卫星像片等遥感图像进行定位和地面矫正。

1.7.2　BIM 技术应用

1. BIM 技术简介

BIM 是建筑信息模型（Building Information Modeling）的简称，是以三维数字技术为基础，集成工程项目相关信息数据的三维模型，如图 1-16 所示。它通过数字信息仿真模拟工程项目所具有的真实信息。

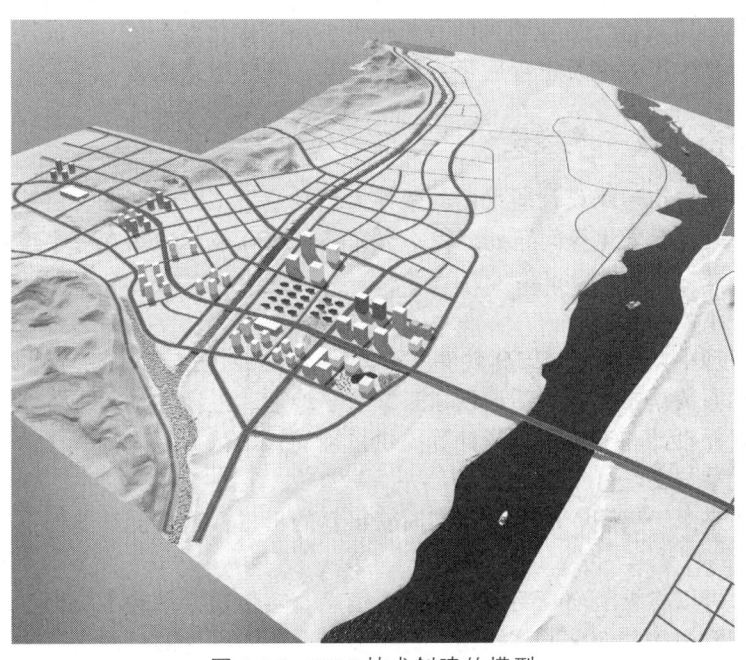

图 1-16　BIM 技术创建的模型

BIM 是对工程项目设施实体与功能特性的数字化表达。通常从两个方面描述：一是作为名词，BIM 是一种载体，包含特定建筑和设备的各种专业数据，并明确地描述其建筑的物理和非物理的属性。BIM 数据模型包含来自不同专业的未加工的建筑数据，也包含特定建筑和设施的所有成分，所以 BIM 模型是丰富的；BIM 包含特定建筑和设施所有成分的关系和属性，所以 BIM 模型是智能的。二是作为动词，BIM 表示建立建筑数据模型的行为，包括数据的交换和共享。不同层面的使用者可以通过数据模型输入并输出包括模型在内的数据，而利用于设计和施工等。

BIM 技术具有以下特征：

（1）3D 参数化。

与传统的二维设计方法相比，BIM 技术是一种三维（3D）设计技术，能够通过工程相关的参数来创建并驱动 3D 建筑模型，同时能够根据模型对建筑的各种性能进行分析和模拟。

（2）信息化。

BIM 技术有着信息化的特点，能够用各种参数对建筑单元进行描述。传统的计算机辅助设计（CAD）中描述的对象为点、线、面等几何元素，而 BIM 技术的描述对象则为窗、柱、墙、梁等建筑构件（道路中则为挡墙、路面结构、边坡等构件），并且能够对这些构件的真实属性进行信息化、参数化的模拟。

（3）完整性。

BIM 技术不仅能够对各种建筑 3D 几何信息进行描述，能够对建筑设计的拓扑关系进行描述，同时 BIM 技术中还包括了工程对象的名称、建筑材料、结构类型、施工工序、工程量、运营养护信息等整个工程信息的描述。

（4）开放交互性。

开放交互性特点主要指的是 BIM 技术支持工业基础类标准（IFC）的工程基础分类标准，当在该标准下输出数据时，其他支持此标准协议的软件也可以读取 BIM 上的相关数据。

BIM 技术具有可视性、专业协调性、模拟性、快速优化性、信息集成性、可出图性等优势，能够提高项目生产效率及工程质量、缩短工期、降低建造成本。

2. BIM 理论在城市道路设计中应用的优势

目前，国内的城市道路设计所采用的软件大都是基于二维平面的，对信息沟通、资源调配、进度把控、设计标准化等问题处理得不够完善。BIM 技术应用在城市道路设计中所体现的优势如下：

（1）道路三维模型设计。

在地形图处理中，运用 Civil 3D 软件，采取图形对象创建点对象或者转换文本点的方法，能方便地从各种源数据中迅速灵活地创建三维数字地形，方便设计师进行地形图的处理，也为后续道路纵断面设计和道路土方量计算提供精确的初始数据。

（2）信息共享与交互。

由于数据都来源于模型，因此可以实时获得新的报告，这样能够更加迅速地对设计变更作出响应。

道路工程师可以将纵断面、路线和曲面等信息直接传送给结构工程师，以便其在软件中设计桥梁、箱形涵洞和其他交通结构物，达到多专业协同设计的目的。

（3）工程量计算与分析。

利用数字高程模型（DEM）的方法，可以更加迅速地对现有曲面和设计曲面之间的土方量进行计算。使用 Civil 3D 软件生成土方调配表，可以得到适宜的挖填距离、需要移动的土方量以及其移动的方向，同时确定取土坑和弃土堆的可能位置。

（4）碰撞检查与施工模拟。

BIM 技术的碰撞检查可以有效解决传统二维设计方法造成的设计缺陷，例如很难通过肉眼识别的设计错误以及各个专业设计之间的碰撞；BIM 提供的施工模拟也能够在项目实际建设前评估施工规划，从而大大降低施工成本。

3. BIM 技术在道路路线设计中的应用

（1）道路建模。

BIM 技术可以帮助我们更高效地设计道路和高速公路工程模型，例如创建动态更新的交互式平面交叉路口模型；同时可以利用其内置的部件（包括行车道、人行道、沟渠和复杂的车道组件），根据常用设计规范更迅速地设计环岛，包括交通标识和路面标线等，或者根据设计标准创建自己的部件。通过直观的交互或变更用于定义道路横截面的输入参数即可轻松修改整个道路模型。施工图和标注将始终处于最新状态，可以使设计者集中精力优化设计。

① 三维地形。

三维地形是土木工程三维设计的基础，为场地设计、路线设计等提供了原始的数据来源。相比于传统二维设计，BIM 的三维地形数据处理及分析功能，可以实现基础地形数据的多种类型分析，包括等高线、高程、坡度及流域等分析，为后续设计工作提供直观可靠的数据支持，例如路线设计中的高程分析，如图 1-17 所示。

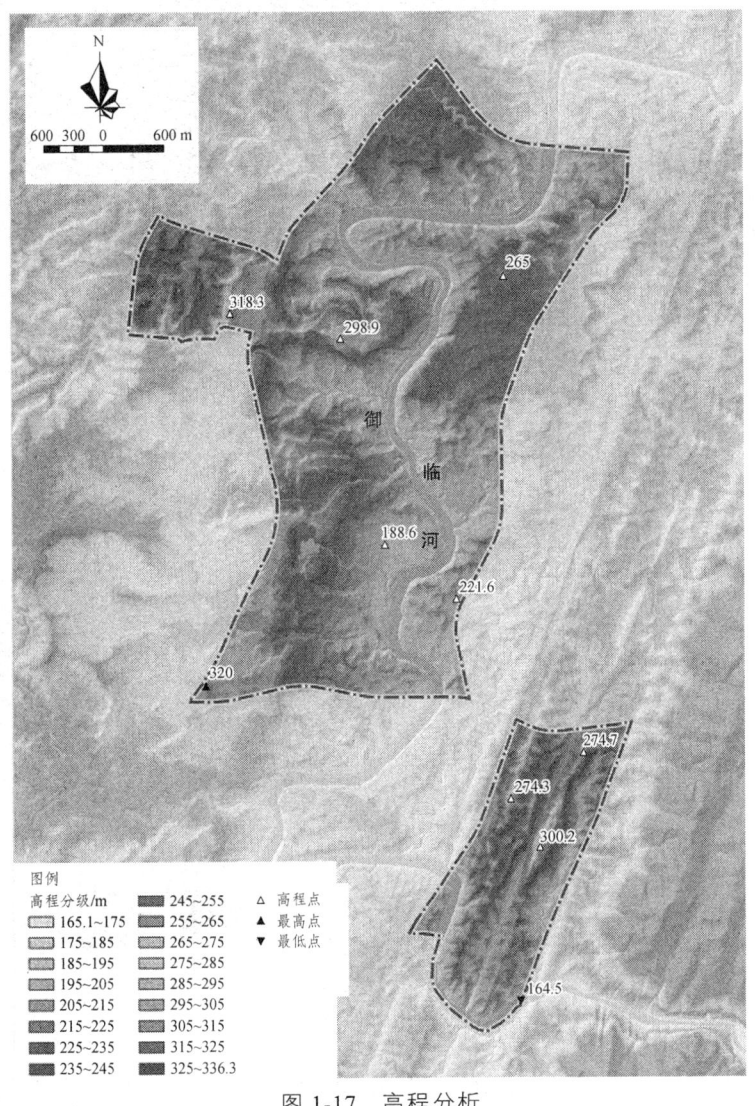

图 1-17 高程分析

② 路线平纵横设计。

利用 BIM 丰富的路线平面和纵断面创建功能，可以进行直观可视化的设计，道路地面线能够根据平面线的位置和编辑动态地更新，保持最新的地面数据。道路横断面通过自定义构件和装配创建，通过它可以创建各种复杂的道路形式。例如图 1-18 所示为直观可视化的道路平纵横设计。

图 1-18 直观可视化的道路平纵横设计

③ 交叉口信息模型。

通过自定义交叉口构件及装配，实现交叉口模型的快速建立，以直观展现道路交叉口的表现形式，如图 1-19 所示。相比于传统的交叉竖向设计，交叉口信息模型更加直观、快速且可靠。

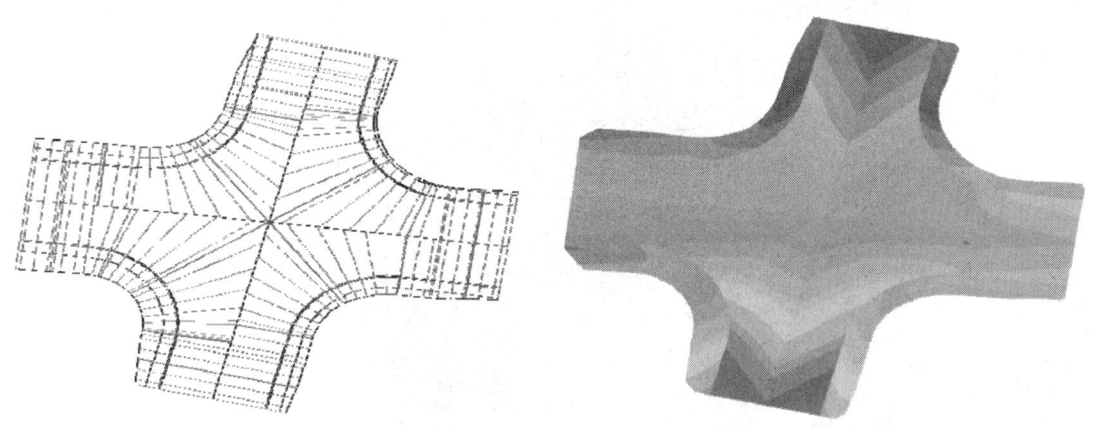

图 1-19 交叉口模型及高程分析图

④ 可视化道路模型。

可视化即"所见所得"的形式，BIM 提供了可视化的思路，将以往的线条式道路变成一种三维的立体实物图形展示出来,如图 1-20 所示。在 BIM 建筑信息模型中,由于整个过程都是可视化的,所以可视化的结果不仅可以进行效果图的展示及报表的生成,更重要的是在整个道路项目设计、建造、运营过程中的沟通、讨论、决策都在可视化的状态下进行。

⑤ 模拟及信息优化性。

BIM 技术可对工程对象进行 3D 几何信息和拓扑关系的描述以及完整的工程信息描述,并对设计道路路线及交叉口交通进行模拟(图 1-21、图 1-22),以对设计成果进行实时修正及优化,并直观地展现出来。

图 1-20　可视化道路模型效果

图 1-21　道路路线模拟效果

(2)工程量计算与分析。

利用复合体积算法或平均断面算法,BIM 可以更快速地计算现有曲面和设计曲面之间的土方量、生成土方调配图表,用以分析适合的挖填距离、要移动的土方数量及移动方向,确定取土坑和弃土堆的可能位置。从道路模型中可以提取工程材料数量,进行项目成本的及时分析。

图 1-22 典型交叉口交通模拟效果

（3）自动生成施工平面图。

BIM 可以自动生成施工平面图，如标注完整的横断面图、纵断面图和土方施工图等，使用外部参考和数据快捷键可生成多类图纸的草图。这样，在工作流程中便可利用与模型中相同的图例生成施工图纸。一旦模型变更，可以更快地更新所有的施工图，按照路线走向自动完成图纸和图幅线的布局，并根据布局生成平面和纵断面图纸。地图册功能会对整个项目的图纸进行安排，同时生成针对整个图纸集的重要地图和图例。

（4）轻松处理变更与评审。

因为数据直接来自模型，所以报告可以轻松进行更新，更迅速地响应设计变更。如今的工程设计流程比以往更为复杂，设计评审通常涉及非 CAD 使用者，但同时又是对项目非常重要的团队成员，可以利用数字方式让整个团队的人员参与设计评审。

（5）多领域协作。

道路工程师可以将纵断面、路线和曲面等信息直接传送给结构工程师，以便其在软件中设计桥梁、箱形涵洞和其他交通结构物，同时实现与道路景观、给排水专业等领域的协作。

（6）可持续环保设计，提供高质量图纸。

工程师可以根据可靠的场地现状模型和设计约束来评估设计方案，推出更具创新性的环保设计；通过模型与文档之间的智能关联，交付高质量的设计和施工图纸，节约时间成本，实现可持续发展。

相较于传统的二维设计方式，BIM 技术设计有着较大的优越性，但需要明确的是，BIM 技术是一项新兴的三维设计技术，在应用的过程中会受到理念转变、社会推动不足、相关标准不完善等问题的制约。

第1章 绪 论

总的来说,当前三维可视化技术已经成为设计行业中的一大热点,通过对道路进行建模,可以获取道路的三维模型,再利用可视化技术就可以在计算机上实现对道路的模拟,从而制作出具有真实感的三维效果图与动画等。随着计算机软硬件技术的发展,道路三维模型在道路设计中越来越受到关注,已成为国内外交通发展的必然趋势。

☞ 【能力提升】

1. 根据所学知识拟定公路等级。

某省两座城市之间拟建一条公路。已知该省经济水平中等,其中一座城市是省会,沿线经过四县,均为农业县。经调查并预测,该路段20年后年平均日交通量为26 345辆/d,请拟定公路等级。

2. 根据所学知识拟定公路等级,并确定设计指标。

某省会城市为中等城市,经济水平一般。现拟在该城市与某县城之间修建一条公路。请根据调查资料确定拟建公路等级,并参照《公路工程技术标准》(JTG B01—2014)拟定设计车速、车道数、路基宽度等设计指标。

资料:该县城是一少数民族自治县,有浓厚的民族特色和文化底蕴。该县城附近有城隍庙、寺院等古建筑3处,历史悠久。沿线居民点较少,属于山岭地区,山上树木茂盛,属原始林木,水源丰富。由交通量调查结果得知目前的交通量为年平均日交通量968辆/d。

3. 2023年某路交通量见表1-11,年平均增长率为6%,设计年限为15年,求远景年限交通量。

表1-11 某路2023年交通量分布

汽车代表车型	车辆折算系数	交通量/(辆/d)	折算交通量/(辆/d)
小客车	1.0	940	940
大型客车	2.0	2 814	5 628
大型货车	2.5	2 092	5 230
铰接车	3.0	342	1 026

4.(1)川藏、青藏公路:1950年,中国人民解放军、四川和青海等省各族人民群众以及工程技术人员组成了11万人的筑路大军,在极为艰苦的条件下奋勇拼搏,于1954年建成了总长4 360 km的川藏、青藏公路,结束了西藏没有现代公路的历史。其中青藏公路是世界上海拔最高(全线平均海拔在4 000米以上)、线路最长的公路,因为海拔高,几乎每个筑路人员都会有或轻或重的高原反应,3 000多名英烈捐躯高原。

(2)"大国印记:1949—2009中国60大地标"之一的锡崖沟挂壁公路,坐落在落差1 000多米的深谷之中,锡崖沟上、下山全是悬崖绝壁。1949年以前,此处居民过着自生自灭的原始人一样的生活;新中国成立后,从1962年到1982年,村民经过3次失败,均未能修通道路。而退伍回来的工程兵宋志龙与党支部创造性地制定了"依山就势,顺崖凿洞,天窗排渣,螺旋上升"的大胆创新筑路方案,用锤子、钎子,在悬崖峭壁上开凿出一条长达7.5 km的"挂壁公路",在闻名华夏的"锡崖沟精神"影响下,中国还修建了5条挂壁公路。

(3)塔里木沙漠公路:1993年3月动工兴建,1995年9月全部竣工。塔克拉玛干大沙漠,是中国最大的沙漠,同时亦是世界第二大流动沙漠。新疆塔克拉玛干沙漠公路(即塔里木沙漠公路），是目前世界最长的贯穿流动沙漠的等级公路。这条公路是征服"死亡之海"的宏大工程，其固沙技术处于世界领先水平。塔里木沙漠公路使千年的梦想变成了现实，实现了"在寸草不生的地方种树，在滴水难寻的地方修路"的目标，并且成为世界最长的流动沙漠等级公路而创吉尼斯世界纪录。

请同学们列举一些新中国成立后让你们有深刻印象的道路工程建设项目。

☞ 【复习思考题】

一、填空题

1. 现代交通运输由_____、_____、_____、航空、管道等5种运输方式组成。
2. 根据我国高速公路网规划，未来我国将建成布局为"71118"的高速公路网络。其中"71118"是指_____、_____、_____。
3. 《公路工程技术标准》（JTG B01—2014）规定：公路根据功能和适应的交通量分为_____、_____、_____、_____、_____5个等级。
4. 各级公路能适应的年平均日交通量均指将各种汽车折合成_____的交通量。
5. 高速公路为专供汽车_____、_____行驶并应_____出入的多车道公路。
6. 高速公路和具有干线功能的一级公路的设计交通量应按____年预测；具有集散功能的一级公路和二、三级公路的设计交通量应按____年预测。
7. 设计交通量预测的起算年应为该项目可行性研究报告中的_____通车年。
8. 设计速度是确定公路_____的最关键参数。
9. 《公路工程技术标准》（JTG B01—2014）规定二、三级公路以_____和_____作为划分服务水平的主要指标，设计时采用_____级。
10. 公路勘测设计的阶段可根据公路的性质和设计要求分为_____、_____和_____3种。
11. 我国现行的《公路工程技术标准》（JTG B01—2014）将设计车辆分为_____、_____、_____和_____5类。

二、选择题

1. 高速公路和一级公路容许的交通组成是（　　）。
   A. 专供汽车行驶　　　　　　B. 专供小客车行驶
   C. 混合交通行驶
2. 《公路工程技术标准》（JTG B01—2014）中规定的各级公路所能适应的交通量是指（　　）。
   A. 年平均昼夜交通量　　　　B. 日平均小时交通量
   C. 最大交通量
3. 公路设计交通量是指（　　）。
   A. 公路设计时的交通量　　　B. 公路竣工开放交通时的交通量
   C. 设计年限末的交通量
4. 设计年平均昼夜交通量的设计年指（　　）。
   A. 设计使用年的第一年　　　B. 设计使用年的最后一年
   C. 设计使用年限的平均值　　D. 做设计文件时的第一年

5. 公路等级的划分依据有（　　）。
   A. 车道数　　　　　　　　　B. 交通量
   C. 地形　　　　　　　　　　D. 设计车速
6. 公路设计时确定其几何线形的最关键的参数是（　　）。
   A. 设计车辆　　　　　　　　B. 交通量
   C. 设计车速

三、问答题

1. 现代交通运输方式有哪些？与这些运输方式比较，公路运输有哪些特点？
2. 《公路工程技术标准》（JTG B01—2014）将我国公路分为哪几个等级？
3. 公路工程建设项目一般采用几阶段设计？
4. 《公路工程技术标准》（JTG B01—2014）的主要技术指标有哪些？
5. 设计车辆、设计速度的定义是什么？
6. 简述国家高速公路网规划的主要内容。
7. 城市道路分为几类？
8. 公路勘测设计的依据是什么？
9. 自然条件对道路设计有哪些影响？

第 2 章 道路的平面设计

☞ 【导读】

穿越热带雨林的高速公路——云南思小高速公路

2006 年 4 月 6 日,全长 97.7 km 的云南普洱市(原思茅市)至小勐养高速公路(简称思小高速公路)提前 75 d 顺利建成通车。从此,沿线"路难走车难行"的状况得到了根本改变。

思小高速公路是昆曼公路连接中国的第一站,路线全长 97.7 km,其中普洱市境内 25.1 km,西双版纳州境内 72.6 km。作为一条黄金通道和扶贫通道,思小高速公路是云南滇中、滇南地区的交通运输主动脉,担负着昆明、玉溪、普洱、西双版纳共 11 个县(市)的客货运输任务,对沿线少数民族地区建设,对推动我国西南边疆经济的快速发展以及与东南亚各国的经济往来有重要作用。据了解,思小高速公路较老 213 国道缩短里程 24.6 km,行车时间由原来的 4 h 减少为 1.5 h。自思小高速公路建成开通以来,车流已由通车年 142 万辆提升至 2020 年的 403 万辆。

作为昆曼国际大通道中国境内的重要一段,思小高速公路在云南公路建设史上写下多项第一——中国首条穿过热带雨林的高速公路,国内唯一一条 2A 级旅游景区高速公路,首次引入公路养护中的乳化沥青稀浆封层技术,首次在高速公路旁设置港湾式停靠站点,第一次全部采用本地物种进行公路绿化,第一条基本没有石砌护坡的高速公路……

思小高速公路在路线设计时充分考虑山形地势、不追求高线形指标,路线布置灵活多样,宜桥则桥、宜路则路,边坡处理自然顺适,隧道洞口简洁自然。施工做到不该砍的树一棵不砍,能不碰的树尽量不碰。

穿越热带雨林的高速路——云南思小高速

其间，建设者在很多细节处理上时刻为司乘人员考虑：以运行车速理论为指导，对线形指标进行级差控制，做到线形合理衔接和自然过渡，路基边沟设置为浅边沟和盖板边沟，在有条件路段设置了路侧净区，充分体现了设计的宽容理念；在多雾路段设置了多雾灯，降低了雾天对行车安全的影响。结合地形和沿线景观特点，全线设置了 26 处停车点、观景台和服务区，设计了人性化的标志牌和生态型声屏障，尽可能在细微之处体现出对司乘人员、游客和沿线群众的人文关怀。

　　同时，思小高速公路还结合项目地域特色，充分尊重少数民族的风俗和习惯，巧妙地设计了傣族公主帽形式的隧道洞门、傣族特色的服务区建筑，以及生动直观的个性化标志牌等；在建设过程中，建设单位注重公路自身景观与沿线自然景观、人文景观的和谐，注重公路设施与交通需求的和谐，使公路在满足功能的同时与沿线环境融为一体，实现了把思小高速公路建成一条环保之路、景观之路和生态之路的目标。

　　在施工过程中，思小高速公路桥梁桩基尽量采用人工挖孔，以减少对环境的破坏；同时将桥梁预制场设在已经成型的路基或隧道之内，减少对土地的占用和对环境的污染。在桥梁桩基施工中，周围的树木采用打枝、断顶等方法尽量保护，使桥梁墩柱和树木融合在一起，形成了"桥从林上过，树在桥下长"的独特景观。桥梁下面，施工时只清除墩位处的植被，桥跨下的植被尽量保留。在隧道施工上，思小高速公路建设指挥部提出了"零开挖进洞"理念，做到早进洞晚出洞，适当延长洞口，让隧道洞口周围的植被得到妥善保护。边坡采用开放式防护措施，以框格为坡面骨架，植树种草，将坡面融入自然。

　　先进的理念、超前的意识、科学的施工，使得思小高速公路与自然和谐地融为一体。它镶嵌在绿色山林里，悄悄地穿越自然保护区，轻轻地跨越雨林河谷，默默地钻过青翠峰峦，成为一幅跌宕起伏的画卷。

　　——资料来源（有修改）：丁怡全. 沿着高速看中国丨穿越热带雨林的高速路——云南思小高速纪行[OL]. 新华社，2021-05-17.

　　道路线形设计作为道路建设的关键环节，各项设计指标的选择将直接影响到道路的质量、经济以及行车安全和服务水平。道路线形设计通常包括平面线形设计和纵断面线形设计两个方面。平面线形设计主要研究如何在平面上对道路的走向、线形、交叉口等进行合理的设计和安排。这项研究需要充分考虑地形、地质、环境、景观等多个因素，以满足道路使用功能的要求，如交通流量、车速、转弯半径等。同时，平面线形设计还需要注重安全性和环保性，以确保车辆能够安全、顺畅地行驶，并尽可能减小对环境的负面影响。总之，道路平面设计是一个综合性、系统性的工作。本章将对道路平面设计的设计理念和方法进行详细介绍，共同探讨如何通过运用科学的方法和技术手段，结合实践经验和相关理论，实现道路设计的"最优解"。

道路勘测设计

☞ 【学习目的与要求】

知识单元与 知识点	1. 路线平面的基本线形； 2. 直线的特点和运用、最大长度和最小长度； 3. 圆曲线的特点、半径及其长度； 4. 缓和曲线的性质、形式及最小长度和参数； 5. 行车视距及视距保证； 6. 平面线形的组合与衔接、道路平面设计主要成果。
能力点	1. 能够从人、社会需求角度分析路线平面需满足的要求，从安全、快捷、舒适、绿色等人车路环境系统中推演对平面直线、圆曲线、缓和曲线的要求； 2. 能够结合现行规范确定出平面设计的相关指标； 3. 能理解平面线形设计原则和线形要素组合类型； 4. 能理解平面线形设计方法原理，具备用计算机辅助工具完成平面线形设计的能力； 5. 能读懂平面设计成果，并初步具备生成平面设计成果的能力。
重难点	【学习重点】 路线平面的基本线形、圆曲线、缓和曲线、行车视距。 【学习难点】 缓和曲线、路线平面图的绘制。

2.1 道路平面概述

道路平面概述

2.1.1 路 线

道路是一条三维空间的实体，是由路基、路面、桥梁、涵洞、隧道和沿线设施所组成的线形构造物，如图2-1所示。一般所说的路线是指道路中线的空间形态。路线在水平面上的投影称作道路的平面线形，如图2-2所示；沿着中线竖直剖切，再行展开就成为纵断面；中线上任一桩号的法向切面是道路在该桩号处的横断面。路线设计是指合理确定路线空间位置和各部分几何尺寸的工作。为了设计和研究工作的方便，将路线设计分解为路线平面设计、路线纵断面设计和路线横断面设计，三者既相互配合，同时又要与地形、地物、环境、景观相协调。

公路和城市道路的路线位置受到社会经济、自然地理和技术条件等多个因素的制约。设计者的任务是在充分调查研究、结合大量资料的基础上，设计出一条符合一定技术标准、满足行车要求、工程费用最省的路线。在设计公路时，大致按下列顺序进行：在尽量顾及纵、横断面平衡的前提下先定平面，沿着这个平面线形进行高程测量和横断面测量，取得地面线和地质、水文及其他必要的资料后，再设计纵断面和横断面。为达到设计的目标，

第 2 章 道路的平面设计

必要时再修改平面，多次反复，以达到一个较为满意的结果。在城市道路设计中，由于道路的平面位置和纵断面高程往往受城市规划的控制较严，变化余地不大，而横断面布置要考虑的因素较多，因此，在城市道路设计时，一般是先布置横断面，然后再进行平面和纵断面的设计。

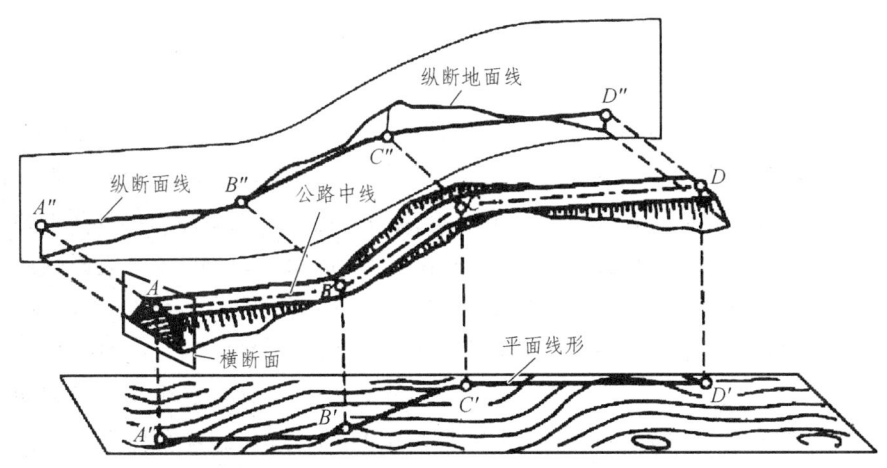

图 2-1　道路的平面、纵断面和横断面

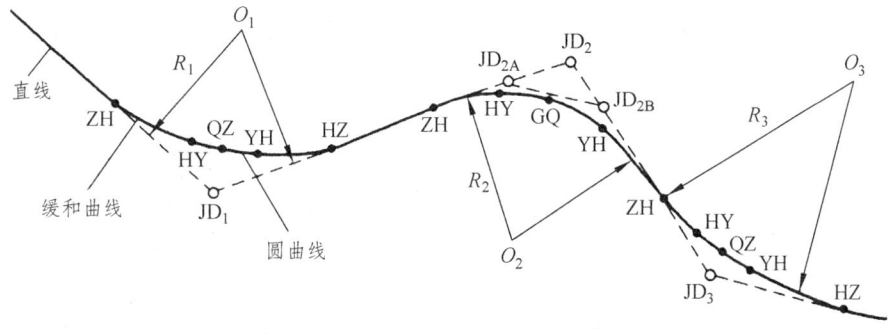

图 2-2　路线的平面线形

2.1.2　汽车行驶轨迹与道路平面线形要素

现代道路的主要服务对象是汽车。为了保障汽车行驶的安全，研究汽车行驶规律是道路设计的首要任务。在路线平面设计过程中，主要考查汽车的行驶轨迹。只有当平面线形与该轨迹相符合或接近时，才能保证行车的顺畅与安全。

1. 汽车行驶轨迹

汽车行驶轨迹在几何性质上有以下特征：
（1）轨迹线是连续的，即在任何一点上不出现错头、折点或间断。
（2）轨迹线的曲率是连续的，即轨迹上任何一点不出现两个曲率值。

（3）轨迹线的曲率对里程或时间的变化率是连续的，即轨迹上任何一点上不出现两个曲率变化率值。

2. 道路平面线形要素

经分析，上述特征与汽车转向机构中导向轮（或转向轮）与车身纵轴面之间的角度（称转向角）有关：

（1）当汽车转向角为零时，其轨迹为直线。

（2）当汽车转向角为常数时，其轨迹为圆曲线。

（3）当汽车转向角为变数时（即逐渐转向），其轨迹为曲率渐变的曲线（即缓和曲线）。

由于各种因素及自然条件的限制，道路从起点到终点，为克服障碍，其平面线形会发生转折。为了使汽车安全顺适地通过，在转折点处需要插入曲线，曲线一般为圆曲线和缓和曲线及其组合。通常将直线、圆曲线、缓和曲线称为"平面线形三要素"。在低等级道路上，为简化设计，也可以只使用直线和圆曲线两种要素，如图 2-3 所示，此时线形满足上述第一条，但不满足第二条，即满足了汽车的直行和转向要求，但在直线和圆弧相切处出现了曲率的不连续（直线上曲率为 0，圆曲线上曲率为 $1/R$）。近代高速公路平面线形有只用曲线不用直线或者以曲线为主直线为辅的工程实例，如图 2-4 所示，线形同时满足第一、二条，但又不满足第三条，即其曲率的变化率是不连续的。图 2-4 所示平面线形不满足第三条特征，但实践证明在高等级道路中设置缓和曲线，使线形变得更加平顺，能够更好地诱导驾驶员的视线。

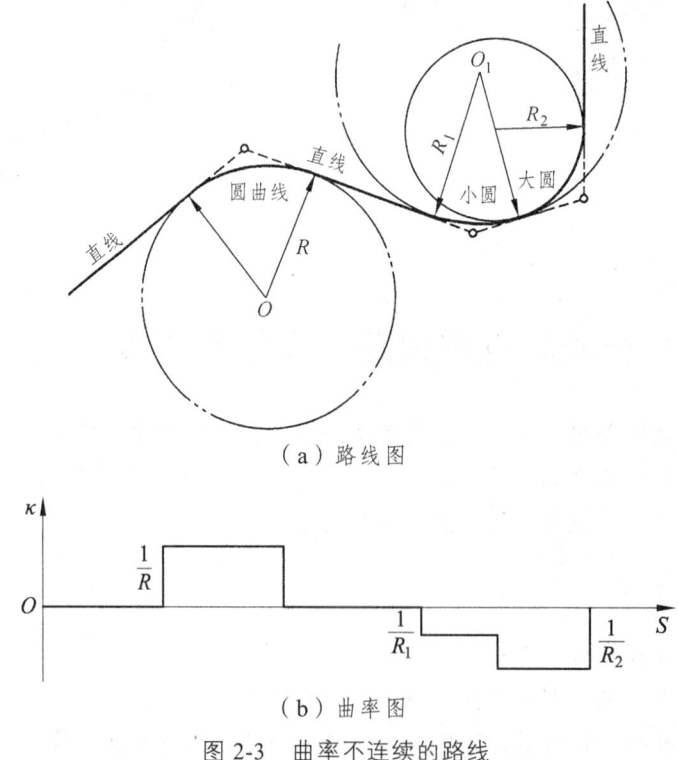

（a）路线图

（b）曲率图

图 2-3 曲率不连续的路线

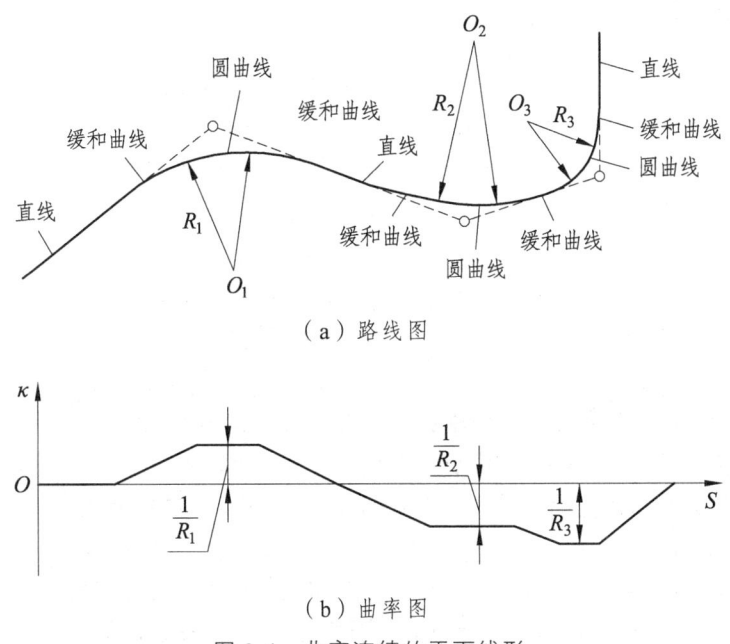

(a)路线图

(b)曲率图

图 2-4 曲率连续的平面线形

2.1.3 路线平面设计的内容

道路的平面线形设计是根据汽车行驶的力学性质和行驶轨迹要求，考虑用路者的视觉、心理与生理方面的需求，合理地确定平面线形三要素的几何参数，保持线形的连续性和均衡性，并同纵断面、横断面相互配合，注意使线形与地形、地物、环境和景观相协调。

2.2 直　线

直线

直线是平面线形设计的基本要素之一，由于它是两点之间距离最短的线形，在公路设计中得到了广泛使用。直线距离短、直捷、通视条件良好，汽车在直线上行驶受力简单、方向明确、驾驶操作简易，便于测设。但是直线线形灵活性差，大多难于与地形相协调，若长度运用不当，不仅会破坏线形的连续性，也不便达到线形设计自身的协调。直线路段上难以准确目测车间距离，过长的直线易使驾驶人感到单调、疲倦，易导致高速行驶，引发交通事故等。因而，公路的线形应尽量避免采用长直线。当然，直线过短也不好，曲线间的短直线容易造成视觉不连续、驾驶员操纵困难等问题。

在道路平面线形设计时，一般应根据路线所处地带的地形、地物条件，驾驶员的视觉、心理感受，以及保证行车安全等因素，合理布设直线路段，对直线的最大长度与最小长度有所限制。

2.2.1　直线的最大长度

关于直线的极限长度(最大与最小长度),从理论上求解是非常困难的,主要应根据驾驶员的视觉效果和心理上的承受能力来确定。各国都从经验出发,通过调查确定限制最大直线长度(单位为 m):日本、德国规定不宜超过 $20V$(V 是设计速度,单位为 km/h),即 72 s 的行程;西班牙规定不宜超过 80%设计速度的 90 s 的行程;法国认为长直线宜采用半径在 5 000 m 以上的圆曲线代替。

我国地域辽阔,地形变化万千,对直线的最大长度很难作出统一的规定。因而规范未对最大直线长度作出具体规定。但《公路路线设计规范》(JTG D20—2017)第 7.2.1 条也指出:"直线的长度不宜过长。受地形条件或其他特殊情况限制而采用长直线时,应结合沿线具体情况采取相应的技术措施。"在实际工作中,设计人员可根据地形、地物、自然景观以及经验等来判断和决定直线的最大长度。我国已建成的高速公路如京津塘和济青高速公路的直线长度不超过 3 200 m;沈大高速公路多处出现 5~8 km 的长直线,最长为 13 km。从运营效果看,也未导致严重的交通安全问题。一般认为,直线的最大长度(以 m 计),在城镇及其附近或其他景色有变化的地点大于 $20V$(V 为设计速度,km/h)是可以接受的;在景色单调的地点最好控制在 $20V$ 以内;而在特殊的地理条件下应特殊处理,作某种限制是不现实的。在实际工作中,设计者可根据地形、地物、自然景观以及经验等决定直线的最大长度,既不追求长直线,也不强设平曲线。

2.2.2　直线的最小长度

考虑到线形的连续和驾驶的方便,相邻两曲线之间应有一定的直线长度。《公路路线设计规范》(JTG D20—2017)规定:为保证线形连续性,圆曲线间的直线长度不宜过短。

对圆曲线间直线长度的判断评价,与道路所采用的技术标准、设计速度、相邻路段的几何指标取值均密切相关。

1. 同向曲线间的直线最小长度

同向曲线是指两条转向相同的圆曲线中间用直线或缓和曲线衔接,或两个不同半径圆曲线径向连接而成的平面线形,如图 2-5(a)所示。同向曲线之间插入较短的直线段时,在视觉上容易产生把直线和两端的曲线看成反向曲线的错觉,当直线过短时,甚至会把两条曲线看成是一条曲线。这种线形破坏了道路整体线形的连续性,且容易造成驾驶员操作失误,设计中应尽量避免。因此,《公路路线设计规范》(JTG D20—2017)规定:同向曲线间直线最小长度(以 m 计)以不小于设计速度(以 km/h 计)的 6 倍为宜。

这一规定在设计速度较高的道路($V \geq 60$ km/h)上应尽可能保证,而对于低速道路($V \leq 40$ km/h)则有所放宽,可参考执行。

在受到地形条件限制时,无论高速道路还是低速道路,都宜在同向曲线之间插入大半径曲线或将两曲线做成复曲线、卵形曲线或 C 形曲线。

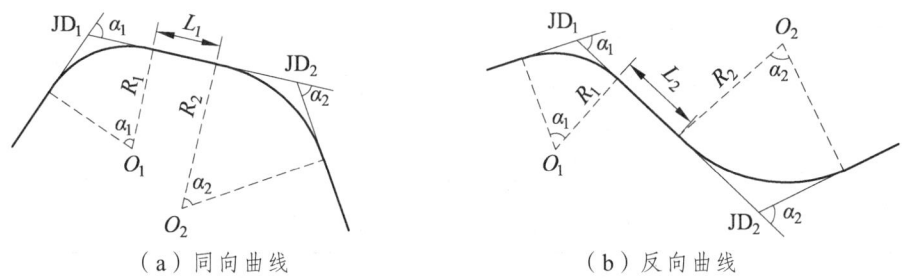

图 2-5　同向曲线与反向曲线

2. 反向曲线间的直线最小长度

反向曲线是指两条转向相反的圆曲线之间以直线或缓和曲线衔接，或两圆曲线径向连接而成的平面线形，如图 2-5（b）所示。由于两弯道转弯方向相反，考虑超高和加宽过渡的需要，以及驾驶员操作的方便，其间直线的最小长度应予限制。《公路路线设计规范》（JTG D20—2017）规定：设计速度大于或等于 60 km/h 时，反向圆曲线间的最小直线长度（以 m 计）以不小于设计速度（以 km/h 计）的 2 倍为宜。

当设计速度小于或等于 40 km/h 时，可参照上述规定执行。

若反向曲线分别已设缓和曲线，则在受到限制的地段也可将两反向缓和曲线首尾相接，但被连接的两条缓和曲线和圆曲线宜满足一定的条件。

3. 回头曲线间的最小直线长度

《公路路线设计规范》（JTG D20—2017）规定：越岭路线应利用地形自然展线，避免设置回头曲线。三级公路、四级公路在自然展线无法争取需要的距离以克服高差，或因地形、地质条件所限不能采取自然展线时，可采用回头曲线。

两相邻回头曲线之间，应有较长的距离。由一条回头曲线的终点至下一条回头曲线起点的距离，最好满足表 2-1 的要求。

表 2-1　回头曲线间最小直线长度

设计速度/（km/h）	40	30	20
直线最小长度/m	200	150	100

2.2.3　直线的运用

道路平面线形采用直线时应注意线形与地形、环境的关系，并应符合直线的最大长度和最小长度的使用原则；在运用直线线形并确定其长度时，必须慎重考虑，并需要遵守宜直则直、宜曲则曲的原则。下述路段可采用直线：

（1）不受地形、地物限制的平坦地区或山涧谷地，例如戈壁滩、草原、大平原等。

（2）市镇及其近郊，或规划方正的农耕区等。

（3）长大桥梁、隧道等构造物路段。

（4）路线交叉点及其前后路段。

（5）双车道公路提供超车的路段。

直线的最小极限长度可参考表 2-2 选用。

表 2-2　直线最小极限长度参考值

设计速度/（km/h）		120	100	80	60	40	30	20
最小直线长度/m	同向曲线间 6V	720	600	480	360	240	180	120
	反向曲线间 2V	240	200	160	120	80	60	40

当采用长直线线形时应注意下述问题：

（1）长直线上纵坡不宜过大，因为长直线加陡坡在下坡行驶时很容易导致超速行车。

（2）长直线以与大半径凹形竖曲线组合为宜，这样可以使生硬呆板的直线得到一些缓和或改善。

（3）道路两侧地形过于空旷时，宜采取种植不同树种或设置一定建筑物、雕塑、广告牌等措施，以改善单调的景观。

（4）长直线尽头的平曲线，除曲线半径、超高、加宽、视距等必须符合规定外，还必须采取设置标志、增加路面抗滑能力等安全措施。

2.3　圆曲线

圆曲线

圆曲线是平面线形中常用的线形要素。各级公路不论转角大小均需要设置圆曲线。圆曲线的设计主要是确定其半径值。本节将讨论圆曲线半径值的选定及圆曲线实际运用等问题。

2.3.1　圆曲线的特点

一般认为，圆曲线作为平面线形要素之一，具有以下主要特点：

（1）圆曲线上任意点的曲率半径 R 均为常数，曲率 $1/R$ 均为常数，故测设和计算简单。

（2）圆曲线上任意一点都在不断地改变着方向，比直线更能适应地形的变化，由不同半径的多条圆曲线组合而成的复曲线，对地形、地物和环境有更强的适应能力。

（3）汽车在圆曲线上行驶时要受到离心力的作用，对行车的安全性和舒适性等产生不利影响，圆曲线半径越小、行驶速度越高，行车越危险。

（4）汽车在圆曲线上转弯时各轮轨迹半径不同，比在直线上行驶多占用路面宽度。

（5）汽车在小半径的圆曲线内侧行驶时，视距条件较差，视线易受到路堑边坡或其他障碍物的阻挡，易发生行车事故。

2.3.2 圆曲线半径及圆曲线长度

1. 圆曲线半径计算

在路线改变方向的转折处（即交点处）要设置平曲线，而圆曲线是平曲线的重要组成部分。汽车在曲线上行驶时，除了受重力作用外，还受到离心力的作用，离心力对汽车在平曲线上的行驶稳定性影响很大，而离心力的大小又与圆曲线半径密切相关，半径越小越不利。根据汽车行驶在圆曲线上的受力平衡方程得：

$$R = \frac{V^2}{127(\mu \pm i_h)} \tag{2-1}$$

式中：R——圆曲线半径（m）；

　　　V——汽车行驶速度（km/h）；

　　　μ——横向力系数；

　　　i_h——超高值，设超高时公式采用"＋"，不设超高时公式采用"－"。

式（2-1）表达了横向力系数与行车速度、圆曲线半径和超高横坡之间的关系。在车速 V 一定的情况下，最小半径 R_{min} 取决于容许的最大横向力系数 μ_{max} 和该圆曲线的最大超高值 $i_{h(max)}$。

（1）横向力系数 μ。

根据汽车行驶稳定性和调查资料研究，μ 值与行车稳定性、乘客舒适程度和运营经济性的关系如下：

① 行车稳定性。汽车能在圆曲线上行驶的基本前提是轮胎不在路面上滑移，要求横向力系数 μ 低于轮胎与路面之间所能提供的横向摩阻系数 φ_h：

$$\mu \leqslant \varphi_h \tag{2-2}$$

φ_h 与车速、路面及轮胎等有关。一般在干燥路面上 φ_h 为 0.4～0.8；在潮湿的沥青路面上汽车高速行驶时，降低到 0.25～0.40；路面结冰和积雪时，降到 0.2 以下。

② 乘客舒适程度。在选定圆曲线半径时，除了保证汽车不会产生滑移外，还要保证驾驶者与乘客的舒适。根据实地试验，乘客随 μ 值的变化其心理反应如下：

当 μ<0.10 时，感觉不到有曲线存在，很平稳；

当 μ = 0.15 时，稍感到有曲线存在，尚平稳；

当 μ = 0.20 时，已感到有曲线存在，稍感不稳定；

当 μ = 0.35 时，感到有曲线存在，不稳定；

当 $\mu \geqslant$ 0.40 时，非常不稳定，有倾覆的危险感。

由此可知，从乘客的舒适程度出发，μ 值以不超过 0.10 为宜，最大不超过 0.15～0.20。

③ 运营经济性。在确定 μ 值时，还应考虑汽车运营经济性。μ 值的存在使轮胎和路面之间的摩阻力增加，车辆的燃油消耗和轮胎磨损增加。表 2-3 为不同横向力系数下的实测损耗值。

表 2-3　实测的燃料消耗和轮胎磨损

横向力系数 μ	燃料消耗/%	轮胎磨损/%
0.00	100	100
0.05	105	160
0.10	110	220
0.15	115	300
0.20	120	390

（2）关于最大超高值 $i_{h(\max)}$。

在车速较高的情况下，为了平衡离心力要采用较大的超高值，但道路上行驶车辆的速度差异较大，特别是在混合交通的道路上，不仅要照顾快车，也要考虑慢车的安全。对于慢车，乃至因故暂停在弯道上的车辆，其离心力接近于 0 或等于 0。此时，如超高值过大，超出轮胎与路面间的横向摩阻系数，车辆有沿路面最大合成坡度下滑的危险。因此，最大超高值不应大于轮胎与路面间的横向摩阻系数，即：

$$i_{h(\max)} \leq \varphi_{W} \tag{2-3}$$

式中：φ_W——一年中气候恶劣季节路面的横向摩阻系数。

确定最大超高值 $i_{h(\max)}$，除考虑道路所在地区的气候条件外，还必须考虑驾驶员和乘客的心理，让他们有安全感。对重山区、城市附近、交叉口以及有相当数量非机动车行驶的道路，最大超高值应比一般道路小些。

《公路路线设计规范》(JTG D20—2017) 对各级公路的最大超高值的规定为：一般地区的高速公路、一级公路为 8% 或 10%；二、三、四级公路为 8%；积雪冰冻地区的各级公路均为 6%；城镇区域各级公路均为 4%。二、三、四级公路接近城镇且混合交通量大的路段，车速受到限制时，当设计速度为 80 km/h 时，最大超高取 6%；当设计速度为 60 km/h 时，最大超高取 4%；当设计速度为 40 km/h、30 km/h、20 km/h 时，最大超高取 2%。

2. 圆曲线的最小半径

从汽车行驶稳定性出发，圆曲线半径越大越好。但有时受地形、地质、地物等因素的限制，圆曲线半径不可能设置得很大，往往会采用小半径的圆曲线，这时如果半径选用得太小，又会使汽车行驶不安全，甚至翻车。所以必须综合考虑汽车安全、迅速、舒适和经济等因素，并兼顾美观，使确定的最小半径能满足某种程度的行车要求。《公路工程技术标准》(JTG B01—2014) 和《公路路线设计规范》(JTG D20—2017) 根据不同横向力系数及超高值，对不同等级的公路规定了圆曲线最小半径的极限值、一般值和不设超高的最小半径。

（1）圆曲线最小半径（极限值）。

圆曲线最小半径（极限值）是指为保证车辆按设计速度安全行驶所规定的圆曲线半径最小值。《公路工程技术标准》(JTG B01—2014) 规定的 $i_h = 4\% \sim 10\%$、$\mu = 0.1 \sim 0.17$，将超高值和横向力系数代入式 (2-1)，即得出《公路工程技术标准》(JTG B01—2014) 规定的圆曲线最小半径（极限值）。设计中，常采用 8% 超高的圆曲线最小半径（极限值）。

（2）圆曲线最小半径（一般值）。

圆曲线最小半径（一般值）是指各级公路对按设计速度行驶的车辆能保证其安全、舒适的最小圆曲线半径。《公路路线设计规范》（JTG D20—2017）中的圆曲线最小半径（一般值）是按 $i_h=6\%\sim8\%$、$\mu=0.05\sim0.06$ 计算取整得到的。

（3）不设超高最小半径。

不设超高的最小半径是指曲线半径较大、离心力较小时，汽车沿双向路拱（不设超高）外侧行驶的路面摩擦力足以保证汽车行驶安全稳定所采用的最小半径。

从舒适和安全的角度考虑，应把横向力系数控制到最小值，以使乘客在圆曲线上与在直线上有大致相同的感觉。《公路工程技术标准》（JTG B01—2014）中不设超高的圆曲线最小半径是当路拱横坡小于或等于 2% 时，分别取 $\mu=0.035$、$i_h=-0.015$ 和 $\mu=0.040$、$i_h=-0.02$；路拱横坡大于 2% 时，当 $i_h=-0.025$ 时取 $\varphi_h=0.04$，当 $i_h=-0.03$ 时取 $\varphi_h=0.045$，当 $i_h=-0.035$ 时取 $\varphi_h=0.050$，按式（2-1）计算取整得到。

《公路工程技术标准》（JTG B01—2014）、《公路路线设计规范》（JTG D20—2017）规定的圆曲线最小半径取值见表 2-4。《城市道路工程设计规范》（CJJ 37—2012）（2016 年版）规定的城市道路圆曲线最小半径取值见表 2-5。

表 2-4　圆曲线最小半径

设计速度/（km/h）		120	100	80	60	40	30	20
圆曲线最小半径（一般值）/m		1 000	700	400	200	100	65	30
圆曲线最小半径（极限值）/m	$i_{max}=4\%$	810	500	300	150	65	40	20
	$i_{max}=6\%$	710	440	270	135	60	35	15
	$i_{max}=8\%$	650	400	250	125	60	30	15
	$i_{max}=10\%$	570	360	220	115	—	—	—
不设超高最小半径/m	路拱≤2%	5 500	4 000	2 500	1 500	600	350	150
	路拱>2%	7 500	5 250	3 350	1 900	800	450	200

注："一般值"为正常情况下的采用值；"极限值"为条件受限时可采用的值；i_{max} 为采用的最大超高值；"—"为不考虑采用对应最大超高值的情况。

表 2-5　城市道路圆曲线最小半径

设计速度/（km/h）		100	80	60	50	40	30	20
不设超高最小半径/m		1 600	1 000	600	400	300	150	70
圆曲线最小半径/m	一般值	650	400	300	200	150	85	40
	极限值	400	250	150	100	70	40	20

注："一般值"为正常情况下的采用值；"极限值"为条件受限时可采用的值。

《公路工程技术标准》（JTG B01—2014）规定公路圆曲线半径小于表 2-4 "不设超高最小半径"时，应设置圆曲线超高。最大超高应符合下列规定：

① 一般地区，圆曲线最大超高应采用 8%。
② 积雪冰冻地区，最大超高值应采取 6%。

③ 以通行中、小型客车为主的高速公路和一级公路,最大超高可采用 10%。
④ 城镇区域公路,最大超高值可采取 4%。

3. 圆曲线的最大半径

选用圆曲线半径时,在地形等条件允许的前提下,应尽量采用大半径曲线,使行车舒适。但半径过大,对施工不利,且过大的圆曲线半径,其几何外观与直线无多大差异。研究表明,当圆曲线半径大于 9 000 m 时,视线集中的 300~600 m 范围内的视觉效果同直线没有区别。因此,《公路路线设计规范》(JTG D20—2017)规定,圆曲线最大半径值不宜超过 10 000 m。

4. 圆曲线的最小长度

汽车在曲线线形的道路上行驶时,若曲线很短,则驾驶员会因频繁操作转向盘而紧张,这在高速行驶的情况下是危险的。在平面设计中,公路平曲线一般由前后缓和曲线和中间圆曲线 3 段曲线组成。为便于驾驶操作和行车安全与舒适,汽车在任何一段线形上行驶的时间都不应短于 3 s,即在曲线上行驶时间不短于 9 s;如果中间的圆曲线为零,则会形成两回旋曲线直接衔接的凸形曲线,对行车不利,只有在受地形条件限制的山嘴或特殊困难情况下方可使用。因此,在平曲线设计时,圆曲线的最小长度一般要达到 3 s 行程。

2.3.3 圆曲线的运用

在道路平面设计时,应根据沿线地形、地物等条件,尽量选用较大半径曲线,以保证行车安全舒适。在选定半径时既要技术合理,又要经济适用;既不盲目采用高标准(大半径)而过分增加工程量,也不只考虑眼前通行要求而采用低标准。在确定圆曲线半径时,应注意以下几点:

(1)在条件许可时,争取选用不设超高的圆曲线半径。
(2)在一般情况下,宜采用极限最小半径的 4~8 倍或超高横坡度为 (2~4)% 的圆曲线半径。
(3)当地形条件受到限制时,曲线半径应尽量大于或接近于一般最小半径。
(4)在自然条件特殊困难或受其他条件严格限制而不得已时,方可采用圆曲线的极限最小半径。
(5)前后线形要素应协调,构成连续、均衡的曲线线形。
(6)圆曲线的最大半径不宜超过 10 000 m。

2.3.4 圆曲线要素及其计算

《公路路线设计规范》(JTG D20—2017)规定,当圆曲线半径小于不设超高的最小半径时,应设置回旋曲线。若圆曲线半径大于不设超高的最小半径时,圆曲线可直接与直线相接,可认为不设缓和曲线的圆曲线的计算是设缓和曲线的圆曲线计算的特殊情况。圆曲线的计算包括曲线要素计算、主点桩号计算和坐标计算。

一般来说,直线与圆曲线直接相接的情况较少,且计算简单。不设缓和曲线的圆曲线要素,如图 2-6 所示。

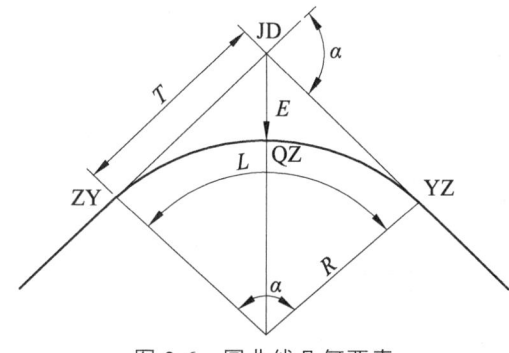

图 2-6 圆曲线几何要素

1. 圆曲线的几何要素

切线长: $T = R\tan\dfrac{\alpha}{2}$ （2-4）

曲线长: $L = \dfrac{\pi}{180°}\alpha R$ （2-5）

外　距: $E = R\left(\sec\dfrac{\alpha}{2} - 1\right)$ （2-6）

切曲差: $D = 2T - L$ （2-7）

式中：T——切线长（m）；
　　　L——曲线长（m）；
　　　E——外距（m）；
　　　D——切曲差（m）；
　　　R——圆曲线半径（m）；
　　　α——转角（°）。

2. 主点桩号计算

交点（JD）里程由中线丈量得到,根据计算得到的曲线要素,即可计算出各主点直圆（ZY）、曲中（QZ）、圆直（YZ）点的里程并校核如下：

```
     JD 里程
  -    T
  =  ZY 里程
  +    L
     YZ 里程
  -   L/2
  =  QZ 里程
  +   D/2    （校核）
  =  JD 里程
```

【**工程实例 2-1**】 已知某交点 JD 的里程为 K2 + 968.43，测得转角 $\alpha_{右} = 34°12'$，半径 $R = 200$ m，求曲线测设元素、主点里程。

（1）曲线测设元素计算。

$$T = R\tan\frac{\alpha}{2} = 61.53 \text{ m}$$

$$L = R\alpha\frac{\pi}{180°} = 119.38 \text{ m}$$

$$E = R\left(\sec\frac{\alpha}{2} - 1\right) = 9.25 \text{ m}$$

$$D = 2T - L = 3.68 \text{ m}$$

（2）主点里程的计算。

JD 里程		K2 + 968.43
−	T	− 61.53
ZY 里程		K2 + 906.90
+	L	+ 119.38
YZ 里程		K3 + 026.28
−	L/2	− 59.69
QZ 里程		K2 + 966.59
+	D/2	+ 1.84
JD 里程		K2 + 968.43（校核）

2.4 缓和曲线

缓和曲线

缓和曲线是道路平面线形要素之一。它是设置在直线与圆曲线之间或半径相差较大的两个转向相同的圆曲线之间的一种曲率连续变化的曲线。在城市道路上，缓和曲线也被广泛使用。以下主要介绍缓和曲线的性质、形式、长度、参数等。

2.4.1 缓和曲线的作用与性质

1. 缓和曲线的作用

（1）曲率连续变化，便于车辆遵循轨迹。

汽车在转弯行驶过程中，存在一条曲率连续变化的轨迹线。无论车速高低，这条轨迹线都是客观存在的。它的形式和长度则随行驶速度、曲率半径和驾驶员转动转向盘的快慢而定。在低速行驶时，驾驶员尚可利用路面的富余宽度将汽车保持在车道范围内，缓和曲线似乎没有必要。但在高速行驶时，汽车有可能超越自己的车道驶出一条很长的过渡性轨迹线。从行车安全性方面考虑，有必要设置一条驾驶员易于遵循的缓和曲线，使车辆在进入或离开圆曲线时不致侵入邻近的车道。

（2）离心加速度逐渐变化，乘客感觉舒适。

汽车行驶在圆曲线上产生离心力，离心力的大小与圆曲线的曲率成正比。汽车由直线驶入圆曲线或由圆曲线驶入直线，曲率的突变会使乘客有不舒适的感觉。所以应在曲率不同的直线和圆曲线、圆曲线和圆曲线之间，设置一条过渡性的曲线以缓和离心加速度的变化，使乘客感到舒适。

（3）超高及加宽逐渐变化，行车更加平稳。

道路横断面从直线上的双坡断面过渡到圆曲线上的单坡断面和由直线上的正常宽度过渡到圆曲线上的加宽宽度，一般是在缓和曲线长度内完成的。为避免车辆在这一过渡行驶中急剧地左右摇摆，并保证路容的美观，需设置一定长度的缓和曲线。

（4）与圆曲线配合得当，增加线形美观度。

圆曲线与直线连接处曲率突变，在视觉上有不平顺的感觉。在圆曲线与直线间设置缓和曲线后，线形连续圆滑，增加了线形美观度，如图 2-7 所示。

（a）不设缓和曲线感觉路线扭曲　　（b）设缓和曲线变得平顺美观

图 2-7　直线与曲线连接效果图

2. 缓和曲线的性质

汽车匀速从直线驶入圆曲线（或从圆曲线驶入直线），其行驶轨迹的弧长与曲线曲率半径的乘积为常数。这一性质与数学上的回旋线正好相符。我国《公路工程技术标准》（JTG B01—2014）规定采用回旋线作为缓和曲线的形式。

2.4.2　缓和曲线设计标准

《公路路线设计规范》（JTG D20—2017）规定：高速公路、一级公路、二级公路、三级公路的直线同半径小于不设超高的圆曲线衔接处，应设置缓和曲线（回旋线）；四级公路可将直线与圆曲线直接衔接，用超高、加宽缓和段代替缓和曲线。

1. 缓和曲线最小长度

缓和曲线必须有足够的长度，避免离心加速度增长过快使得驾驶员转动转向盘过急，从而使行车安全、舒适，线形圆滑顺适。

（1）从控制方向操作的最短时间考虑。

缓和曲线的长度太短，使驾驶员操作不便，所以应保证驾驶员在缓和曲线上操作有一定的行程时间。缓和曲线的最小长度为：

$$L_{s\min} = vt = \frac{V}{3.6}t \tag{2-8}$$

式中：V——设计速度（km/h）；

v——设计速度（m/s）；

t——汽车在缓和曲线上最短行驶时间（s），一般取 $t = 3$ s。

（2）离心加速度变化率应限制在一定范围内。

汽车行驶在缓和曲线上，其离心加速度随缓和曲线曲率变化而变化，如变化过快将会使乘客感受到横向的冲击。缓和曲线上离心加速度的变化率为：

$$a_c = \frac{a}{t} = \frac{V^2}{Rt} = \frac{V^3}{47RL_s} \tag{2-9}$$

式中：V——汽车行驶速度（km/h）；

R——圆曲线半径（m）；

t——汽车在缓和曲线上的行驶时间（s）。

由上述关系得出缓和曲线长度的计算公式为：

$$L_s = \frac{V^3}{47Ra_c} \tag{2-10}$$

离心加速度变化率采用什么值，现在国内尚无可参考资料。参照日本的经验，把离心加速度的变化率控制在 0.5~0.6 m/s³ 之间较为适当。对于车速较高的公路，考虑空气阻力的作用，其横向加速度变化率宜减小为 0.45 m/s³。

根据道路设计速度，按式（2-8）、式（2-10）即可计算出最小缓和曲线长度，《公路路线设计规范》（JTG D20—2017）规定见表 2-6；城市道路缓和曲线最小长度规定见表 2-7。

表 2-6 公路缓和曲线最小长度

设计速度/（km/h）	120	100	80	60	40	30	20
缓和曲线最小长度/m	100	85	70	50	35	25	20

注：四级公路为超高、加宽过渡段长度。

表 2-7 城市道路缓和曲线最小长度

设计速度/（km/h）	100	80	60	50	40	30	20
缓和曲线最小长度/m	85	70	50	45	35	25	20

当公路圆曲线半径大于规定值时，直线与圆曲线可直接连接，圆曲线最小半径见表 2-4。城市道路不设缓和曲线的最小圆曲线半径见表 2-8。

表 2-8 城市道路不设缓和曲线的最小圆曲线半径

设计速度/(km/h)	100	80	60	50	40
不设缓和曲线的最小圆曲线半径/m	3 000	2 000	1 000	700	500

在设计中，回旋线参数 A 值是根据线形舒顺和美观要求，按圆曲线半径 R 值的大小来确定的。

从视觉要求出发，当缓和曲线很短使缓和曲线角 $\beta<3°$ 时，缓和曲线极不明显，在视觉上容易被忽略；但是，如果缓和曲线过长使 $\beta \geq 29°$ 时，圆曲线与缓和曲线不能很好地协调。因此，从适宜的缓和曲线角值（$3°<\beta<29°$）范围可推导出适宜的 A 值。由缓和曲线角计算公式得：

$$\beta_0 = \frac{90°}{\pi} \cdot \frac{L_s}{R} \tag{2-11}$$

则

$$L_s = \frac{R\beta_0}{28.647\ 9} \tag{2-12}$$

而

$$A = \sqrt{L_s R} = \sqrt{\frac{\beta_0}{28.647\ 9}} R \tag{2-13}$$

将 $\beta=3°$ 和 $\beta=29°$ 代入式（2-13）得：

$$\frac{R}{3} \leq A \leq R \tag{2-14}$$

式中：A——缓和曲线参数（m）；
R——与缓和曲线相连接的圆曲线半径（m）。

2. 半径不同的圆曲线间缓和曲线的省略

（1）小圆半径大于不设超高的圆曲线最小半径时，可以省略缓和曲线。
（2）小圆半径大于表 2-9 中所列半径，且符合下列条件之一时，均可省略：

表 2-9 复曲线中的小圆临界曲线半径

设计速度/(km/h)	120	100	80	60	40	30
临界曲线半径/m	2 100	1 500	900	500	250	130

① 小圆曲线按规定设置相当于最小缓和曲线长的缓和曲线时，其大圆与小圆的内移值之差不超过 0.10 m。
② 设计速度 $V \geq 80$ km/h 时，大圆半径与小圆半径之比小于 1.5。
③ 设计速度 $V<80$ km/h 时，大圆半径与小圆半径之比小于 2。

2.4.3 缓和曲线的运用

（1）缓和曲线参数及其长度应根据线形设计以及对安全、视觉、景观等的要求，选用较大的数值。

（2）四级公路直线与小于不设超高最小半径的圆曲线相衔接处，可不设置缓和曲线，用超高、加宽缓和段径相连接。

（3）设计速度大于或等于 60 km/h 时，缓和曲线应作为线形要素之一加以运用。缓和曲线—圆曲线—缓和曲线的长度以大致接近为宜。两条缓和曲线的参数值亦可以根据地形条件设计成非对称的曲线，但 $A_1:A_2$ 不应大于 2.0。

（4）缓和曲线参数宜依据地形条件及线形要求确定，并与圆曲线半径相协调。

（5）缓和曲线长度除满足表 2-6 和表 2-7 的最小长度要求外，还应满足超高和加宽缓和段最小长度要求。

2.4.4 缓和曲线要素及计算

1. 回旋线的几何要素

（1）切线角 β。

回旋线上任意点处的切线与回旋线起点或点的切线（x 轴）的交角，称作切线角，如图 2-8 所示。

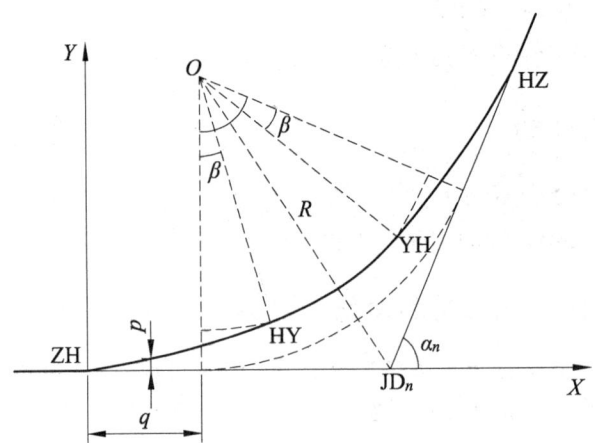

图 2-8 带有缓和曲线的平曲线设计图

$$\beta = \frac{l^2}{2A^2} = \frac{l^2}{2RL_s} = \frac{A^2}{2\rho^2} = \frac{l}{2\rho} \tag{2-15}$$

式中：ρ——回旋线上某点的曲率半径（m）；

l——回旋线上某点到原点的曲线长（m）；

A——回旋线参数（m），$A^2 = \rho l$。

在回旋线起点 ZH 或 HZ 点处，$l = L_s$，该点的切线角表示为 β_0，则

$$\beta_0 = \frac{L_s}{2R} \cdot \frac{180°}{\pi}$$

（2）内移值 p。

$$p = y_0 + R(\cos\beta_0 - 1) \tag{2-16}$$

$$p = \frac{L_s^2}{24R} - \frac{L_s^4}{2\,688R^3} \tag{2-17}$$

（3）切线增值 q。

$$q = x_0 - R\sin\beta_0, \quad q = \frac{L_s}{2} - \frac{L_s^3}{240R^2} \tag{2-18}$$

2. 有缓和曲线的道路平曲线几何元素

道路平面线形三要素的基本组成是：直线—回旋线—圆曲线—回旋线—直线，如图 2-9 所示。

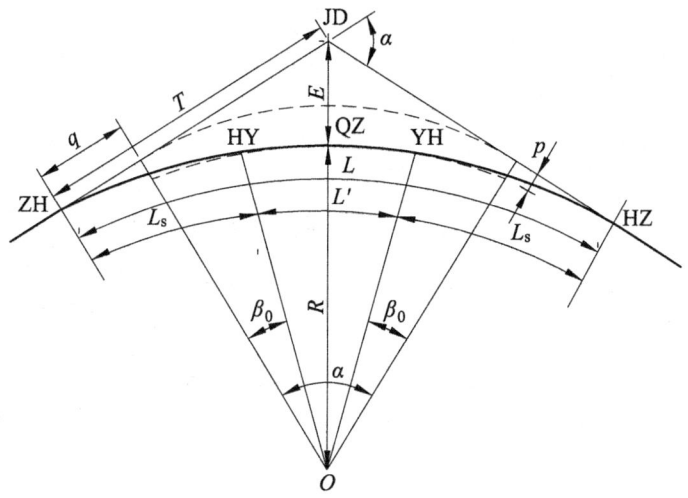

图 2-9 "基本形"平曲线

（1）曲线要素的计算公式：

切线长： $T = (R+p)\tan\dfrac{\alpha}{2} + q$ （2-19）

曲线长： $L = (\alpha - 2\beta_0)\dfrac{\pi}{180°}R + 2L_s = \dfrac{\pi}{180°}\alpha R + L_s$ （2-20）

外距： $E = (R+p)\sec\dfrac{\alpha}{2} - R$ （2-21）

切曲差： $D = 2T - L$ （2-22）

（2）主点里程桩号计算方法：

以交点里程桩号 JD 为起算点

       JD 里程

    − T

    = ZH 里程

    + L_s

    = HY 里程

    + L_0

    = YH 里程

```
        +        L_s
        =    HZ 里程
        -        L/2
        =    QZ 里程
        +        D/2
        =    JD 里程   （校核）
```

【**工程实例 2-2**】 已知平原区某二级公路有一弯道，JD = K2 + 536.48，偏角 $\alpha_{右}$ = 15°28′30″，半径 R = 600 m，缓和曲线长度 L_s = 70 m。要求计算曲线主点里程桩号。

【**解**】（1）曲线要素计算：

$$p = \frac{L_s^2}{24R} = \frac{70^2}{24 \times 250} = 0.340$$

$$q = \frac{L_s}{2} - \frac{L_s^3}{240R^2} = \frac{70}{2} - \frac{70^3}{240 \times 250^2} = 34.996$$

$$L = \frac{\pi}{180°}\alpha R + L_s = \frac{\pi}{180°} \times 15.283\,0 \times 250 + 70 = 232.054$$

$$T = (R + p)\tan\frac{\alpha}{2} + q = (250 + 0.340)\tan\frac{15.283\,0}{2} + 34.996 = 116.565$$

$$E = (R + p)\sec\frac{\alpha}{2} - R = (250 + 0.340)\sec\frac{\alpha}{2} - 250 = 5.865$$

$$D = 2T - L = 2 \times 116.565 - 232.054 = 1.077$$

（2）主点里程桩号计算：

以交点里程桩号为起算点：

JD = K2 + 536.48

ZH = JD - T = K2 + 536.48 - 116.565 = K2 + 419.915

HY = ZH + L_s = K2 + 419.915 + 70 = K2 + 489.915

QZ = ZH + L/2 = K2 + 419.915 + 232.054/2 = K2 + 535.942

HZ = ZH + L = K2 + 419.915 + 232.054 = K2 + 651.969

YH = HZ - L_s = K2 + 651.97 - 70 = K2 + 581.969

【**工程实例 2-3**】某二级公路，已知交点(JD)的里程桩号为 K12 + 476.21，转角 α = 37°16′，圆曲线半径 R = 300 m，设计速度 V = 60 km/h，缓和曲线长度 L_s = 60 m，试计算各曲线要素及各主点桩的桩号里程。

【**解**】（1）各曲线要素计算：

$$p = \frac{L_s^2}{24R} = \frac{60^2}{24 \times 300} = 0.5 \text{ m}$$

$$\beta_0 = 28.647\,9\frac{L_s}{R} = 28.647\,9 \times \frac{60}{300} = 5°43′46″$$

$$T = (R+p)\tan\frac{\alpha}{2} + q = (300+0.5)\tan\frac{37°16'}{2} + 29.99 = 131.31 \text{ m}$$

$$L = \frac{R(\alpha - 2\beta_0)\pi}{180°} + 2L_s = \frac{300\times(37°16' - 2\times 5°43'46'')\pi}{180°} + 2\times 60 = 255.13 \text{ m}$$

$$E = (R+p)\sec\frac{\alpha}{2} - R = (300+0.5)\sec\frac{37°16'}{2} - 300 = 17.12 \text{ m}$$

$$D = 2T - L = 2\times 131.31 - 255.13 = 7.49 \text{ m}$$

$$L_y = \frac{R(\alpha - 2\beta_0)\pi}{180°} = \frac{300\times(37°16' - 2\times 5°43'46'')\pi}{180°} = 135.13 \text{ m}$$

（2）各主点桩的桩号里程计算：

ZH = JD − T = K12+476.21 − 131.31 = K12+344.90；

HY = ZH + L = K12+344.90 + 60 = K12+404.90；

YH = HY + (L − 2L_s) = K12+404.90 + (255.13 − 2×60) = K12+540.03；

HZ = YH + L = K12+540.03 + 60 = K12+600.03；

QZ = HZ − L/2 = K12+600.03 − 255.13/2 = K12+472.47；

校对：JD = QZ + D/2 = K12+472.47 + 7.49/2 = K12+476.21；

无误。

【拓展训练】 某新建二级公路设计车速为 40 km/h，有一平曲线，交点为 JD_3，交点桩号为 K6+560.56，其平曲线半径分别为 R = 250 m，偏角 $\alpha = 29°23'24''$，试敷设平曲线并计算主点里程。

2.5 平面线形设计

平面线形设计

2.5.1 一般原则

1. 平面线形应直捷、流畅，与地形、地物相适应，与周围环境相协调

平面线形应直捷、流畅，并与地形、地物相适应，宜直则直，宜曲则曲，不片面追求直曲，这是美学、经济和环境保护的要求。

在地势平坦开阔的平原微丘区，路线直捷舒顺，平面线形三要素中直线所占比例较大；在地势起伏的山岭重丘区，路线弯曲多变，曲线在平面线形中所占的比例较大，平面线形以曲线为主。如在没有任何障碍物的开阔地区（如戈壁、草原）人为设置一些不必要的曲线，或在高低起伏的山岭地区硬拉长直线，都会产生不协调的视觉。直线、圆曲线、缓和曲线的选用及其合理组合，取决于地形地物等具体条件，片面强调路线以直为主或以曲为主，或人为规定三者的比例都是不合适的。

平面线形设计要避免错误地隔断生态景观或视觉景观空间。如图 2-10（a）所示，直线线形在景观中好像异物一样显得生硬而不协调；借助线形的弯曲来适应地形显得自然流畅和协调，如图 2-10（b）所示。

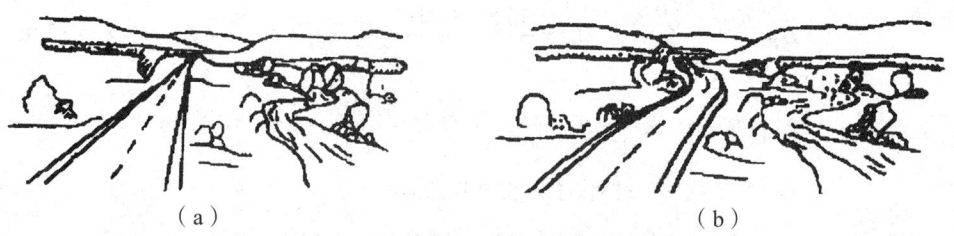

图 2-10　平面线形与景观的协调

2. 保持平面线形的均衡与连续

为使一条道路上的车辆尽量以均匀速度行驶，应注意各线形要素保持连续、均衡，避免出现技术指标的突变。以下几点在设计时应充分注意：

（1）直线与平曲线的组合。

直线与平曲线衔接处线形变化应连续、均衡，圆曲线半径和长度与相邻直线长度应相适应，避免以下组合：

① 长直线尽头接小半径平曲线。车辆在长直线和长大半径平曲线道路上行驶一般会采用较高的速度，若突然出现小半径平曲线，车辆会因减速不及时而发生事故，特别是在下坡方向的尽头更要注意线形的连续性。若因地形所限，不得不采用小半径平曲线时，中间应插入过渡性平曲线，并使纵坡不要过大。

② 短直线接大半径的平曲线。这种组合主要是线形均衡性差，且线形不美观。

根据国外设计经验，从视觉及安全考虑，当直线与平曲线相接时，圆曲线半径 R 与其前后的直线长度 L 满足如下关系时，是比较好的直线与平曲线组合：

$L \leqslant 500$ m 时，$R \geqslant L$；

$L > 500$ m 时，$R \geqslant 500$ m。

（2）平曲线与平曲线的组合。

相邻平曲线之间的设计指标应连续、均衡，避免突变。在条件允许时，相邻圆曲线大半径与小半径之比宜小于 2.0，相邻回旋线参数之比宜小于 2.0，利于行车。

（3）高、低标准之间要有过渡。

同一等级道路因地形变化在设计指标的采用上也会有变化，或同一条道路按不同设计速度设计的各路段之间也会有技术标准的变化。遇有这种高、低标准变化的路段，除满足有关设计路段在长度和速度梯度上的要求外，还应结合地形的变化，使路线的平面线形指标逐渐过渡，避免出现突变。不同标准路段相互衔接的地点，应选在交通量发生变化处，或驾驶员能明显判断前方需改变速度的地方。

3. 注意与纵断面设计相协调

在平面线形设计中，应考虑纵断面设计的要求，与纵断面线形相协调。特别是平原微丘区的道路，平曲线指标一般较高，平曲线较长，与铁路、主要道路及河流交叉的地方往往是纵断面线形的控制点。在设计平面线形时，应考虑平原微丘区道路纵断面设计的特殊性，为纵断面设计留有余地，以利于平纵线形组合设计。

4. 平曲线应有足够的长度

公路平曲线包括圆曲线和缓和曲线。汽车在道路的曲线路段上行驶，如平曲线长度过短，驾驶员需急转转向盘，在高速行驶时是不安全的；也会使离心加速度变化率过大，乘客感到不舒适。当道路转角很小时，容易产生曲线半径很小的错觉。因此，平曲线应有一定长度。

最小平曲线长度一般应按下述条件确定：

（1）驾驶员操作从容、乘客感觉舒适要求的平曲线最小长度。

平曲线一般由前后回旋线和中间圆曲线 3 段组成。根据经验，在每段曲线上驾驶员操作转向盘不感到困难至少需 3 s 的行程，全长需 9 s；如中间圆曲线长度为零，形成凸形曲线，驾驶者会感到操作突变且视觉也不舒顺，只有在受地形条件限制的山嘴或特殊困难情况下方可使用。

《公路路线设计规范》（JTG D20—2017）指出：各级公路设计平曲线长度不宜过短，从线形设计要求方面考虑，曲线长度按最小值的 5～8 倍确定较适宜。平曲线最小长度不应小于表 2-10 的规定，表列一般值基本上取"最小值"的 3 倍。

表 2-10　各级公路平曲线最小长度

设计速度/（km/h）	120	100	80	60	40	30	20
一般值/m	600	500	400	300	200	150	200
最小值/m	200	170	140	100	70	50	40

注："一般值"为正常情况下的采用值；"最小值"为条件受限制时可采用的值。

（2）缓和曲线上离心加速度的变化率不超出定值。

《公路路线设计规范》（JTG D20—2017）在规定最小缓和曲线长度时，已经考虑了离心加速度的变化率要求。因此，当平曲线是由两段缓和曲线组成的凸形曲线时，平曲线的最小长度应取该最小缓和曲线长度的 2 倍。

（3）转角 α 小于 7°时的平曲线长度。

根据路线直捷的要求，平曲线转角宜小一些。当路线转角 $\alpha<7°$ 时，不仅容易使曲线设得过短，视觉上平曲线长度也会比实际的短，造成急转弯的错觉。因此，《公路路线设计规范》（JTG D20—2017）针对小转角平曲线的长度提出了要求：当转角小于 7°时，平曲线仍按由两段回旋线组成的凸形曲线长度来考虑，使 $\alpha<7°$ 的平曲线外距 E 与 $\alpha=7°$ 时的 E 相等时的曲线长作为最小平曲线长，此时其长度应大于表 2-11 规定的"一般值"；当地形条件限制时，可采用表 2-11 中的"最小值"。

表 2-11　公路转角 $\alpha\leqslant7°$ 时的平曲线最小长度

设计速度/（km/h）	120	100	80	60	40	30	20
一般值/m	1 400/α	1 200/α	1 000/α	700/α	500/α	350/α	280/α
最小值/m	200	170	140	100	70	50	40

注：表中 α 为路线转角值（°），当 $\alpha<2°$ 时，按 $\alpha=2°$ 计算。

2.5.2 平面线形要素的组合类型

前面 3 节已经对平面线形的几何要素（直线、圆曲线、缓和曲线）分别进行了介绍，由这 3 种基本线形可以得到多种平面线形的组合形式。就道路平面线形设计而言，主要有简单形、基本形、凸形、S 形、卵形、C 形、复合形和回头曲线等。

1. 简单形

（1）定义。

当线形由直线与圆曲线组成一段曲线时叫作简单形曲线，即按直线—圆曲线—直线的顺序组合，如图 2-11 所示。

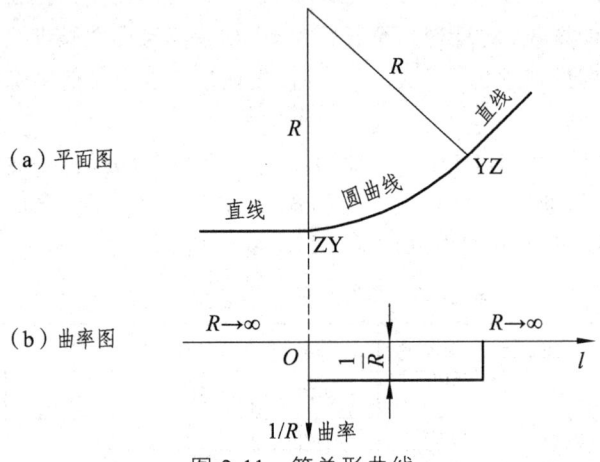

图 2-11　简单形曲线

（2）特征及运用。

简单形曲线在 ZY 和 YZ 点处有曲率突变点，对行车不利，当半径较小时该处线形也不顺适，一般限于四级公路采用。其他等级公路当平曲线半径大于不设超高半径时，缓和曲线也可以省略，即采用简单形曲线。

2. 基本形

（1）定义。

基本形曲线是指按直线—回旋线—圆曲线—回旋线—直线的顺序组合的曲线，如图 2-12 所示。

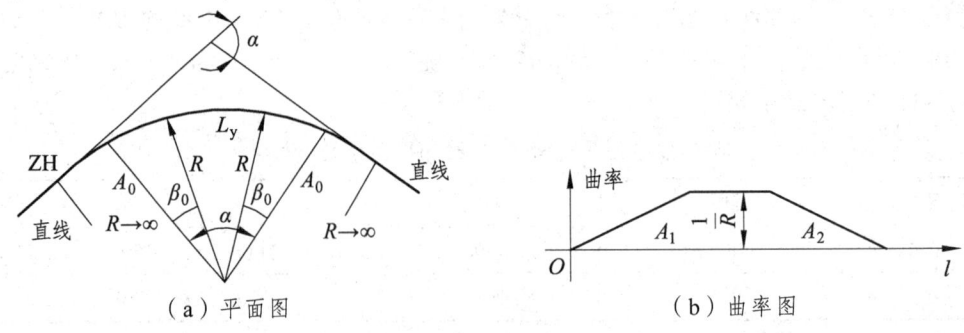

图 2-12　基本形曲线

（2）特征及运用。

基本形曲线可以设计成对称基本形和非对称基本形两种：当 $A_1 = A_2$ 时为对称基本形；非对称基本形是根据线形、地形变化的需要，在圆曲线两侧采用 $A_1 \neq A_2$ 的回旋线。此时 $A_1 : A_2$ 应不大于 2，当 $A_1 = A_2 = 0$ 时，称为简单线形，即不设缓和曲线。

为使线形协调，当选用基本组合时尽可能满足：回旋线长度：圆曲线长度：回旋线长度 = 1：1：1～1：2：1，并注意满足设置基本形平曲线的几何条件：

$$2\beta_0 < \alpha \tag{2-23}$$

式中：α——路线转角（°）；
β_0——缓和曲线角（°）。

3. 凸 形

（1）定义。

两条同向缓和曲线间不插入圆曲线而径相连接的组合形式称为凸形曲线，如图 2-13 所示。

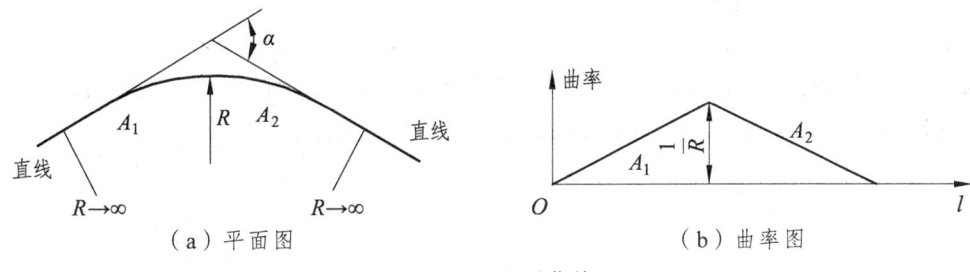

图 2-13 凸形曲线

（2）特征及运用。

① 设置凸形的几何条件是：

$$2\beta_0 = \alpha \tag{2-24}$$

② 凸形曲线的缓和曲线最小参数及其连接点的半径值，应分别符合容许最小回旋线参数和圆曲线一般最小半径的规定。

③ 凸形曲线在两缓和曲线衔接处曲率会产生突变，不仅行车操作不便，而且由于存在超高，路面边缘线纵断面也在该处形成转折，所以凸形曲线作为平面线形是不理想的，一般情况下不宜采用，只有地形、地物受限制的路段方可考虑。当公路转角很小时，采用凸形则较基本形好。

④ 凸形曲线，按两回旋线参数是否相等，可有对称形和非对称形两种，可结合地形及环境条件选用。

4. S 形

（1）定义。

两条反向圆曲线间用两条反向回旋线连接的组合形式，称为 S 形曲线，如图 2-14 所示。

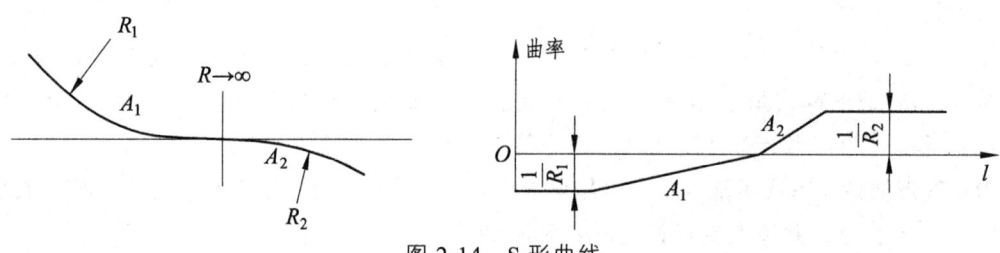

图 2-14 S 形曲线

（2）特征及运用。

① S 形相邻两个回旋线参数 A_1 与 A_2 宜相等。当采用不同的参数时，A_1 与 A_2 之比应小于 2.0，有条件时以小于 1.5 为宜。

② S 形两圆曲线半径之比不宜过大，宜为：

$$\frac{R_2}{R_1} = 1 \sim \frac{1}{3} \tag{2-25}$$

式中：R_1——大圆半径（m）；
　　　R_2——小圆半径（m）。

③ 在 S 形曲线上，两条反向回旋线之间不宜设直线，不得已需插入直线时，必须尽量地短，其短直线的长度或重合段的长度应符合式（2-26）要求：

$$\Delta l \leqslant \frac{A_1 + A_2}{40} \text{（m）} \tag{2-26}$$

式中：Δl——反向回旋线间短直线或重合段的长度（m）；
　　　A_1、A_2——回旋线参数。

如果中间直线长度 Δl 超过要求很多，就不能认为是 S 形曲线，而应视为两条独立的基本形曲线。

5. 卵　形

（1）定义。

用一条回旋线连接两条同向圆曲线的组合形式称为卵形曲线，如图 2-15 所示。

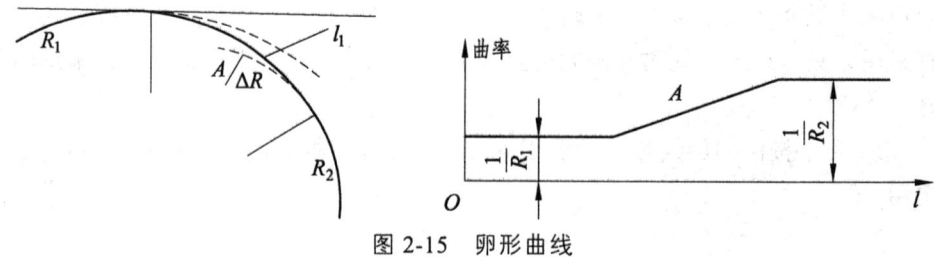

图 2-15 卵形曲线

（2）特征及运用。

卵形曲线大圆应能完全包住小圆。若大圆半径无限大，即为直线，则属于基本形。卵形曲线的回旋线不是从原点开始的完整回旋线，而是使用曲率从 $\frac{1}{R_1}$ 到 $\frac{1}{R_2}$ 这一段的不完整回旋线。

① 卵形曲线上的回旋线参数 A 应满足回旋线最小参数的规定，同时宜在下列界限之内：

$$\frac{R_2}{2} \leqslant A \leqslant R_2 \tag{2-27}$$

式中：A——回旋线参数；

R_2——小圆半径（m）。

② 两圆曲线半径之比宜在下列界限之内：

$$0.2 \leqslant \frac{R_2}{R_1} \leqslant 0.8 \tag{2-28}$$

式中：R_1——大圆半径（m）。

③ 两圆曲线的间距，宜在下列界限之内：

$$0.003 \leqslant \frac{D}{R_2} \leqslant 0.03 \tag{2-29}$$

式中：D——两圆曲线最小间距（m）。

6. C 形

（1）定义。

C 形是指同向曲线的两回旋线在曲率为零处径相衔接的组合形式，如图 2-16 所示。

（2）特征及运用。

其连接处的曲率为 0，也即 $R=\infty$，相当于两基本形的同向曲线中间直线长度为 0，对行车和线形都会带来一些不利影响，所以 C 形曲线只有在特殊地形条件下方可采用。

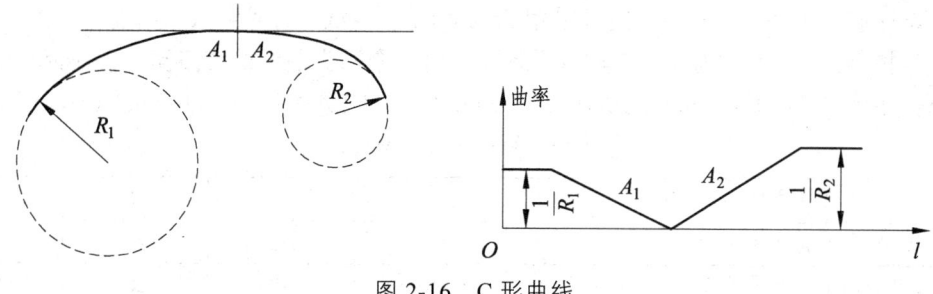

图 2-16 C 形曲线

7. 复合形

（1）定义。

复合形是指两条以上同向回旋线间在曲率相等处相互连接的形式，如图 2-17 所示。

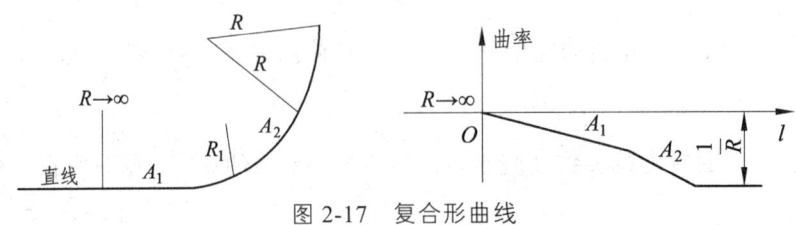

图 2-17 复合形曲线

（2）特征及运用。

复合形曲线相邻回旋线参数之比宜小于 1.5。复合形曲线的回旋线，其曲率半径和参数是变化的，驾驶员需变更速度和方向，以适应变化的回旋线，对驾驶操作不利，除互通式立体交叉匝道线形外，复合形曲线仅在受地形或其他特殊原因限制时使用。

8．回头曲线

（1）定义。

回头曲线指在山区公路为克服高差在同一坡面上展线时所采用的线形，其圆心角一般接近或大于 180°，如图 2-18 所示。

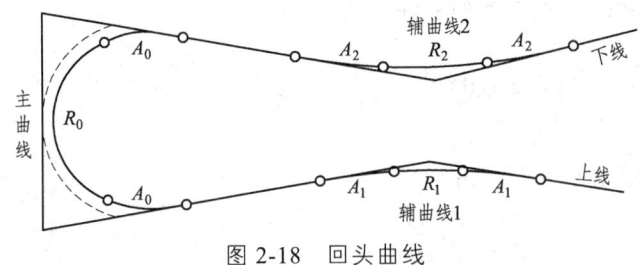

图 2-18 回头曲线

（2）特征及运用。

① 回头曲线转角大、半径小、线形差，一般较少采用，只有在三级、四级公路当自然展线无法争取到需要的距离以克服高差时，或因地形、地质条件所限不能采取自然展线时，可采用回头曲线。

② 回头曲线的前后线形应有连续性，两头宜布设过渡性曲线，此外还应设置限速标志，并采取保证通视良好的技术措施。回头曲线的主要技术指标见表 2-12。

③ 设计速度为 40 km/h 的公路可采用 35 km/h、30 km/h 的回头曲线速度。

④ 两相邻回头曲线之间，应有较长的距离。由一个回头曲线的终点至下一个回头曲线起点的距离，设计速度为 40 km/h、30 km/h、20 km/h 时，应分别不小于 200 m、150 m、100 m。

表 2-12 回头曲线技术指标

主线设计速度/(km/h)	40	30	20	
回头曲线设计速度/(km/h)	35	30	25	20
圆曲线最小半径/m	40	30	20	15
回旋线最小长度/m	35	30	25	20
超高横坡度/%	6	6	6	6
双车道路面加宽值/m	2.5	2.5	2.5	3.0
最大纵坡/%	3.5	3.5	4.0	4.5

2.5.3 平面线形设计示例

【工程实例 2-4】 如图 2-19 所示,某二级公路,设计速度为 80 km/h,路基宽度为 12 m, $\alpha_1 = 35°37'45''$,$\alpha_2 = 35°09'29''$,$\alpha_3 = 29°13'27.8''$,$l_1 = 412.84$ m,$l_2 = 431.53$ m,图中建筑物离 JD_2 的垂直距离为 29.7 m。要求路线布设后,路中线离建筑物的距离不小于 8.5 m,试推荐 JD_1、JD_2、JD_3 的半径和缓和曲线长度。

【分析】将 JD_1、JD_2、JD_3 的半径均取极限最小半径 250 m 和该半径下的缓和曲线长度 110 m,切线长分别为 135.89 m、134.75 m、120.61 m,而根据直线最小长度要求 $2V = 160$ m,$l_1 < 135.89 + 134.75 + 160$,$l_2 > 134.75 + 120.61 + 160$,因此 JD_1、JD_2 适合做成 S 形曲线,JD_2、JD_3 可做成大于 $2V$ 的反向曲线,也可做成 S 形曲线,但从线形角度考虑,宜做成 S 形曲线。又因 JD_2 的曲线内侧有建筑物,受外距控制,因此宜先推荐 JD_2 的缓和曲线长度和圆曲线半径,再由切线长反算 JD_1、JD_3 的圆曲线半径。

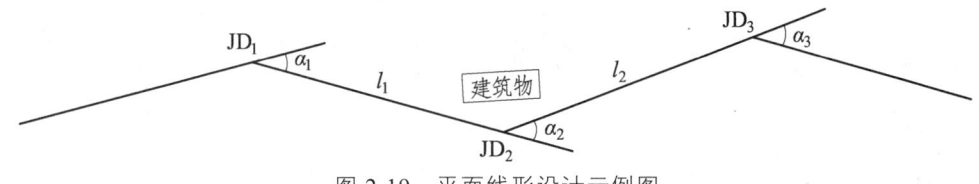

图 2-19 平面线形设计示例图

【解】由外距反算 JD_2 的半径:

由图 2-19 可知,$E = 29.7$ m $-$ 8.5 m $= 21.2$ m,选定 $L_{S2} = 120$ m,解算 R_2 并取整得 $R_2 = 400$ m,经验算缓和曲线长度满足超高、线形等要求。

由切线长反算 JD_1、JD_3 的半径:

由 JD_2 切线长 $T_2 = 187.16$ m,选定 $L_{S1} = 145$ m,解算得 $R_1 = 475.03$ m,缓和曲线长度满足要求。

同样可得:$L_{S3} = 160$ m,$R_3 = 628.96$ m。

【工程实例 2-5】 如图 2-20 所示,某三级公路,设计速度为 30 km/h,$\alpha_1 = 109°30'18''$,$\alpha_2 = 108°14'01''$,$l = 175.04$ m。要求布设一回头曲线,而且路线布设后,曲线与基线 AB 严格相切,试推荐该曲线半径和缓和曲线长度。

【分析】在上述情况下布设曲线时,如不要求严格相切,可按虚交的相关做法计算圆曲线半径,然后推荐缓和曲线长度。如要求严格相切,则可用非对称型单曲线解算圆曲线半径。即在切点处将曲线划分为两个非对称型单曲线,拟定缓和曲线长度,将 AB 表示为半径的函数,即可求得圆曲线的半径。

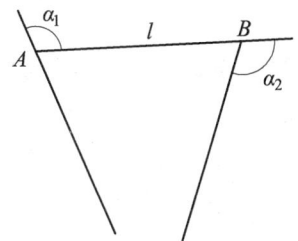

图 2-20 回头曲线设计示例图

【解】拟定缓和曲线长度为 40 m，设半径为 R。

前一条曲线的切线长 T_2 即为 A 到公切点的距离，后一条曲线的切线长 T_1 即为公切点到 B 的距离，则 $T_2 + T_1 = AB$。

由非对称性单曲线计算公式：

$$T_2 = (R + p_2)\tan\frac{\alpha_1}{2} + q_2 + \frac{p_1 - p_2}{\sin\alpha_1}$$

$$T_1 = (R + p_1)\tan\frac{\alpha_2}{2} + q_1 + \frac{p_1 - p_2}{\sin\alpha_2}$$

其中，$p_2 = 0$，$p_1 = 1\,600/24R$，$q_2 = 0$；$p_1 = 0$，$p_2 = 1\,600/24R$，$q_1 = 0$。

由上述两式解关于 R 的方程得：$R = 61.76$ m。

2.6 行车视距及其保证

2.6.1 行车视距的定义

行车视距是指从车道中心线上 1.2 m 的高度，能看到该车道中心线上高为 0.1 m 的物体顶点时，沿该车道中心线量得的长度。影响行车视距的地点如图 2-21 所示。

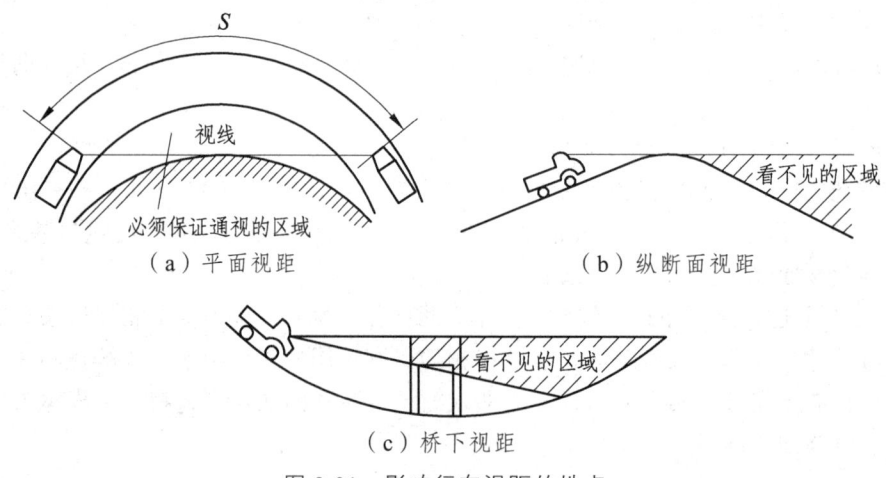

图 2-21 影响行车视距的地点

规定行车视距标准时，为了保证行车安全，应使驾驶员能随时看到汽车前方一定距离的公路，以便发现前方障碍物或来车时，能及时采取措施。在平面上，当弯道内侧有挖方边坡、障碍物以及纵断面上凸形竖曲线处、路线交叉口附近、下穿式立体交叉的凹形竖曲线处，均有可能存在视距不良的问题。在道路设计中保证足够的行车视距，是确保行车安全、快速、增加行车安全感，提高行车舒适性的一项重要任务。

2.6.2 行车视距的类型

视距是指驾驶员在行驶过程中的通视距离。为了行车安全，驾驶员应随时看到汽车前面相当远的一段路程，一旦发现前方路面上有障碍或迎面来车，能及时采取措施，避免相撞，这一必需的最短距离称为行车视距。行车视距是否充分，直接关系到行车的安全与迅速，它是道路使用质量的重要指标之一。驾驶员发现路面障碍物或迎面来车时，根据其采取措施不同，行车视距可分为以下几种：

停车视距：汽车行驶时，自驾驶员看到障碍物时起，至在障碍物前安全停止，所需要的最短距离。

会车视距：在同一车道上两对向汽车相遇，从互相发现起，至同时采取制动措施使两车安全停止，所需要的最短距离。

错车视距：在没有明确划分车道线的双车道公路上，两对向行驶的汽车相遇，发现后即采取减速避让措施安全错车所需要的最短距离。

超车视距：在双车道公路上，后车超越前车时，从开始驶离原车道之处起，至在与对向来车相遇之前，完成超车安全回到自己的车道所需要的最短距离。

上述 4 种视距中，超车视距最长，属于同向行驶；错车视距最短。前 3 种属于对向行驶，其中以会车视距最长。一般设计时只要道路能保证会车视距，停车视距和错车视距也就可以得到保证。根据计算分析得知，会车视距约等于停车视距的 2 倍，故设计时只需计算停车视距。

1. 停车视距

停车视距（图 2-22）主要由两部分组成：驾驶员反应时间内行驶的距离和开始制动到汽车完全停止所行驶的制动距离。

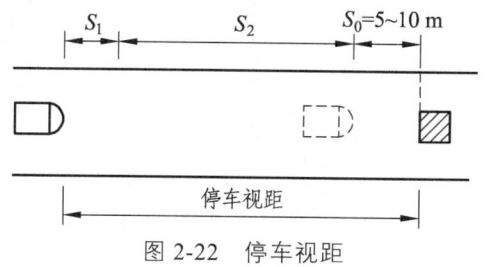

图 2-22 停车视距

（1）反应距离 S_1。

反应距离是指驾驶员发现前方的障碍物，经过判断决定采取制动措施的那一瞬间到制动器真正开始起作用的瞬间汽车所行驶的距离，即

$$S_1 = Vt/3.6$$

式中：V——车速（km/h）；

t——驾驶员发现前方的障碍物到制动器真正开始起作用的时间，一般取 2.5 s。

（2）制动距离 S_2。

制动距离是指汽车从制动生效到汽车完全停住，这段时间所行驶的距离。

$$S_2 = \frac{V^2}{254(\varphi+i)} \quad (2\text{-}30)$$

因此，停车视距计算公式为

$$S_T = \frac{Vt}{3.6} + \frac{V^2}{254(\varphi+i)} \quad (2\text{-}31)$$

式中：φ——纵向附着系数，依据车速及路面状况而定，一般按路面在潮湿状态下计算，不同设计速度下的 φ 值见表 2-13。

　　　i——道路纵坡，上坡为"+"，下坡为"-"。

　　　V——行车速度（km/h），设计速度为 80～120 km/h 时，采用设计速度的 85%；为 40～60 km/h 时，采用设计速度的 90%；为 20～30 km/h 时，采用设计速度的 100%。

表 2-13　不同计算行车速度下 φ 值

设计速度/（km/h）	120	100	80	60	50	40	30	20
φ 值	0.29	0.31	0.31	0.33	0.35	0.38	0.44	0.44

高速公路、一级公路的视距应采用停车视距。高速公路、一级公路的一般路段，每条车道的停车视距应不小于表 2-14 的规定。

表 2-14　高速公路、一级公路停车视距

设计速度/（km/h）	120	100	80	60
停车视距/m	210	160	110	75

高速公路、一级公路以及大型车比例高的二级公路、三级公路的下坡路段，应采用下坡段货车停车视距对相关路段进行检验。各级公路下坡段货车停车视距应不小于表 2-15 的规定。

表 2-15　下坡段货车停车视距（单位：m）

设计速度/（km/h）		120	100	80	60	40	30	20
纵坡坡度/%	0	245	180	125	85	50	35	20
	3	265	190	130	89	50	35	20
	4	273	195	132	91	50	35	20
	5	—	200	136	93	50	35	20
	6	—	—	139	95	50	35	20
	7	—	—	—	97	50	35	20
	8	—	—	—	—	—	35	20
	9	—	—	—	—	—	—	20

《城市道路工程设计规范》（CJJ 37—2012）（2016 年版）规定的停车视距标准见表 2-16。

表 2-16　城市道路停车视距

设计速度/（km/h）	100	80	60	50	40	30	20
停车视距/m	160	110	70	60	40	30	20

（3）安全距离 S_0。

安全距离是指汽车在障碍物前停车而不致冲到障碍物上，与障碍物之间的最小距离，一般可取 5～10 m。

综上所述，停车视距为：

$$S_T = S_1 + S_2 + S_0 = \frac{Vt}{3.6} + \frac{V^2}{254(\varphi+i)} + S_0$$

2. 会车视距

对于不设分隔带的双车道公路，车辆在行驶中，驾驶员趋向于沿路面中心行驶，一旦发现前方来车，双方驾驶员各自把车辆驶回到自己的车道上，使两车安全交会。为保证双向行驶的双车道公路的行车安全，公路平面应能保证会车视距要求，即满足双向行驶的汽车能在同一车道上及时刹车所需的最短距离。

会车视距也由 3 部分组成，如图 2-23 所示：① 双方驾驶员反应时间内汽车所行驶的距离 $2S_1$；② 双方汽车的制动距离 $S_{Z1} + S_{Z2}$；③ 安全距离 S_0。

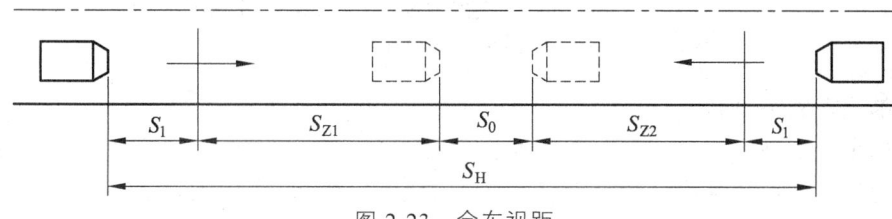

图 2-23 会车视距

如果以 V_1 和 V_2 表示汽车 1 和汽车 2 的车速，而且它们是在 i_1 和 i_2 的纵坡上行驶，则有：

$$S_H = \frac{V_1+V_2}{3} + \frac{V_1}{254(\varphi \pm i)} + \frac{V_2}{254(\varphi \pm i)} + S_0 \quad (2\text{-}32)$$

如果两汽车车速相同，均为 V（km/h），并在同一纵坡 i 上行驶（即一辆车上坡、一辆车下坡），则有：

$$S_H = \frac{V}{1.5} + \frac{V^2 \varphi}{127(\varphi^2 - i^2)} + S_0 \quad (2\text{-}33)$$

由上面分析可知，会车视距几乎为停车视距的 2 倍，为简化计算，会车视距的规定值是其长度不小于停车视距的 2 倍。

二级公路、三级公路、四级公路的视距应采用会车视距。受地形条件或其他特殊情况限制而采取分道行驶措施的路段，可采用停车视距。会车视距与停车视距应不小于表 2-17 的规定。

表 2-17 二级、三级、四级公路会车视距与停车视距

设计速度/(km/h)	80	60	40	30	20
会车视距/m	220	150	80	60	40
停车视距/m	110	75	40	30	20

3. 超车视距

在一般双车道公路上行驶着各种不同速度的车辆，当快速车追上慢速车以后需要占用供对向汽车行驶的车道进行超车。为了超车时的安全，驾驶员必须能看到前面足够长度的车流空隙，以便在相邻车道上没有出现对向驶来的汽车之前完成超车而不妨碍对向汽车的行驶。

超车视距全程可分为 4 个阶段，如图 2-24 所示。

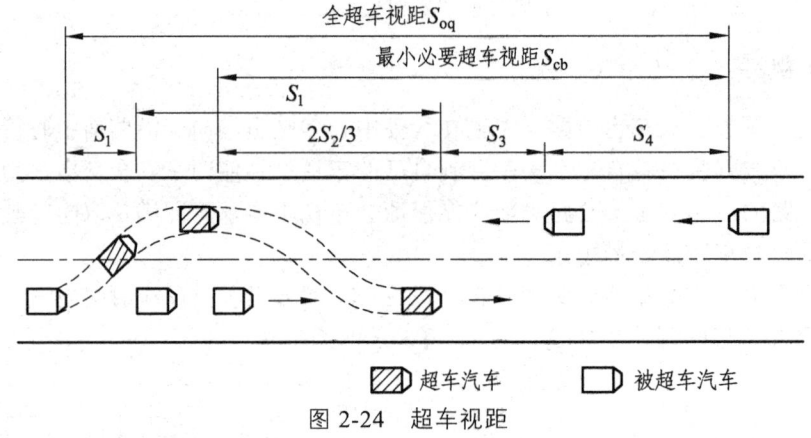

图 2-24 超车视距

（1）加速行驶距离 S_1。

当快速车赶上慢速车时，首先应尾随在慢速车后行驶一段距离，当超车汽车经判断认为有超车可能时，加速行驶移向对向车道，在进入该车道之前行驶的距离为 S_1。

$$S_1 = \frac{V_0}{3.6}t_1 + \frac{1}{2}at^2 \text{ (m)} \tag{2-34}$$

式中：V_0——被超汽车的速度（km/h），一般认为较设计速度低 5～20 km/h；

t_1——加速时间（s）；

a——平均加速度（m/s²）。

（2）超车汽车在对向车道上行驶的距离 S_2。

$$S_2 = \frac{V}{3.6}t_2 \text{ (m)} \tag{2-35}$$

式中：V——超车汽车的速度（km/h），一般都按设计速度行驶；

t_2——在对向车道上行驶的时间（s）。

（3）超车完成时，超车汽车与对向汽车之间的安全距离 S_3。

$$S_3 = 15 \sim 60 \text{ (m)}$$

（4）超车汽车从开始加速到超车完成的时间内，对向汽车的行驶距离 S_4。

$$S_4 = \frac{V}{3.6}(t_1 + t_2) \text{ (m)} \tag{2-36}$$

以上 4 个距离的总和称为全超车视距 S_c：

$$S_c = S_1 + S_2 + S_3 + S_4 \text{ (m)} \tag{2-37}$$

一般汽车从对向车道赶上前车的时间取 $\frac{1}{3}t_2$，那么从这时开始到超车完成所用的时间为 $\frac{2}{3}t_2$，于是最小必要超车视距 $S_{c\,min}$ 为：

$$S_{c\,min} = \frac{2}{3}S_2 + S_3 + S_4 \ (\text{m}) \tag{2-38}$$

上述式中，V 采用设计速度（km/h），设超车汽车和对向汽车都按设计速度行驶，而 V_0 为被超车的速度，较设计速度低 5~20 km/h。超车视距最小值应符合表 2-18 的规定。

表 2-18 超车视距最小值

设计速度/(km/h)		80	60	40	30	20
超车视距最小值/m	一般值	550	350	200	150	100
	最小值	350	250	150	100	70

注："一般值"为正常情况下的采用值；"极限值"为条件受限制时可采用的值。

4. 视距标准的运用

（1）公路。

3 种视距标准主要根据公路等级、车辆类型以及道路的具体条件进行运用。

① 高速公路、一级公路的视距采用停车视距。其原因是：高速公路和一级公路由于设有中央分隔带，无对向车流，不存在会车问题；同向车道数均在两条以上，快慢车用画线分隔行驶，各行其道，也不存在超车问题。同向车辆只需考虑制动停车视距。

② 二级公路、三级公路、四级公路的视距，应满足会车视距的要求，其长度应不小于停车视距的 2 倍。受地形条件或其他特殊情况限制而采取分道行驶的地段，可采用停车视距，此时该视距路段对向车辆应通过画线等措施分道分向行驶。

③ 二级公路、三级公路、四级公路双车道公路，应间隔设置满足超车视距的路段。具有干线功能的二级公路宜在 3 min 的行驶时间内，提供一次满足超车视距要求的超车路段。

④ 积雪冰冻地区的停车视距宜适当增长。

⑤ 高速公路、一级公路及大型车比例高的二级、三级公路下坡路段，应采用下坡段货车停车视距对相关路段进行检验。

⑥ 各级公路的互通式立体交叉、服务区、停车区、客运汽车停靠站等各类出口路段应满足识别视距要求，并符合下列规定：

不同设计速度对应的识别视距应符合表 2-19 的规定。

表 2-19 识别视距

设计速度/(km/h)	120	100	80	60
识别视距/m	350（460）	290（380）	230（300）	170（240）

注：括号中为行车环境复杂、路侧出口提示信息较多时应采取的视距值。

受地形、地质等条件限制路段，识别视距可采用 1.5 倍的停车视距，但应进行必要的限速控制和管理措施。

⑦ 路线设计应对采用较低几何指标、线形组合复杂、中间带设置护栏或防眩设施、路侧设有高边坡或构造物、公路两侧各类出入口、平面交叉、隧道等各种可能存在视距不良的路段和区域,进行视距检验。不符合对应的视距要求时,应采取相应的技术和工程措施予以改善。

(2)城市道路。

① 停车视距应大于或等于表2-16的规定值,积雪或冰冻地区的停车视距宜适当增长。

② 当车行道上对向行驶的车辆有会车可能时,应采用会车视距,其值应为表2-16中停车视距的2倍。

③ 对货车比例较高的道路,应验算货车的停车视距。

④ 对设置平、纵曲线可能影响行车视距的路段,应进行视距验算。

2.6.3 行车视距的保证

汽车在弯道上行驶时,弯道内侧行车视线可能被树木、建筑物、路堑边坡或其他障碍物所遮挡而使行车视距受到影响。因此,在路线设计时必须检查平曲线上的视距是否能得到保证,如遇遮挡,则必须清除视距区段内侧横净距内的障碍物,如图2-25所示。

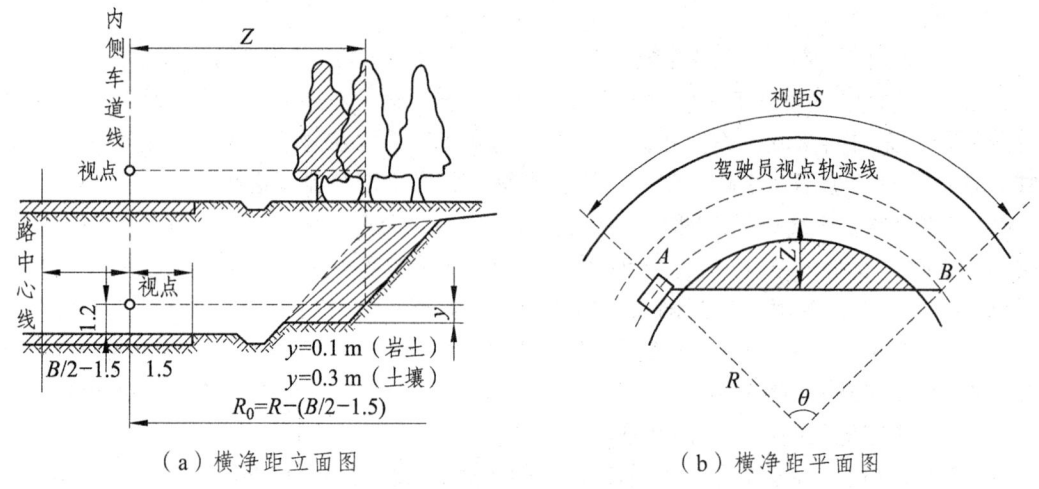

(a)横净距立面图　　　　　(b)横净距平面图

图2-25 视线障碍与视距

平曲线上的视距检查方法有两种:一是最大横净距法;二是视距包络图法。最大横净距法用来确定影响视线的障碍物范围;视距包络图法则是用图解法确定清除障碍物边界的方法。下面分别予以介绍。

1. 最大横净距法

(1)用最大横净距法检查平曲线视距。

如图2-25(b)所示为双车道公路一平曲线段,虚线为驾驶员的眼睛位置沿曲线移动形成的轨迹线,称为驾驶员视点轨迹线。设 A、B 为驾驶员视点轨迹线上的两点,其间的轨迹线长度等于行车视距 S,则 AB 连线称为视距线,即驾驶员视点轨迹线上长度等于视距的任意两点的连线称为视距线。在视距线与视点轨迹线间不应有任何障碍物，否则就会妨碍视线。所谓横净距就是指驾驶员的视点轨迹线到视距线的最大距离，也就是说离开视点轨迹线距离为横净距值的范围内（图中阴影区域）应该是无障碍物的。在曲线段内不同位置的横净距是不相等的，所有横净距中的最大值称为最大横净距。它一般出现在曲线顶点处或顶点附近的一段范围内。

驾驶员的视点位置如图 2-25（a）所示。

横向：距路面内边缘（未加宽前）1.5 m，或距路面中心线（$B/2-1.5$）m（B 为路面宽度）；

竖向：视线高为 1.2 m。

检查一条平曲线是否满足行车视距要求，是通过检查任一障碍物到驾驶员的视点位置（或视点轨迹线）的距离 h_0 是否大于该处要求的横净距 h（一般都采用该平曲线的最大横净距值）来进行的。若 $h_0 \geq h$，则该障碍物不影响视线；若 $h_0 \leq h$，则该障碍物阻挡视线，必须予以清除或采取其他补救措施。

（2）最大横净距 h 计算方法。

由于驾驶员视点轨迹线是与公路中线平行的曲线（半径小于中线半径），因此最大横净距 h 可根据轨迹线的线形及行车视距长度通过计算得到，计算公式见表 2-20。

表 2-20　最大横净距计算公式

不设回旋线	$L>S$ 如图 2-26 所示	$h = R_S\left(1-\cos\dfrac{\gamma}{2}\right)$	$\gamma = \dfrac{180°S}{\pi R_S}$
	$L<S$ 如图 2-27 所示	$h = R_S\left(1-\cos\dfrac{\gamma}{2}\right) + \dfrac{1}{2}(S-L_S)\sin\dfrac{\alpha}{2}$	$L_S = \dfrac{\pi}{180°}\alpha R_S$
设回旋线	$L'>S$ 如图 2-26 所示	$h = R_S\left(1-\cos\dfrac{\gamma}{2}\right)$	$\gamma = \dfrac{180°S}{\pi R_S}$
	$L>S>L'$ 如图 2-28 所示	$h = R_S\left(1-\cos\dfrac{\alpha-2\beta}{2}\right) + \dfrac{1}{2}(l-l')\sin\left(\dfrac{\alpha}{2}-\delta\right)$	$\delta = \arctan\left\{\dfrac{1}{6R_S}\left[1+\dfrac{l'}{l}+\left(\dfrac{l'}{l}\right)^2\right]\right\}$ $l' = \dfrac{1}{2}(L_S-S)$
	$L<S$ 如图 2-29 所示	$h = R_S\left(1-\cos\dfrac{\alpha-2\beta}{2}\right) + l\sin\left(\dfrac{\alpha}{2}-\delta\right) + \dfrac{S-L_S}{2}\sin\dfrac{\alpha}{2}$	$\delta = \arctan\dfrac{1}{6R_S}$

表中：h——最大横净距（m）；

　　　S——视距（m）；

　　　L——平曲线长度（m）；

　　　L'——圆曲线长度（m）；

　　　l——回旋线长度（m）；

　　　R_S——沿内侧车道行驶的驾驶员视点轨迹线半径，其值为未加宽前路面内缘的半径加上 1.5 m，

　　　　$R_S = R - \left(\dfrac{b}{2}-1.5\right)$ m；

　　　L_S——曲线内侧行驶轨迹的长度（m）；

　　　γ——视距长度 S 所对应的圆心角，$\gamma = \dfrac{S}{R_S}\cdot\dfrac{180}{\pi}$（°）；

　　　α——曲线转角（°）；

　　　β——道路中线缓和曲线全长所对应的回旋线转角（°）。

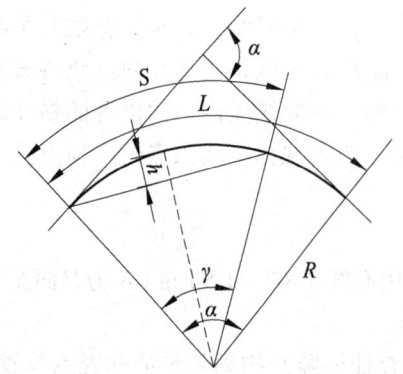
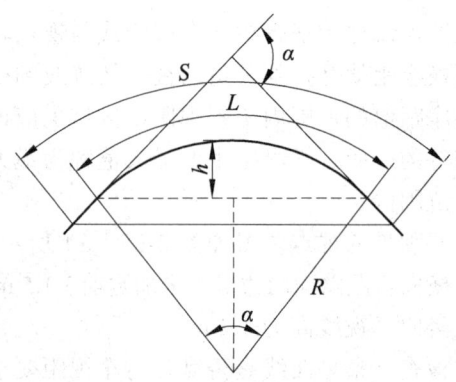

图 2-26　不设回旋线时横净距计算图（$L>S$）　　图 2-27　不设回旋线时横净距计算图（$L<S$）

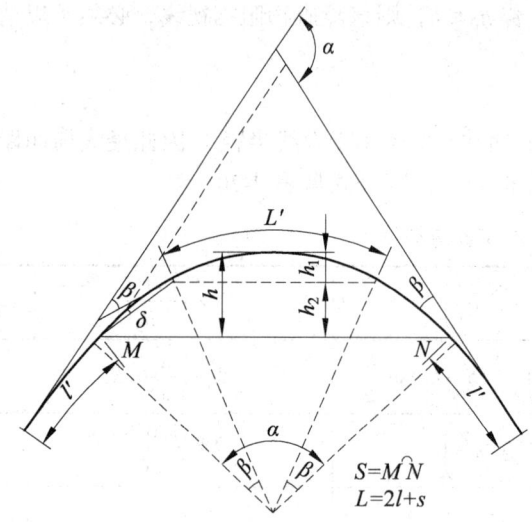
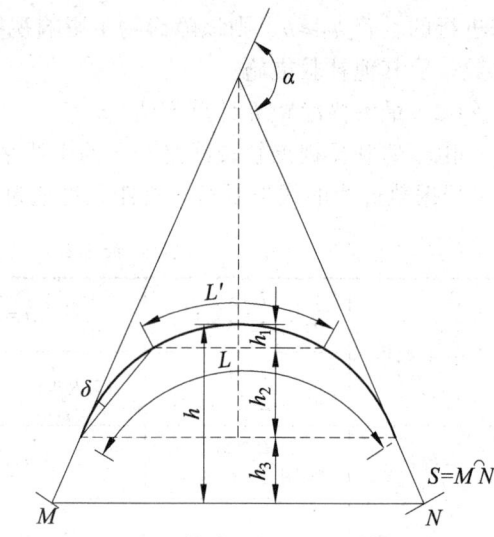

图 2-28　设回旋线时横净距计算图（$L>S>L'$）　　图 2-29　设回旋线时横净距计算图（$L<S$）

2. 视距包络图法

视距包络图就是在驾驶员视点轨迹线上每隔一定间隔绘出一系列的视距线，将视距线相互交叉而形成的外边缘线作为清除障碍的界限的方法，如图 2-30 所示。

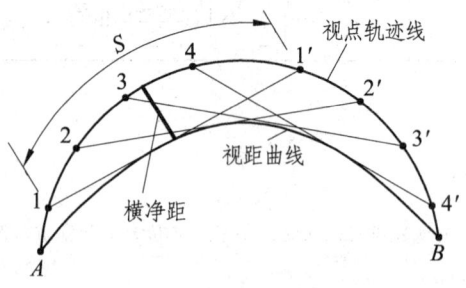

图 2-30　视距包络图

视距包络图的绘制步骤与方法：

（1）按一定的比例尺绘出弯道平面图，绘出路基、路面边缘和路中心线，并根据路面宽度绘出驾驶员的视点轨迹线。

（2）在视点轨迹线上按一定的距离进行量距分点。在轨迹线上从与弯道两端相连的直线上距曲线的起点（或终点）为一个视距长 S 处开始，量距步长为 S/n 进行布点。把起点定为 0，然后用 $1，2，\cdots，n$ 的数字连续编号，使相同两个号码间的轨迹线长度等于 S，直到曲线结束后一个视距长 S 处为止。

（3）分别用直线连接相邻近的、编号相同的各点，得到一系列的视距线。视距线相互交叉，形成一条外切边缘轮廓线——视距包络线。

（4）根据中线上各中桩的位置，在其横断面方向量出视点轨迹线到视距包络线距离，该值即为本断面所需要的横净距值。

3. 保证行车视距的工程措施

（1）清除障碍物。

① 清除视距包络曲线与视点轨迹线间的全部障碍物。这种措施适用于连续障碍物的清除，如路堑边坡等（宜用最大横净距法检查）。

② 清除距离视点轨迹线小于最大横净距的障碍物。这种措施适用于分散障碍物，如独立建筑物等。

将按公式计算的 h 值与弯道内侧的障碍物和行车线之间的距离加以比较，则可知道该弯道是否能保证视距并进而确定清除范围。h 是曲线上须清除的最大横净距。对于需要清除的是贵重建筑物或岩石边坡，则可用图解法或解析法求出弯道上不同断面的清除界线，并要增绘一些横断面以作为计算土石方和施工时的根据，如图 2-31 所示。

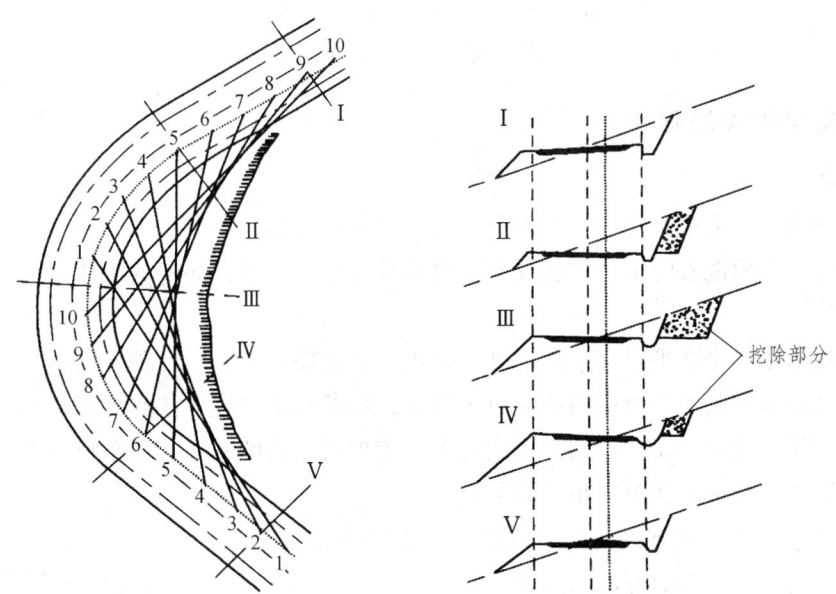

图 2-31 平曲线上的视距清除包络线

（2）分道行驶。

二、三、四级公路，在工程特殊困难，或受其他条件限制路段，若不可能保证两倍停车视距，则必须满足停车视距，同时必须采用严格的分道行驶措施，如设分道线、分隔带、分隔桩，或者设两条分离的单车道。

（3）开挖视距台。

用计算方法或视距包络图的方法，计算出横净距后，就可按比例在各桩号的横断图上画出视距台，以供施工放样。

在公路的弯道设计中，除了要考虑诸如曲线半径 R、参数 A、超高、加宽等因素外，还必须注意路线内侧是否有树林、房屋、边坡等阻碍驾驶员的视线，这种处于隐蔽地段的弯道简称为"暗弯"。凡属"暗弯"都应该进行视距检查，若不能保证该级公路或城市道路的最短视距，则应该将阻碍视线的障碍物清除。如果是因曲线内侧及中间带设置护栏及其他人工构造物等而不能保证视距时，可采取加宽中间带、加宽路肩或将构造物后移等措施予以处理；如果是因挖方边坡妨碍了视线，则应按所需净距绘制包络线（或称"视距曲线"）开挖视距台，如图 2-32 所示。

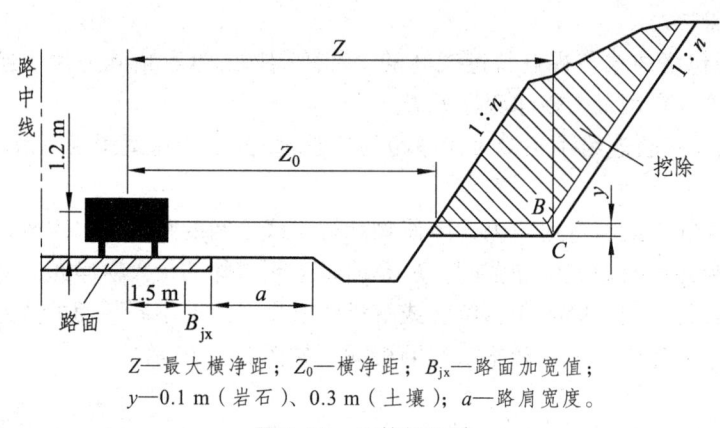

Z—最大横净距；Z_0—横净距；B_{jx}—路面加宽值；
y—0.1 m（岩石）、0.3 m（土壤）；a—路肩宽度。

图 2-32　开挖视距台

4. 交叉口的视距保证

（1）视距三角形。

为了保证交叉口上行车安全，驾驶员在进入交叉口前的一段距离内，应能看到相交道路上的行车情况，以便能及时采取措施顺利驶过或安全停车。这段必要的距离应该大于或等于停车视距 S_T。

视距三角形指的是在平面交叉路口处，以由一条道路进入路口行驶方向的最外侧的车道中线与相交道路最内侧的车道中线的交点为顶点，两条车道中线各按其规定车速停车视距的长度为两边，所组成的三角形。按最不利情况，考虑最靠右的一条直行车道与相交路最靠中间的直行车道的组合确定视距三角形的位置。

十字形和 X 形交叉口视距三角形范围如图 2-33 所示。

（2）绘制视距三角形的方法与步骤。

① 确定停车视距 S_T。

用停车视距的计算公式计算或根据相交道路的等级及设计车速等因素查表确定各自的停车视距。

② 找出行车最危险的冲突点。

不同形式的交叉口的最危险冲突点并不相同。

第 2 章 道路的平面设计

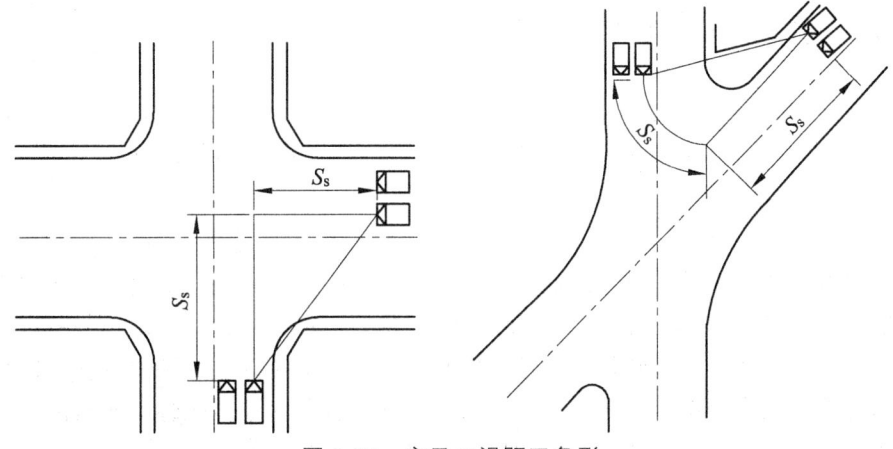

图 2-33 交叉口视距三角形

十字交叉：最靠右侧的第一条直行机动车道的轴线与相交道路最靠中心线的第一条直行车道的轴线所构成的交叉点为最危险冲突点。

T 形（Y 形）交叉口：直行道路最靠右侧的第一条直行机动车道的轴线与相交道路最靠中心线的第一条左转车道的轴线所构成的交叉点为最危险冲突点。

③ 找到冲突点后，便可确定停车视距 S_T 及构成视距三角形：从最危险的冲突点向后沿行车轨迹各量取停车视距 S_T，连接末端构成视距三角形。

在视距三角形范围内不能有任何阻挡驾驶员视线的障碍物，视距三角形限界内应清除高度超过 1.2 m 的障碍物。

【工程实例 2-6】 如图 2-34 所示，已知宁大路为二级公路，设计车速为 60 km/h，西湟公路为一级公路，设计车速为 80 km/h，请根据《公路工程技术标准》（JTG B01—2014）中行车视距的要求确定该交叉口处的视距三角形。

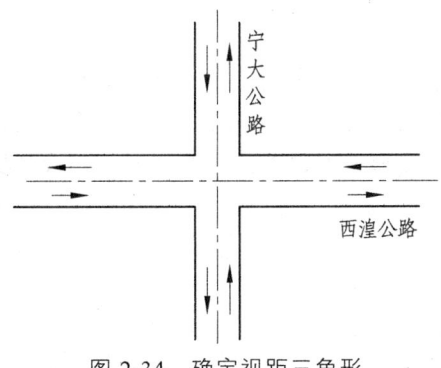

图 2-34 确定视距三角形

2.7 平面设计方法和成果

根据现行《公路工程基本建设项目设计文件编制办法》的规定，体现路线平面设计的成果主要是路线设计的图纸和表格。

2.7.1 道路平面设计的表格

反映路线平面线形设计成果的主要表格有直线、曲线及转角表，逐桩坐标表，导线点一览表，路线固定表等。下面主要介绍直线、曲线及转角表和逐桩坐标表。

1. 直线、曲线及转角表

直线、曲线及转角表是路线平面设计的主要成果之一，它是通过测角、中线丈量和平曲线设计之后获得的。该表较为全面地反映了路线的平面位置和路线平面线形的各项技术指标，含有绘制路线平面设计图的基础数据和基本资料，同时也为路线的纵断面设计、横断面设计和其他构造物设计提供数据。表中应列出交点号、交点桩号、交点坐标、转角值、曲线要素值、曲线主点桩号、直线长、计算方位角、断链等，见表 2-21。

2. 逐桩坐标表

逐桩坐标表是等级较高道路平面设计成果组成之一，是道路中线放样的重要资料。等级较高道路的线形指标较高，圆曲线半径较大，缓和曲线较长，在测设和放样时须采用坐标法，方能保证其测量精度。

逐桩坐标表即各个中桩的坐标（表 2-22），其计算和测量的方法是按"从整体到局部"的原则进行的。一般是根据导线点坐标用全站仪或 GPS 测量路线交点坐标或从图上直接量取（纸上定线时）交点坐标，计算交点转角和方位角、交点间距；再根据计算的结果、选定的圆曲线半径和缓和曲线长度，计算中线上各桩坐标。

公路平面设计图示例如图 2-35，城市道路平面设计图示例如图 2-36。

2.7.2 道路路线平面图

道路路线平面图是指包括道路中线在内的有一定宽度的带状地形图。它是道路设计文件的重要组成部分，是其他设计项目的主要依据之一。该图全面、清晰地反映了道路的平面位置、路线高度、沿线人工构造物和工程设施的布置情况，以及道路与周围环境、地形、地物的关系等。

1. 公路平面图

（1）平面图的比例尺和测绘范围。

公路路线平面图是指包括道路中线在内的有一定宽度的带状地形图。

若为供工程可行性研究、初步设计阶段的方案研究与比选，可采用 1∶50 000 或 1∶10 000 的比例尺测绘（或向国家测绘部门和其他工程单位搜集），初步设计、施工图设计的设计文件一般常用的比例尺是 1∶2 000，在平原微丘区可用 1∶5 000。在地形特别复杂地段的路线初步设计、施工图设计可用 1∶500 或 1∶1 000。若为纸上移线，则比例尺将更大。

路线带状地形图的测绘宽度，一般为中线两侧各 100 ~ 200 m。对 1∶5 000 的地形图，测绘宽度每侧应不小于 250 m。若有比较线，应将比较线包括进去。

表 2-21 直线、曲线及转角一览表

交点号	交点坐标 X	交点坐标 Y	交点桩号	转角值 左转/(°′″)	转角值 右转/(°′″)	曲线要素值/m 半径 R	第一缓和曲线参数 A_1	第一缓和曲线长度 L_1	第二缓和曲线参数 A_2	第二缓和曲线长度 L_2	第一切线长度 T_1	第二切线长度 T_2	曲线长度 L	外矢距 E	曲线位置 第一缓和曲线起点 ZH	第一缓和曲线终点 HY(ZY)	曲线中点 QZ	第二缓和曲线起点 YH(YZ)	第二缓和曲线终点 HZ	直线长度及交点间距 直线长度/m	交点间距/m	计算方位角/(°′″)	备注
QD	71 342.289	81 140.115	K0+000																		767.576	881.201	87 58 39.4	
JD₁	71 373.387	82 020.767	K0+881.201	9 33 33.2		1 000.000	244.949 0	60.000	244.949 0	60.000	113.625	113.625	226.840	3.640	K0+767.576	K0+827.576	K0+880.996	K0+934.515	K0+994.415	865.527	976.152	78 25 6.2	
ZD	71 569.362	82 977.045	K1+856.942																	630.103			
合计													226.840										

示例 设计 复核 审核 日期 图表号

表2-22 逐桩坐标表

逐桩坐标表

第 1 页　共 1 页

桩号	坐标 X	坐标 Y	桩号	坐标 X	坐标 Y	桩号	坐标 X	坐标 Y
K0+000	71342.289	81140.115	K0+600	71363.463	81739.741	K1+120	71421.411	82255.107
K0+020	71342.995	81160.103	K0+620	71364.169	81759.729	K1+140	71425.426	82274.700
K0+040	71343.700	81180.090	K0+640	71364.875	81779.716	K1+160	71429.442	82294.293
K0+060	71344.406	81200.078	K0+660	71365.580	81799.704	K1+180	71433.457	82313.885
K0+080	71345.112	81220.065	K0+680	71366.286	81819.691	K1+200	71437.472	82333.478
K0+100	71345.818	81240.053	K0+700	71366.992	81839.679	K1+220	71441.488	82353.071
K0+120	71346.524	81260.040	K0+720	71367.698	81859.667	K1+240	71445.503	82372.664
K0+140	71347.229	81280.028	K0+740	71368.404	81879.654	K1+260	71449.518	82392.257
K0+160	71347.935	81300.015	K0+760	71369.109	81899.642	K1+280	71453.533	82411.849
K0+180	71348.641	81320.003	K0+767.576	71369.377	81907.213	K1+300	71457.549	82431.442
K0+200	71349.347	81339.990	K0+780	71369.820	81919.629	K1+320	71461.564	82451.035
K0+220	71350.053	81359.978	K0+800	71370.616	81939.613	K1+340	71465.579	82470.628
K0+240	71350.758	81379.966	K0+820	71371.627	81959.587	K1+360	71469.594	82490.221
K0+260	71351.464	81399.953	K0+827.576	71372.094	81967.149	K1+380	71473.610	82509.813
K0+280	71352.170	81419.941	K0+840	71372.981	81979.541	K1+400	71477.625	82529.406
K0+300	71352.876	81439.928	K0+860	71374.733	81999.464	K1+420	71481.640	82548.999
K0+320	71353.582	81459.916	K0+880	71376.884	82019.348	K1+440	71485.655	82568.592
K0+340	71354.287	81479.903	K0+900	71379.431	82039.184	K1+460	71489.671	82588.185
K0+360	71354.993	81499.891	K0+920	71382.375	82058.966	K1+480	71493.686	82607.777
K0+380	71355.699	81519.878	K0+934.415	71384.741	82073.186	K1+500	71497.701	82627.370
K0+400	71356.405	81539.866	K0+940	71385.713	82078.685	K1+520	71501.717	82646.963
K0+420	71357.111	81559.853	K0+960	71389.400	82098.342	K1+540	71505.732	82666.556
K0+440	71357.816	81579.841	K0+980	71393.312	82117.956	K1+560	71509.747	82686.149
K0+460	71358.522	81599.828	K0+994.415	71396.198	82132.079	K1+580	71513.762	82705.741
K0+480	71359.228	81619.816	K1+000	71397.320	82137.550	K1+600	71517.778	82725.334
K0+500	71359.934	81639.804	K1+020	71401.335	82157.143	K1+620	71521.793	82744.927
K0+520	71360.640	81659.791	K1+040	71405.350	82176.736	K1+640	71525.808	82764.520
K0+540	71361.346	81679.779	K1+060	71409.365	82196.329	K1+660	71529.823	82784.113
K0+560	71362.051	81699.766	K1+080	71413.381	82215.922	K1+680	71533.839	82803.705
K0+580	71362.757	81719.754	K1+100	71417.396	82235.514	K1+700	71537.854	82823.298
						K1+720	71541.869	82842.891
						K1+740	71545.885	82862.484
						K1+760	71549.900	82882.077
						K1+780	71553.915	82901.669
						K1+800	71557.930	82921.262
						K1+820	71561.946	82940.855
						K1+840	71565.961	82960.448
						K1+856.942	71569.362	82977.045

示例	设计	复核	审核	日期	图表号

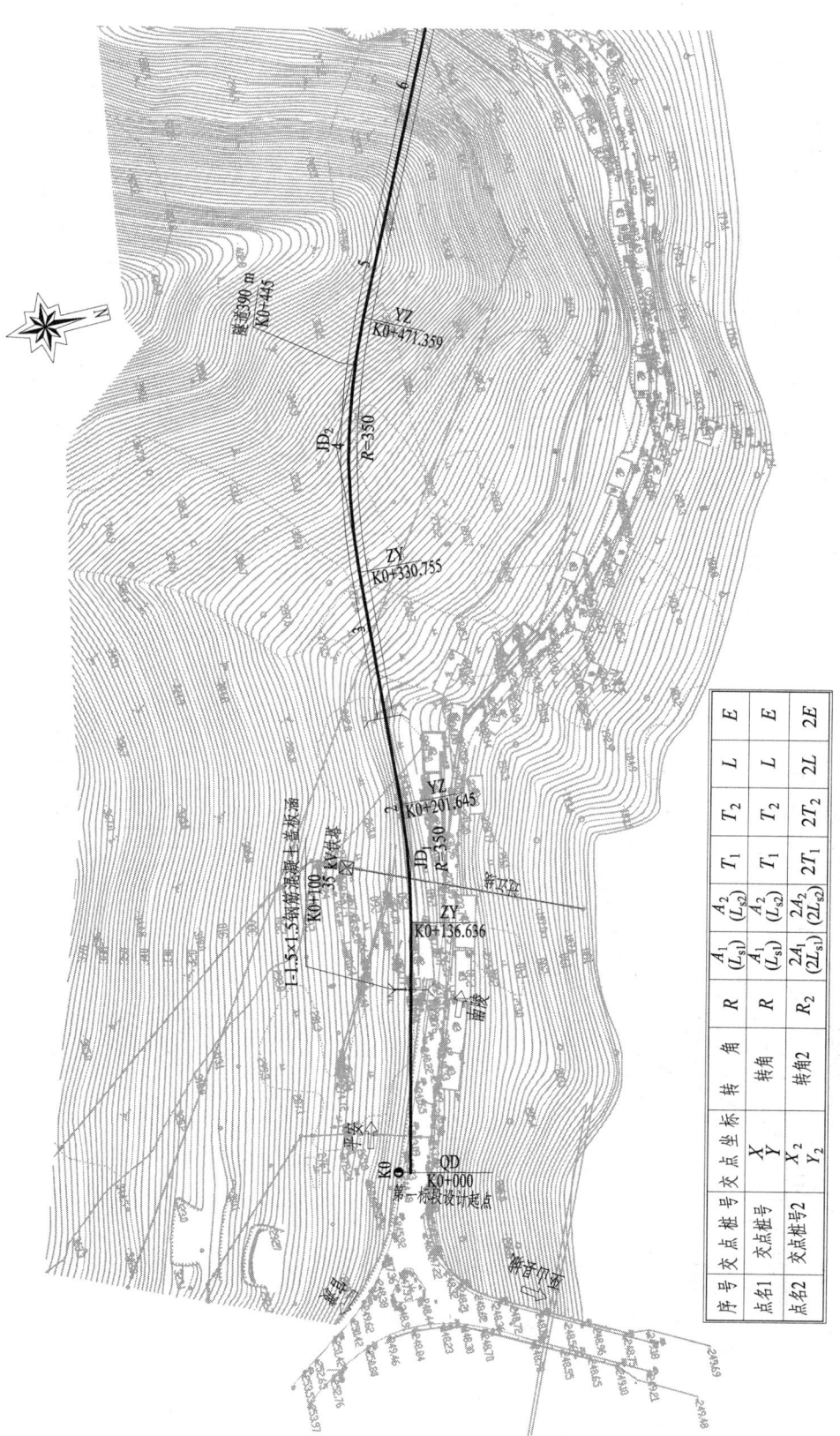

图 2-35 公路路线平面设计图

道路勘测设计

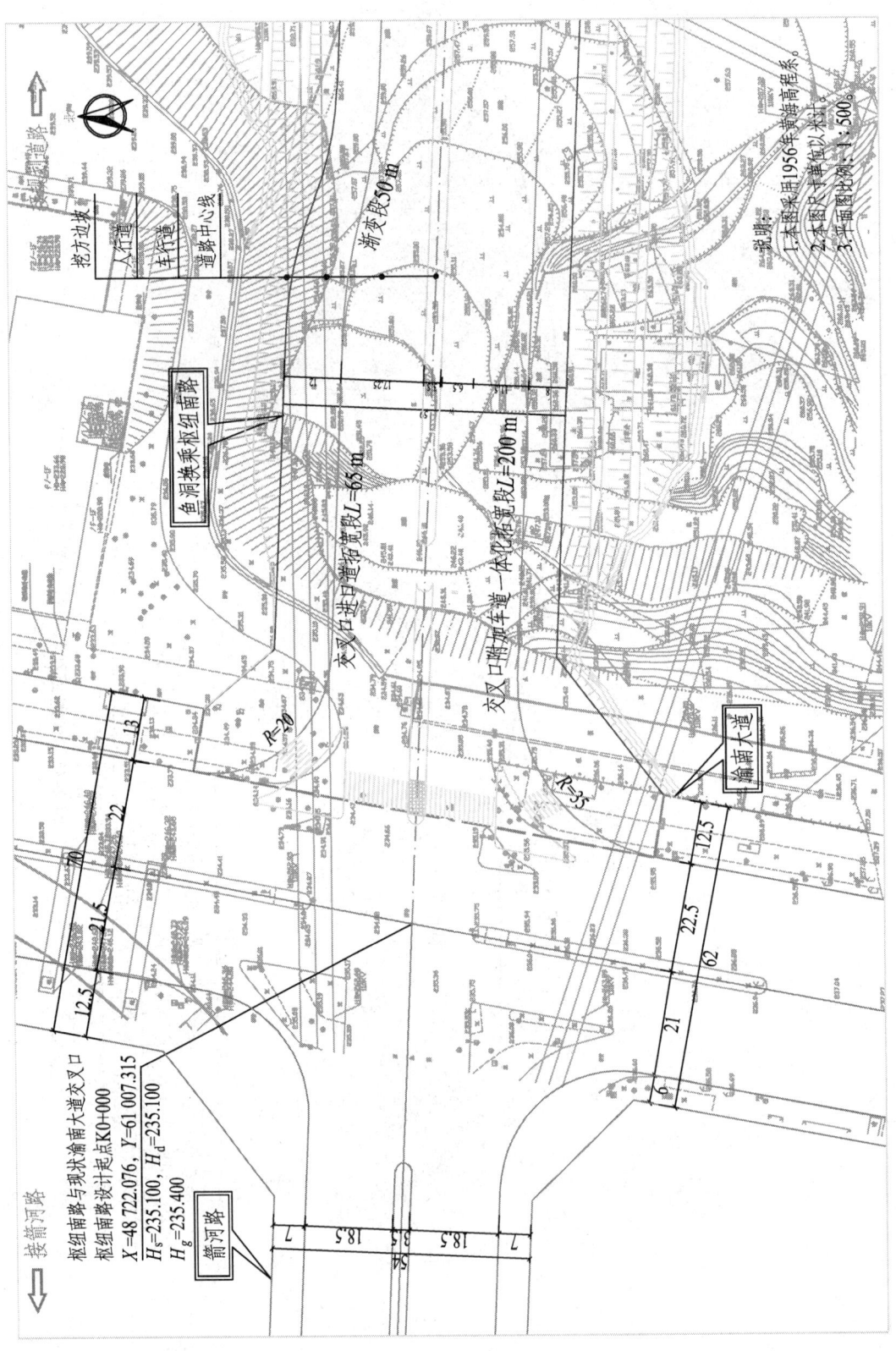

图 2-36 城市道路平面设计图

路线平面图应示出地形、地物、路线位置及桩号、断链、平曲线主要桩位与其他主要交通路线的关系，以及县以上境界等，标注水准点、导线点及坐标格网或指北图式，示出特大桥、大桥、中桥、隧道、路线交叉位置等。图中还应列出平曲线要素表。

在等级较高的公路设计文件中，除应绘制上述路线平面图外，还应增绘公路平面总体设计图。公路平面总体设计图，除应绘制路线平面图的内容外，还应给出路基边线、坡脚或坡顶线、路线交叉及其平面形式，示出服务区、停车场、收费站等。

（2）路线平面图的内容及绘制方法。

① 导线及道路中线的展绘。

a. 坐标展绘法：

在展绘导线或中线以前，需按图幅的合理布局，绘出坐标方格网，坐标网格尺寸采用 5 cm 或 10 cm，要求图廓网格的对角线长度和导线点间长度误差均不大于 0.5 mm。然后按导线点（或交点，下同）坐标（X, Y）精确地点绘在相应位置上。每张导线图展绘完毕后，用三棱尺逐点复核各点间距，再用半圆仪校核每个角度是否与计算相符。复核无误后，再按"逐桩坐标表"所提供的数据，展绘曲线，并注明各曲线主要点以及公里桩、百米桩、断链桩位置。对导线点、交点逐个编号，注明路线在本张图中的起点和终点里程等。

b. 正切法：

交点位置按比例绘出。偏角按正切法绘出，即取 10 cm 作为横坐标，用偏角的正切值乘以 10 cm 作纵坐标确定偏角方向。

路线一律按前进方向从左至右画，在每张图的拼接处画出接图线。在图的右上角注明共 × 张、第 × 张。在图纸的空白处注明曲线元素及主要点里程。

② 平曲线敷设。

平曲线敷设一般采用切线支距法。

③ 等高线绘制。

等高距：按地形图比例尺确定 1∶2 000 时 1 m、2 m，1∶5 000 时 2 m、5 m，1∶10 000 时 10 m 等高线勾绘。

复制：按桩号沿横断面方向测量，并复制。

实测：按观测点构成三角网，内插等高线。

④ 控制点及各种构造物的测绘。

各种比例尺的地形图均应展绘和测出各等级三角点、导线点、图根点、水准点等，并按规定的符号表示。

各类建筑物、构筑物及其主要附属设施应按《工程测量标准》（GB 50026—2020）的规定测绘和表示。各种线状地物，如管线、高压电线、低压电线等应实测其支架或电杆的位置。对穿越路线的高压电线应实测其悬垂线距地面的高度并注明伏安特性。地下管线应详细测定其位置。道路及其附属物应按实际形状测绘。公路交叉口应注明每条公路的走向。铁路应注明轨面高程，公路应注记路面类型，涵洞应注明洞底标高。

⑤ 水系及其附属物的测绘。

水系及其附属物的测绘内容包括：海洋的海岸线位置、水渠顶边及底边高程、堤坝顶部及坡脚的高程、水井井台高程、水塘塘顶边及塘底的高程。河流、水沟等应注明水流流向。

⑥ 地形、地貌的测绘。

地形、地貌、植被、不良地质地带等均应详细测绘并用等高线和国家测绘局制定的"地形图式"符号及数字注明。

2. 城市道路平面图

（1）绘图比例尺和测绘范围。

城市道路与公路相比，里程较短而路幅较宽，因此在绘图比例尺的选用上一般比公路大。在做道路施工图设计时，通常采用 1∶1 000～1∶500 的比例尺绘制。绘图的范围，视道路等级而定，等级高的范围应大些，等级低的可小些，一般在道路两侧红线以外各 20～50 m，或中线两侧各 50～150 m，特殊情况例外。

（2）城市道路平面设计图的内容及绘制方法。

城市道路的导线、中线及路线两侧的地形、地物、水系、植被等的绘制方法与公路相同，不再重复。下面就城市道路中各种设施的绘制方法作一介绍。

① 规划红线。

道路红线是道路用地与城市其他用地的分界线，红线之间的宽度即为城市道路的总宽度。所以当道路的中心线绘出以后，即可按城市道路的规划宽度绘出道路红线。如果有远期规划和近期规划之分，还应分别绘出并注明。

② 坡口、坡脚或挡土墙边缘线。

新建道路由于原地面高低起伏必然有填挖。填方路段在平面图中应绘出路基的坡脚线；挖方路段绘出路基的坡口线，或者绘出挡土墙的边缘线并标示出挡土墙顶面宽度。

③ 车道线。

城市道路的车道线是城市道路平面设计图的重要内容。在路幅宽度内，有机动车道、非机动车道之分；在机动车道中还分快车道、慢车道等。各种车道线的位置、宽度可在横断面布置图中查得，在平面中反映出来。车道的曲线部分应按设计的圆曲线半径、长度和缓和曲线长度绘制。各车道之间的分隔带、路缘带、支路出入口等也应绘出。

④ 人行道、人行横道线、交通岛，按设计绘制。

⑤ 地下管线及设施。

道路范围内的地上、地下管线的走向和位置、雨水口、窨井、排水沟等都应在图中标出。必要时，可另绘排水干管、支管平面布置图或专用线路平面布置图。

⑥ 交叉口。

平面交叉口、立体交叉口虽然有专门的交叉口设计图，但在道路平面设计图中也应该按平面图的比例尺绘出并详细注明交叉口的各路去向、交叉角度、曲线元素以及路缘石转弯半径。

☞ 【能力提升】

1. 已知某交点 JD 的里程为 K10+500，测得转角 $\alpha_右 = 24°30'$，半径 $R = 300$ m。试计算曲线元素、主点里程并写出曲线主点测设的方法。

2. 已知某弯道交点 JD_2，桩号为 K4+099.51，拟采用转角 $\alpha = 30°04'00''$、半径 $R = 200$ m 的曲线。试计算曲线元素、主点里程、计算各桩（按整桩号设桩）坐标。

3. 平原区某公路有两个交点间距为 371.82 m，JD_1 = K15 + 385.63，偏角 α_1 = 20°19′52″（右偏），半径 R_1 = 700 m，JD_2 为右偏，α_2 = 17°05′32″，R_2 = 850 m。试按 S 形曲线计算 L_{S1}、L_{S2} 长度，并计算两曲线主点里程桩号。

4. 已知某二级公路有一弯道，偏角 α = 12°38′42″，半径 R = 800 m，L_{S1} = 120 m，L_{S2} = 150 m，JD = K5 + 136.53。计算曲线主点里程桩号。

5. 阅读公路路线平面设计图（图 2-35），并回答问题。

（1）该路段路线的起点桩号为_____，终点桩号为_____。该路段路线的大致走向是由_____到_____方向。

（2）JD_2 的平曲线半径是_____m，转折角为_____，向_____方向偏转。切线长为_____m，曲线长为_____m。

（3）JD_2 所在位置的桩号为_____，坐标为 X=_____m，Y=_____m。

（4）图中相邻等高线的高差是_____m，路线左右两侧哪一侧地势较陡？_____。哪一侧地势较低？_____。ZH 点的地面高程在_____m 与_____m 之间。

6. 重庆忠县至垫江高速公路是沪蓉国道主干线重庆支线的一段，是交通运输部规划的"五纵七横"国道主干线中的组成部分。全线采用 4 车道高速公路标准，计算行车速度为 80 km/h，路基宽度采用 24.5 m。项目起于忠县新生镇冉家坝，经忠县的望水乡、白石镇、永丰镇、拔山镇和新立镇以及垫江县的沙河镇、高安镇、黄沙镇和太平场，止于川渝交界处的明月山，全长 75.186 km。本项目路线增长系数为 1.091，平曲线最小半径为 1 000 m，平曲线条数为 54，平曲线长度占路线总长的 56.49%。从平面线形指标看，似乎平面指标偏高，平曲线长比例偏小。经过分析发现，这是因为垫江段地势比较平缓，平纵面线形指标自然较高。而忠县段虽然以中低山为主，但是路线走向与山脉走向近乎垂直，能够利用山坡展线的段落较少，大部分以隧道和高架桥方式穿山越岭，为了减小长隧道和大跨径桥梁的施工难度，上述结构物路段多以直线线形为主，从而降低了平曲线比例。路线设计时遵循以下原则：

（1）灵活应用曲线为主的平面线形以适应地形，减少对自然的破坏，提倡环保设计。

（2）重视平面、纵面与地形横断面的结合，部分困难路段可采用分离式路基。

（3）本着"保护耕地、节约用地、少拆房屋、方便群众、保护环境、保护古迹"的原则，尽量减少对社会人文环境的破坏。

（4）结合沿线城镇发展规划，带动地方经济发展，合理确定路线走向。

（5）既要适当选用较高技术标准，也要合理控制投资。

结合资料，试讨论"安全、先进、经济、环保、美观"的总体设计思想如何在路线平面线形设计中综合体现。

☞【复习思考题】

一、填空题

1. 公路平面线形的三要素是指_____、_____、_____。

2. 两条转向相同的相邻曲线间以直线形成的平面线形称为_____曲线，而两条转向相反的相邻曲线间以直线形成的平面线形称为_____曲线。

3. 在转向相同的两相邻曲线间夹直线段处，其直线长度一般不小于_____。
4. 在转向相反的两相邻曲线间夹直线段处，其直线长度一般不小于_____。
5. 《公路工程技术标准》（JTG B01—2014）规定，公路上的圆曲线最小半径可分为_____、_____、_____3 种。
6. 《公路工程技术标准》（JTG B01—2014）规定，公路上的圆曲线最大半径不宜超过_____m。
7. 《公路工程技术标准》（JTG B01—2014）规定：当圆曲线半径小于_____m 时，应设缓和曲线。但_____公路可不设缓和曲线，用直线径相连接。
8. 《公路工程技术标准》（JTG B01—2014）规定，缓和曲线采用_____，其方程表达式为_____。
9. 《公路工程技术标准》（JTG B01—2014）规定，当圆曲线半径小于或等于_____m 时，应在平曲线_____设置加宽。
10. 停车视距计算中的眼高和物高《公路路线设计规范》（JTG D20—2017）规定为：眼高_____m，物高_____m。
11. 行车视距分为_____、_____、_____、_____等 4 种。
12. 停车视距可分解为_____、_____、_____等 3 部分距离。
13. 《公路工程技术标准》（JTG B01—2014）规定：高速和一级公路应满足_____视距的要求；二、三、四级公路应保证_____视距的要求。
14. 平曲线上行车视距的检查有两种方法，一种是_____，另一种是_____。
15. 平面线形组合的基本形是按直线、_____、_____、_____、直线的顺序组合起来的线形形式。

二、选择题

1. 设计车速 $V \geq 60$ km/h 时，反向曲线间的直线最小长度以不小于（　　）为宜。
   A. $2V$（m）　　　B. $2V$（km）　　　C. $6V$（m）　　　D. $6V$（km）
2. 圆曲线的最小长度一般要有（　　）行程。
   A. 2 s　　　B. 3 s　　　C. 4 s　　　D. 5 s
3. 基本形平曲线，其回旋线、圆曲线、回旋线的长度之比宜为（　　）。
   A. 1∶1∶1　　　B. 1∶2∶1　　　C. 1∶2∶3　　　D. 3∶2∶1
4. 不使驾驶员操作方向盘感到困难的平曲线最小长度为设计车速的（　　）行程。
   A. 3 s　　　B. 5 s　　　C. 6 s　　　D. 9 s
5. 横净距是指视距线至（　　）的法向距离。
   A. 路中线　　　　　　　　B. 路面内边缘线
   C. 行车轨迹线　　　　　　D. 路基内边缘线
6. 某交点 JD 桩号为 K1+300，设置基本形平曲线，算得切线总长 T_h 为 150.5 m，则直缓（ZH）点桩号为（　　）。
   A. K1+375.25　　　　　　B. K1+149.5
   C. K1+450.5　　　　　　　D. K1+224.25

7. 在交点 JD 处设置平曲线，算得切线总长为 T_h，曲线总长为 L_h，则校正数 D 为（　　）。
   A. $D = T_h + L_h$　　　　　　　　　　B. $D = T_h - L_h$
   C. $D = 2T_h + L_h$　　　　　　　　　D. $D = 2T_h - L_h$

8. 设计车速为 100 km/h 的一级公路的平曲线最小长度为（　　）。
   A. 250 m　　　　B. 170 m　　　　C. 850 m　　　　D. 85 m

9. 对于平面线形设计，当设计车速≥60 km/h 时，同向曲线间的直线最小长度（以 m 计）以不小于设计车速（以 km/h 计）的 n 倍为宜，其中 n 为（　　）。
   A. 2　　　　　　B. 4　　　　　　C. 6　　　　　　D. 8

10. 导线交点内侧有障碍物，曲线半径一般应根据（　　）来确定。
    A. 曲线长　　　B. 切线长　　　C. 外距　　　　D. 转角

11. 停车视距由 3 部分组成，它们是（　　）。
    A. 空驶距离、制动距离、对向车行驶距离
    B. 反应距离、制动距离、安全距离
    C. 制动生效距离、制动距离、安全距离
    D. 空驶距离、制动距离、安全距离

12. 某平曲线的半径 $R = 200$ m，转角为 50°，缓和曲线 $L_s = 50$ m，则其回旋曲线参数 A 为（　　）。
    A. 100 m　　　　B. 10 m　　　　C. 250 m　　　　D. 200 m

13. 当道路的设计车速为 80 km/h 时，同向曲线间的直线段最小长度以不小于（　　）为宜。
    A. 80 m　　　　B. 160 m　　　　C. 320 m　　　　D. 480 m

14. 在平面线形设计中，当同向曲线间的直线很短时，在视觉上容易形成直线与两端曲线构成反弯的错觉，破坏了线形的连续性。下列哪种线形会出现以上现象。（　　）
    A. S 形曲线　　B. 断背曲线　　C. C 形曲线　　D. 反弯曲线

15. 城市道路平面设计的主要内容是（　　）。
    A. 依据城市道路系统规划和详细规划及城市用地现状，确定道路中心线的具体位置，选定合理的平曲线半径，论证设置必要的超高、加宽和缓和路段
    B. 进行必要的行车安全视距验算，并确定各路口、交叉口、桥涵的具体位置和设计标准、选型、控制尺寸等
    C. 按照道路标准横断面和道路两旁的地形、用地、建筑、管线要求，详细布置道路红线范围内道路的各组成部分，包括道路排水设施（雨水进水口等）、公共交通停靠站等其他设施和交通划线的布置
    D. 以上皆是

16. 以下哪一项不是道路平面设计的基本依据？（　　）
    A. 规划道路走向　　　　　　　　B. 规划道路标准横断面
    C. 规划道路路面结构　　　　　　D. 现状地形地物

三、问答题

1. 设置缓和曲线的目的是什么？
2. 汽车行驶轨迹的特征是什么？

3. 何谓超高？设置超高的原因及条件分别是什么？

4. 行车视距的种类有哪些？分述其构成并说明各级公路对行车视距的规定。

5. 《公路路线设计规范》(JTG D20—2017)对公路平曲线半径规定了哪些设计指标？如何应用？

6. 简述平面线形设计的一般原则。

7. 平面线形有哪些几何要素？简述平面线形的组合形式。

四、计算题

1. 某平原区三级公路，路基宽为 8.5 m，路线交点受一建筑物限制，已定转角为 $\alpha=47°24'$，交点至建筑物距离实测为 16.5 m，初定该处填挖为 0，边沟顶宽为 1.75 m，加宽暂定为 1.0 m。试问：在不拆除建筑物的条件下能设多大的平曲线半径？（假设不考虑设置缓和曲线）

2. 某新建三级公路有一处弯道，其平曲线半径 R 取 120 m，偏角 $\alpha=29°23'24''$。若该平曲线设置为基本形，则其缓和曲线长度最大可取多长？

3. 某平原地区二级公路，有一弯道半径 $R=250$ m，交点的桩号为 K17+568.38，转角 $\alpha=28°30'$，$L_s=70$ m。计算该曲线上设置缓和曲线后的 5 个基本桩号。

4. 有一山岭区三级公路，某弯道 $R=450$ m，交点桩号 JD 为 K9+235.47，偏角为 $\alpha=40°54'36''$，设缓和曲线 $L_s=80$ m。试计算该曲线的曲线要素及设置缓和曲线后的 5 个主点里程桩号。

5. 从某公路设计文件的直线、曲线及转角一览表中摘抄的一组路线设计资料如下：JD_8：K3+425.982，ZH_8=K3+311.099，HY_8=K3+346.099，YH_8=K3+492.155，HZ_8=K3+527.155；JD_9：K4+135.169，ZY_9=K4+047.436，YZ_9=K4+221.135。

试计算：

（1）JD_8 曲线的切线长、曲线长、缓和曲线长及曲线中点桩号。

（2）计算 JD_9 曲线的切线长、曲线长和曲线中点桩号。

（3）两曲线交点间距及所夹直线段长度。

6. 已知两相邻平曲线：JD_{50} 桩号为 K9+977.54，$T=65.42$ m，缓和曲线长 $l_h=35$ m，切曲差 $J=1.25$ m；JD_{51} 桩号为 K10+182.69，$T=45.83$ m。

试计算：

（1）JD_{50} 平曲线 5 个主点桩桩号。

（2）JD_{50}—JD_{51} 交点间的距离。

（3）两曲线间的直线长度。

7. 某二级公路有一弯道，其平曲线半径 $R=400$ m，交点桩号为 K8+075.756，偏角 $\alpha=27°53'55''$。若缓和曲线长度为 70 m，试计算该平曲线的 5 个基本桩号。

第3章　道路的纵断面设计

☞【导读】

成渝潮流新地标——波浪路

说起公路，许多人脑海中的印象应该是平坦宽敞的。但是在重庆，有一条公路路面却呈现"波浪形"，行车就像大海行舟，上下沉浮。

波浪形公路位于重庆市巴南区界石—物流园区内，该公路是双向4车道，修在一处斜坡上，从下往上看，整条公路呈波浪起伏。2017年9月，该波浪形公路成为重庆的"网红"公路；2020年11月18日，当选"成渝潮流新地标"。

重庆巴南区"波浪形"公路

重庆是座山城，由于地理位置特殊，找一块平地不容易，在修建园区时，就存在地势高差。为了便于车辆进出园区的各个市场，同时减少安全隐患，建设单位将原本长下坡的公路修成阶梯状，爬一段短斜坡后就是平路，接着再爬坡，平路可以直接通往市场。这样一个台阶一个台阶地往上走，看起来就像波浪一样。

这种"波浪形"公路在园区内共有两条，一边是双向4车道，一边是双向两车道，共有2.7 km长，两个"波浪"高差7.8 m。这两条道路是专门的货运通道，人车分流，由于每个波浪比较大，所以开车走在这段路上，感觉不出有什么差异。

从最低端走起，先经过一段长约百米上坡路，真有点在大海中冲浪的即视感，但是到达上坡路顶端，就是一段长约 40 m 的平路，接着又是一段上坡路，如此反复，行驶 1 000 多米后，就走完了整条"波浪形"路段。但是整段路开下来，除了视觉略有变化外，并没有感受到颠簸和不舒服地方。

看了公路照片后，市文史馆馆员、著名画家武辉夏从画家专业的角度认为，这是视觉差产生的效果。这条公路是随着地形（斜坡）顺势而建的，从侧面看有一定的波浪感。当人们站在高处或低处从纵向看这条公路时，视觉上缩短了公路的空间距离，起伏是因为视觉差，波浪形叠加的视觉效果加强了，所以形成一个很有趣的"波浪公路"独特效果。不过，每个波浪之间距离比较长，行驶起来还是非常安全的。

资料来源（有修改）：韩政，李化. 重庆现波浪形公路 驾车如大海行舟[OL]. 重庆商报-上游财经，2017-09-07.

相信看了以上"波浪路"的介绍，大家也一定对道路纵断面设计产生了浓厚的兴趣，本章将围绕道路纵坡设计、竖曲线设计、标高计算和纵断面图绘制等一系列问题进行介绍。

☞ 【学习目的与要求】

知识单元与知识点	1. 纵断面的基本概念； 2. 纵坡设计的指标； 3. 竖曲线的设计标准、一般要求； 4. 平、纵面线形组合设计的原则、组合形式、基本要求、避免组合、景观协调； 5. 纵断面设计的要求、方法与步骤； 6. 纵断面设计图的绘制。
能力点	1. 掌握纵断面的概念和线形组成要素； 2. 理解最大纵坡和最小纵坡、坡长限制和缓和坡段、平均纵坡和合成坡度； 3. 理解竖曲线设计标准，能进行竖曲线设计计算，能结合现行规范进行纵坡及竖曲线参数的合理取值，并初步具备利用计算机辅助设计软件完成竖曲线设计的能力； 4. 理解视觉分析和平、纵线形组合设计要点； 5. 掌握纵断面设计方法、顺序及设计成果等内容，理解纵断面线形设计与周围地形地物、填挖方、行车安全等之间的关系，并初步具备完成纵断面设计的能力。
重难点	【学习重点】 掌握纵坡设计方法、竖曲线设计要领及其设计标高计算。 【学习难点】 1. 纵坡和竖曲线的设计，平纵线形的组合； 2. 纵断面设计方法。

3.1 道路纵断面概述

道路纵断面概述

道路平面设计完成后，可以得到道路中线的平面位置。但平面位置只能反映道路中线的线形变化，不能反映道路中线的高低起伏情况，因此还需进行纵断面设计。通过道路中线的竖向剖面，称为纵断面。道路的纵断面线形应根据道路的性质、任务、等级和地形、地物、地质、水文等因素，综合考虑路基稳定、排水及工程经济性等，研究纵坡的大小、长短、前后纵坡情况、竖曲线半径以及与平面线形的组合关系等进行组合设计，以便达到行车安全、环保、快速、经济合理及乘客感觉舒适的目的。

3.1.1 纵断面图的组成

图 3-1 为某路线纵断面示意图。在路线纵断面图中有两条主要的线：一条是地面线，它是根据路中线上各桩点实测的地面高程点绘的一条不规则的折线，反映了沿着道路中线处天然地面的起伏变化情况；另一条是设计线，它是经过技术、经济以及美学上等多方面的比较后定出来的一条具有规则形状的几何线，主要反映公路建成后纵面坡度的变化情况。另外，为了表现平纵面配合的情况、纵断面设计指标、填挖状况、道路经过区域的地质情况等，在纵断面图下面的资料表中设有直线及平曲线、坡度/坡长、填挖高度和地质概况等栏目。不同的设计阶段，对纵断面图内容的要求不同。

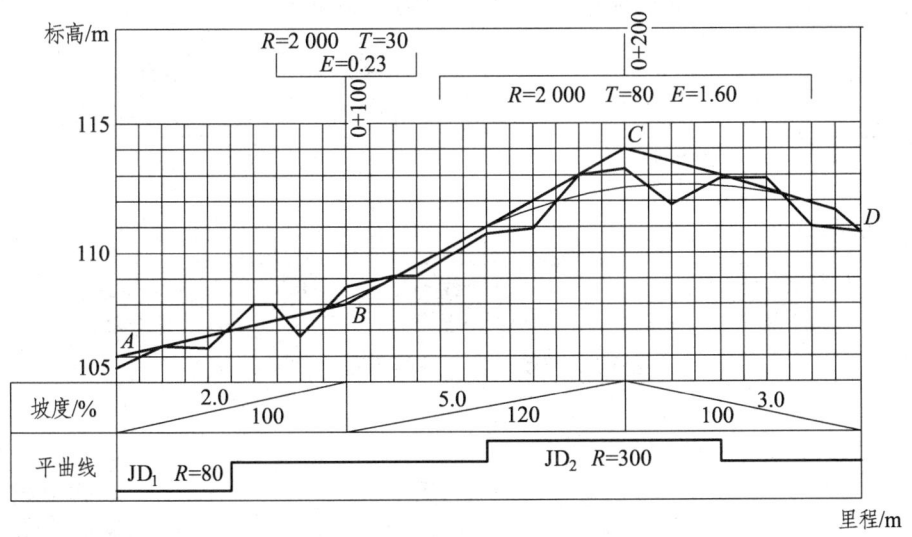

图 3-1 路线纵断面示意图（单位：m）

3.1.2 纵断面设计中的几点规定

路线纵断面设计线是由均匀坡度线（直线）和竖曲线（圆曲线或二次抛物线）组成的。

坡度线和竖曲线共同成为纵断面线形的两个基本线形要素。直线的坡度和长度影响着汽车的行驶速度和运输的经济性及行车的安全，它们的一些临界值的确定和必要的限制，是以通行的汽车类型及行驶性能来决定的。坡度线有上坡和下坡，是以坡度和水平长度表示的，一般上坡坡度为正，下坡坡度为负；不同纵坡转折处称为变坡点，为平顺过渡要设置竖曲线，按纵坡转折形式的不同，竖曲线有凹有凸，其大小用半径和水平长度表示。另外，坡度转折处（变坡点）只计坡度代数差，不计角度。

路线纵向坡度简称纵坡，用符号 i 表示，其值按式（3-1）计算：

$$i = \frac{H_1 - H_2}{L} \times 100\% \tag{3-1}$$

式中：i——纵坡（%），按路线前进方向，上坡为正，下坡为负；

H_1、H_2——按路线前进方向为序的坡线两端点的标高（m）；

L——坡线两端点间的水平距离（m），即坡长。

路中线的原地面标高，称为地面标高，其连线即为地面线。对于纵断面上的设计标高，即路基设计标高，《公路路线设计规范》（JTG D20—2017）规定如下：

对于新建公路，高速公路和一级公路宜采用中央分隔带的外侧边缘标高；二、三、四级公路采用路基边缘标高，在设置超高、加宽地段为设超高、加宽前该处标高，如图3-2所示。

对于改建公路，一般遵照新建公路的规定执行，也可视具体情况而采用中央分隔带中线或者行车道中线处的标高作为设计标高。

对于城市道路，设计标高指建成后的行车道中线路面标高或中央分隔带中线标高。

设计标高与地面标高之差，即为该处的施工高度，如图 3-2 所示，当设计标高大于地面标高时为路堤（填方），当设计标高小于地面标高时为路堑（挖方）。

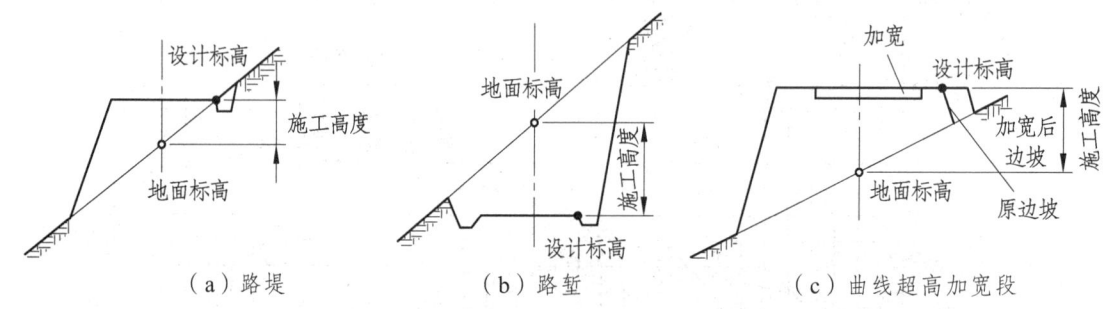

图 3-2　路基的地面高程与设计高程

3.2　纵坡设计

纵坡设计

3.2.1　最大纵坡

最大纵坡是指由车辆类型、设计速度、自然条件等因素所限定的各级道路允许的最大纵坡值，是道路纵断面设计的重要控制指标。最大纵坡的大小将直接影响路线的长短、使用质量、行车安全以及运营成本和工程的经济性。

1. 最大纵坡的制定依据

（1）车辆类型。

不同类型的车辆具有不同的动力性能和制动性能。其上坡时的爬坡能力和下坡时的制动性能亦各不相同，因此对道路的最大纵坡要求均不相同。按照公路上行驶的车辆类型及其所具有的动力特性来确定汽车在规定速度下的爬坡能力和下坡的安全性，是确定道路最大纵坡的常用方法。

（2）设计速度。

由汽车的动力特性曲线可知，汽车的爬坡能力与行驶速度成反比，车速越高爬坡能力越低。因此，在确定路线最大纵坡时必须以保证一定的行驶速度为前提。

（3）自然条件。

道路所经地区的地形起伏情况、海拔高度、气温、降水、冰雪等自然因素对汽车的行驶条件和爬坡能力都会产生影响。处于长期冰冻地区的公路就须避免采用大坡，以防止行车滑溜等不安全因素的产生。

2. 最大纵坡的确定

（1）计算法。

此法以上坡行驶为准，通过规定汽车爬坡时的计算车型、计算车速和汽车的荷载，根据等速爬坡的原理按汽车的动力性能图并经计算确定。

（2）调查法。

我国通过对汽车在坡道上行驶情况的调查、试验，根据路段的调查资料分析来确定最大纵坡值。《公路工程技术标准》（JTG B01—2014）在制定路线最大纵坡时主要考虑了以下三方面的因素：

① 汽车上坡行驶的爬坡能力。汽车上坡时因升坡阻力增加而需增大牵引力，从而降低车速。若长时间爬陡坡，不但会引起汽车水箱内的水沸腾、气阻，使行驶无力以致发动机熄火，而且在爬坡时汽车的机件磨损也将增大。因此，应从汽车爬坡能力考虑对最大纵坡加以限制。

② 汽车下坡行驶的安全性。汽车下坡时，制动次数增加，制动器易因发热而失效，驾驶员心理紧张，也容易发生车祸。根据行车事故调查分析，坡度大于 8%、坡长为 360 m 或坡长很短但坡度很大（11%~12%）的路段下坡的终点是发生交通事故的主要地点。同时，调查资料表明，当纵坡大于 8.5%时，制动次数急增。所以，最大纵坡的制定应从下坡安全来考虑，其最大值控制在 8%~9%为宜。

③ 考虑畜力车及雨雪冰滑时汽车上下坡的行驶要求。对城市道路来讲，其最大纵坡的制定除了考虑上述因素外，还应考虑非机动车特别是自行车的行驶要求。

3. 最大纵坡标准

（1）《公路路线设计规范》（JTG D20—2017）规定的最大纵坡（表 3-1）：

① 设计速度为 120 km/h、100 km/h、80 km/h 的高速公路受地形条件或其他特殊情况限制时，经技术经济论证，最大纵坡值可增加 1%。

② 在公路改扩建中，设计速度为 40 km/h、30 km/h、20 km/h 的利用原有公路的路段，经技术经济论证，最大纵坡值可增加 1%。

③ 四级公路位于海拔 2 000 m 以上或积雪冰冻地区的路段，最大纵坡不应大于 8.0%。

表 3-1　我国公路的最大纵坡

设计速度/（km/h）	120	100	80	60	40	30	20
最大纵坡/%	3	4	5	6	7	8	9

（2）城市道路机动车道最大纵坡（表 3-2）。

《城市道路工程设计规范》（CJJ 37—2012）（2016 年版）规定：

① 新建道路应采用小于或等于最大纵坡一般值；改建道路、受地形条件或其他特殊情况限制时，可采用最大纵坡极限值。

② 除快速路外的其他等级道路，受地形条件或其他特殊情况限制时，经技术经济论证后，最大纵坡极限值可增加 1.0%。

③ 积雪或冰冻地区的快速路最大纵坡不应大于 3.5%，其他等级道路最大纵坡不应大于 6.0%。

表 3-2　城市道路机动车道最大纵坡

计算行车速度/（km/h）	100	80	60	50	40	30	20
最大纵坡度一般值/%	3	4	5	5.5	6	7	8
最大纵坡度极限值/%	4	6	6	7	8		

（3）对桥上及桥头路线的纵坡，应符合下列规定：

① 小桥处的纵坡应随路线纵坡设计。

② 桥梁及其引道的平、纵、横技术指标应与路线总体布设相协调，各项技术指标应符合路线布设规定。大、中桥上纵坡不宜大于 4%，桥头引道纵坡不宜大于 5%，引道紧接桥头部分的线形应与桥上线形相配合。

③ 易结冰、积雪的桥梁，桥上纵坡应适当减小。

④ 位于城镇混合交通繁忙处的桥梁，桥上及桥头引道纵坡均不得大于 3%。

（4）隧道及其洞口两端路线的纵坡应符合下列规定：

① 隧道内纵坡应大于 0.3%并小于 3%，但短于 100 m 的隧道不受此限。

② 高速公路、一级公路的中、短隧道，当条件受限制时，经技术经济论证后，最大纵坡可适当加大，但不宜大于 4%。

③ 隧道内的纵坡宜设置成单向坡；地下水发育的隧道及特长、长隧道宜采用人字坡。

4. 高原纵坡折减

在海拔 3 000 m 以上的高原地区，汽车发动机的输出功率因空气稀薄而降低，相应地降低了汽车的爬坡能力;此外,在高原地区行车,由于大气压强低,汽车水箱中的水容易"开锅"而破坏冷却系统。因此《公路路线设计规范》(JTG D20—2017)规定:设计速度小于或等于 80 km/h、位于海拔 3 000 m 以上高原地区的公路,最大纵坡应按表 3-3 的规定予以折减。最大纵坡折减后小于 4%时,应采用 4%。

表 3-3　高原纵坡折减值

海拔高度/m	3 000~4 000	4 000~5 000	>5 000
纵坡折减值/%	1	2	3

3.2.2　最小纵坡

最小纵坡是为纵向排水的需要,对横向排水不顺畅的路段所规定的纵坡最小值。为使行车快速、安全和通畅,一般希望道路纵坡设计得小一些。但在挖方路段、设置边沟的低填方路段和其他横向排水不畅路段,为了保证排水,防止水渗入路基而影响路基的稳定性,应设置不小于 0.3%的纵坡(一般情况下以采用不小于 0.5%为宜)。当然,对于干旱地区,以及横向排水良好、不产生路面积水的路段,也可不受此最小纵坡的限制。

城市道路通常低于两侧街坊,两侧街坊的雨水排向行车道两侧的街沟,然后顺街沟的纵坡流入沿街沟设置的雨水口。因此,道路最小纵坡应是能保证排水和防止管道淤塞所需的最小纵坡(0.3%)。若道路纵坡小于最小纵坡值,则管道的埋深必将随着管道的长度而加深。为避免其埋设过深所致的土方量增大和施工困难,就需要在管道的一定距离设置泵站。所以,城市道路的最小纵坡应大于或等于 0.3%。如遇特殊困难,其纵坡必须小于 0.3%时,则应设置锯齿形街沟,保证路面排水畅通。

3.2.3　坡长限制

坡长是指纵面线形上两个变坡点之间的长度。坡长限制主要是指对较陡纵坡的最大长度和一般纵坡的最小长度加以限制。

1. 最大坡长的限制

道路纵坡的大小及其坡长对汽车正常行驶影响很大,纵坡越陡,坡长越长,对行车影响也越大。主要表现在:使行车速度显著下降,甚至要换较低排挡克服坡度阻力;易使水箱"开锅",导致汽车爬坡无力,甚至熄火;下坡行驶制动次数频繁,易使制动器发热而失效,甚至造成车祸。

最大坡长限制是指控制汽车在坡道上行驶,当车速下降到最低允许速度时所行驶的距离。《公路工程技术标准》(JTG B01—2014)和《公路路线设计规范》(JTG D20—2017)均对各级公路不同纵坡的最大长度作了规定,见表 3-4。

表 3-4 各级公路纵坡长度限制（单位：m）

设计速度/（km/h）		120	100	80	60	40	30	20
纵坡坡度/%	3	900	1 000	1 100	1 200	—	—	—
	4	700	800	900	1 000	1 100	1 100	1 200
	5	—	600	700	800	900	900	1 000
	6	—	—	500	600	700	700	800
	7	—	—	—	—	500	500	600
	8	—	—	—	—	300	300	400
	9	—	—	—	—	—	200	300
	10	—	—	—	—	—	—	200

当城市道路纵坡大于表 3-2 所列的一般值时，应限制纵坡最大坡长。《城市道路工程设计规范》（CJJ 37—2012）（2016 年版）中规定的城市道路机动车道及非机动车道最大坡长限制见表 3-5 和表 3-6。

表 3-5 城市道路机动车道最大坡长限制（单位：m）

设计速度/（km/h）	100	80	60			50			40		
纵坡坡度/%	4	5	6	6.5	7	6	6.5	7	6.5	7	8
最大坡长/m	700	600	400	350	300	350	300	250	300	250	200

表 3-6 城市道路非机动车道最大坡长限制（单位：m）

纵坡/%		3.5	3.0	2.5
最大坡长/m	自行车	150	200	300
	三轮车	—	100	150

2. 最小坡长的限制

之所以要对最小坡长加以限制，从行车来看，主要是由于纵坡上若变坡点过多，会使纵面线形起伏，导致车辆行驶颠簸频繁，车速愈高则愈显得突出，影响行车的舒适和安全。为了提高行车的平顺性，一般要求纵坡上的转折点宜少。

从线形几何构成来看，相邻变坡点之间的距离不宜过短，以免出现所谓的驼峰式纵断面，如图 3-3 所示。最短应不小于相邻竖曲线的切线长，以便插入适当的竖曲线来缓和纵坡的突变，同时也便于平纵面线形的合理组合与布置。此外，为保证行车安全，还必须使两个凸形变坡点之间的距离满足行车视距的要求。如相邻两纵坡之间的坡度相差较大，为便于汽车运行时换挡操作，其坡长则更不宜太短。

图 3-3 驼峰式纵断面

最小坡长通常以汽车按设计速度行驶 9~15 s 的行程作为规定值。在设计速度较高的高等级公路上,因车速较快,9 s 的行程已能满足行车操作和布设几何线形的需要;而在设计速度较低的一般公路上,行程时间应取长些,方能更好地满足行车和布设线形的需要。《公路工程技术标准》(JTG B01—2014)和《城市道路工程设计规范》(CJJ 37—2012)(2016 年版)据此给出了各级公路和城市道路的最小坡长限制值,见表 3-7 和表 3-8。

表 3-7 公路最小坡长

设计速度/(km/h)	120	100	80	60	40	30	20
最小坡长/m	300	250	200	150	120	100	60

表 3-8 城市道路最小坡长

设计速度/(km/h)	100	80	60	50	40	30	20
最小坡长/m	250	200	150	130	110	85	60

3. 陡坡组合坡长

当连续陡坡是由几个不同受限坡度值的坡段组合而成时,应按不同坡度的坡长限制折算确定,其连续陡坡最短坡长应大于规范规定的最小坡长。

进行公路纵坡设计时,当连续陡坡由几个不同坡度值的坡段组合而成时,相邻坡段长度应按限制的规定进行坡长折算,例如:某山岭区三级公路,第一坡段纵坡度为 7%,长度为 200 m,即占坡长限制的 2/5;第二坡段纵坡度为 6%,长度为 200 m,即占坡长限制的 2/7;第一坡段、第二坡段设计完后还剩:1 − 2/5 − 2/7 = 31.43/100,若第三坡段采用 4% 的坡度,则第三段坡长最长采用 (31.43/100)×1 100 = 345.71 m,这时就把 100% 的坡长值全用完了。在使用坡长限制的纵坡度时,坡长只能小于或等于 100% 的坡长限制,一般情况下,应留有一定的余地。

【**工程实例 3-1**】 已知设计速度为 40 km/h 的某公路,一段纵坡度为 8%,坡长 120 m。求相邻坡段为 7% 的纵坡相应的坡长限制值?若相邻坡段为 6% 呢?

【**解**】 查表可知设计速度为 40 km/h、坡度为 8% 的最大坡长为 300 m,坡度为 7% 的最大坡长为 500 m,坡度为 6% 的最大坡长为 700 m。

若组合坡度为 7%,则第二坡段长为:

$$\left(1-\frac{120}{300}\right)\times 500 = 300 \text{ m}$$

若组合坡度为 6%,则第二坡段长为:

$$\left(1-\frac{120}{300}\right)\times 700 = 420 \text{ m}$$

3.2.4 缓和坡段

载重汽车在较大的上坡路段上爬坡时,速度会逐渐折减降低,坡度越大、坡长越长,速度折减越严重。设置缓和坡段的目的是给载重汽车提供一个能够加速的纵坡条件,使其行驶速度能够恢复并保持在最低限速以上。

各级公路的连续上坡路段,应根据载重汽车上坡时的速度折减变化,在不大于表 3-4 规定的纵坡长度之间设置缓和坡段。其设置应符合以下规定:

(1)设计速度小于或等于 80 km/h 时,缓和坡段的纵坡应不大于 3%;设计速度大于 80 km/h 时,缓和坡段的纵坡应不大于 2.5%。

(2)缓和坡段的长度应大于表 3-7 的规定。

3.2.5 平均纵坡

1. 定 义

平均纵坡是指一定长度的路段纵向所克服的高差与路线长度之比,用百分率 $i_{平均}$ 表示。

$$i_{平均} = \frac{H}{L} \tag{3-2}$$

式中:$i_{平均}$——平均纵坡(%);

H——相对高差(m);

L——路线长度(m)。

平均纵坡是为了合理运用最大纵坡、坡长及缓和坡长的规定,以保证车辆安全顺利地行驶的限制性指标。公路纵断面设计,即使完全符合最大纵坡、坡长限制及缓和坡段的规定,还不能保证使用质量。不少路段虽然单一陡坡并不大,甚至也有缓和坡段,但由于平均纵坡较大,上坡使用低速挡较久,易致车辆水箱"开锅";下坡则因刹车发热、失效而导致事故。因此,有必要控制平均纵坡。这样既可保证路线长度的平均纵坡不致过陡,也可以免除局部地段所使用过大的平均纵坡。

根据对山区道路行车的实际调查发现,有时虽然道路纵坡设计完全符合最大纵坡、坡长限制及缓和坡长规定,但也不一定能保证行车顺利安全。如对地形困难、高差较大地段,设计者可能交替使用极限长度的最大纵坡及缓和坡长,形成"台阶式"纵断面线形,这样做看似符合纵坡设计的有关标准,但纵断面线形不好,在这种坡道上汽车会较长时间频繁地使用低挡行驶,对机件和安全都不利。

2. 平均纵坡指标

《公路工程技术标准》(JTG B01—2014)规定,二、三、四级公路越岭路线连续上坡或下坡路段的平均纵坡应符合以下要求:

(1)越岭路段的相对高差为 200~500 m 时,平均纵坡不应大于 5.5%。

(2)越岭路段的相对高差大于 500 m 时,平均纵坡不应大于 5%,且任意连续 3 km 路段的平均纵坡不应大于 5.5%。

《公路路线设计规范》(JTG D20—2017)规定:高速公路、一级公路连续长、陡下坡路段的平均坡度与连续坡长不宜超过表 3-9 的规定;超过时,应进行交通安全性评价,提出路段速度控制和通行管理方案,完善交通工程和安全设施,并论证增设货车强制停车区。

表 3-9 连续长、陡下坡的平均坡度与连续坡长

平均坡度/%	<2.5	2.5	3.0	3.5	4.0	4.5	5.0	5.5	6.0
连续坡长/km	不限	20.0	14.8	9.3	6.8	5.4	4.4	3.8	3.3
相对高差/m	不限	500	450	330	270	240	220	210	200

3.2.6 合成坡度

1. 定 义

合成坡度是指由路线纵坡与弯道超高横坡或路拱横坡组合而成的坡度，其方向即流水线方向。如图 3-4 所示，合成坡度的计算公式为：

$$i_{合} = \sqrt{i_{横}^2 + i_{纵}^2} \tag{3-3}$$

式中：$i_{合}$——合成坡度（%）；

$i_{横}$——超高横坡度或路拱横坡度（%）；

$i_{纵}$——路线设计纵坡坡度（%）。

在有平曲线的坡道上，最大坡度既不是纵坡方向，也不是横坡方向，而是两者组合成的流水线方向。将合成坡度控制在一定范围之内，目的是尽可能地避免急弯和陡坡的不利组合，防止因合成坡度过大而引起的横向滑移和行车危险，保证车辆在弯道上安全而顺适地运行。

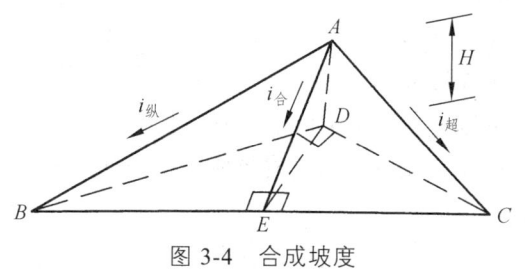

图 3-4 合成坡度

2. 合成坡度指标

（1）《公路路线设计规范》（JTG D20—2017）规定的最大允许合成坡度值见表 3-10。

表 3-10 公路最大合成坡度

公路等级	高速公路			一级公路			二级公路		三级公路		四级公路
设计速度/（km/h）	120	100	80	100	80	60	80	60	40	30	20
合成坡度值/%	10.0	10.0	10.5	10.0	10.5	10.5	9.0	9.5	10.0	10.0	10.0

当陡坡与小半径平曲线重合时，在条件许可的情况下，以采用较小的合成坡度为宜。特别是下述情况，其合成坡度必须小于 8%：

① 在冬季路面有积雪结冰的地区。

② 自然横坡较陡峻的傍山路段。
③ 非汽车交通比率高的路段。

【工程实例 3-2】 某二级公路,有一平曲线半径为 250 m,超高横坡取 8%,该路段纵坡度为 4.8%,则合成坡度为:

$$i_{合} = \sqrt{i_{超}^2 + i_{纵}^2} = \sqrt{0.08^2 + 0.048^2} = 9.33\% > 9\%$$

即该路段设计不合理。

(2)城市道路对合成坡度的规定见表 3-11。在积雪地区各级道路合成坡度应小于或等于 6%。

表 3-11 城市道路最大合成坡度

设计速度/(km/h)	100	80	60	50	40	30	20
合成坡度值/%	7.0		7.0		7.0		8.0

在设计中可由下式计算平曲线上允许的最大纵坡:

$$i_R = \sqrt{i_{max}^2 - i_h^2}$$

式中:i_R——平曲线上的允许最大纵坡度(%);

i_{max}——最大允许合成坡度(%);

i_h——超高横坡度或路拱横坡度(%)。

当路线的平面和纵坡设计基本完成后,可用上式或图 3-4 检查合成坡度 $i_{合}$。如果超过最大允许合成坡度时,可减小纵坡或加大平曲线半径以减小横坡,或者两方面同时减小。

在应用最大允许合成坡度时,用规定值如 10%来控制合成坡度,并不意味着横坡为 10% 的弯道上就完全不允许有纵坡,无论是纵坡或是横坡中任何一方采用最大值时,允许另一方采用缓一些的坡度,一般以不大于 2%为宜。

(3)最小合成坡度:不宜小于 0.5%。

合成坡度过小也不好,它会导致路面排水不畅,影响行车安全。各级道路最小合成坡度不宜小于 0.5%。当合成坡度小于 0.5%时,应采取综合排水措施,以保证路面排水畅通。

3. 合成坡度指标的控制作用

(1)陡坡与急弯的重合。在平曲线路段,当纵向有纵坡且横向又有超高时,合成坡度可以反映最大坡度在纵坡和超高横坡所合成的方向上的变化,从而防止汽车沿合成坡度方向滑移,保证行车安全。

(2)平坡与设超高平曲线的配合问题。在进行平坡与设超高平曲线的配合设计时,还需要考虑其他相关因素,如道路等级、设计速度、交通量等,以确保整体设计的合理性和可行性。

综上所述,合成坡度指标在控制平坡与设超高平曲线的配合问题中起着至关重要的作用。通过合理控制合成坡度,可以确保道路的舒适性和安全性。

3.2.7 爬坡车道

1. 定 义

爬坡车道是指在陡坡路段正线行车道右侧设置的专供载货汽车行驶的专用车道。

2. 设置条件

《公路工程技术标准》（JTG B01—2014）规定，高速公路和一级公路，当纵坡大于4%时，可设置爬坡车道，其宽度一般为3.5 m。《公路路线设计规范》（JTG D20—2017）规定，四车道高速公路、四车道一级公路以及二级公路连续上坡路段，符合下列情况之一者，宜在上坡方向行车道的右侧设置爬坡车道，在纵坡长度受限制的路段，应对载货汽车上坡行驶速度的降低值和设计通行能力进行验算：

（1）沿上坡方向载货汽车的行驶速度降低到表3-12的容许最低速度以下时，可设置爬坡车道。

（2）上坡路段的设计通行能力小于设计小时交通量时，应设置爬坡车道。

（3）经设置爬坡车道与改善主线纵坡不设置爬坡车道技术经济比较论证，设置爬坡车道的效益费用比、行车安全性较优。

表3-12 上坡方向容许的最低速度

设计速度/（km/h）	120	100	80	60	40
容许的最低速度/（km/h）	60	55	50	40	25

3. 爬坡车道的起点、终点与长度

（1）爬坡车道的起点，应设于陡坡路段上载重汽车运行速度降低至表3-12中"容许的最低速度"处。

（2）爬坡车道的终点，应设于载重汽车爬经陡坡路段后恢复至"容许的最低速度"处，或陡坡路段后延伸的附加长度的端部。该陡坡路段后延伸的附加长度规定见表3-13。

表3-13 陡坡路段后延伸的附加长度

附加路段的纵坡/%	下坡	平坡	上坡			
			0.5	1.0	1.5	2.0
附加长度/m	100	150	200	250	300	350

（3）相邻两爬坡车道相距较近时，宜将两爬坡车道直接相连。

（4）爬坡车道起点、终点处应按设置分流、汇流渐变段。爬坡车道的平面布置如图3-5所示，其长度规定见表3-14。

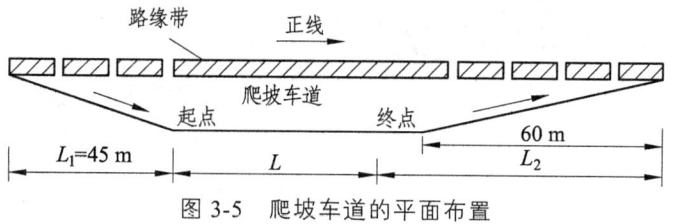

图3-5 爬坡车道的平面布置

表 3-14 爬坡车道分流、汇流渐变段长度

公路等级	分流渐变段长度/m	汇流渐变段长度/m
高速、一级	100	150~200
二级	50	90

设计爬坡车道时，应综合考虑爬坡车道与主线线形设计的关系，其起、终点应设在通视良好、便于辨认和过渡顺适的地点。

高速公路、一级公路爬坡车道长度大于 500 m 时，应按规定在其右侧设置紧急停车带。

3.3 竖曲线设计

竖曲线设计

为了使行车安全、舒适并满足视距需要，需要在纵断面上两个坡段的转折处设置一段竖向曲线，如图 3-6 所示。竖曲线的线形可采用圆曲线，也可采用抛物线形。通常在公路设计中，圆曲线和抛物线几乎没有差别，但在设计和计算上，抛物线则比圆曲线方便得多，因此设计上一般采用二次抛物线作为竖曲线。

图 3-6 道路竖曲线（凹形与凸形）

3.3.1 与竖曲线设计相关的概念

纵断面设计线上坡度发生变化的点称为变坡点，如图 3-7 中的 A、B 点。纵断面设计线上两相邻坡度的代数差称为变坡角，变坡角通常用 ω 表示，前坡段纵坡 i_1，后坡段纵坡 i_2，上坡为"＋"，下坡为"－"。相邻两坡度的差为 $\omega = i_2 - i_1$，当 $i_2 - i_1$ 为负值时，为凸形竖曲线，当 $i_2 - i_1$ 为正值时，则为凹形竖曲线。

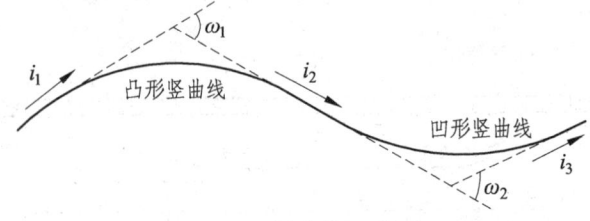

图 3-7 竖曲线示意图

3.3.2 竖曲线的设计标准

在纵断面设计中，竖曲线的设计要受众多因素的限制，其中有 3 个限制因素（即缓和冲击、时间行程不过短、满足视距要求）决定着竖曲线的最小半径或最小长度。

1. 缓和冲击

汽车行驶在竖曲线上时，产生径向离心力。这个力在凹形竖曲线上是增重，在凸形竖曲线上是减重。这种增重与减重达到某种程度时，旅客会有不舒适的感觉，同时对汽车的悬架系统也有不利影响，所以确定竖曲线半径时，对离心加速度应加以控制。由式（3-4）可计算出汽车在竖曲线上行驶时的离心加速度（以 m/s² 计）：

$$a = \frac{V^2}{R} \qquad (3\text{-}4)$$

用 V（km/h）表示并整理，得出半径 R（以 m 计）为：

$$R = \frac{V^2}{13a} \qquad (3\text{-}5)$$

根据试验结果，离心加速度 a 限制在 0.5~0.7 m/s² 比较合适。但考虑到不因冲击而造成的不舒适感，以及视觉平顺等要求，采用 a = 0.278 m/s²，则最小半径 $R_{\min}$、最小长度 $L_{\min}$（以 m 计）为：

$$R_{\min} = \frac{V^2}{3.6}, \quad L_{\min} = \frac{V^2 \omega}{3.6} \qquad (3\text{-}6)$$

2. 经行时间不宜过短

当竖曲线两端直线坡段的坡度差很小时，即使竖曲线半径较大，竖曲线长度也有可能较短，此时汽车在竖曲线段倏忽而过，冲击增大，乘客感到不适；从视觉上考虑也会感到线形突然转折。因此，汽车在凸形竖曲线上行驶的时间不能太短，通常控制汽车在凸形竖曲线上行驶时间不得小于 3 s。

$$L_{\min} = \frac{V}{3.6} t = \frac{V}{1.2} \qquad (3\text{-}7)$$

3. 满足视距的要求

汽车行驶在竖曲线上，若为凸形竖曲线，如果半径太小，会阻挡驾驶员的视线；若为凹形竖曲线，也同样存在视距问题。地形起伏较大地区的道路，在夜间行车时，若竖曲线半径过小，前灯照射距离近，将会影响行车速度和安全；高速公路及城市道路跨线桥、门式交通标志及广告宣传牌等，如果正好处在凹形竖曲线上方，也会影响驾驶员的视线。因此，为了保证行车安全，对竖曲线的最小半径和最小长度应加以限制。

（1）凸形竖曲线的极限最小半径。

汽车行驶在凸形竖曲线上，如果凸形竖曲线半径过小，直接影响行车视距，按规定的视距控制即可推导出计算极限最小半径的公式。分两种情况：

第一种，$S \leq L$，如图 3-8 所示。

$$h_w = \frac{l_w^2}{2R} \qquad (3-8)$$

$$h_m = \frac{l_m^2}{2R} \qquad (3-9)$$

由几何条件：

$$S = l_w + l_m \qquad (3-10)$$

则：

$$S = \sqrt{2R}\left(\sqrt{h_w} + \sqrt{h_m}\right) \qquad (3-11)$$

式中：h_w——物高（m），取 $h_w = 0.10$ m；
h_m——目高（m），取 $h_m = 1.20$ m；
l_w——竖曲线顶点 A 距物点的距离（m）；
l_m——竖曲线顶点 A 距目点的距离（m）；
S——要求的行车视距，按停车视距考虑（m）。

将 h_w、h_m 的值代入式（3-11）并整理得：

$$R_{\min} = \frac{S^2}{3.98} \qquad (3-12)$$

第二种，$S>L$，如图 3-9 所示。
经推导：

$$R_{\min} = \frac{2S}{\omega} - \frac{3.98}{\omega^2} \qquad (3-13)$$

式中：S——要求的视距长度（m）；
ω——纵断面变坡处的变坡角。

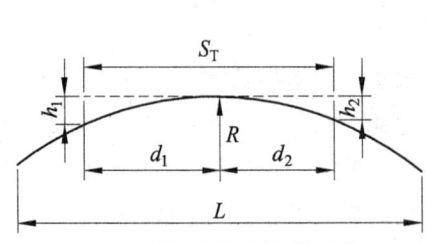

图 3-8 凸形竖曲线计算图式（$S \leq L$）

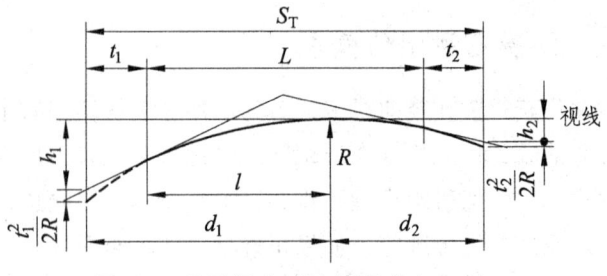

图 3-9 凸形竖曲线计算图式（$S>L$）

我国规定的公路竖曲线极限最小半径值考虑了上述因素,并且主要是以凸形竖曲线长度 $L \geq$ 视距 S 的条件得到保证来确定的,见表 3-15。

表 3-15 凸形竖曲线极限最小半径

设计速度/(km/h)	缓冲要求/m	视距要求/m	《公路路线设计规范》(JTG D20—2017) 采用的极限最小半径 $R_{凸}$/m
120	4 000	11 080	11 000
100	2 778	6 432	6 500
80	1 778	3 040	3 000
60	1 000	1 413	1 400
40	444	402	450
30	250	226	250
20	111	101	100

(2)凹形竖曲线的极限最小半径。

① 从汽车夜间行驶前照灯照射距离考虑(图 3-10)。

若照射距离小于要求的视距长度,则无法保证行车安全。按此条件即可推导出此时凹形竖曲线最小半径的计算公式。

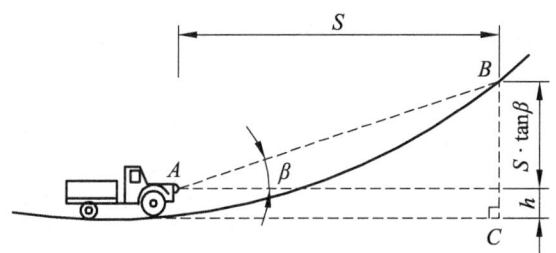

图 3-10 夜间行车前灯照射距离

$$R_{min} = \frac{S^2}{1.5 + 0.052\,4S} \qquad (3\text{-}14)$$

式中:S——前灯照射距离(m),应满足行车视距,一般用停车视距。

② 从保证跨线桥下视距考虑。

当 $L<S$ 时(图 3-11),根据推算:

$$R_{min} = \frac{2S}{\omega} - \frac{19.27}{\omega^2} \qquad (3\text{-}15)$$

式中:S——要求的行车视距长度(m),一般采用停车视距,即 $S = S_T$;

ω——凹形竖曲线的变坡角。

当 $L \geq S$ 时(图 3-12),根据推算:

$$R_{min} = \frac{S^2}{19.27} \qquad (3\text{-}16)$$

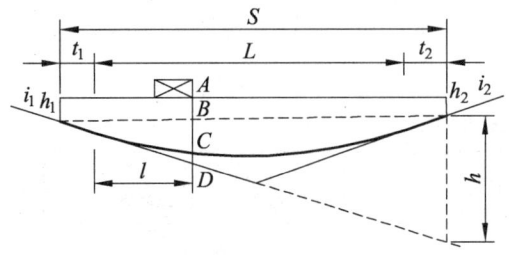
图 3-11 跨线桥下行车视距（$L<S$）

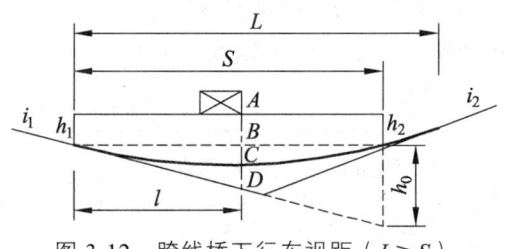
图 3-12 跨线桥下行车视距（$L \geq S$）

根据推导过程，取 $R_{min} = \dfrac{S^2}{19.27}$ 作为控制值。

因此，《公路工程技术标准》（JTG B01—2014）和《城市道路工程设计规范》（CJJ 37—2012）（2016 年版）规定的公路凹形竖曲线极限最小半径是考虑了缓冲要求、前灯照射要求、跨线桥下视距要求而确定的。凹形竖曲线极限最小半径仅在受地形或条件限制不得已时才予以采用，见表 3-16。

表 3-16 凹形竖曲线极限最小半径的计算

设计速度 /（km/h）	停车视距 S/m	缓冲冲击所需半径 /m	夜间前灯照射距离所需半径/m	保证跨线桥下视距所需半径/m	《公路路线设计规范》（JTG D20—2017）采用的极限最小半径 $R_{凹}$/m
120	210	4 000	3 527	2 286	4 000
100	160	2 778	2 590	1 328	3 000
80	110	1 778	1 666	628	2 000
60	75	1 000	1 036	292	1 000
40	40	444	445	83	450
30	30	250	293	47	250
20	20	111	157	21	100

4. 竖曲线的一般最小半径

竖曲线的极限最小半径是保证行车安全和舒适所必需的最小值，该值在地形等特殊原因不得已时方可采用。在实际设计中，为了安全和舒适，应采用极限最小半径的 1.5~2.0 倍或更大值作为一般最小半径。

5. 竖曲线的最小长度

无论是凸形竖曲线还是凹形竖曲线，都要受到上述缓和曲线、视距及行驶时间 3 种因素控制。与平曲线相似，当坡度角较小时即使采用较大的竖曲线半径，竖曲线的长度也很短，这样容易使驾驶员产生急促的变坡感觉，同时，竖曲线长度过短，易对行车造成冲击。我国按照汽车在竖曲线上以设计速度行驶 3 s 行程时间控制竖曲线最小长度。各级公路的竖曲线最小长度和半径规定见表 3-17。在进行竖曲线设计时，不但要保证竖曲线半径要求，还必须满足竖曲线最小长度的规定。

表 3-17　公路竖曲线最小半径和竖曲线最小长度

设计速度/（km/h）		120	100	80	60	40	30	20
凸形竖曲线半径/m	极限最小值	11 000	6 500	3 000	1 400	450	250	100
	一般最小值	17 000	10 000	4 500	2 000	700	400	200
凹形竖曲线半径/m	极限最小值	4 000	3 000	2 000	1 000	450	250	100
	一般最小值	6 000	4 500	3 000	1 500	700	400	200
竖曲线最小长度/m		100	85	70	50	35	25	20

表 3-18 所列为《城市道路工程设计规范》（CJJ 37—2012）（2016 年版）规定的城市道路竖曲线最小半径和最小长度。

表 3-18　城市道路竖曲线最小半径和竖曲线最小长度

设计速度/（km/h）		100	80	60	50	40	30	20
凸形竖曲线半径/m	极限最小值	6 500	3 000	1 200	900	400	250	100
	一般最小值	9 750	4 500	1 800	1 350	600	400	150
凹形竖曲线半径/m	极限最小值	3 000	1 800	1 000	700	450	250	100
	一般最小值	4 500	2 700	1 500	1 050	700	400	150
竖曲线最小长度/m		90	70	50	40	35	25	20

3.3.3　竖曲线设计的一般要求

竖曲线是否平顺，在视觉上往往是判断纵断面线形优劣的主要因素。纵断面线形不好的主要原因往往是设置过多的竖曲线、竖曲线半径小或竖曲线长度小。竖曲线设计应满足以下的一般要求：

（1）设计速度大于或等于 60 km/h 的公路，竖曲线设计宜采用长的竖曲线和长直线坡段的组合。有条件时宜采用大于或等于表 3-19 所列视觉所需要的最小竖曲线半径值。

表 3-19　从视觉观点所需的竖曲线最小半径

设计速度 V/（km/h）	竖曲线半径/m	
	凸形	凹形
120	20 000	12 000
100	16 000	10 000
80	12 000	8 000
60	9 000	6 000
40	3 000	2 000

（2）竖曲线应选用较大的半径。当条件受限制时，宜采用大于或接近于竖曲线最小半径的"一般值"；地形条件特殊困难而不得已时，方可采用竖曲线最小半径的"极限值"。

（3）同向竖曲线间，特别是同向凹形竖曲线之间，直线坡段接近或达到最小坡长时，宜合并设置为单曲线或复曲线。

（4）双车道公路在有超车需求的路段，应考虑超车视距要求，采用较大的凸形竖曲线半径或设置必要的标志、标线等设施。

3.3.4 竖曲线设计计算

竖曲线设计计算的内容包括半径的选择、几何要素的计算、计算设竖曲线后各中桩的设计高程以及点绘竖曲线，以下分别介绍。

1. 半径的选择

（1）选择半径应符合标准规范规定的要求。

（2）在不过分增加土石方工程数量的情况下，为使行车舒适，尽量采用较大的半径。

（3）有时需结合标高控制的要求，确定合适的外距，按外距 E 推算半径。

$$R = \frac{8E}{\omega^2} \qquad (3\text{-}17)$$

（4）有时考虑相邻竖曲线的连接，需按切线长度 T 推算半径。

$$R = \frac{2T}{\omega} \qquad (3\text{-}18)$$

（5）过大的竖曲线半径可能给排水带来不利，选择半径时应注意。

（6）夜间行车交通量大的路段，考虑前灯照射距离受到限制，选择半径时应适当加大，以使其有较长的照射距离。

2. 几何要素的计算

（1）竖曲线如采用抛物线，如图 3-13 所示。

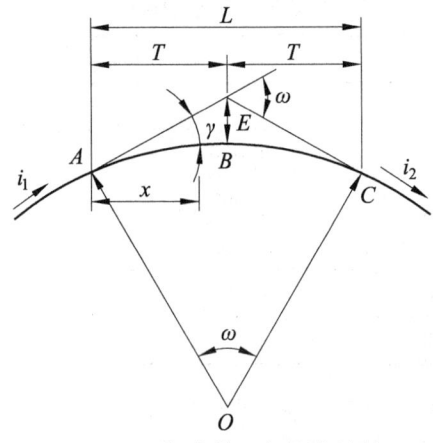

图 3-13 竖曲线几何要素计算

变坡角：
$$\omega = i_2 - i_1 \quad (3\text{-}19)$$

曲线长：
$$L = R \cdot \omega \quad (3\text{-}20)$$

切线长：
$$T = L/2 \quad (3\text{-}21)$$

外距：
$$E = \frac{T^2}{2R} \quad (3\text{-}22)$$

（2）竖曲线上任意点至相应切线的距离 y 的计算。
$$y = \frac{x^2}{2R} \quad (3\text{-}23)$$

式中：x——任意点里程桩号减去竖曲线起点或终点桩号。

（3）竖曲线上各主要桩点的里程计算。

$$\text{竖曲线起点的里程桩号} = \text{变坡点桩号} - T$$

$$\text{竖曲线终点的里程桩号} = \text{变坡点桩号} + T$$

（4）竖曲线上各桩点的设计标高计算。

$$\text{设计标高} = \text{切线高程} \pm y$$

式中：凸形竖曲线取负，凹形竖曲线取正。

【**工程实例 3-3**】 某山岭区二级公路，变坡点桩号为 K3 + 030，高程为 427.68 m，前坡 $i_1 = +5\%$，后坡 $i_2 = -4\%$，竖曲线半径 $R = 2\,000$ m。试计算竖曲线诸要素。

【**解**】（1）判断竖曲线凹凸性。

$\omega = i_2 - i_1 = -4\% - 5\% = -0.09 < 0$，曲线为凸曲线。

（2）计算竖曲线要素。

曲线长：$L = R \cdot \omega = 2\,000 \times 0.09 = 180$ m

切线长：$T = \dfrac{L}{2} = \dfrac{180}{2} = 90$ m

外距：$E = \dfrac{T^2}{2R} = \dfrac{90^2}{2 \times 2\,000} = 2.03$ m

【**工程实例 3-4**】 上例中，计算桩号为 K3 + 000、K3 + 140 处的设计高程。

【**解**】（1）计算竖曲线起终点桩号。

$$\text{竖曲线起点桩号} = (K3 + 030) - 90 = K2 + 940$$

$$\text{竖曲线终点桩号} = (K3 + 030) + 90 = K3 + 120$$

（2）桩号 K3 + 000 的设计标高。

切线高程 = 427.68 − [(K3 + 030) − (K3 + 000)] × 5% = 426.18

改正值 = $\dfrac{[(K3+000)-(K2+940)]^2}{2\times 2\,000}$ = 0.90 m

设计高程 = 426.78 − 0.90 = 425.48 m

（3）桩号 K3 + 140 的设计标高。

K3 + 140 位于直坡段，故

设计高程 = 427.68 − [(K3 + 140) − (K3 + 030)] × 4% = 423.28 m

【拓展训练 3.1】 上例中，按桩距为 20 m 的整桩号法计算各桩的设计高程，竖曲线两侧高差变化具有对称性，计算结果填表 3-20。

表 3-20 竖曲线计算结果

桩号	切线高程	距离 x	高程改正值	设计高程
K2 + 940				
K2 + 960				
K2 + 980				
K3 + 000				
K3 + 020				
K3 + 030				
K3 + 040				
K3 + 060				
K3 + 080				
K3 + 100				
K3 + 120				

【拓展训练 3.2】 某三级路，有一变坡点桩号为 K5 + 032.18，变坡点高程为 258.78 m，两相邻坡道的纵坡为 i_1 = + 5%，后坡 i_2 = − 3%，竖曲线半径 R = 1 000 m。求：

（1）竖曲线各基本要素。

（2）竖曲线起终点桩号及设计标高。

（3）K5 + 000.00、K5 + 032.18、K5 + 050.00 各桩号的设计标高。

【拓展训练 3.3】 某路段中有一变坡点桩号为 K15 + 450，高程为 66.770 m，其相邻坡段的纵坡分别为 − 3.68% 和 + 2.06%。为保证路基的最小填土高度，变坡点处的路基设计标高不得低于 68.560 m。试：

（1）计算竖曲线半径最小应为多少米（取百米的整数倍数）。

（2）用确定的竖曲线半径计算竖曲线起止点桩号。

3.4 平面、纵断面线形组合设计

平面、纵断面线形组合设计

平、纵线形组合设计是指在满足汽车运动学和力学要求的前提下，研究如何满足视觉和心理方面的连续、舒适，与周围环境相协调，并有良好的排水条件。尽管平、纵线形均按标准进行了设计，但平、纵线形组合不良，会形成视觉不连续的立体线形，导致行车危险。因此，平、纵线形组合设计的总要求是：对于设计速度大于等于 60 km/h 的道路，必须注意平、纵线形的合理组合，尽量做到线形连续、指标均衡、视觉良好、景观协调、安全舒适。设计速度越高，线形设计可考虑的因素应越周全。对于设计速度小于等于 40 km/h 的道路，首先应在保证行车安全的前提下，正确地运用线形要素指标，在条件允许的情况下力求做到各种线形要素的合理组合，并尽量避免或减少不利的组合。

3.4.1 平、纵组合的设计原则

（1）应保持线形在视觉上连续性，能自然地引导驾驶员的视线，使之在高速行驶的情况下，能安全舒适地行车。道路线形不应使驾驶员感到茫然、迷惑或判断失误。为此，要避免在视线所及的路段内，出现转折、错位、突变等不好的线形。如图 3-14（a）所示前方路线走向明确，能很好地引导视线，而图 3-14（b）所示则会产生错觉。

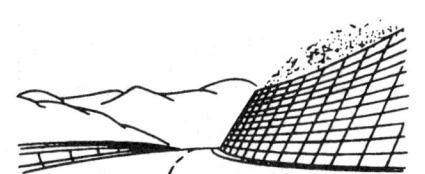 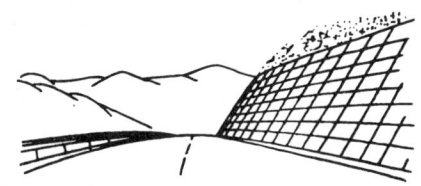

图 3-14　立体线形是否引导视线

（2）注意保持平、纵线形的技术指标大小应均衡，使线形在视觉和心理方面保持协调。在保证有足够视距的前提下，对于高速公路、一级公路、平原区二级公路，驾驶员在任意点上所能看到的前方平面线形弯曲一般不应超过 2 个，纵面起伏不应超过 3 个。

（3）选择组合得当的合成坡度，以利于路面排水和行车安全。设计时要注意纵坡不要接近水平状态，也应避免形成合成坡度过大的线形。

（4）注意与道路周围自然环境和景观的配合。好的配合可以减轻驾驶员的疲劳和紧张程度，适宜的景观设计还能起到诱导视线的作用，如图 3-15、图 3-16 所示。

图 3-15　坡顶植树预告驾驶员前方道路线形

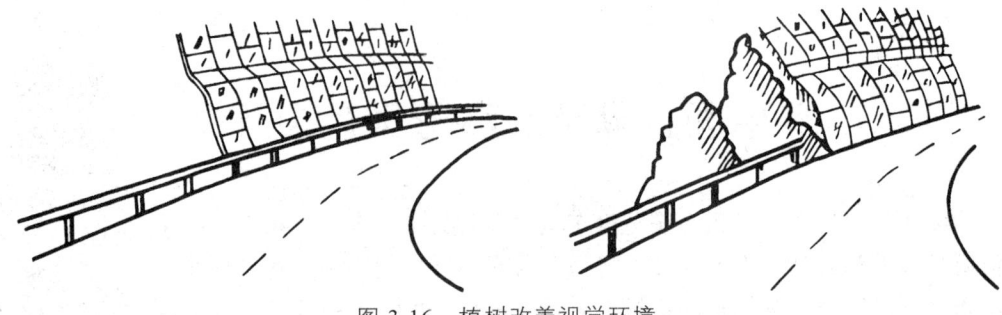

图 3-16 植树改善视觉环境

3.4.2 平纵线形的组合形式

通过分解立体线形要素，可得出平、纵面线形有以下 6 种组合形式，如图 3-17 所示。
（1）平面上为直线，纵断面上是直坡线——构成具有恒等坡度的直线。
（2）平面上为直线，纵断面上是凹形竖曲线——构成凹下去的直线。
（3）平面上为直线，纵断面上是凸形竖曲线——构成凸起的直线。
（4）平面上为曲线，纵断面上为直坡线——构成具有恒等坡度的平曲线。
（5）平面上为曲线，纵断面上为凹形竖曲线——构成凹下去的平曲线。
（6）平面上为曲线，纵断面上为凸形竖曲线——构成凸起的平曲线。

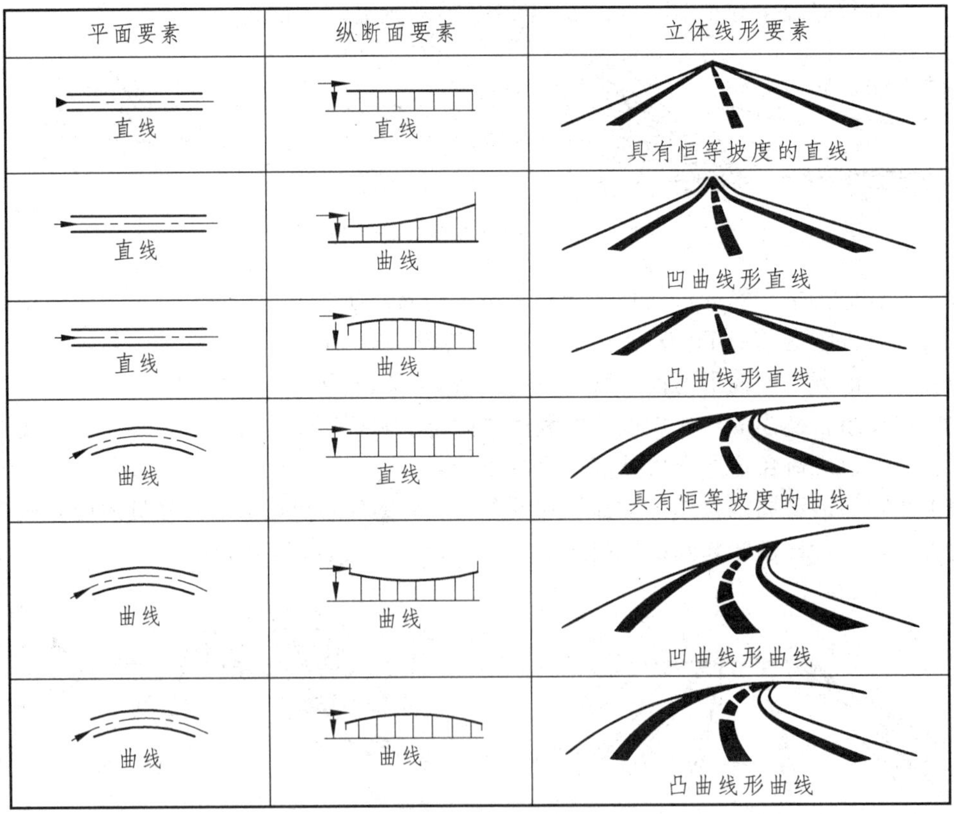

平面要素	纵断面要素	立体线形要素
直线	直线	具有恒等坡度的直线
直线	曲线	凹曲线形直线
直线	曲线	凸曲线形直线
曲线	直线	具有恒等坡度的曲线
曲线	曲线	凹曲线形曲线
曲线	曲线	凸曲线形曲线

图 3-17 空间线形要素

上述（1）~（3）型是在垂直平面内的线形类，（4）~（6）型是立体曲线。从视觉、心理分析来看，它们各有优势和不足：

（1）型组合往往线形单调、枯燥，行车过程中视景缺乏变化，容易使司机产生疲劳和频繁超车。设计时应采用画行车道线、标志、绿化，注意与路侧设施配合等方法来调节单调的视觉，增进视线诱导。

（2）型组合具有较好的视距条件，能给驾驶员以动的视觉效果，行车条件较好。设计时要注意避免采用较短的凹形竖曲线，尤其在两个凹形竖曲线间注意不要插入短的直坡段；在长直线的末端不宜插入小半径的凹形竖曲线。

（3）型组合视距条件差，线形单调，应注意避免，无法避免时应采用较大的竖曲线半径；若与（2）型组合时（即长直线上反复凹凸），应注意克服"驼峰""暗凹"和"浪形"等不良视觉现象的出现。

（4）型组合，一般说来只要平曲线半径选择适当，纵坡不太陡，即可获得较好的视觉和心理感受，设计时须注意检查合成坡度是否超限。

（5）、（6）型组合设计是一种常见的又比较复杂的组合形式。如果平纵面线形几何要素的大小适宜，位置适当，平纵面均衡协调，可以获得视觉舒顺、视线诱引良好的立体线形；相反，则会出现一些不良的后果。设计时应引起特别重视。

3.4.3 平纵线形组合的基本要求

1. 直线与直坡线、直线与凹形竖曲线、直线与凸形竖曲线、平曲线与直坡线等常用的线形组合

这些组合中都还有直线或直坡线，一般来说，只要平曲线半径选择适当、平面的直线与竖曲线组合恰当，便能在透视图上获得良好的视觉效果。组合时要注意平曲线半径与纵坡度协调，要避免急弯与陡坡相重合。

2. 平曲线与竖曲线的配合

（1）平曲线与竖曲线应相互重合，且平曲线应稍长于竖曲线。

这种组合是使平曲线和竖曲线对应，最好使竖曲线的起终点分别放在平曲线的两个缓和曲线内，即所谓的"平包竖"（图3-18）。

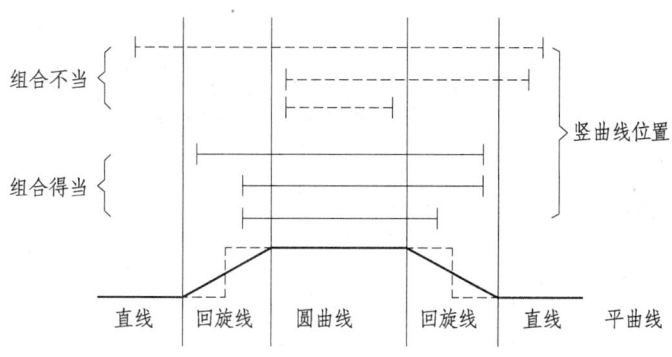

图3-18 平曲线与竖曲线的组合

这种立体线形不仅能起诱导视线的作用，而且可取得平顺而流畅的效果。对于等级较高的道路应尽量做到这种组合，并使平、竖曲线半径都大一些才显得协调，特别是凹形竖曲线处车速较高，二者半径更应该大一些。如果平曲线的中点与竖曲线的顶（底）点位置错开不超过平曲线长度的四分之一时，仍然可以获得比较满意的外观（图3-19）。

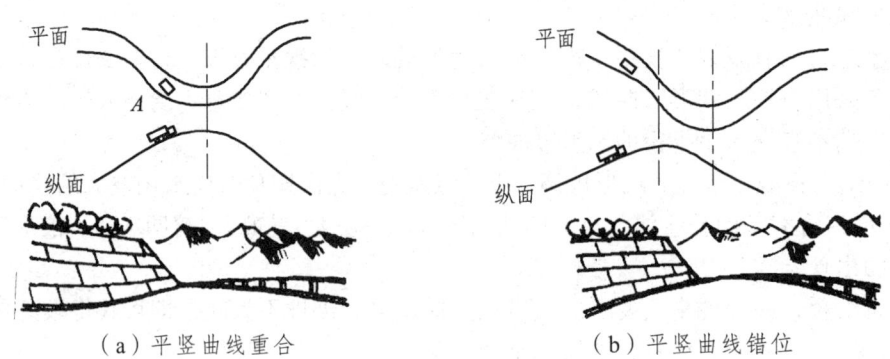

图 3-19　平竖曲线重合与错位

（2）平曲线与竖曲线大小应保持均衡。

保持平曲线、竖曲线的半径和长度的均衡，能在视觉上获得协调、舒顺的感觉。若能达到图3-19组合得当的情况，就认为是均衡的。

根据德国计算统计，若平曲线半径小于1 000 m，竖曲线半径大约为平曲线半径的10~20倍时，便可达到均衡的目的，见表3-21。如一条大的竖曲线含有两条以上的平曲线，则看上去非常别扭，如图3-20所示。

表 3-21　平、竖曲线半径的均衡

圆曲线半径/m	500	700	800	900	1 000	1 100	1 200	1 500	2 000
竖曲线半径/m	10 000	12 000	16 000	20 000	25 000	30 000	40 000	60 000	100 000

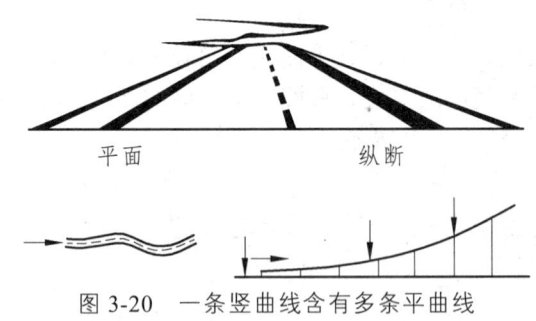

图 3-20　一条竖曲线含有多条平曲线

3. 选择适宜的合成坡度

合成坡度过大对行车不利，特别是在冬季结冰期更危险；合成坡度过小也不好，它导致排水不畅，影响行车安全。虽然现行《公路路线设计规范》（JTG D20—2017）对合成坡度的最大允许值作了规定，但在进行平、纵面线形组合时，如条件允许，最好使合成坡度小于8%，最小合成坡度不宜小于0.5%。

3.4.4 平纵线形设计中应避免的组合

平、竖曲线重合是一种理想的组合，但由于地形等条件限制，这种组合往往不是总能争取到的。如果错位过大或大小不均衡就会出现视觉效果很差的线形。为此在设计时应注意避免如下组合：

（1）要避免使凸形竖曲线的顶部或凹形竖曲线的底部与反向平曲线的拐点重合。二者都存在不同程度的扭曲外观：前者会使驾驶员操作失误，引起交通事故（图 3-21）；后者虽无视线诱导问题，但路面排水困难，易产生积水。

（2）小半径竖曲线不宜与缓和曲线相重叠。对凸形竖曲线诱导性差，事故率较高；对凹形竖曲线，路面排水不良。

（3）计算行车速度≥40 km/h 的道路，应避免在凸形竖曲线顶部或凹形竖曲线底部插入小半径的平曲线，如图 3-22 所示。前者失去引导视线的作用，驾驶员须接近坡顶才发现平曲线，导致不必要的减速或交通事故；后者会出现汽车高速行驶时急转弯，行车不安全。

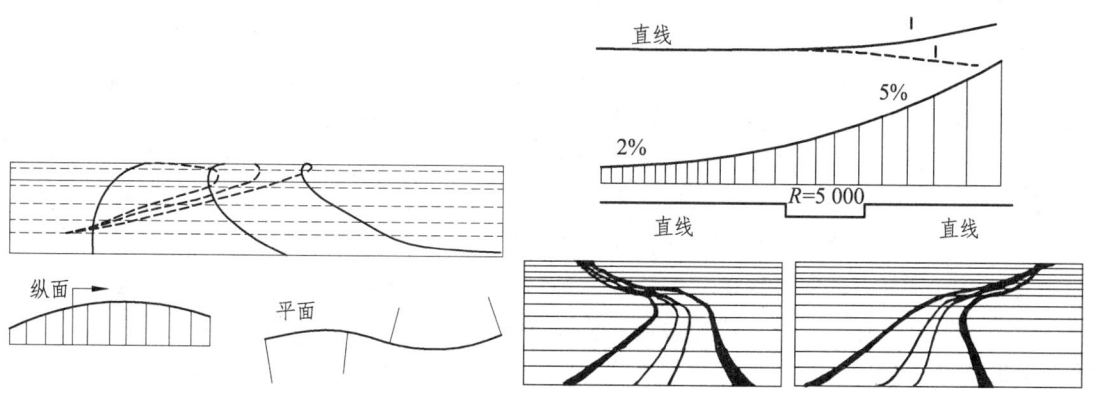

图 3-21　凸形竖曲线与反向平曲线拐点重合　　图 3-22　长平曲线底部插入小半径平曲线

（4）在长平曲线内，要尽量设计成直坡线，避免设置短的、半径小的竖曲线。避免在一条平曲线上连续出现多条凹、凸形竖曲线，如图 3-23 所示。避免出现"暗凹""跳跃"等不良现象。

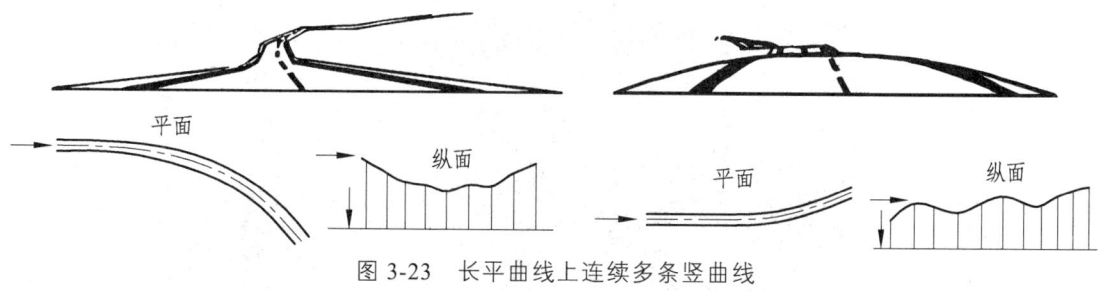

图 3-23　长平曲线上连续多条竖曲线

（5）平、竖曲线半径都很小时不宜重合；此时应将两者分开，把二者拉开相当距离，使平曲线位于直坡段或使竖曲线位于直线上，如图 3-24 所示。

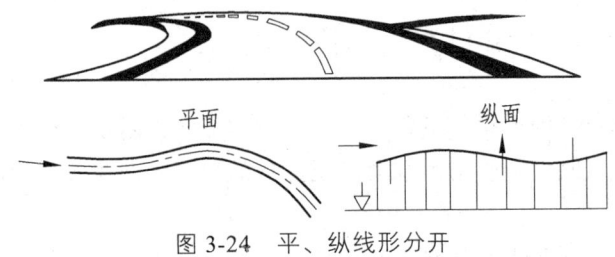

图 3-24　平、纵线形分开

3.4.5　平、纵线形组合与景观的协调配合

道路景观工程包括内部协调和外部协调两方面。其中：内部协调主要指平、纵线形视觉的连续性和立体协调性；而外部协调是指道路与其两侧坡面、路肩、中间带、沿线设施等的协调以及道路的宏观位置。实践证明，线形与景观的配合应遵循以下原则：

（1）应在道路的规划、选线、设计、施工全过程中重视景观要求。尤其在规划和选线阶段，对风景旅游区、自然保护区、名胜古迹区、文物保护区等景点和其他特殊地区，一般以绕避为主。

（2）尽量少破坏沿线自然景观，避免深挖高填。纵断面尽量减少填挖；横断面设计要使边坡造型和绿化与现有景观相适应，弥补必要填挖对自然景观的破坏。

（3）应能提供视野的多样性，力求与周围的风景自然地融为一体。充分利用自然风景如孤山、湖泊、大树等，或人工建筑物如水坝、桥梁、高烟囱、农舍等，或在路旁设置一些设施，以消除单调感，并使道路与自然密切结合。

（4）不得已时，可采用修整、植草皮、种树等措施加以补救。

（5）条件允许时，以适当放缓边坡或将其变坡点修整圆滑，以使边坡接近于自然地面形状，增进路容美观。

（6）应进行综合绿化处理，避免形式和内容上的单一化，将绿化视作引导视线、点缀风景以及改造环境的一种技术措施进行专门设计。

线形组合与景观的协调配合如图 3-25 所示。

图 3-25　线形组合与景观的协调配合

【拓展训练 3.4】 图片分析。图 3-26 中分别属于平纵线形组合不当中的哪一种情况？

图 3-26 平纵组合不当的线形

3.5 纵断面设计方法

纵断面设计的主要内容是根据道路等级、沿线自然条件和构造物控制标高等，确定路线合适的标高、各坡段的纵坡度和坡长，并设计竖曲线。其基本要求是纵坡均匀平顺，起伏和缓，坡长和竖曲线长短适当，平面与纵面组合设计协调，以及填挖经济、平衡。这些要求虽在选、定线阶段有所考虑，但要在纵断面设计中具体地加以实现。

3.5.1 纵断面线形设计的要求

纵断面线形设计的要求如下：
（1）纵断面线形应平顺、圆滑、视觉连续，并与地形相适应，与周围环境相协调。
（2）纵坡设计应考虑填挖平衡，并利用挖方就近作为填方，以减轻对自然地面横坡与环境的影响。
（3）相邻纵坡之代数差小时，应采用大的竖曲线半径。
（4）连续设置长、陡纵坡的路段，上坡方向应满足通行能力的要求，下坡方向应考虑行车安全，并结合前后路段各技术指标设置情况，采用运行速度对连续上坡方向的通行能力及下坡方向的行车安全性进行检验。
（5）路线交叉处前后的纵坡应平缓。
（6）位于积雪冰冻地区的公路，应避免采用陡坡。

3.5.2 纵断面设计方法与步骤

公路的纵坡是通过公路定线和室内设计两个阶段来实现的。在定线阶段，选线人员在现场或纸上定线时结合平面线形、地形等已对公路纵坡作了全面的考虑，所以纵断面设计由选线人员在室内根据选线时的记录,以及桥涵、地质等方面对路线的要求,综合考虑工程技术与经济的因素,最后定出路线的纵坡。

纵断面设计一般按以下方法与步骤进行:

1. 准备工作

纵坡设计(俗称拉坡)前首先应搜集和研究地形、地质、水文、筑路材料的各项记录、图表等野外资料,熟悉领会设计意图和各项具体要求。然后,在纵断面图上点绘出里程、桩号、地面高程和地面线、直线与平曲线,并将桥梁、涵洞、隧道、交叉、地质、土质等与纵坡设计有关的资料在纵断面图上标明,供纵断面拉坡时参考,如图3-27所示。

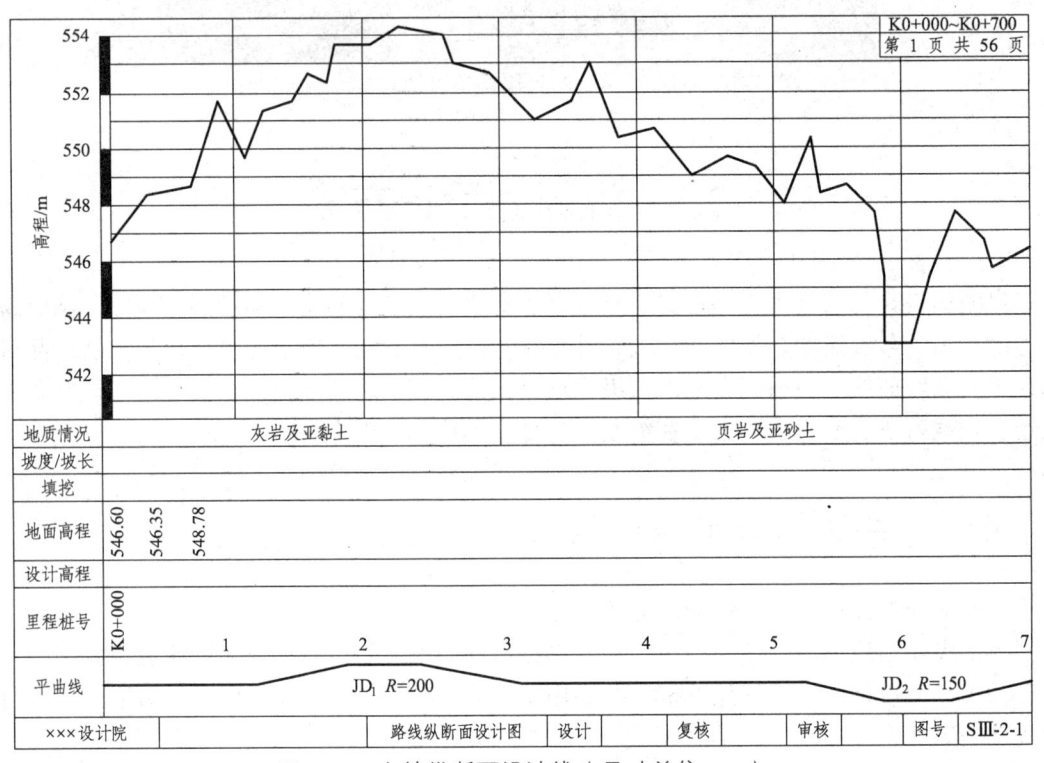

图3-27 点绘纵断面设计线(尺寸单位:m)

2. 纵坡设计

(1)标注控制点。

控制点是指影响纵坡设计的高程控制点,如路线的起终点、垭口、桥涵、地质不良地段、最小填土高度、最大挖深、沿河线的洪水位、隧道进出口、路线交叉点以及受其他因素限制路线必须通过的高程控制点等,这些点都应作为控制坡度的依据。

控制点分为3类,即不能上下、能上不下和能下不上控制点,应分别用不同的记号标示。

(2)标出经济点。

对于山岭公路,除上述控制点外,还要根据路基填挖平衡关系控制路中心填挖值的高程点,此称为"经济点"。其含义是指如果纵坡设计线刚好通过该经济点,则在相应横断面上填方和挖方基本平衡，最为经济。经济点的位置是用"路基断面透明模板"在横断面图上得到的。如图 3-28 所示，路基断面透明模板可用透明胶片或透明描图纸制作，在其上按比例绘制路基宽度和各种不同边坡坡度线。使用时将透明模板扣在横断面图上，中心线与路基中心线重合，上下移动透明模板，使填、挖面积大致相等，此时透明模板上路基顶面至地面线之间的高差即为经济填挖值，将这些值点绘到纵断面相应的桩号上即为经济点。

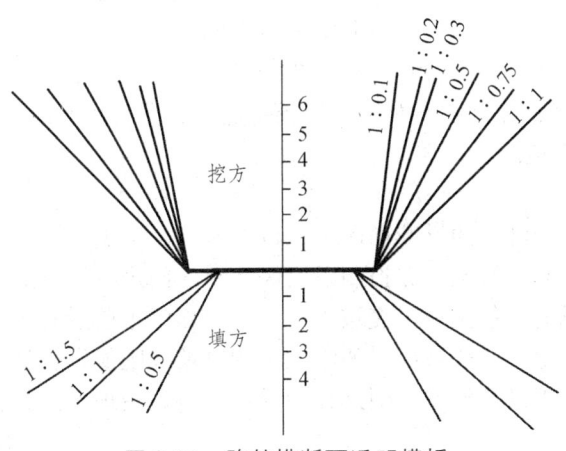

图 3-28　路基横断面透明模板

横断面上的经济点有以下 3 种情况：

① 当地面横坡不大时，可在中桩地面高程上找到填方和挖方基本平衡的高程点。纵坡通过此高程时，在该横断面上挖方数量基本上等于填方数量，则此称经济点[图 3-29（a）]。

② 当地面横坡较陡，填方往往不易填稳，且坡脚伸得很远时，用多挖少填或全部挖出路基的方法比砌筑护脚经济，这时多挖少填或全挖路基的高程点为经济点[图 3-29（b）]。

③ 当地面横坡很陡，无法填方时，需砌筑挡土墙，因此，宁愿全部挖出路基或深挖。此时，全挖路基或深挖路基的高程点也是经济点[图 3-29（c）]。

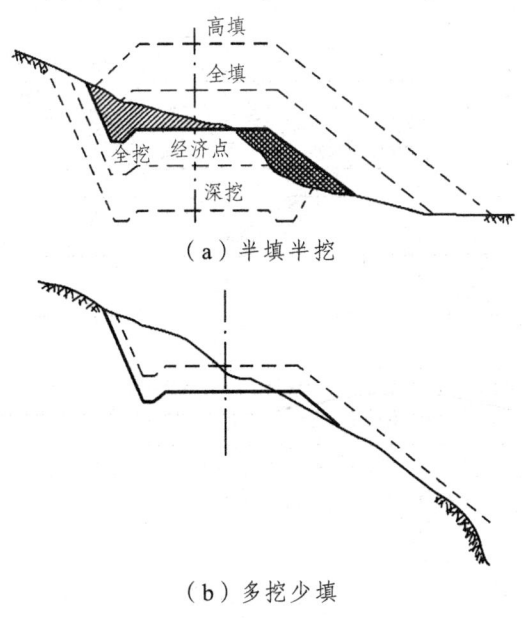

（a）半填半挖

（b）多挖少填

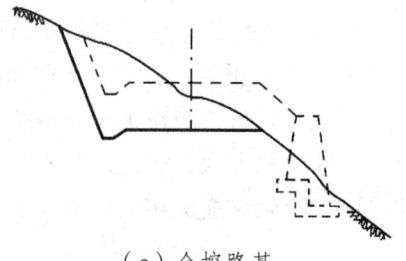

（c）全挖路基

图 3-29　横断面上的经济点

需要指出的是，"经济点"并不一定是填挖平衡点，横断面上的"经济点"也是用"路基横断面透明模板"来确定的。

（3）试定纵坡。

在已标出控制点与经济点的纵断面图上，以控制点为依据，尽量照顾经济点为原则，根据定线意图，结合地面起伏情况，在控制点与经济点之间进行插点穿线，试定出纵坡，如图 3-30 所示。在试定纵坡时，每定一个变坡点，均需全面考虑前后几个变坡点的情况，要前后照顾，交出变坡点的位置。一般来说，如果试定的纵坡线既能符合技术标准，又能满足控制点要求，而且土石方工程量又较省，则这样的设计纵坡是最理想的，关键是要反复比较，通盘考虑，抓住主要矛盾。

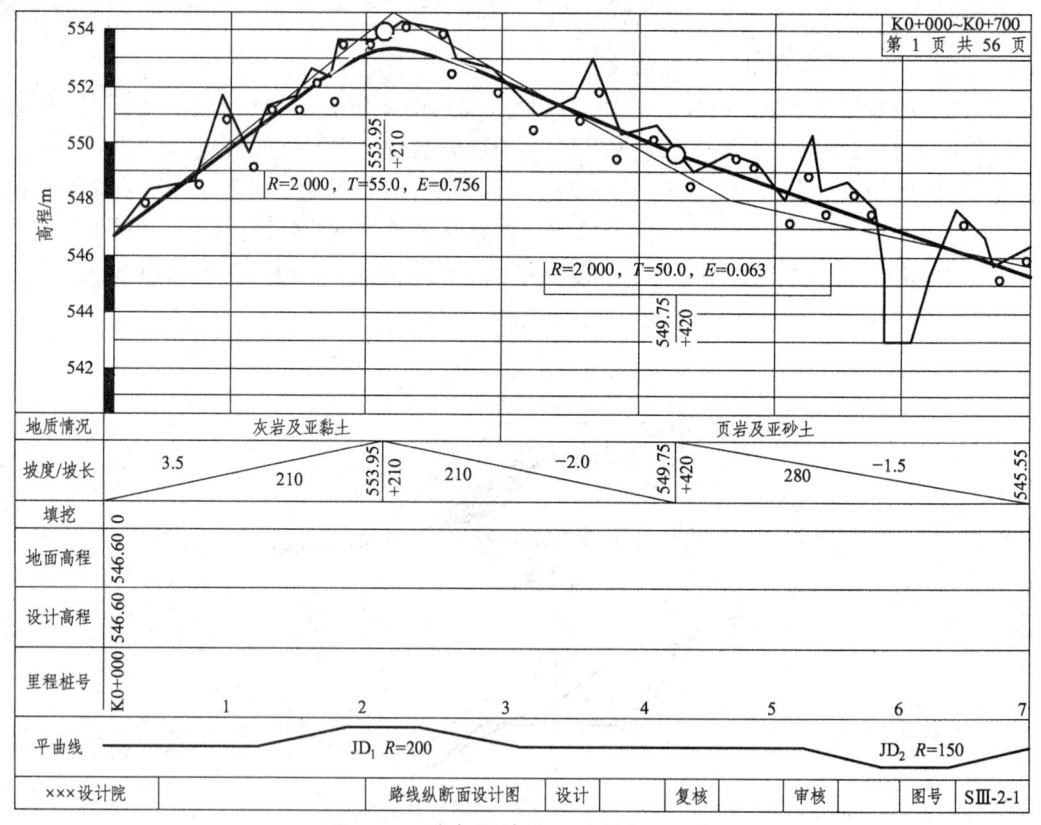

图 3-30　试定纵坡（尺寸单位：m）

（4）调整纵坡。

试定纵坡之后，首先将所定的坡度与定线时所考虑的坡度进行比较，两者应基本相符，若有较大差异，应全面分析，找出原因，决定取舍；然后检查纵坡度、坡长、合成坡度等是否符合《公路工程技术标准》(JTG B01—2014)的规定，平、纵面组合是否合理，若有问题应进行调整。

调整纵坡的方法一般有抬高、降低、延长、缩短坡线和加大、减小纵坡度等。调整时应以少脱离控制点、尽量减小填挖量、与自然条件协调为原则，使调整后的纵坡与试定纵坡基本相符，以避免因纵坡调整产生填挖不合理等现象。

（5）与横断面进行核对。

根据已调整的纵坡线，选择有控制意义的重点横断面，如高填深挖、挡土墙、重要桥涵等横断面，在纵断面上直接估读出填挖高度，对照相应的横断面图进行认真的核对和检查。若出现填挖工程量过大、填方坡脚落空以及挡土墙工程量过大等情况，应再次调整纵坡线，直到满足要求为止。

（6）确定纵坡。

纵坡线经调整核对无误后，即可确定纵坡。方法是从起点开始，根据纵坡度和坡长分别计算出各变坡点的设计标高。公路的起终点设计标高是根据接线的需要事先确定的。变坡点设计标高确定后，公路纵坡设计线也随之确定。

设计纵坡时还应注意以下几点：

① 在回头曲线地段设计纵坡时，应先确定回头曲线上的纵坡，然后从两端接坡，以满足回头曲线的特殊纵坡要求。

② 在大、中桥上，一般不宜设竖曲线。桥头两端的竖曲线，其起终点应设在距桥头 10 m 以外。

③ 小桥涵可设在斜坡地段和竖曲线上。但对等级较高的公路，为使公路纵坡具有一定的平顺性，应尽量避免小桥涵处出现急变的"驼峰式"纵坡，如图 3-31 所示。

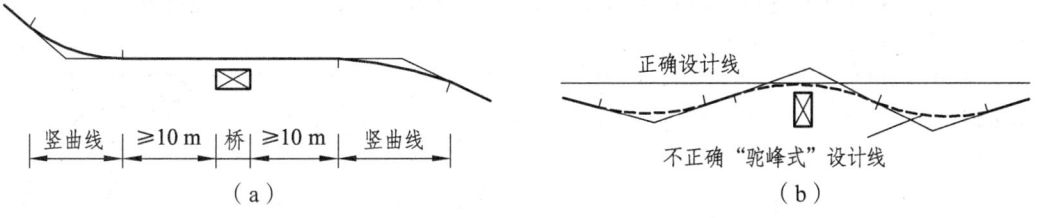

图 3-31 桥涵纵坡处理

④ 纵坡设计应注意交叉口处的纵坡衔接。公路与公路平面交叉，一般宜设在水平坡段，坡度最小长度应不小于《公路工程技术标准》(JTG B01—2014)的规定，紧接水平坡段的纵坡应不大于 3%，山区工程困难地段应不大于 5%。

（7）设置竖曲线。

设计坡线已定，可按竖曲线设计方法确定各变坡点的竖曲线半径 R，并计算曲线要素，按要求绘于纵断面图上。

（8）标高计算。

① 设计标高计算，坡线标高和不在竖曲线内的坡线的设计标高可按下式计算：

坡线标高 = 变坡点标高 ± xi

式中：x——计算点到变坡点的距离（m）；

i——坡线的纵坡（%），上坡为正，下坡为负。

② 竖曲线设计标高的计算，见"3.3.4 竖曲线设计计算"所述。

【拓展训练 3.5】 简述纵坡设计的过程。

【答】 准备工作、标注高程控制点、试坡、调整、核对、定坡、竖曲线计算、设计高程计算。

（1）准备工作。

① 应收集有关设计资料：里程桩号和地面高程、平面设计成果、沿线地质资料等。

② 点绘地面线，填写有关内容，如图 3-32 所示。

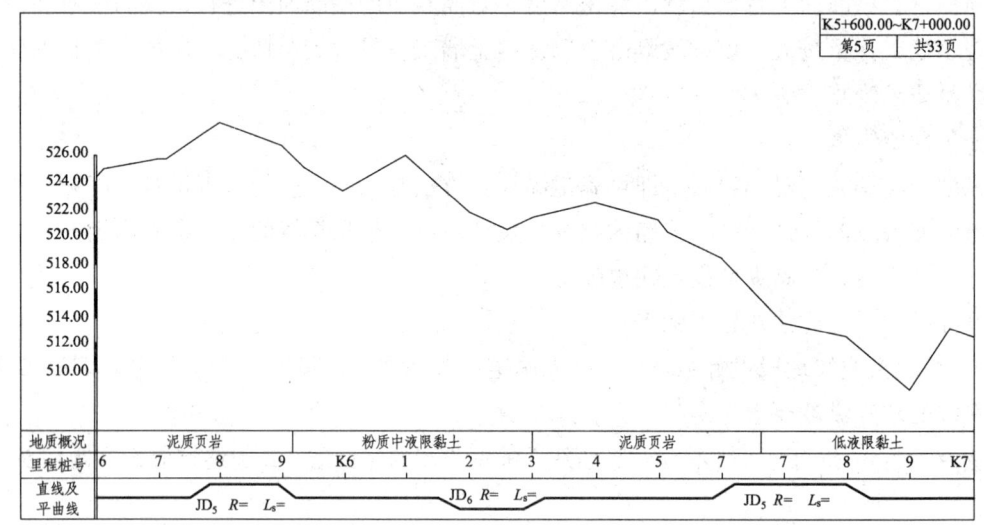

图 3-32　点绘地面线

（2）标注高程控制点（图 3-33）。控制点是指路线起终点、路线交叉口、桥梁顶面或梁底、沿线重要建筑物地坪以及依据横断面确定的填挖合理点等，这些点往往在道路设计之前就因其他因素而限定了其标高。

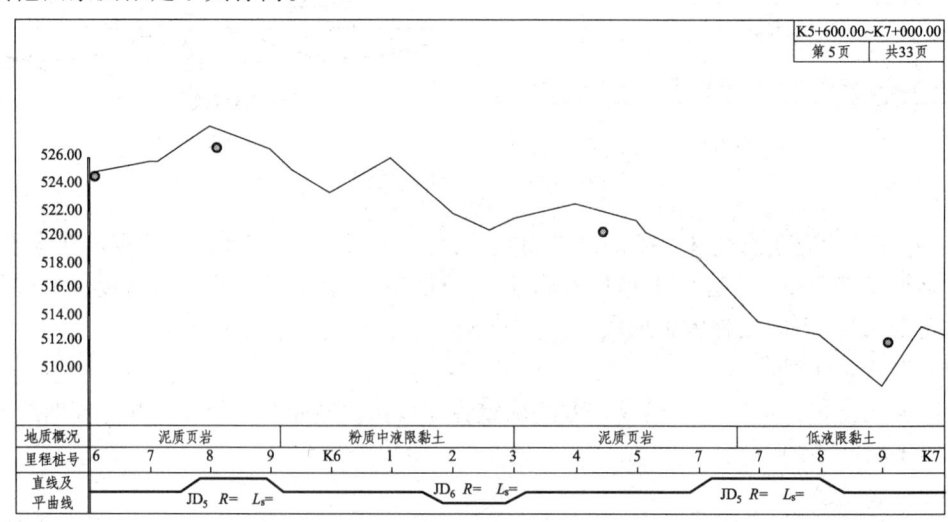

图 3-33　标注高程控制点

(3)试坡(图 3-34):俗称拉坡,在标定全线的各控制点后,即可根据定线的意图,综合考虑有关技术标准如最大纵坡、最小纵坡、坡长限制等,以及和断面与平面线形的组合、土石工程量大致平衡的要求,进行坡度线的设计。

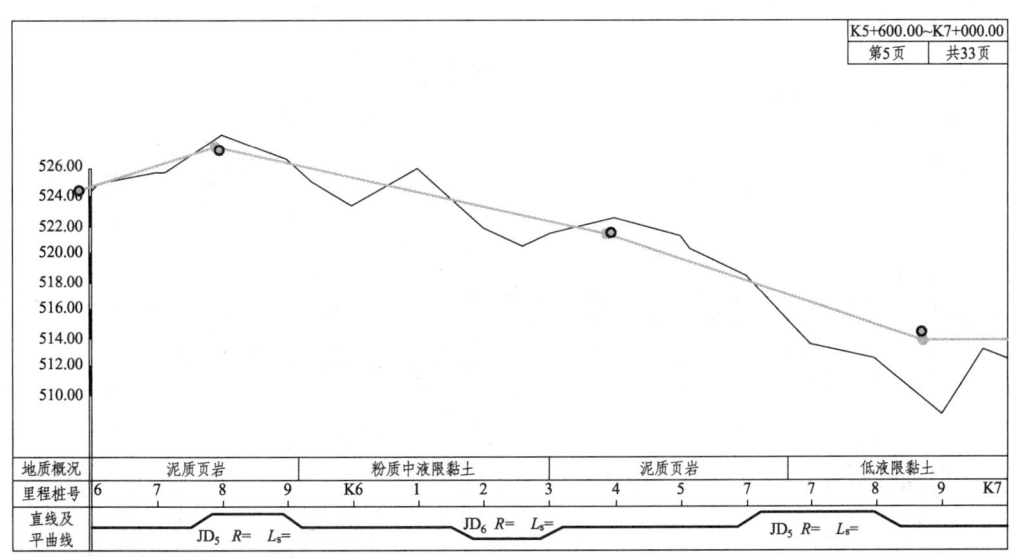

图 3-34 试坡

(4)调整:按平纵配合要求及《公路工程技术标准》(JTG B01—2014)执行情况进行检查调整,如图 3-35 所示。

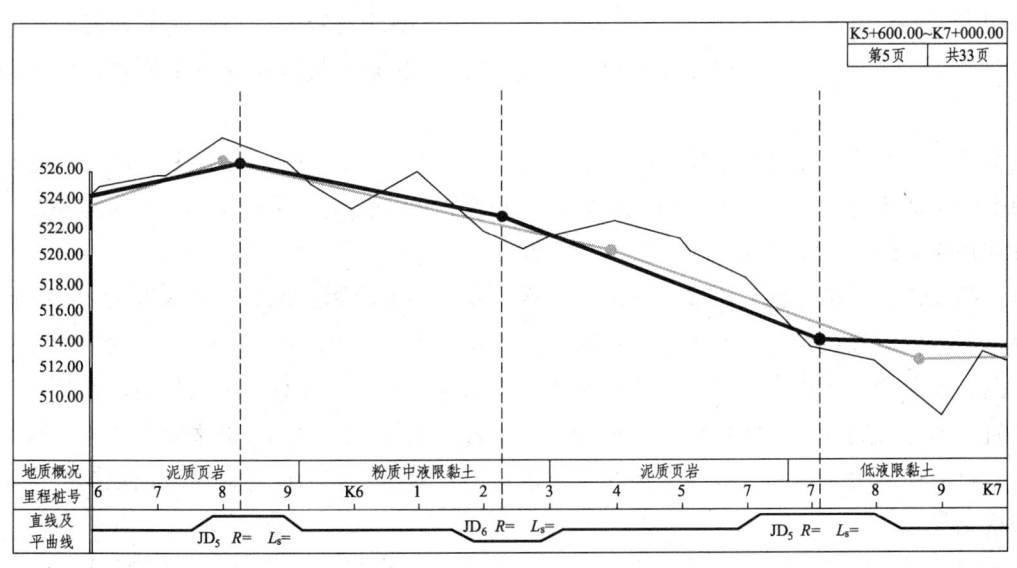

图 3-35 调整纵坡

(5)核对:典型横断面核对。
(6)定坡:确定变坡点位置及变坡点高程或纵坡度,如图 3-36 所示。

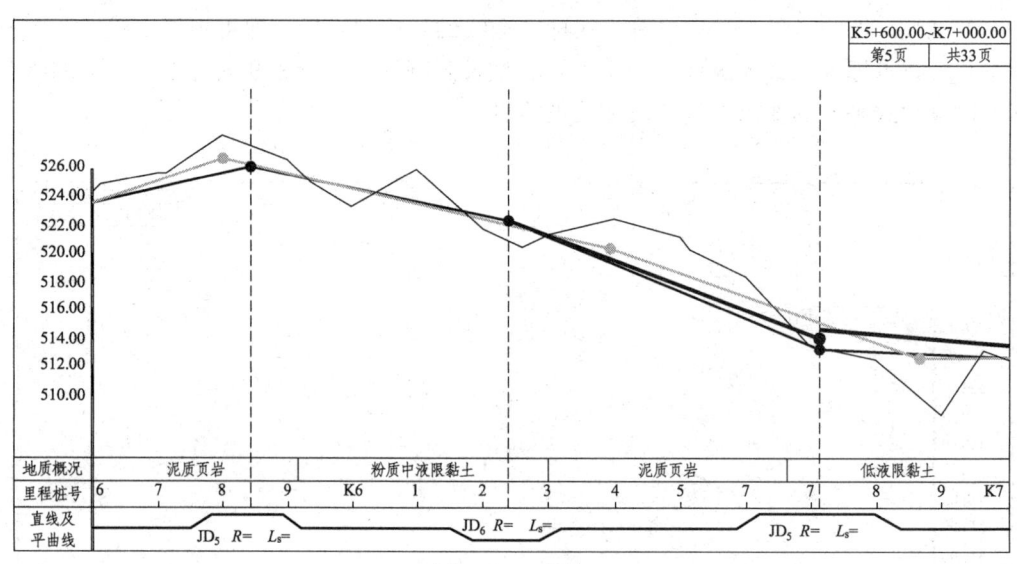

图 3-36 定坡

（7）竖曲线设计：确定半径、计算竖曲线要素。

（8）设计高程计算：从起点由纵坡度连续推算变坡点设计高程，逐桩计算设计高程。

3.6 路线纵断面图绘制

纵断面设计图是公路设计的主要文件之一，它反映路线所经的中心线上地面起伏情况与设计标高的关系。把纵断面设计线与平面线形结合起来，就能够反映出公路路线在空间的位置。

纵断面图采用直角坐标绘制，以横坐标表示里程桩号，纵坐标表示高程。为了明显地反映沿中线地面起伏形状，通常横坐标比例尺采用 1:2 000（城市道路采用 1:1 000～1:500），纵坐标采用 1:200（城市道路为 1:100～1:50）。

纵断面图由两部分内容组成。图的上半部主要是用来绘制：地面线和纵坡设计线，同时根据需要标注竖曲线位置及其要素；沿线桥涵及人工构造物的位置、结构类型、孔径与孔数；与公路、铁路交叉的桩号及路名；沿线跨越河流名称、桩号；现有水位及最高洪水位；水准点位置、编号和高程；断链桩位置、桩号及长短链关系等。图的下半部主要是用来填写有关数据，自下而上分别填写直线与平曲线、里程桩号、地面标高、设计标高、填挖高度、土壤地质说明等。

公路路线纵断面设计如图 3-37 所示。城市道路路线纵断面设计如图 3-38 所示。

城市道路纵断面设计的要求，除了前面讲述的最大和最小纵坡、坡长限制、合成坡度、平均纵坡、竖曲线最小半径和最短长度、平纵组合的要求以外，还应满足由城市道路的特点所决定的具体要求。

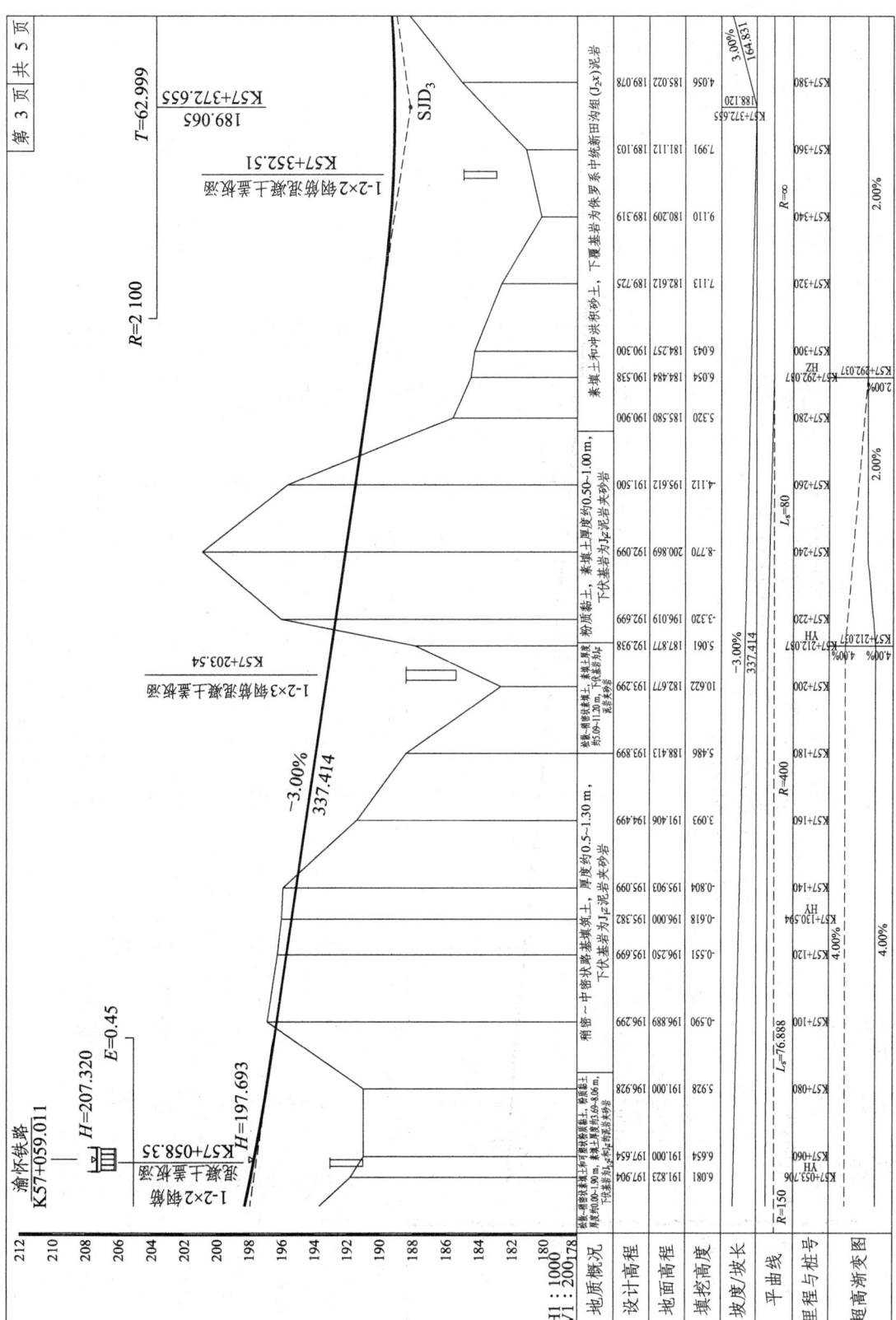

图 3-37 公路路线纵断面设计图（尺寸单位：m）

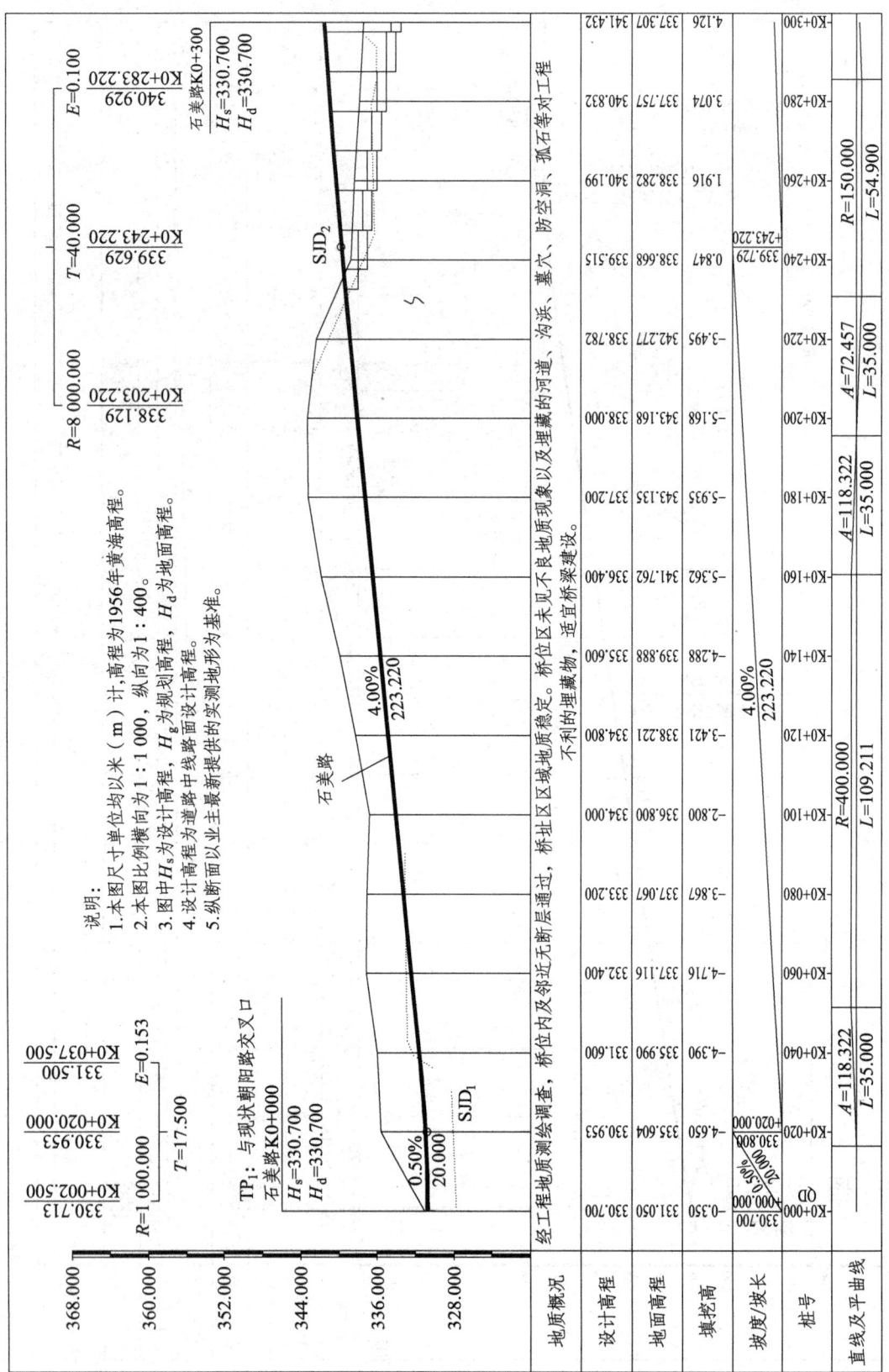

图 3-38 城市道路纵断面设计图（尺寸单位：m）

（1）纵断面设计应参照城市规划控制标高、适应临街建筑立面布置以及沿路范围内地面水的排除。

（2）与相交道路、街坊、广场和沿街建筑物的出入口平顺衔接。

（3）山城道路及新建道路的纵断面设计应尽量使土石方平衡。在保证路基稳定的条件下，力求设计线与地面线接近，以减小土石方工程数量，保持原有天然稳定状态。

（4）旧路改建宜尽量利用原有路面，若加铺结构层时，不得影响沿路范围的排水。

（5）机动车与非机动车混合行驶的车行道，最大纵坡宜不大于 3%，以满足非机动车爬坡能力的要求。

（6）道路最小纵坡应不小于0.5%，困难时不小于0.3%，特别困难情况下小于0.3%时，应设置锯齿形街沟或采取其他综合排水措施。

（7）道路纵断面设计必须满足城市各种地下管线最小覆土深度的要求。

☞ 【能力提升】

1. 某二级公路设计车速 $V = 80$ km/h，一弯道处半径为 2 000 m，请依据《公路工程技术标准》(JTG B01—2014)、《公路路线设计规范》(JTG D20—2017)的要求确定该处纵坡设计时的最大纵坡度。

2. 请辨别图 3-39 中符合平纵组合要求的是哪幅图，并说明原因。

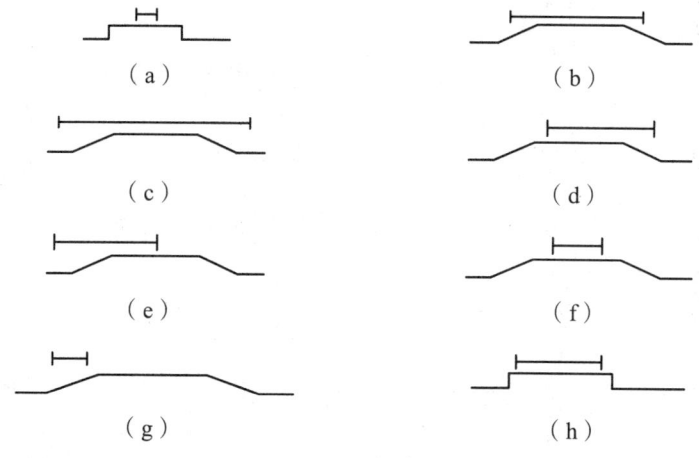

图 3-39 平纵组合示意图

3. 纵断面图的识别

（1）读图 3-40，写出该纵断面图上能获取的信息。

（2）观察图 3-40，指出图纸还存在哪些不足之处。

4. 在罗富高速公路者桑段有一段长 11 km 的长下坡，自通车以来，平均每天发生 0.5 起交通事故。京港澳高速公路粤境北段，长度为 109 km，使用至今，导致 500 多人死亡。这两个案例均为与道路设计有关的案例：由于下坡长度太大，导致大货车司机放松警惕，最后致使车辆刹车失灵，货车失控而酿成重大交通事故。这两个案例中设计参数是符合国家规范的，但是使用的低限值与司机的错误驾驶行为结合，就产生了交通事故。请搜集相关资料，试分析在设计时如何在规范内对参数进行反复推敲，预防事故发生，设计出精品工程。

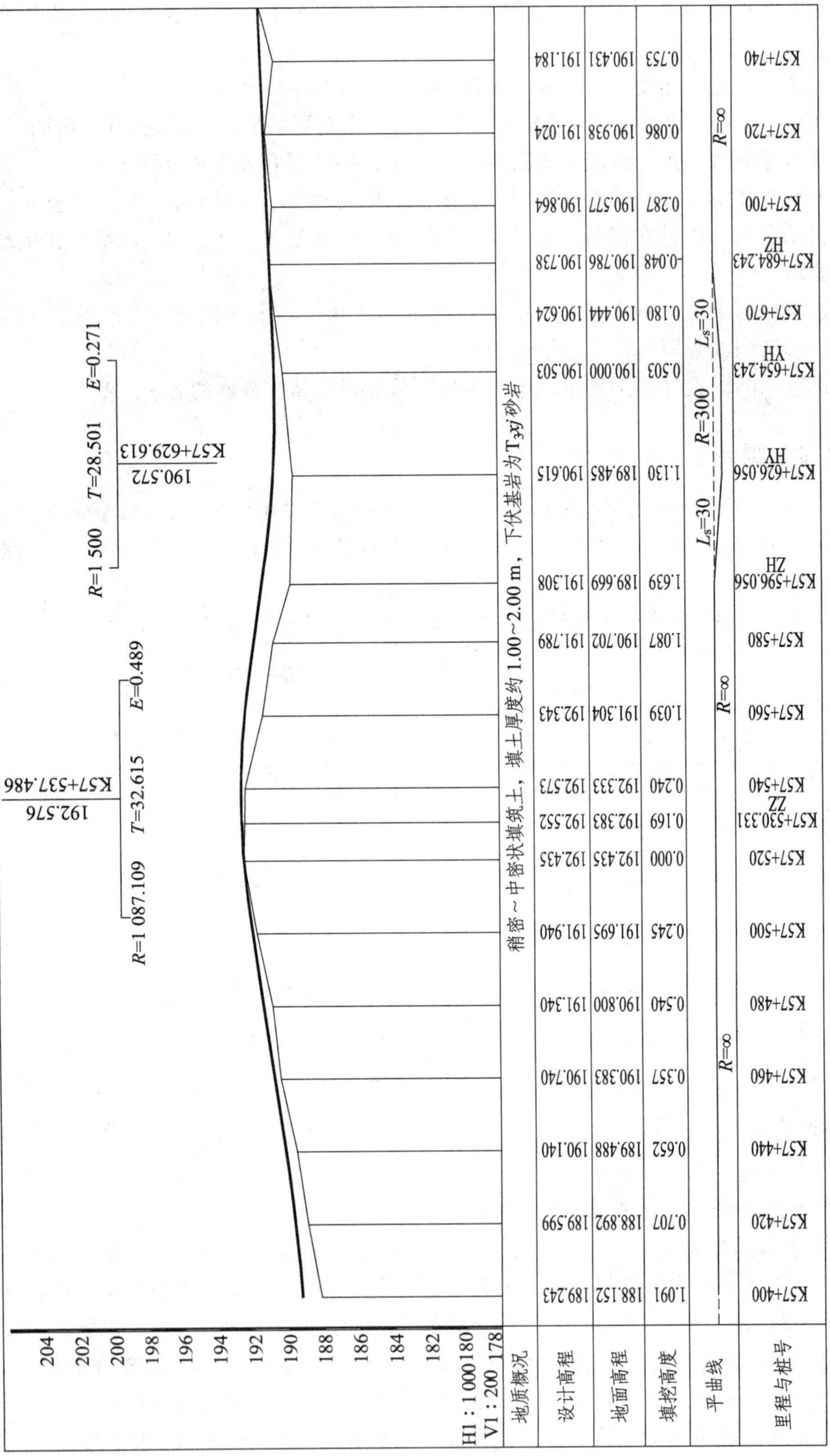

图 3-40 纵断面图识读（尺寸单位：m）

☞ 【复习思考题】

一、填空题

1. 在公路路线纵断面图上，有两条主要的线：一条是_____；另一条是_____。
2. 纵断面的设计线是由_____、_____组成的。
3. 纵坡度表征匀坡路段纵坡度的大小，它是以路线_____、_____之比的百分数来度量的。
4. 新建公路路基设计标高即纵断面图上设计标高是指：高速、一级公路为_____标高，二、三、四级公路为_____标高。
5. 汽车在公路上行驶的主要阻力有_____阻力、_____阻力、_____阻力和_____阻力等4种。
6. 缓和坡段的纵坡不应大于_____，且坡长不得_____最小坡长的规定值。
7. 二、三、四级公路越岭路线的平均坡度，一般以接近_____和_____为宜，并注意任何相连3 km路段的平均纵坡不宜大于_____。
8. 转坡点是相邻纵坡设计线的_____，两坡转点之间的距离称为_____。
9. 在凸形竖曲线的顶部或凹形竖曲线的底部应避免插入_____平曲线，或将这些顶点作为反向平曲线的_____。
10. 纵断面设计的最后成果，主要反映为路线_____图和_____表。

二、选择题

1. 二、三、四级公路的路基设计标高一般是指（　　）。
   A. 路基中线标高　　　　　　B. 路面边缘标高
   C. 路基边缘标高　　　　　　D. 路基坡角标高
2. 设有中间带的高速公路和一级公路，其路基设计标高为（　　）。
   A. 路面中线标高　　　　　　B. 路面边缘标高
   C. 路缘带外侧边缘标高　　　D. 中央分隔带外侧边缘标高
3. 凸形竖曲线最小长度和最小半径的确定，主要根据（　　）来选取其中较大值。
   A. 行程时间、离心力和视距　　B. 行车时间和离心力
   C. 行车时间和视距　　　　　　D. 视距和离心加速度
4. 竖曲线起终点对应的里程桩号之差为竖曲线的（　　）。
   A. 切线长　　　B. 切曲差　　　C. 曲线长
5. 平原微丘区一级公路合成坡度的限制值为10%。设计中某一路段，按平曲线半径设置超高横坡度达到10%，则此路段纵坡度只能用到（　　）。
   A. 0%　　　B. 0.3%　　　C. 2%　　　D. 3%
6. 汽车在公路上行驶，当牵引力的大小等于各种行驶阻力的代数和时，汽车就（　　）行驶。
   A. 加速　　　B. 等速　　　C. 减速　　　D. 无法确定
7. 最大纵坡的限制主要是考虑（　　）时汽车行驶的安全。
   A. 上坡　　　B. 下坡　　　C. 平坡

8. 确定路线最小纵坡的依据是（　　）。
   A. 汽车动力性能　　　　　　　　B. 公路等级
   C. 自然因素　　　　　　　　　　D. 排水要求
9. 不属于纵断面设计控制指标的是（　　）。
   A. 最大纵坡　　　　　　　　　　B. 最小坡长
   C. 坡度角　　　　　　　　　　　D. 平均纵坡
10. 技术标准规定各级公路最大容许合成坡度的目的是（　　）。
    A. 控制急弯和陡坡的组合　　　　B. 控制最大超高横坡度
    C. 保证冰雪路面行车安全　　　　D. 比纵坡指标更科学合理
11. 《公路工程技术标准》（JTG B01—2014）规定，公路竖曲线采用（　　）。
    A. 二次抛物线　　　　　　　　　B. 三次抛物线
    C. 回旋曲线　　　　　　　　　　D. 双曲线
12. 在平原区，纵断面设计标高的控制主要取决于（　　）。
    A. 路基最小填土高度　　　　　　B. 土石方填挖平衡
    C. 最小纵坡和坡长　　　　　　　D. 路基设计洪水频率
13. 在纵坡设计中，转坡点桩号应设在（　　）的整数倍桩号处。
    A. 5 m　　　　B. 10 m　　　　C. 20 m　　　　D. 5.0 m
14. 各级公路的最小合成坡度，不应小于（　　）。
    A. 0.3%　　　B. 0.4%　　　C. 0.5%　　　D. 0.6%
15. 三级公路设计车速 V = 30 km/h，最大纵坡为 8%时，坡长限制为 300 m，而最大纵坡为 7%时，坡长限制为 500 m。当路线为连续陡坡时，假如纵坡为 8%，坡长为 120 m，相邻坡段纵坡为 7%，则坡长不应超过（　　）。
    A. 180 m　　　B. 500 m　　　C. 200 m　　　D. 300 m
16. 在海拔很高的高原地区，最大纵坡折减后，若小于 4%，则采用（　　）。
    A. 折减后的纵坡值　　　　　　　B. 2%
    C. 4%　　　　　　　　　　　　　D. 5%
17. 二、三、四级公路当连续纵坡大于 5%时，应在不大于规范规定的长度处设置（　　）。
    A. 平坡段　　　　　　　　　　　B. 最大纵坡的坡段
    C. 纵坡为 5%的坡段　　　　　　D. 缓和坡段
18. 合成坡度不能过小，是因为（　　）。
    A. 汽车可能沿合成坡度方向倾斜、滑移
    B. 对排水不利
    C. 对路面施工不利
    D. 对平纵组合不利
19. 变坡点是相邻坡度设计线的交点，两变坡点之间的水平距离称为（　　）。
    A. 横距　　　　B. 坡长　　　　C. 曲线长　　　　D. 竖距
20. 对于半径较小的反向竖曲线，最好在中间插入一段（　　）。
    A. 圆曲线　　　B. 缓和曲线　　C. 直坡段　　　　D. 直线

21. 为了旅客感觉舒适,应限制汽车在竖曲线上的行驶时间不过短,应满足( )行程。
    A. 2 s   B. 3 s   C. 4 s   D. 6 s
22. 一般规定最小坡长以计算行车速度的( )的行程为宜。
    A. 3~9 s   B. 9~15 s   C. 16~20 s   D. 20~24 s
23. 坡度角的计算方法为( )。
    A. 前坡减后坡   B. 后坡减前坡
    C. 前后坡之间取较大值   C. 前后坡之间取较小值

三、问答题

1. 在纵断面变坡处为什么要设置竖曲线?《公路工程技术标准》(JTG B01—2014)在制定竖曲线半径时主要考虑了哪些因素?
2. 在纵断面设计中,确定最大纵坡和最小纵坡的因素分别有哪些?
3. 缓和坡段的作用是什么?《公路工程技术标准》(JTG B01—2014)对设置缓和坡段有何规定?
4. 确定竖曲线最小半径时主要考虑哪些因素?
5. 简述平、纵面线形组合的基本原则。
6. 我国《公路路线设计规范》(JTG D20—2017)对公路路基设计标高有何规定?
7. 纵断面设计时怎样考虑标高控制?
8. 确定转坡点位置时应考虑哪些问题?
9. 路线纵断面设计应考虑哪些主要标高控制点?
10. 简述纵断面设计的方法与步骤。
11. 平竖曲线应避免的组合形式各有哪些?
12. 什么是道路的纵断面图?道路纵断面图主要包含哪些内容?
13. 什么是"平包竖"?
14. 为何要限制平均纵坡及合成坡度?
15. 竖曲线的要素有哪些?竖曲线最小半径如何确定?
16. 道路最大纵坡是如何确定的?
17. 为何要进行坡长限制?达到坡长限制值后如何设计?
18. 对竖曲线最大坡长进行限制的主要原因是?

四、计算题

1. 某二级公路连续纵坡设计时第一坡段纵坡为7%,长度为200 m;第二坡段纵坡为6%,长度为300 m,则第三坡段纵坡为5%的坡长最多可拉多长?(纵坡长度限制见表3-22)

表3-22 纵坡长度限制

纵坡坡度	5%	6%	7%
限制长度/m	900	700	500

2. 某公路有连续3个变坡点分别为K8+700、K9+100、K9+380,对应的设计标高分别为77.756 m、65.356 m、68.716 m。若在变坡点K9+100处的竖曲线半径为3 000 m,试计算:

（1）该竖曲线要素及起止点桩号。

（2）桩号 K8+980、K9+060、K9+150、K9+220 的路基设计标高。

3. 某路段中有一变坡点桩号为 K15+450，高程为 66.770 m，其相邻坡段的纵坡分别为 -3.68% 和 $+2.06\%$。为保证路基的最小填土高度，变坡点处的路基设计标高不得低于 68.560 m。试：

（1）计算最小竖曲线半径（取百米的整数倍数）。

（2）用确定的竖曲线半径计算竖曲线起止点桩号。

4. 某桥头变坡点处桩号为 K4+950，设计标高为 120.78 m，$i_1=3.5\%$，桥上为平坡，桥头端点的桩号为 K5+043，要求竖曲线不上桥，并保证有 15 m 的直坡段。试问竖曲线半径选在什么范围内？试设计一竖曲线半径，计算竖曲线要素，并计算 K5+030 处设计标高。

5. 某变坡点桩号为 K10+200，切线高程为 120.28 m，前后相邻纵坡为 -3% 和 $+5\%$，竖曲线半径 $R=5\,000$ m，试计算竖曲线起点的桩号、竖曲线终点的桩号，K10+050、K10+200、K10+250 的设计高程。

6. 某山岭区二级公路，变坡点桩号为 K5+030，高程 $H=427.680$ m，$i_1=+5\%$，$i_2=-4\%$，竖曲线半径 $R=2\,000$ m。试计算竖曲线要素以及桩号为 K5+000 和 K5+100 处的设计高程。

第4章 道路的横断面设计

☞ 【导读】

深南大道——承载时代记忆的"深圳第一路"

深南大道是中国著名的城市景观大道,是深圳经济特区腾飞的缩影,也是深圳人民幸福生活的见证。东方日出时,深南大道上的木棉花,繁密艳丽;夜幕低垂时,市民广场上演的灯光秀,璀璨辉煌。

美国建筑历史学家斯皮罗·科斯托夫曾言:"在与城市的完美组合中,街道反射出它在城市中的荣耀并推动了城市的发展。"街道之于城市,就像血管之于人体,深南大道作为城市的主干道,毫无疑问是深圳的"大动脉"。

"深"是深圳,"南"是南头,深南大道位于特区中部,东起罗湖区沿河路新秀立交,西至南山区南头特检站,连接蔡屋围与南头,横跨罗湖、福田、南山三区,被视为深圳市的一张名片,记录着时代的变迁。

记录时代变迁的道路——深南大道

现今,当我们俯瞰深南大道时,仅能看见它宽阔明亮的路面、两旁林立的高楼和现代化的玻璃幕墙,却难以想象它的改造和建设过程是何等的艰辛。改革开放前,深圳是一个临海的小渔村,既无鳞次栉比的摩天大楼,也无纵横交错的立交桥。改革开放前的深南大道,也是一条仅长2.1 km、宽7 m的土路(107国道),仅够两辆车并排行驶,全程由碎石子铺就,一行车就尘土飞扬,一下雨就寸步难行。一位"老深圳"回忆起当时的路况,说道:"从罗湖市区坐车到蛇口要 3 个多小时,车子走在路上跳来跳去,汽车螺丝掉得满地都是,有时连发动机也被震坏。"为了留住刚刚跨过罗湖桥的港商,不让他们被飞扬的尘土"呛走",深圳市政府决定对 107 国道进行改造。1981 年,在当地政府的组织下,原本尘土满天飞的碎石路面被铺上了沥青,"深南路"初步成型。由于人力不足,这一相对简单的"粗加工"在改造初期也遇到了不小的阻力。当地政府想办法,从陆丰县(现陆丰市)驻深圳办事处借来了 600 名工人。但道路的改造工程又是一项巨大的挑战。建筑工人面对的是稻田、鱼塘甚至坟地,同时还要克服水电不通、没有现代化机械等问题。尽管如此,这 600 名工人硬是用铁锹和锄头,一寸寸地挖出了"深圳第一路"。但彼时的深南路还不能称为真正的"大道",道路两旁荒草丛生,路面尘埃遍布,环境卫生条件堪忧。直到 1984 年年底,第一段深南路(现为深南中路)建成通车,市政府对这一路段进行了简单的绿化铺设,环境问题才得到了一定的缓解。1987 年,约 6.8 km 长的深南路东段终于全线贯通。1992 年后,深圳发展进一步提速,深南路西段开始建设,并于 1994 年全线贯通,沿线与 48 条南北向的市政道路交汇,解决了罗湖区与南山区交通不畅的难题。1997 年香港回归,深圳市政府决定再度对深南路进行全线梳理。从上海宾馆往西原有的 6 车道拓宽成了 8 个车道,长达 28 km、最宽达 140 m 的大道,深南大道最终完整展现。

——资料来源(有修改):刘泽娜. 深南大道:承载时代记忆的"深圳第一路"[J]. 城市地理,2021(2):106-108.

道路横断面设计作为道路工程中的重要环节,决定了道路的使用安全和舒适性。在道路横断面设计中,需要考虑诸多因素,如道路类型、交通量、车速、地形等,以确保设计符合基本要求。本章将带领大家学习道路断面类型的划分、道路横断面的组成和宽度设置,以及曲线段超高和加宽设计等内容。

☞ 【学习目的与要求】

知识单元与知识点	1. 道路横断面的概念、类型; 2. 行车道、路侧带、分车带与路肩及参数选择; 3. 加宽、路拱横坡及超高; 4. 路基横断面设计与计算; 5. 路基土石方数量计算与调配。
能力点	1. 掌握道路横断面组成及类型,能结合现行规范进行横断面组成及宽度的合理取值; 2. 理解加宽、超高的原因和计算方法; 3. 掌握横断面设计方法; 4. 具备设计横断面图、路基设计表及土石方工程数量计算与调配的能力。
重难点	【学习重点】 道路横断面设计的方法、土石方量的计算、路基横断面设计及成果。 【学习难点】 道路横断面土石方量的计算。

4.1 道路断面类型

道路断面类型

道路横断面是指中线上各点沿法向的垂直剖面,是由横断面设计线和地面线组成的。其中横断面设计线包括行车道、人行道、路肩、分隔带、碎落台、填方边坡、挖方边坡、边沟、截水沟、护坡道以及防护工程(如护坡、挡土墙)、安全设施等部分。地面线是表征地面起伏变化的线,它通过现场实测或由大比例尺地形图、航测像片、数字地面模型等途径获得。路线设计中所讨论的横断面设计仅限于与行车直接有关的路幅部分。边坡、边沟、截水沟、护坡道等设施的设计则在路基工程中具体研究。

4.1.1 公路横断面

公路横断面的组成和各部分的尺寸要根据设计交通量、交通组成、设计车速等因素确定,在保证必要通行能力和交通安全与畅通的前提下,尽量做到用地省、投资少,使公路发挥其最大的经济效益与社会效益。

公路根据路幅布置类型的不同,可分为单幅双车道、多幅多车道及单车道 3 种类型。

1. 单幅双车道

单幅双车道公路是指整体式供双向行车的双车道公路,如图 4-1 所示。在我国公路总里程中,双车道公路占的比重最大,适用于二级、三级公路和部分四级公路。这种类型公路适应的交通量范围大,最高可适应年平均日交通量 15 000 辆,设计速度范围为 20~80 km/h。这类公路的特点是部分车道可借用对向车道进行超车,服务的交通量车型复杂,允许机非混行,并可能受到行人交通的干扰。

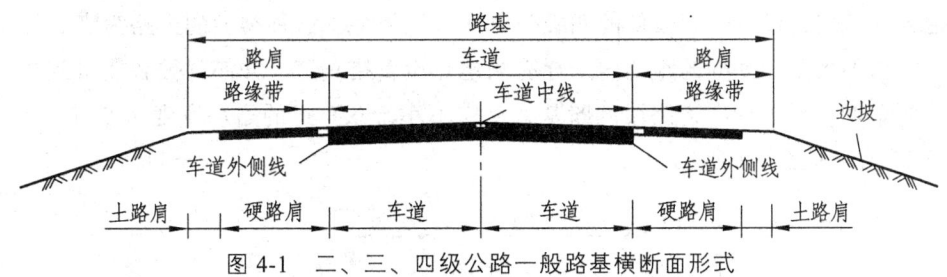

图 4-1 二、三、四级公路一般路基横断面形式

2. 多幅多车道

多幅多车道公路是指由于设置分隔带或分离式路基而形成的"多幅"路,将上下行或不同类型车辆分开。此类公路适应车速高、通行能力大,每条车道能担负的交通量比一条双车道公路更大,且行车顺适、事故率低,但造价高,适用于高速公路、一级公路。

多幅多车道公路一般包括两种类型，双幅多车道及复合式断面，一般高速公路、一级公路属于这一类型。在双幅4、6、8车道的情况下，一般采用双幅多车道，如图4-2（a）所示。当车道数大于等于10条时，为避免车辆交织的影响而降低通行能力，将单方向多车道通过分隔带划分为内幅和外幅进行交通组织和管理，如图4-2（b）所示。内幅以通行过境交通或客运交通为主，外幅以通行区域交通或货运交通为主。

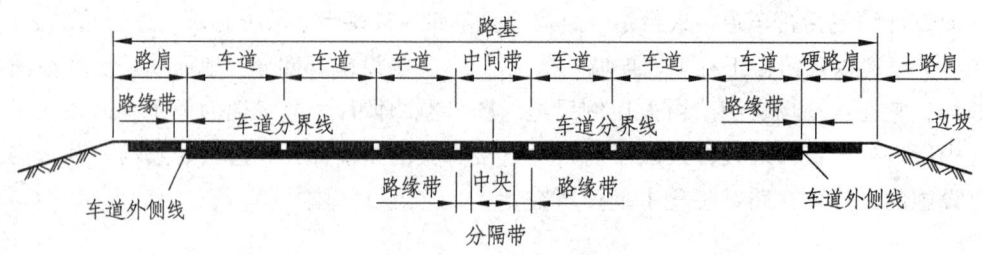

（a）高速、一级公路一般整体式断面形式

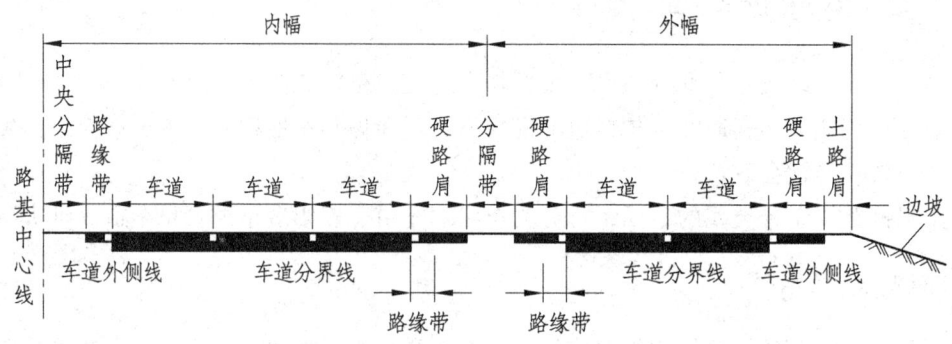

（b）高速公路整体复合式断面形式

图4-2 多幅多车道公路断面形式

3. 单车道

单车道公路路基横断面仅设置一条车道，适用于交通量小、地形复杂、工程艰巨的山区公路或地方性道路，设计速度较低的四级公路属于该类型。这种类型的公路为满足超车及错车需要，应在不大于300 m的距离内选择有利地点设置错车道，并使驾驶者能看到相邻两错车道之间的车辆。设置错车道路段的路基宽度应不小于双车道的路基宽度 6.5 m，有效长度应不小于20 m，如图4-3所示。

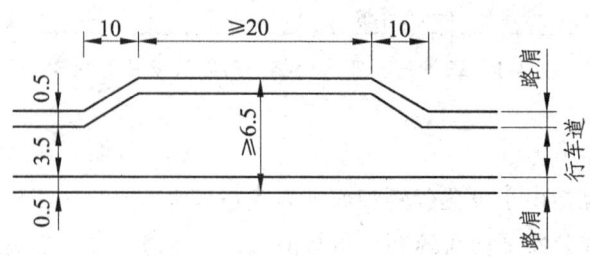

图4-3 错车道布置（尺寸单位：m）

4.1.2 城市道路横断面

1. 城市道路横断面组成

城市道路的横断面是由车行道、人行道、绿化带和分隔带及其他等部分组成，如图 4-4。

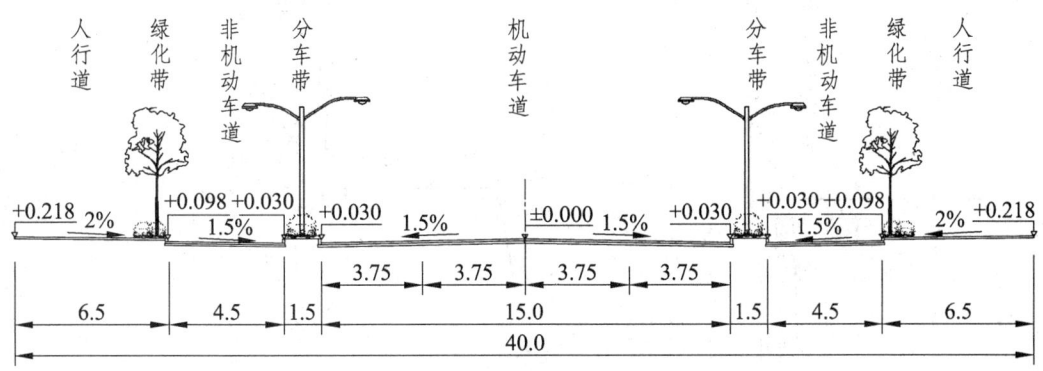

图 4-4 城市道路横断面示例（尺寸单位：m）

影响城市道路横断面形式与组成部分的因素很多，如城市规模大小、道路红线宽度、交通量、车辆类型与组成、设计速度、地理位置、排水方式、结构物的位置、相交道路交叉形式等。

根据机动车道和非机动车道的不同布置形式，城市道路横断面的布置有以下 4 种基本形式。

（1）单幅路。

单幅路俗称"一块板"断面，各种车辆在车道上混合行驶。这种断面在交通组织上可以有以下几种方式：

① 划出快、慢车行驶分车线，快车和机动车辆在中间行驶，慢车和非机动车辆靠两侧行驶。

② 不划分车线，车道的使用可以在不影响安全的条件下予以调整。一般情况下快车靠中线行驶，慢车靠外侧行驶。当外侧车道有临时停车或公交车辆进站时，慢车可临时占用靠中线车道，快车减速通过或临时占用对向车道。另外还可以调整交通组织，如只允许机动车辆沿同一方向行驶的"单行道"，限制载重汽车和非机动车辆行驶、只允许小客车和公共汽车通行的街道，限制各种机动车辆、只允许行人通行的"步行道"等。上述措施，可以是相对不变的，也可以按规定周期变换。

（2）双幅路。

双幅路俗称"两块板"断面，是在车道中心用分隔带或分隔墩将行车道分为两部分，上、下行车辆分向行驶，各自再根据需要决定是否划分快、慢车道。

（3）三幅路。

三幅路俗称"三块板"断面，中间为双向行驶的机动车道，两侧为靠右侧行驶的非机动车道。

（4）四幅路。

四幅路俗称"四块板"断面，是在三幅路的基础上，再用中间分车带将中间机动车道一分为二，分向行驶。

上述 4 种横断面布置形式如图 4-5 所示。

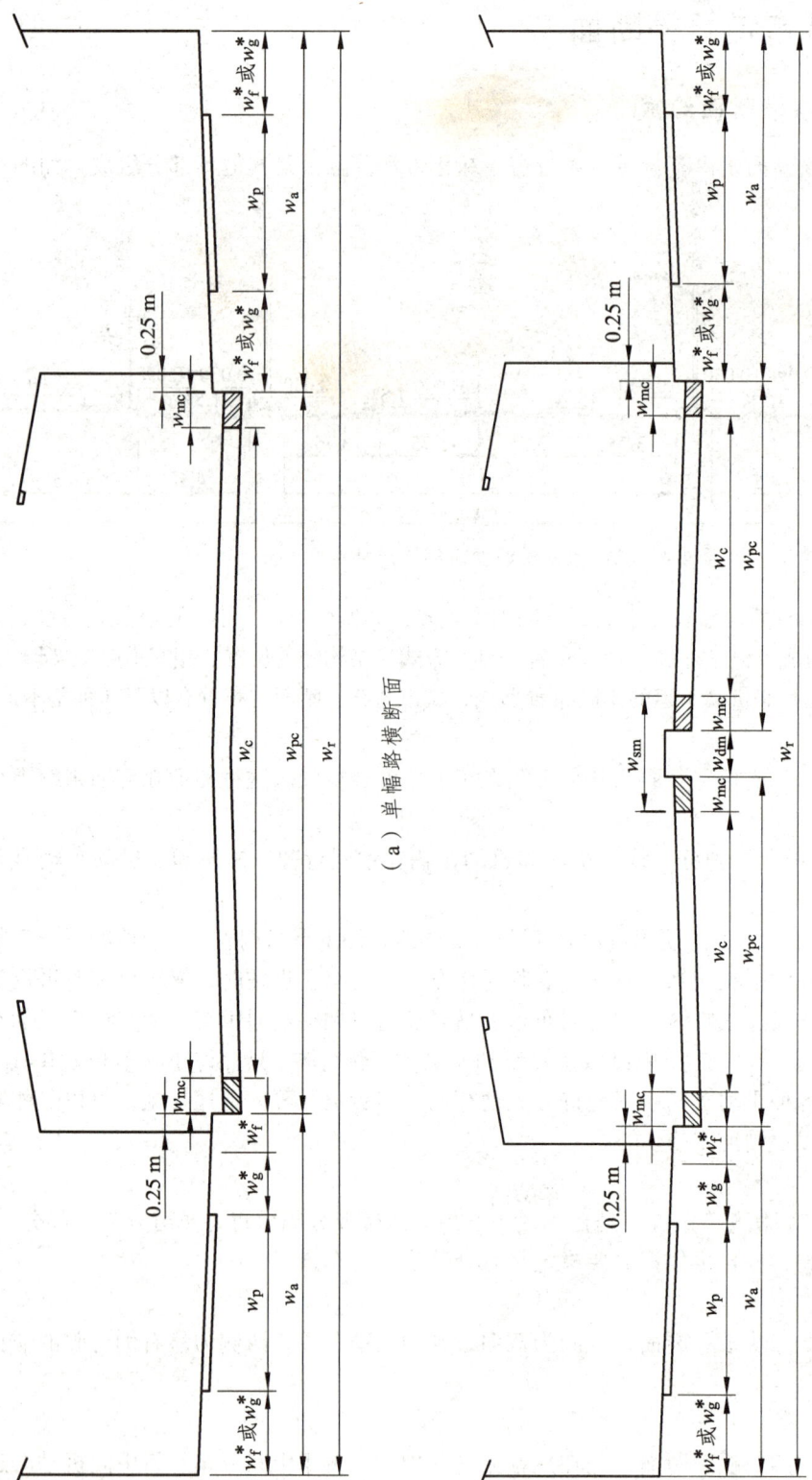

(a) 单幅路横断面

(b) 双幅路横断面图

第 4 章 道路的横断面设计

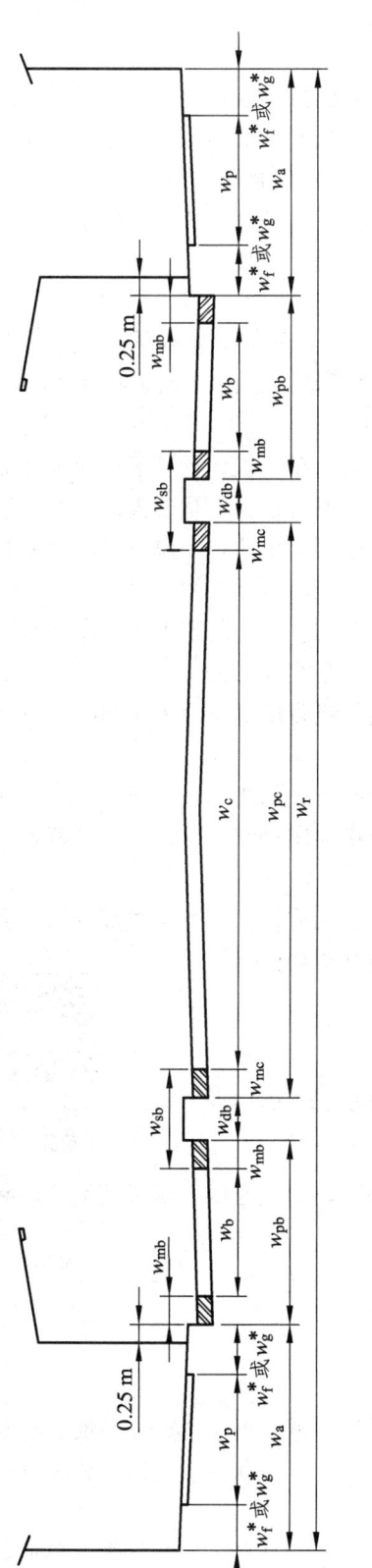

(c) 三幅路横断面图

(d) 四幅路横断面图

图 4-5 城市道路横断面形式

2. 横断面形式的选用

我国各地的使用经验认为三幅路和单幅路形式的横断面效果较好。双幅路形式虽然有一定的优点，即避免对向行驶机动车之间的相互干扰，但在我国目前的城市道路上表现出弊病较多，如车辆行驶时灵活性差、转向需要绕道、占地较多等。四幅路形式的横断面，从渠化交通、保证行车安全和提高道路通行能力和运行速度来说，是最理想的，但由于这种形式占地很宽，尤其是建筑物密集、道路相对狭窄的市区，实施较为困难。

4种基本形式的对比分析如下：

（1）单幅路占地少、投资省，但各种车辆混合行驶，于交通安全不利，仅适用于机动车交通量不大且非机动车较少的次干路、支路以及用地不足拆迁困难的旧城改建的城市道路上。

（2）双幅路断面将对向行驶的车辆分开，减少了对向行车干扰，提高了车速，分隔带上还可以用作绿化、布置照明和敷设管线，但各种车辆单向混合行驶干扰较大，主要用于各向至少具有两条机动车道、非机动车较少的道路。有平行道路可供非机动车通行的快速路和郊区道路以及横向高差大或地形特殊的路段亦可以使用。

（3）三幅路将机动车与非机动车分开，对交通安全有利；在分隔带上可以布置绿化带，有利于夏天遮阳防晒、布置照明和减少噪声等。对于机动车交通量大、非机动车多的城市道路上宜优先考虑采用。但三幅式断面占地较多，只有当红线宽度等于或大于 40 m 时才能满足车道布置的要求。

（4）四幅路不但将机动车和非机动车分开，还将对向行驶的机动车分开，于安全和车速较三幅路更为有利，但占地更多，造价更高。它适用于机动车辆车速较高、各向两条机动车道以上、非机动车多的快速路与主干路。

一条道路宜采用相同形式的横断面。当道路横断面形式或横断面各组成部分的宽度变化时，应设过渡段。过渡段的起、止点宜选择在交叉口或结构物处。

4.2　道路横断面组成及宽度

道路横断面组成及宽度应根据道路功能和技术等级、设计交通量、沿线环境、横断面各组成部分的功能及交通组织与管理情况综合确定。

4.2.1　行车道

行车道是公路上供各种车辆行驶部分的总称，包括快车道和慢车道，在一般公路和城市道路上还有非机动车道。行车道的宽度要根据车辆宽度、设计交通量、交通组成和汽车行驶速度来确定。

行车道宽度直接影响道路的通行能力、行车速度、行车安全和工程造价等。车道宽度必须能满足对向车辆错车、超车或并列行驶以及车辆与路肩之间所必需的余宽的要求。

1. 机动车道

（1）公路。

车道宽度应根据设计速度确定,《公路工程技术标准》(JTG B01—2014)对车道宽度的规定见表4-1。8车道及以上公路在内侧车道（内侧第1、2车道）仅限小客车通行时，其车道宽度可采用3.5 m；对于以通行中、小型客运车辆为主且设计速度为80 km/h及以上的公路，经论证车道宽度可采用3.5 m；四级公路采用单车道时，车道宽度应采用3.5 m；设置慢车道的二级公路，慢车道宽度应采用3.5 m；公路需要设置非机动车道和人行道的，其宽度宜视实际情况确定。

表4-1 车道宽度

设计速度/（km/h）	120	100	80	60	40	30	20
车道宽度/m	3.75	3.75	3.75	3.50	3.50	3.25	3.00

（2）城市道路。

机动车道路面宽度应包括车行道宽度及两侧路缘带宽度，单幅路及三幅路采用中间分隔物或双黄线分隔对向交通时，机动车道路面宽度还应包括分隔物或双黄线的宽度。一条机动车道最小宽度应符合表4-2的规定。

表4-2 一条机动车道最小宽度

车型及车道类型	设计速度/（km/h）	
	>60	≤60
大型车或混行车道/m	3.75	3.50
小客车专用车道/m	3.50	3.25

2. 非机动车道

非机动车道是专供自行车、三轮车等行驶的车道。在我国城市道路上，有很多非机动车行驶，其中以自行车的数量最多。因此，对非机动车道设计，应给予足够重视。在城市规划设计中，宜考虑设置专用非机动车道路系统；交通组织和横断面布置应尽可能使机非分离行驶；非机动车道设计应"宁宽勿窄"，要适当留有余地。

非机动车的单一车道宽度由车身宽、载物宽和车身两侧所需的横向安全距离确定。自行车行驶时横向可能出现不同的组合方式，按照自行车并行考虑，一条自行车道的宽度，按自行车车身宽度0.6 m和左右各不得超出车把0.15 m的载物宽度计算，考虑行驶时0.25 m的左右摆幅宽度，一条自行车道宽度采用1.0 m。一条三轮车道的宽度，按三轮车车身宽度1.25 m和左右各不得超出车身0.2 m的载物宽度计算，考虑行驶时的左右摆幅宽度，一条三轮车车道宽度采用2.0 m。

非机动车道的宽度应符合下列规定：

（1）一条非机动车道宽度应符合表4-3的规定。

表 4-3 一条非机动车道宽度

车辆种类	自行车	三轮车
非机动车道宽度/m	1.0	2.0

（2）与机动车道合并设置的非机动车道，车道数单向不应小于 2 条，宽度不应小于 2.5 m。

（3）非机动车专用道路面宽度应包括车道宽度及两侧路缘带宽度，单向不宜小于 3.5 m，双向不宜小于 4.5 m。

4.2.2 路侧带

路侧带是指城市道路行车道外侧至道路红线部分的宽度，一般由人行道、绿化带、设施带等组成。

1. 人行道

人行道主要是供行人步行之用，并应设置无障碍设施，其地下空间还可埋设管线等。人行道宽度应根据道路类别、功能、行人流量、绿化、沿街建筑性质及布设公共服务设施的需求设置。《城市道路工程设计规范》（CJJ 37—2012）（2016 年版）根据所在位置人流密集程度及行人步行特征规定了人行道最小宽度，见表 4-4。

表 4-4 城市道路人行道最小宽度

项目	人行道最小宽度/m	
	一般值	最小值
各级道路	3.0	2.0
商业或公共场所集中路段	5.0	4.0
火车站、码头附近路段	5.0	4.0
长途汽车站	4.0	3.0

2. 绿化带

绿化带是指在道路路侧为行车及行人遮阳并美化环境，保证植物正常生长的场地。当种植单排行道树时，绿化带最小宽度为 1.5 m。绿化带的宽度应符合《城市道路绿化设计标准》（CJJ/T 75—2023）的相关要求。车行道两侧的绿化应满足道路侧向净宽要求，并不得侵入道路建筑限界和影响视距。

3. 设施带

设施带宽度应包括设置护栏、照明灯柱、标志牌、信号灯、城市公共服务设施等的要求，各种设施布局应综合考虑。设施带可与绿化带结合设置，但应避免各种设施与树木间的干扰。

4.2.3 分车带

分车带按其在横断面中的不同位置及功能,可分为中间分车带(简称中间带)及两侧分车带(简称两侧带)。

1. 中间带

高速公路、一级公路的整体式路基及城市道路两幅路和四幅路在路中设置中间带,中间带由两条左侧路缘带和中央分隔带组成,如图 4-6 所示。

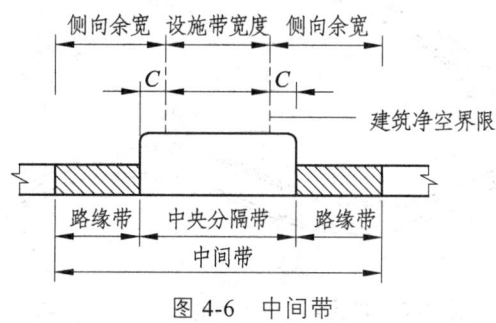

图 4-6 中间带

其作用如下:

(1)分隔往返车流。中间带既可避免因快车驶入对向行车道造成严重的交通事故,又能减少公路中心线的交通阻力,从而提高通行能力。

(2)可作设置公路标志牌及其他交通管理设施的场地,也可作行人的安全岛。

(3)设置一定宽度的中间带并种植花草灌木或设置防眩网,可防止对向车辆灯光炫目,还可起到美化路容和环境的作用。

(4)设于分隔带两侧的路缘带,由于有一定宽度且颜色醒目,既引导驾驶员视线,又增加了行车所必需的侧向余宽,从而提高了行车的安全性和舒适性。

《公路工程技术标准》(JTG B01—2014)规定,高速公路、一级公路整体式路基断面必须设置中间带。中间带由两条左侧路缘带和中央分隔带组成,并应符合下列规定:

(1)高速公路和作为干线的一级公路,中央分隔带宽度应根据公路项目中央分隔带功能确定。

(2)作为集散的一级公路,中央分隔带宽度应根据中间隔离设施的宽度确定。

(3)左侧路缘带宽度不应小于表 4-5 的规定。

表 4-5 左侧路缘带宽度

设计速度/(km/h)		120	100	80	60
左侧路缘带宽度/m	一般值	0.75	0.75	0.50	0.50
	最小值	0.50	0.50	0.50	0.50

注:① "一般值"为正常情况下的采用值。
　　② 设计速度为 120 km/h、100 km/h 时,受地形、地物限制的路段或多车道公路内侧仅限小型车辆通行的路段,可论证采用"最小值"。

中间带的宽度一般情况下应保持相等；若需要变宽时，在宽度变化的地点，应设置过渡段。过渡段以设在回旋线范围内为宜，其长度应与回旋线长度相等。宽度大于 4.50 m 的中间带过渡段，以设在半径较大的平曲线路段为宜，如图 4-7 所示。

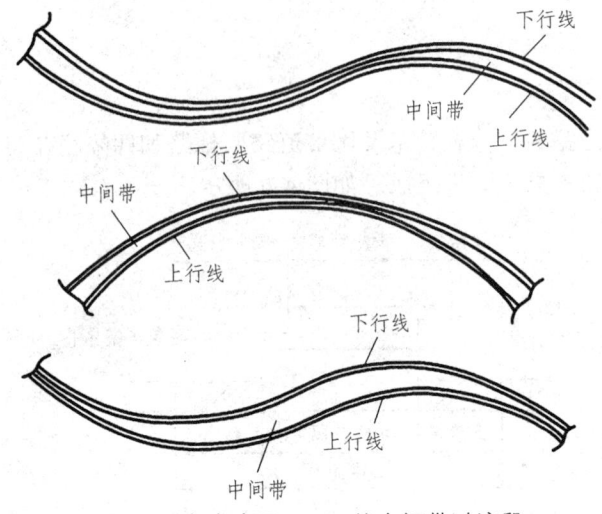

图 4-7　宽度大于 4.5 m 的中间带过渡段

互通式立体交叉、隧道、特大桥、服务区等构造物前后，以及整体式路基、分离式路基的分离（汇合）处，应设置中央分隔带开口，其设置应符合下列规定：

（1）中央分隔带开口间距应视需要而定，最小间距应不小于 2 km。

（2）中央分隔带开口长度不宜大于 40 m；8 车道及以上车道数的高速公路开口长度适当增长，但不应大于 50 m。中央分隔带开口处应设置活动护栏。

（3）中央分隔带开口应设置在通视良好的路段，开口设于曲线路段时，该圆曲线的超高值不宜大于 3%。

（4）当中央分隔带宽度小于 3.0 m 时，其开口端部的形式可采用半圆形；当中央分隔带宽度大于或等于 3.0 m 时，宜采用弹头形。中间带开口如图 4-8 所示。

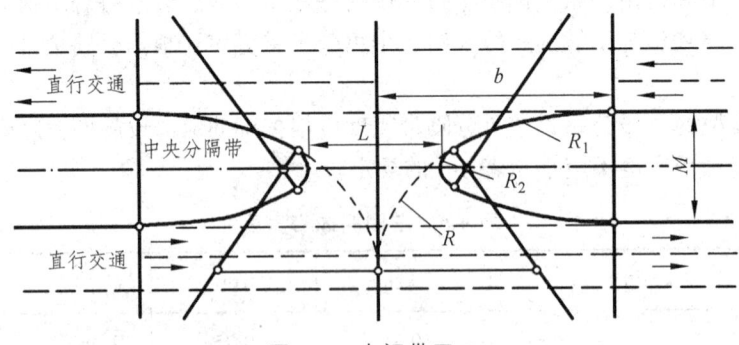

图 4-8　中间带开口

中央分隔带的表面形式有凹形和凸形两种（图 4-9、图 4-10），前者用于宽度大于 4.5 m 的宽中间带，后者用于宽度不大于 4.5 m 的窄中间带。宽度大于 4.5 m 的，一般植草皮、栽灌木，宽度不大于 4.5 m 的可铺面封闭。

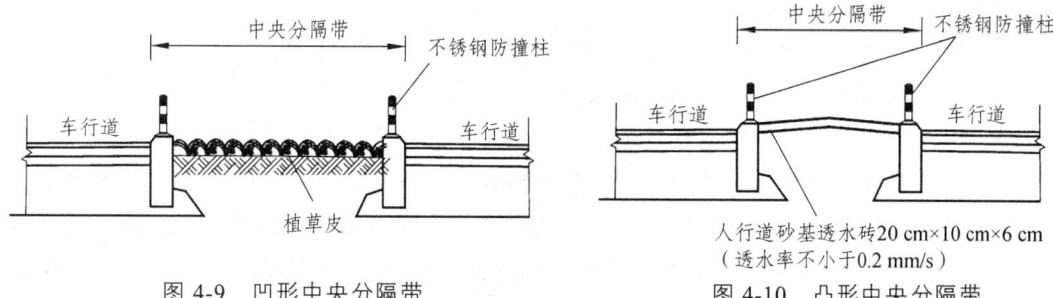

图 4-9 凹形中央分隔带　　　　图 4-10 凸形中央分隔带

2. 两侧带

布置在横断面两侧的分车带叫两侧带，其作用与中间带相同，只是设置的位置不同而已。两侧带常用于城市道路的横断面设计中，它可以分隔快车道与慢车道、机动车道与非机动车道、车行道与人行道等，还可作为公交停靠站台使用。《城市道路工程设计规范》（CJJ 37—2012）（2016 年版）规定城市道路分车带最小宽度见表 4-6。

表 4-6　城市道路分车带最小宽度

类别		中间带		两侧带	
设计速度/（km/h）		≥60	<60	≥60	<60
路缘带宽度/m	机动车道	0.50	0.25	0.50	0.25
	非机动车	—	—	0.25	0.25
安全带宽度 W/m	机动车道	0.25	0.25	0.25	0.25
	非机动车			0.25	0.25
侧向净宽 W_1/m	机动车道	1.00	0.50	0.75	0.50
	非机动车	—	—	0.50	0.50
分隔带最小宽度/m		1.50	1.50	1.50	1.50
分车带最小宽度/m		2.50	2.00	2.50（2.25）	2.00

4.2.4　路　肩

1. 组成及作用

路肩是位于行车道外缘至路基边缘，具有一定宽度的带状结构部分。路肩通常包括路缘带（高速公路和一级公路才设置）、硬路肩、土路肩三部分，如图 4-11 所示。

各级公路都要设置路肩。路肩的作用如下：

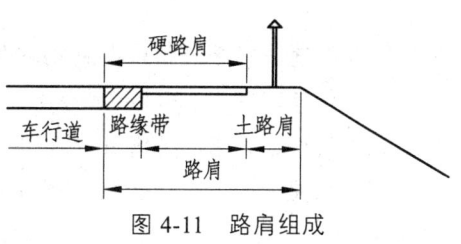

图 4-11　路肩组成

（1）供发生故障的车辆临时停车。
（2）紧靠在路面的两侧设置，可保护行车道等主要结构的稳定。
（3）提供侧向余宽，能增进驾驶的安全和舒适感。
（4）作为道路养护操作的工作场地。
（5）为公路的其他设施（如护墙、护栏、绿化、电杆、地下管线等）提供设置的场地。

根据其上述功能，路肩从构造上又可分为硬路肩和土路肩。硬路肩是指进行了铺装的路肩，它可以承受汽车荷载的作用力，在混合交通的公路上便于非机动车、行人通行。在填方路段，为使路肩能汇集路面积水，在路肩边缘应设置路缘石。土路肩是指不加铺装的土质路肩，它起保护路面和路基的作用，并提供侧向余宽。

2. 公路路肩宽度

确定路肩宽度应根据在满足路肩功能要求的条件下，尽量采用较窄宽度的原则确定。各级公路路肩宽度见表 4-7。

表 4-7 各级公路路肩宽度

公路等级（功能）		高速公路			一级公路（干线功能）	
设计速度/(km/h)		120	100	80	100	80
右侧硬路肩宽度/m	一般值	3.00（2.50）	3.00（2.50）	2.50（2.50）	3.00（2.50）	3.00（2.50）
	最小值	1.50	1.50	1.50	1.50	1.50
土路肩宽度/m	一般值	0.75	0.75	0.75	0.75	0.75
	最小值	0.75	0.75	0.75	0.75	0.75
公路等级（功能）		一级公路（集散功能）和二级公路		三级公路、四级公路		
设计速度/(km/h)		80	60	40	30	20
右侧硬路肩宽度/m	一般值	1.50	0.75	—	—	—
	最小值	0.75	0.25	—	—	—
土路肩宽度/m	一般值	0.75	0.75	0.75	0.50	0.25 双车道
	最小值	0.50	0.50			0.50 单车道

注："一般值"为正常情况下的采用值；"最小值"为条件受限制时，经技术经济论证后可采用的值。

（1）高速和一级公路应在右侧硬路肩宽度内设右侧路缘带，其宽度为 0.50 m。
（2）设计速度为 120 km/h 的 4 车道高速公路，宜采用 3.50 m 的右侧硬路肩；6 车道、8 车道高速公路，宜采用 3.00 m 的右侧硬路肩。
（3）高速公路、一级公路采用分离式断面时，应设置左侧硬路肩，其宽度应符合表 4-8 的规定。

表 4-8 分离式断面高速公路、一级公路左侧路肩宽度

设计速度/（km/h）	120	100	80	60
左侧硬路肩宽度/m	1.25	1.00	0.75	0.75
左侧土路肩宽度/m	0.75	0.75	0.75	0.50

（4）8 车道高速公路应设置左侧硬路肩，其宽度宜采用 2.50 m。

（5）高速公路、一级公路的右侧硬路肩宽度小于 2.50 m 时，应设置紧急停车带。紧急停车带宽度应为 3.50 m，有效长度不应小于 30 m，间距不宜大于 500 m。

（6）高速公路、一级公路的互通式立体交叉、服务区、停车区、公共汽车停靠站、管理与养护设施等的出入口处，应设置加、减速车道。加、减速车道的宽度应为 3.50 m 或 3.75 m。

（7）高速公路、一级公路、二级公路的连续上坡路段，载重汽车影响其通行能力与运行安全时，宜设置爬坡车道。爬坡车道宽度应为 3.50 m。

（8）连续长陡下坡路段，宜设置避险车道。避险车道宽度不应小于 4.50 m。

（9）四级公路采用宽 4.50 m 路基时，应在驾驶人员能看到相邻两点的适当位置设置错车道，设置错车道路段的路基宽度不应小于 6.5 m。

在路肩上设置路用设施时，不得侵入该等级公路的建筑限界。

4.3 道路加宽设计

道路加宽设计

4.3.1 定　义

汽车在曲线路段上行驶时，靠近曲线内侧后轮行驶的曲线半径最小，靠曲线外侧的前轮行驶的曲线半径最大。为适应汽车在平曲线上行驶时后轮轨迹偏向曲线内侧的需要，平曲线内侧相应增加的路面、路基宽度称为曲线加宽。

4.3.2 加宽值

圆曲线上加宽值与平曲线半径、设计车辆的轴距有关，同时还要考虑弯道上行驶车辆摆动及驾驶员的操作所需的附加宽度。因此，圆曲线上加宽值由几何需要的加宽和汽车转弯时摆动加宽两部分组成。

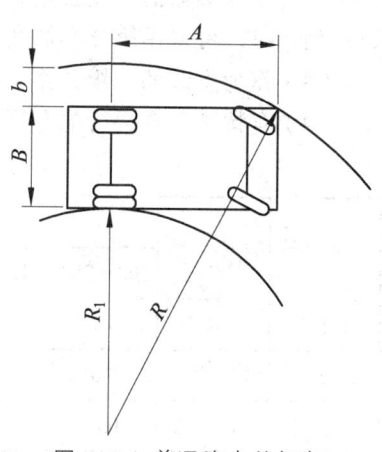

图 4-12　普通汽车的加宽

1. 几何加宽值

普通汽车，可由图 4-12 所示的几何关系求得一条车道的加宽值：

$$R_1 + K = \sqrt{R^2 - A^2} \qquad e_1 = R - (R_1 + K) \tag{4-1}$$

代入得：

$$e_1 = R - \sqrt{R^2 - A^2} = R - \left(R - \frac{A^2}{2R} - \frac{A^4}{8R^3} - \cdots\right) = \frac{A^2}{2R} + \frac{A^4}{8R^3} + \cdots$$

上式第二项以后的数值极小，可省略不计，故一条车道的加宽为：

$$e_1 = \frac{A^2}{2R} \tag{4-2}$$

式中：A——汽车后轴至前保险杠的距离（m）；

R——圆曲线半径（m）。

2. 摆动加宽值

据实测，汽车转弯摆动加宽与车速有关，一个车道摆动加宽值计算经验公式为：

$$e_2 = \frac{0.05V}{\sqrt{R}} \tag{4-3}$$

式中：V——汽车转弯时车速（km/h）。

这两种加宽值之和即为弯道的加宽值（均按一条车道计算，多车道公路加宽值计算方法与之相似）。则一条车道的加宽值为：

$$e = \frac{A^2}{2R} + \frac{0.05V}{\sqrt{R}} \tag{4-4}$$

3. 标准规定

《公路路线设计规范》（JTG D20—2017）规定，平曲线半径等于或小于 250 m 时，应在平曲线内侧加宽。双车道路面的加宽值见表 4-9。圆曲线加宽值应根据公路功能、技术等级和实际交通组成确定，并应符合下列规定：

（1）作为干线的二级公路，应采用第 3 类加宽值。

（2）作为集散的二级公路，在考虑铰接列车通行时，应采用第 3 类加宽值；不考虑通行铰接列车时，可采用第 2 类加宽值。

（3）作为支线的三级公路、四级公路可采用第 1 类加宽值。

（4）有特殊车辆通行的专用公路应根据特殊车辆验算确定加宽值。

表 4-9 双车道路面加宽值（单位：m）

加宽类别	设计车辆	圆曲线半径/m								
		200~250	150~200	100~150	70~100	50~70	30~50	25~30	20~25	15~20
第 1 类	小客车	0.4	0.5	0.6	0.7	0.9	1.3	1.5	1.8	2.2
第 2 类	载重汽车	0.6	0.7	0.9	1.2	1.5	2.0	—	—	—
第 3 类	铰接列车	0.8	1.0	1.5	2.0	2.7	—	—	—	—

《城市道路工程设计规范》(CJJ 37—2012)(2016 年版)规定,圆曲线半径小于或等于 250 m 时,应在圆曲线内侧加宽,每条车道加宽值见表 4-10。

表 4-10 城市道路圆曲线每条车道的加宽值(单位:m)

加宽类型	汽车轴距加前悬	车型	圆曲线半径								
			200<R≤250	150<R≤200	100<R≤150	80<R≤100	70<R≤80	50<R≤70	40<R≤50	30<R≤40	20<R≤30
1	0.8+3.8	小客车	0.30	0.30	0.35	0.40	0.40	0.45	0.50	0.60	0.75
2	1.5+6.5	大型车	0.40	0.45	0.60	0.65	0.70	0.90	1.05	1.30	1.80
3	1.7+5.8+6.7	铰接车	0.45	0.60	0.75	0.90	0.95	1.25	1.50	1.90	2.75

4.3.3 加宽的过渡

1. 加宽缓和段及其长度

平曲线半径等于或小于 250 m 时,应在平曲线内侧加宽,一般在弯道内侧圆曲线范围内设置全加宽。为了使路面和路基均匀变化,设置一段从加宽值为零逐渐加宽到全加宽的过渡段,称之为加宽缓和段,如图 4-13 所示。

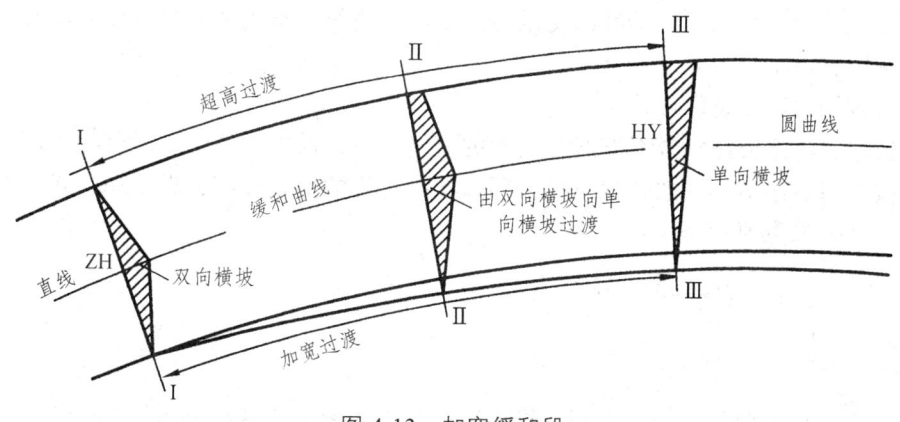

图 4-13 加宽缓和段

平曲线内无回旋线时,路面由直线上的正常宽度过渡到曲线上设置了加宽的宽度,需设置加宽缓和段。

设置回旋线或超高缓和段时,加宽缓和段的长度应采用与回旋线或超高缓和段长度相同的数值,布设在加宽缓和段上,路面具有逐渐变化的宽度。

不设回旋线或超高缓和段时,加宽缓和段长度应按渐变率为 1:15 且不小于 10 m 的设置要求确定。

2. 加宽过渡的设置方法

加宽过渡的设置根据道路性质和等级可采用不同的方法。

（1）按比例过渡。

二、三、四级公路，在加宽缓和段全长范围内按其长度成比例逐渐加宽，如图4-14所示。加宽缓和段内任意点的加宽值为：

$$b_x = \frac{L_x}{L} b \tag{4-5}$$

式中：L_x——任意点距缓和曲线起点的距离（m）；

L——加宽缓和段长（m）；

b——圆曲线上的全加宽（m）；

b_x——加宽缓和段上任一点的加宽值（m）。

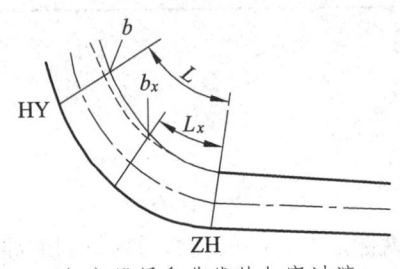 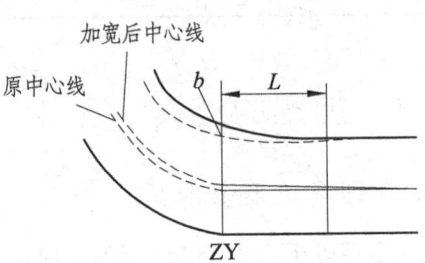

（a）设缓和曲线的加宽过渡　　　　（b）不设缓和曲线的加宽过渡

图4-14　加宽的过渡

按比例过渡简单易操作，但经加宽以后的路面内侧与行车轨迹不符，缓和段的起终点出现破折，于路容也不美观。

（2）高等级公路加宽缓和段。

高速公路、一级公路以及对路容有要求的二级公路，设置加宽缓和段时，为使路面加宽后的边缘线圆滑、顺适，一般情况下应采用高次抛物线的形式过渡，即采用下式计算加宽缓和段上任一点的加宽值：

$$b_x = (4k^3 - 3k^4)b \tag{4-6}$$

式中：$k = \frac{L_x}{L}$。

用这种方法处理后的路面，内侧边缘圆滑、美观，适用于各级公路。

（3）回旋线过渡。

在缓和曲线上插入回旋线，这样不但中线上有回旋线，而且加宽后的路面边线也是回旋线，与行车轨迹相符，保证了行车的顺适与线形的美观。它可用于下列路段：

① 位于大城市近郊的路段。

② 桥梁、高架桥、挡土墙、隧道等构造物处。

③ 设置各种安全防护设施的地段。

（4）插入二次抛物线过渡。

对于设有缓和曲线的公路弯道，按上述第（1）种方法处理以后的加宽缓和段起终点其曲率并不连续。为了弥补这一缺陷，可以在ZH（HZ）和HY（YH）点处各插入一条二次抛物线。插入以后，缓和段的长度有所增加，路容有所改进。

4.4 道路超高设计

道路超高设计

4.4.1 道路路拱横坡与形式

为了利于路面横向排水，将路面做成由中央向两侧倾斜的拱形，称为路拱。其倾斜的大小以百分率表示。

1. 路拱横坡度

路拱对排水有利但对行车不利。路拱坡度所产生的水平分力增加了行车的不平稳，同时也给乘客以不舒适的感觉，而且当车辆在有水或潮湿的路面上制动时还会增加侧向滑移的危险。为此，对路拱大小的采用及形状的设计应兼顾两方面的影响。对于不同类型的路面，根据其表面的平整度和透水性不同，再考虑当地的自然条件选用不同的路拱坡度（表4-11）。

表4-11 路拱横坡度

路面类型	路拱横坡度/%
水泥混凝土路面、沥青混凝土路面	1.0～2.0
其他黑色路面、整齐石块	1.5～2.5
半整齐石块、不整齐石块	2.0～3.0
碎、砾石等粒料路面	2.5～3.5
低级路面	3.0～4.0

高速公路、一级公路整体式路基的路拱宜采用双向路拱坡度，由路中央向两侧倾斜。位于中等强度降雨地区时，路拱坡度宜为2%；位于降雨强度较大地区时，路拱坡度可适当增大。高速公路、一级公路分离式路基的路拱，宜采用单向横坡，并向路基外侧倾斜，也可采用双向路拱坡度。积雪、冰冻地区，宜采用双向路拱坡度。6车道、8车道高速公路，6车道一级公路，当超高过渡段的路拱坡度过于平缓时，可设置两个路拱。二级公路、三级公路、四级公路的路拱应采用双向路拱坡度，由路中央向两侧倾斜。路拱坡度应根据路面类型和当地自然条件确定，但不应小于1.5%。

城市道路的快速路、降雨量大的地区道路路拱设计坡度，可根据具体的路面类型，取表4-11的高值，可选1.5%～2.0%。纵坡度大时宜取表4-11中的低值，纵坡度小时宜取高值。积雪冰冻地区、透水路面的路拱设计坡度宜采用低值。

2. 路拱的形式

路拱的形式有抛物线形、直线形、直线接抛物线形、折线形等，可根据路面宽度及类型采用。低等级公路可采用抛物线形路拱，机动车道一般采用直线形路拱，多车道的水泥混凝土路面可采用折线形路拱。

3. 硬路肩、土路肩的横坡

（1）直线路段的硬路肩应设置向外倾斜的横坡，其坡度值应与车道横坡值相同。路线纵坡平缓，且设置拦水带时，其横坡值宜采用 3% ~ 4%。

（2）曲线路段内、外侧硬路肩横坡的横坡值及其方向：当曲线超高小于或等于 5%时，其横坡值和方向应与相邻车道相同；当曲线超高大于 5%时，其横坡值应不大于 5%，且方向相同。

（3）硬路肩的横坡应随邻近车道的横坡一同过渡，其过渡段的纵向渐变率应控制在小于 1/150 至大于 1/330 之间。

（4）土路肩的横坡：位于直线路段或曲线路段内侧，且车道或硬路肩的横坡值大于或等于 3%时，土路肩的横坡应与车道或硬路肩横坡值相同；小于 3%时，土路肩的横坡应比车道或硬路肩的横坡值大 1%或 2%。位于曲线路段外侧的土路肩横坡，应采用 3%或 4%的反向横坡值。

（5）大中桥梁、隧道区段的硬路肩横坡值，应与车道相同。

4.4.2 超高及其作用

为抵消车辆在曲线路段上行驶时所产生的离心力，将路面做成外侧高于内侧的单向横坡的形式，这就是曲线上的超高。合理地设置超高，可以全部或部分抵消离心力，提高汽车行驶在曲线上的稳定性与乘客的舒适性。

离心力的大小随车辆的行车速度增大而增大，当车辆的行驶速度一定时，离心力随弯道半径的减小而增大。当圆曲线半径小于不设超高的最小半径时，离心力较大，严重影响车辆的行驶安全。因此，《公路路线设计规范》（JTG D20—2017）规定：圆曲线半径小于不设超高的最小半径时，应在曲线上设置超高。

4.4.3 超高横坡度的确定

由式（4-7）计算超高：

$$i_c = \frac{V^2}{127R} - \mu \tag{4-7}$$

式中：V——设计速度（km/h）；

R——圆曲线半径（m）；

μ——横向力系数，当为极限最小半径时 μ 取 0.15，当为不设超高的最小半径时 μ 取 0.035。

因此，超高横坡度应按设计速度、半径大小，结合路面种类、自然条件和车辆组成等情况综合确定。一般来说，平曲线半径小，超高坡度就应大一些；反之，超高坡度就可小些。而当平曲线半径大于或等于不设超高最小半径时就可以不设超高。在路面有积雪或结冰情况的地区，超高坡度应比一般地区的小一些，以防止汽车向内侧滑动。

各级公路圆曲线部分最大可采用的超高值是有所限制的。这是因为当超高横坡度太大时，会导致车辆有沿超高横坡向内侧下滑的危险，特别是当路面上有积雪或结冰时，低速行车或停车时就更加危险。因此，各级公路的最大超高值应符合表 4-12 的规定。城市道路的最大超高值应符合表 4-13 的规定。

当超高横坡度的计算值小于路拱横坡度时，应设置等于路拱坡度的超高横坡。

表 4-12 各级公路圆曲线部分最大超高值

公路等级	高速公路	一级公路	二级公路	三级公路	四级公路
一般地区/%	8 或 10		8		
积雪冰冻地区/%	6				
城镇区域/%	4				

注：一般地区公路，圆曲线最大超高应采用 8%；以通行中、小型客车为主的高速公路和一级公路，最大超高可采用 10%。

表 4-13 城市道路最大超高值

计算行车速度/(km/h)	100、80	60、50	40、30、20
最大超高横坡度/%	6	4	2

注：积雪或冰冻地区的道路应根据实际情况适当折减。

4.4.4 超高的过渡方式

1. 无中间带道路的超高过渡

无中间带的道路行车道，无论是双车道还是单车道，在直线路段的横断面均为以中线为脊向两侧倾斜的路拱。路面要由双向倾斜的路拱形式过渡到具有超高的单向倾斜的超高形式，外侧须逐渐抬高。在抬高过程中，行车道外侧是绕中线旋转的，若超高横坡度等于路拱坡度，则直至与内侧横坡相等为止，如图 4-15 所示。

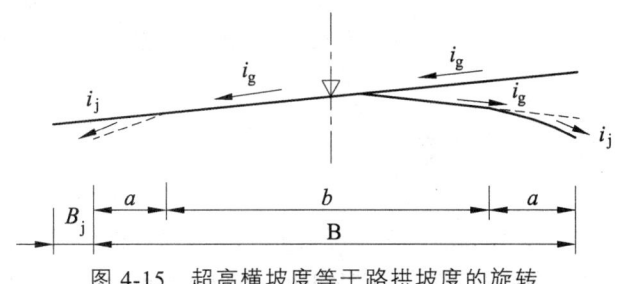

图 4-15 超高横坡度等于路拱坡度的旋转

当超高坡度大于路拱坡度时，可分别采用如下 3 种过渡方式：

（1）绕未加宽前的内侧车道边缘旋转。先将外侧车道绕路中线旋转，待达到与内侧车道构成的单向横坡后，整个断面再绕未加宽前的内侧车道边缘旋转，直至超高横坡值，如图 4-16（a）所示。由于行车道内侧不降低，有利于路基纵向排水，一般新建工程多用此法。

(2)绕中线旋转。先将外侧车道绕路中线旋转，待达到与内侧车道构成单向横坡后，整个断面绕中线旋转，直至超高横坡度，如图 4-16（b）所示。绕中线旋转可保持中线标高不变，且在超高坡度一定的情况下，外侧边缘的抬高值较小，多用于旧路改建工程。

(3)绕外边缘旋转。先将外侧车道绕外边缘旋转，与此同时，内侧车道随中线的降低而相应降低，待达到单向横坡后，整个断面仍绕外侧车道边缘旋转，直至超高横坡度，如图 4-16（c）所示。这是一种比较特殊的设计，仅用于某些改善路容的地点。

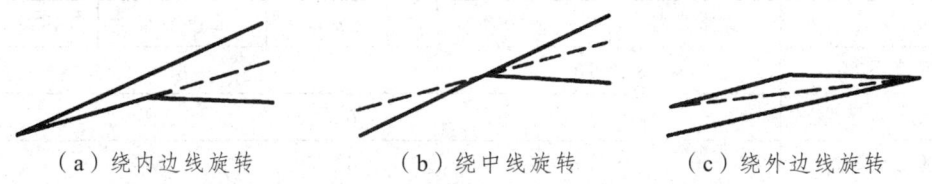

（a）绕内边线旋转　　　　（b）绕中线旋转　　　　（c）绕外边线旋转

图 4-16　无中间带道路的超高过渡

2. 有中间带道路的超高过渡

(1)绕中间带的中心线旋转。先将外侧行车道绕中间带的中心旋转，待达到与内侧行车道构成单向横坡后，整个断面一同绕中心线旋转，直至超高横坡度值。此时中央分隔带呈倾斜状，如图 4-17（a）所示。中间带宽度较窄的情况（≤4.5 m）下可采用。

(2)绕中央分隔带边缘旋转。将两侧行车道分别绕中央分隔带边缘旋转，使之各自成为独立的单向超高断面。此时中央分隔带维持原水平状态，如图 4-17（b）所示。各种中间带宽度的情况都可以采用。

(3)绕各自行车道中线旋转。将两侧行车道分别绕各自的中心线旋转，使之各自成为独立的单向超高断面。此时中央分隔带两边缘分别升高与降低而成为倾斜断面，如图 4-17（c）所示。车道数大于 4 条的公路可采用。

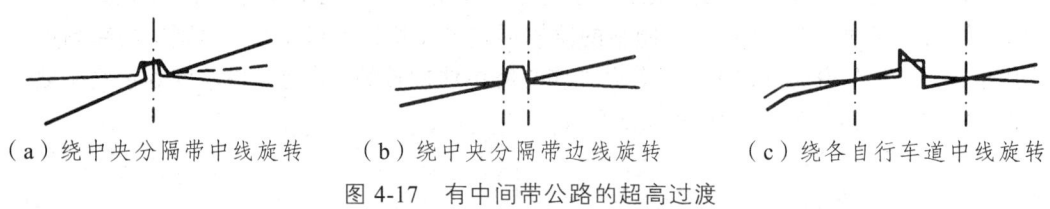

（a）绕中央分隔带中线旋转　　（b）绕中央分隔带边线旋转　　（c）绕各自行车道中线旋转

图 4-17　有中间带公路的超高过渡

4.4.5　超高过渡段长度

从直线段的双向横坡渐变到圆曲线路段具有超高单向横坡的过渡段称为超高缓和段 L_c，L_c 设于圆曲线的两端。为了行车的舒适、路容的美观和排水的通畅，必须设置一定长度的超高缓和段，超高的过渡则是在超高缓和段全长范围内进行的。

双车道公路超高缓和段长计算公式为：

$$L_c = \frac{\beta \Delta i}{p} \quad (4-8)$$

式中：L_c——超高缓和段长（m）；

β——旋转轴至行车道（设路缘带时为路缘带）外侧边缘的宽度（m）；

Δi——超高坡度与路拱坡度的代数差（%）；

p——超高渐变率，即旋转轴线与行车道（设路缘带时为路缘带）外侧边缘线之间的相对坡度，其值可按表 4-14 确定。

表 4-14　超高渐变率

设计速度/（km/h）	超高旋转轴位置	
	中线	边线
120	1/250	1/200
100	1/225	1/175
80	1/200	1/150
60	1/175	1/125
60	1/150	1/100
40	1/125	1/75
30	1/100	1/50
20		

根据上述公式计算超高缓和段长度应凑成 5 m 的整倍数，并不小于 10 m 的长度。多车道公路的超高缓和段长度，视车道数按式（4-8）计算之值乘表 4-15 所列系数。

表 4-15　多车道公路的超高缓和段长度计算系数

从旋转轴至行车带边缘的距离	系数
2 车道	1.5
3 车道	2.0

从利于排除路面降水考虑，横坡度由 2%（或 1.5%）过渡到 0%路段的超高渐变率不得小于 1/330。则超高的过渡可仅在回旋线某一区段内进行或调整由横坡度 2%（或 1.5%）过渡到 0%路段的长度。

四级公路可不设缓和曲线，但圆曲线上如有超高，则应设置超高缓和段。超高的过渡在超高缓和段的全长上进行。

4.4.6　横断面超高值计算

在公路工程施工中，路面的超高横坡即正常路拱横坡不便于用坡度值来控制，而是用路中线及路基、路面边缘相对于路基设计高程的相对高差来控制。因此，在设计中为便于施工，应计算出路线上任意位置的路基设计高程与路肩及路中线的高差。所谓超高值就是指设置超高后路中线、路面边缘及路肩边缘等计算点与路基设计高程的高差。

1. 路线设计高程

新建公路的路线设计高程：高速公路和一级公路（整体式路基）采用中央分隔带的外侧边缘高程；二、三、四级公路采用路基外边缘高程；设置超高、加宽地段为超高、加宽前的路基设计高程；对于改建公路一般按新建公路规定办理，也可视具体情况而采用行车道中线标高。

高速公路和一级公路整体式路基以中央分隔带中心线为平面设计线，而分离式路基则一般采用行车道中心线为平面设计线。

2. 超高值计算方法

超高值的计算见表 4-16 和表 4-17 所列公式，超高过渡如图 4-18 所示。

表 4-16 绕边线旋转超高值计算公式

超高位置		计算公式		备注
		$x \leqslant x_0$	$x > x_0$	
圆曲线上	外缘 h_c		$ai_j + (a+b)i_c$	① 计算结果均为与设计高之高差。 ② 临界断面距缓和段起点： $$x_0 = \frac{i_g}{i_c} L_c$$ ③ x 距离处的加宽值： $$B_{jx} = \frac{x}{L_c} B_j$$ ④ x 距离处的超高值： $$i_x = \frac{x}{L_c} i_c$$
	中线 h_c'		$ai_j + \frac{b}{2} i_c$	
	内缘 h_c''		$ai_j - (a+B_j)i_c$	
过渡段上	外缘 h_{cx}	$(2a+b)i_g \frac{x}{x_0} + a(i_g - i_j)$	$ai_g + (a+b)\frac{x}{L_c} i_c$	
	中线 h_{cx}'	$ai_j + \frac{b}{2} i_g$	$ai_j + \frac{b}{2} \cdot \frac{x}{L_c} i_c$	
	内缘 h_{cx}''	$ai_j - (a+B_{jx})i_g$	$ai_j - (a+B_{jx})\frac{x}{L_c} i_c$	

表 4-17 绕中线旋转超高值计算公式

超高位置		计算公式		备注
		$x \leqslant x_0$	$x > x_0$	
圆曲线上	外缘 h_c		$ai_j + (a+b)i_c$	① 计算结果均为与设计高之高差。 ② 临界断面距缓和段起点： $$x_0 = \frac{2i_g}{i_g + i_c} L_c$$ ③ x 距离处的加宽值： $$B_{jx} = \frac{x}{L_c} B_j$$ ④ x 距离处的超高值： $$i_x = \frac{x}{L_c} i_c$$
	中线 h_c'		$ai_j + \frac{b}{2} i_c$	
	内缘 h_c''		$ai_j - (a+B_j)i_c$	
过渡段上	外缘 h_{cx}	$(2a+b)i_g \frac{x}{x_0} + a(i_g - i_j)$	$\left(ai_g + \frac{b}{2} i_g\right) + \left(a + \frac{b}{2}\right) i_x$	
	中线 h_{cx}'	$ai_j + \frac{b}{2} i_g$	$ai_j - \frac{b}{2} i_x$	
	内缘 h_{cx}''	$ai_j - (a+B_{jx})i_g$	$ai_j + \frac{b}{2} i_g - \left(a + \frac{b}{2} + B_{jx}\right) i_x$	

表 4-16、表 4-17 中：

b——路面宽度；

a——路肩宽度；

i_g——路拱坡度；

i_j——路肩坡度；

i_c——超高横坡度；

i_x——x 距离处的路基超高值；

i_h——圆曲线段的路基超高值；

L_c——超高缓和段长度（或缓和曲线长度）；

l_0——路基坡度由 i_j 变为 i_g 所需的距离，一般可取 1.0 m；

x_0——与路拱同坡度的单向超高点至超高缓和段起点的距离；

x——超高缓和段中任一点至起点的距离；

h_c——路肩外缘最大抬高值；

h_c'——路中线最大抬高值；

h_c''——路基内缘最大降低值；

h_{cx}——x 距离处路基外缘抬高值；

h_{cx}'——x 距离处路中线抬高值；

h_{cx}''——x 距离处路基内缘降低值；

B_j——路基加宽值；

B_{jx}——x 距离处路基加宽值。

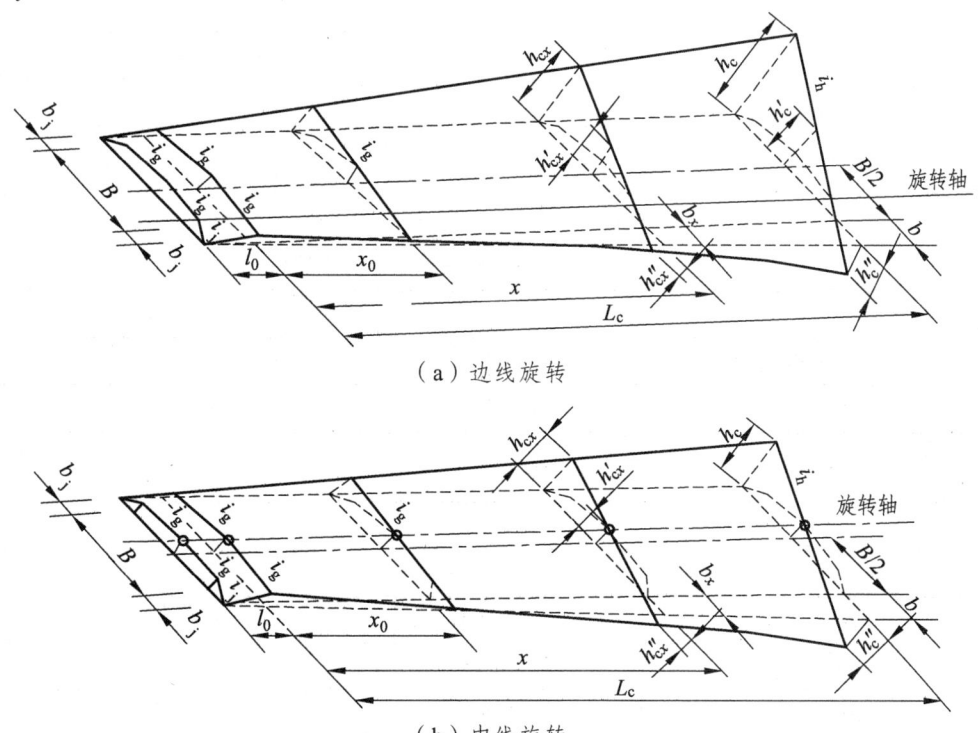

（a）边线旋转

（b）中线旋转

图 4-18 超高过渡

【工程实例 4-1】 已知某新建二级公路（山岭区、积雪冰冻地区）有一弯道，其半径 R 为 200 m，缓和曲线长度为 60 m，偏角 $\alpha_{左} = 35°15'24''$，JD 的桩号 K12 + 452.68，路拱横坡度为 2%，土路肩横坡度为 3%，考虑硬路肩一同参与超高过渡，外侧土路肩不超高。

（1）试确定超高缓和段长度和起止点的桩号，并验算可否在缓和曲线全长上进行超高过渡。

（2）试求缓和段上超高横坡度为 0%、2%、3%特征点的桩号和曲线内侧加宽值（按高次抛物线过渡）。

（3）试求上述特征点的超高值（即弯道内、外侧行车道边缘、硬路肩边缘和土路肩边缘的超高值）。

可能用到的资料见表 4-18 ~ 表 4-22。

表 4-18　各级公路设计速度

公路等级	二级公路	
设计速度/(km/h)	80	60

表 4-19　各级公路路基宽度

公路等级		二级公路、三级公路	
设计速度/(km/h)		80	60
路基宽度/m	一般值	12.00	10.00

表 4-20　各级公路路肩宽度

设计速度/(km/h)		二、三、四级公路			
		80	60	40	30
右侧硬路肩宽度/m	一般值	1.50	0.75	—	—
土路肩宽度/m	一般值	0.75	0.75	0.75	0.50

表 4-21　各级公路圆曲线最大超高横坡度

公路等级	二、三、四级公路
一般地区/%	8
积雪冰冻地区/%	6

表 4-22　超高渐变率

设计速度/(km/h)	超高旋转轴位置	
	中线	边线
120	1/250	1/200
100	1/225	1/175
80	1/200	1/150
60	1/175	1/125

【解】（1）查表。

① 新建二级公路山岭区，查表 4-18 可知：设计速度 $V = 60$ km/h。

② 二级公路设计速度 60 km/h。

查表 4-19，路基宽度 $B = 10$ m。其中：行车道宽为 2×3.5 m。

查表 4-20，硬路肩宽度为 0.75 m，土路肩宽度为 0.75 m。

③ 根据二级公路积雪冰冻区的条件，查表 4-21 知，最大超高横坡度为 6%。

由设计速度 $V = 60$ km/h、圆曲线半径 $R = 200$ m、最大超高坡度 6%等条件。查表，圆曲线上超高横坡度为 $i_c = 5\%$。

④ 由设计速度 $V = 60$ km/h，超高按照绕内侧车道边缘旋转过渡，查表 4-22，得超高渐变率为 1/125。

⑤ 由于硬路肩一同参与超高，

由 $B' = 3.5 \times 2 + 0.75 = 7.75$ m　　　$\Delta i = i_c = 5\%$

$$L_c = \frac{B' \Delta i}{p} = \frac{7.75 \times 0.05}{\frac{1}{125}} = 48.4 \text{ m} < L_s = 60 \text{ m}$$

若取 $L_c = L_s$，则

$$p' = \frac{B' \Delta i}{L_s} = \frac{7.75 \times 0.05}{60} = \frac{1}{154.84} \qquad \frac{1}{330} < p' < \frac{1}{150}$$

满足硬路肩的超高渐变率要求。

综上，超高过渡段长度 $L_c = 60$ m，且可以在缓和曲线全长范围内进行超高过渡。则由平曲线半径 R、转角 α 和 L_s 计算该平曲线的要素：

$$T = 93.768 \text{ m} \qquad L = 183.069 \text{ m} \qquad E = 10.641 \text{ m}$$

超高过渡段起、终点桩号为：

起点：ZH = JD − T = (K12 + 452.68) − 93.768 = K12 + 358.912

终点：HY = ZH + L_s = (K12 + 358.912) + 60 = K12 + 418.912

（2）双坡阶段长度。

$$x_0 = \frac{i_g}{i_c} \times L_c = \frac{2\%}{5\%} \times 60 = 24 \text{ m}$$

故超高横坡度为 2%特征点的桩号为：

ZH + 24 = (K12 + 358.912) + 24 = K12 + 382.912

超高横坡度为 0%特征点的桩号为：

ZH + 12 = (K12 + 358.912) + 12 = K12 + 370.912

超高横坡度为 3%时，有

$$x = \frac{i_x}{i_c} \times L_c = \frac{3\%}{5\%} \times 60 = 36 \text{ m}$$

则超高横坡度为3%特征点的桩号为：

$$ZH + 36 = (K12 + 358.912) + 36 = K12 + 394.912$$

由于为二级公路，则采用第3类加宽，全加宽值 $b = 0.8$ m，本题按高次抛物线过渡。超高横坡度为2%特征点的加宽值：

已知 $k = \dfrac{L_x}{L_c} = \dfrac{24}{60} = 0.4$

则有 $b_{kx} = (4k^3 - 3k^4) \times b_k = [4 \times (0.4)^3 - 3 \times (0.4)^4] \times 0.8 = 0.14$ m

（3）根据设计规范，由于 $i_c = 5\%$，故在圆曲线路段内、外侧硬路肩的超高横坡度为5%；圆曲线路段内侧土路肩的超高横坡度为5%，外侧土路肩做成3%的反坡。

圆曲线上的外侧土路肩边缘超高值：

$$h_c = 0.75 \times 2\% + 0.75 \times 3\% + (0.75 + 7) \times 5\% - 0.75 \times 3\% = 0.403 \text{ m}$$

圆曲线上路中线的超高值：

$$h_c' = 0.75 \times 2\% + 0.75 \times 3\% + 3.5 \times 5\% = 0.213 \text{ m}$$

圆曲线上的内侧土路肩边缘超高值：

$$h_c'' = 0.75 \times 2\% + 0.75 \times 3\% - (0.75 + 0.75 + 0.8) \times 5\% = -0.078 \text{ m}。$$

4.5 路基横断面设计及成果

4.5.1 公路横断面

1. 公路横断面设计要求

公路横断面的组成除包括与行车有关的路幅外，还包括与路基工程、排水工程、环保工程有关的各种设施。这些设施的位置和尺寸均应在横断面设计中有所体现。

路基横断面形式和尺寸是在平面设计中确定的，在纵断面设计中又根据路线的标准和地形的条件对路基的合理高度作了分析研究，拟订了横断面方案。横断面设计，必须结合地形、地质、水文等条件，本着节约用地的原则选用合理的断面形式，以满足行车顺适、工程经济、路基稳定且便于施工和养护的要求。

2. 路基标准横断面

在设计每个横断面之前，应确定路基的标准横断面（或称"典型横断面"），比例尺按 1：200～1：100 绘制。在标准横断面图中，应标示道路中心线、行车道、拦水缘石、土路肩、路拱横坡、边坡、护坡道、边沟、碎落石、截水沟、用地界碑等各部分组成及其尺寸、路面宽度及概略厚度，如图 4-19 所示。高速公路、一级公路按整体式路基、分离式路基分别绘制，还应示出中央分隔带、缘石、左侧路缘带、硬路肩（含右侧路缘带）、护栏、隔离栅、预埋管道等设置位置。

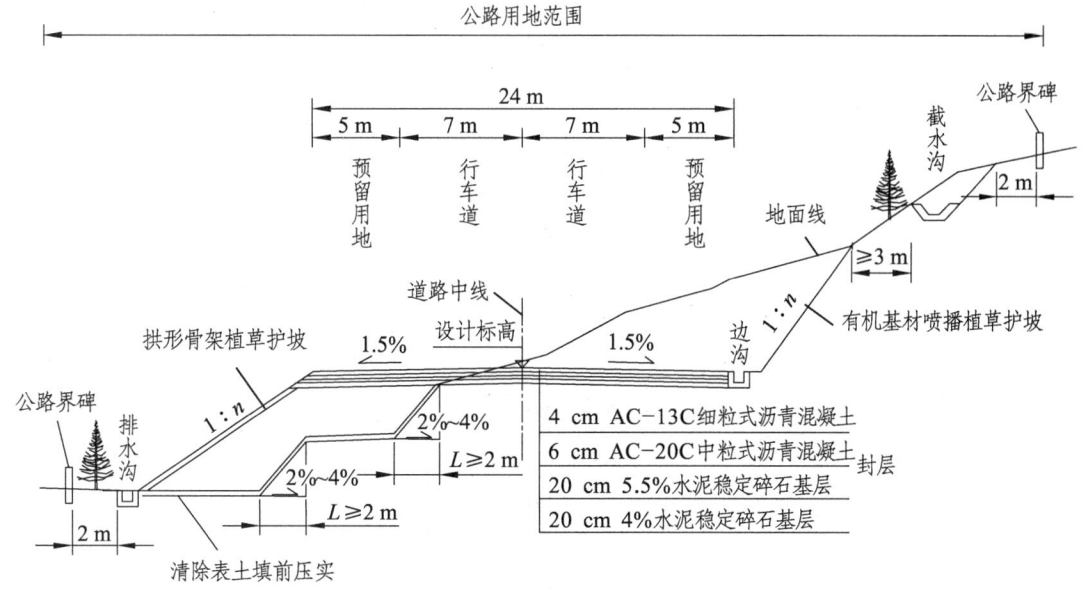

图 4-19 公路路基标准横断面图

3. 横断面设计方法

应用路线 CAD 时，按路基标准横断面输入各组成部分尺寸、分段起止桩号，显示设计横断面，逐一检查、修改设计断面，绘制路基横断面设计图，输出路基设计表、土石方工程数量表等，上述过程均由计算机自动完成。下面以传统横断面设计方法为例进行介绍。

（1）按 1∶200 的比例绘制横断面地面线。在定测阶段，横断面地面线是现场测绘的，若在纸上定线，则可在大比例的地形图上内插获得。在计算机辅助设计中，可以通过数字化仪或键盘向计算机输入横断面各变化点相对中桩的坐标，由计算机自动绘制。

（2）从"路基设计表"中抄入路基中心填挖高度，对于有超高和加宽的曲线路段，还应抄入左高、右高、左宽、右宽等数据。

（3）根据现场调查所得来的土壤、地质、水文资料，参照标准横断面图设计出各桩号横断面，确定路幅宽度、填或挖的边坡坡线，在需要各种支挡工程和防护工程的地方画出该工程结构的断面示意图。在计算机辅助设计中，由计算机自动设计，并利用人机对话调整特殊断面。

（4）根据综合排水设计，画出路基边沟、截水沟、排灌渠等的位置和断面形式，必要时需注明各部分尺寸（不必绘出路拱，但必须绘出超高、加宽）。此外，还应画出取土坑、弃土坑、绿化、碎落台等。经检查无误后，修饰描绘。

（5）分别计算各桩号断面的填方面积、挖方面积，并标注于图上。路基横断面设计图样式如图 4-20 所示。

上述横断面设计方法，仅限于在标准横断面图范围内的断面设计，其操作比较机械，所以形象地称之为"戴帽子"。对特殊情况下的横断面，如高填、深挖、特殊地质、陡坡路堤、浸水路基等，则必须按路基工程中所讲述的路基稳定原理和方法进行特殊设计，绘图比例尺也应按需要调整。

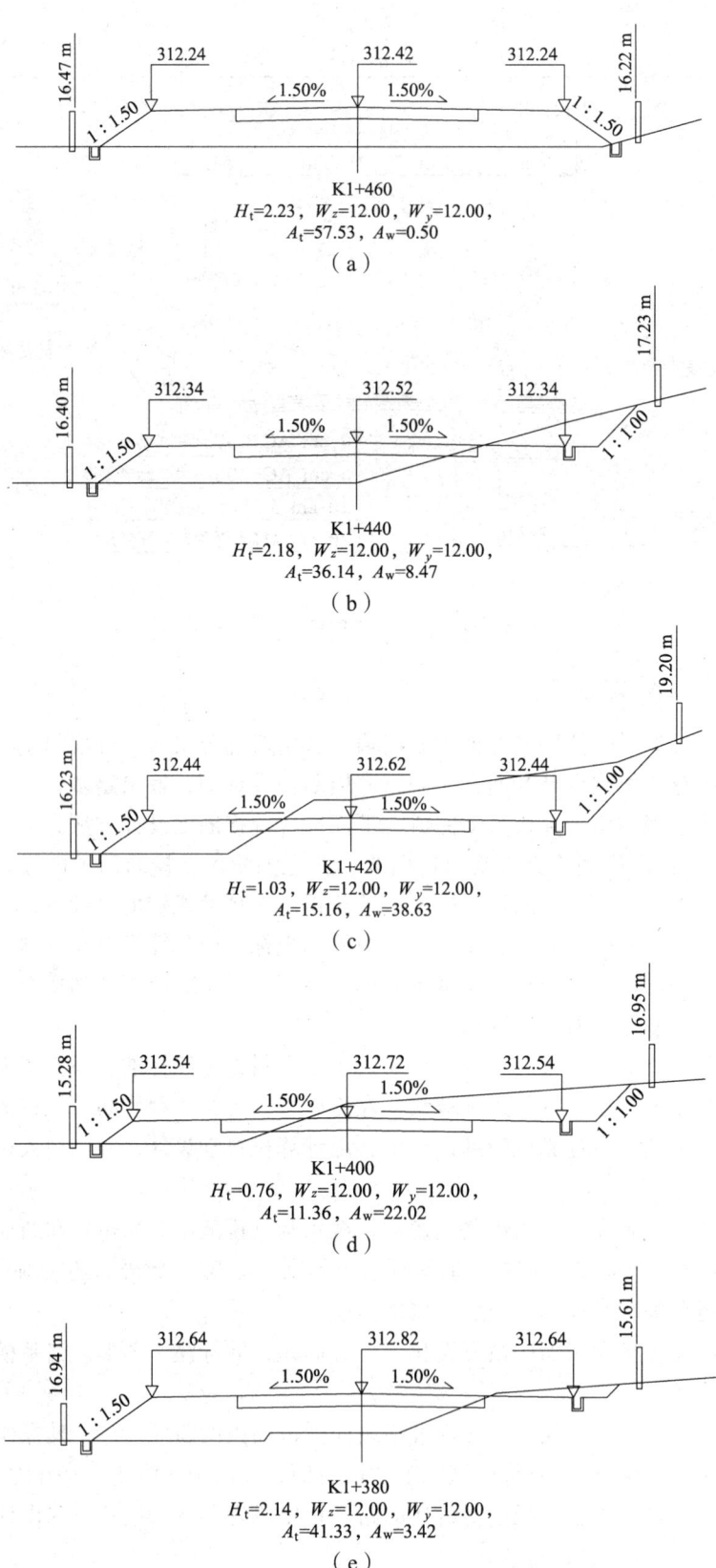

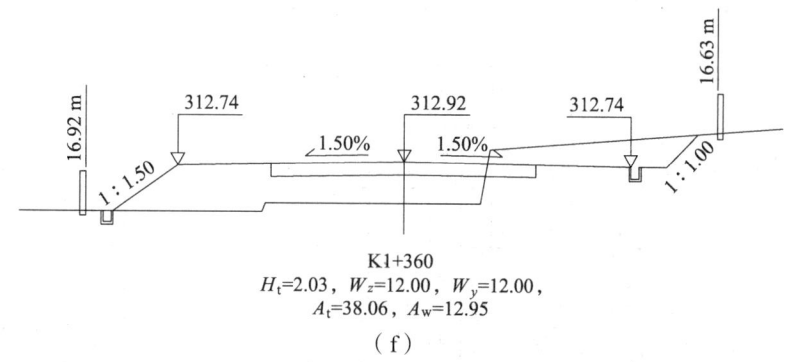

K1+360
$H_t=2.03$, $W_z=12.00$, $W_y=12.00$,
$A_t=38.06$, $A_w=12.95$
（f）

图 4-20　公路路基横断面设计图（单位：m）

4. 路基设计表

路基设计表是公路设计文件的组成内容之一，它是平、纵、横等主要测设资料的综合。表中填列所有整桩、加桩及填挖高度、路基宽度（包括加宽）、超高值等有关资料，为路基横断面设计的基本数据，也是施工的依据之一。

路基设计表的编制方法见表 4-23，其填算方法如下：

第 1 栏"桩号"由外业勘测的中桩记录本中抄录。

第 2 栏"平曲线"中，应列出交点编号、转角大小和平曲线半径，供计算加宽超高之用。

第 3 栏"变坡点高程桩号及纵坡坡度、坡长"是从纵断面设计图中抄录的，应列出变坡点的桩号、设计高程，纵坡坡长及相应的纵坡度。

第 4 栏"竖曲线"是从纵断面设计图上抄录的，应列出竖曲线起、终点桩号，竖曲线半径、切线长及外距。

第 5 栏"地面高程"由外业勘测的中平测量记录本中抄录。

第 6 栏"设计高程"在直坡段为切线标高，在竖曲线段应考虑"改正值"，用公式 $Y = X^2/2R$ 算出，其中 X 为各桩距竖曲线起点或终点的距离，R 由第 4 栏或直接由纵断面图上抄录；凹形竖曲线改正值为"+"号，凸形竖曲线改正值为"-"号；"设计标高"在竖曲线内，则为该桩号的切线标高改正值的代数和。

第 7、8 栏的"填""挖"是第 6 栏与第 5 栏之差，"+"号为填，"-"号为挖。

第 9、10 栏为左、右路基宽度，当圆曲线半径小于或等于 250 m 时，应考虑平曲线内侧加宽。

第 11、12、13 栏为路基两侧边缘及中桩与设计标高的差，当圆曲线半径小于不设超高最小半径时，应考虑平曲线段超高。

第 14、15 栏为第 7、8 栏与第 12 栏的和或差。若超高旋转轴为内边轴或中轴，则施工时中桩的填方高度为第 7 栏与第 12 栏的和，挖方高度为第 8 栏与第 12 栏的差。若超高旋转轴为外边轴，则施工时中桩的填方高度为第 7 栏与第 12 栏的差，挖方高度为第 8 栏与第 12 栏的和。

第 16、17 栏为道路沿线左、右侧路基边坡的坡率。

表 4-23 路基设计表

桩号	平曲线	零坡点高程桩号及纵坡坡度、坡长	竖曲线	地面高程	设计高程	填挖高度/m		路基宽/m		路边及中桩与设计高之高差/m			施工时中桩填挖/m		边坡 1:m		坡度/%		边沟				坡脚坡口至中桩距离/m		备注
						填	挖	左	右	左	中桩	右	填	挖	左	右	左	右	形状	底宽	沟深	内坡			
1	2	3	4	5	6	7	8	9	10	11	12	13	14	15	16	17	22	23	24	25	26	27	28	29	30
K2+100.00				160.76	159.92		0.84	7.50	7.50	0.00	0.15	0.00		0.69	0.5	0.5	−0.65	−0.65	梯形	0.5	0.5	1:1	10.35	10.36	
+120.00				161.56	159.75		1.81	7.50	7.50	0.00	0.15	0.00		1.66	0.5	0.5	−0.65	−0.65	梯形	0.5	0.5	1:1	1.83	10.86	
+140.00				164.03	159.59		4.44	7.50	7.50	0.00	0.15	0.00		4.29	0.5	0.5	−0.65	−0.65	梯形	0.5	0.5	1:1	12.15	12.23	
+160.00				164.23	159.43		4.80	7.50	7.50	0.00	0.15	0.00		4.65	0.5	0.5	−0.65	−0.65	梯形	0.5	0.5	1:1	12.33	12.42	
+180.00				162.15	159.28		2.87	7.50	7.50	0.00	0.15	0.00		2.72	0.5	0.5	−0.65	−0.65	梯形	0.5	0.5	1:1	11.36	11.41	
+200.00		$i=-0.65\%$		163.17	159.14		4.03	7.50	7.50	0.00	0.15	0.00		3.88	0.5	0.5	−0.65	−0.65	梯形	0.5	0.5	1:1	11.94	12.02	
+220.00		$L=400$ m		163.20	159.00		4.20	7.50	7.50	0.00	0.15	0.00		4.05	0.5	0.5	−0.65	−0.65	梯形	0.5	0.5	1:1	12.03	12.11	
+240.00				163.87	158.87		5.00	7.50	7.50	0.00	0.15	0.00		4.85	0.5	0.5	−0.65	−0.65	梯形	0.5	0.5	1:1	12.43	12.52	
+260.00				165.69	158.74		6.95	7.50	7.50	0.00	0.15	0.00		6.80	0.5	0.5	−0.65	−0.65	梯形	0.5	0.5	1:1	13.40	13.54	
+280.00				166.31	158.61		7.70	7.50	7.50	0.00	0.15	0.00		7.55	0.5	0.5	−0.65	−0.65	梯形	0.5	0.5	1:1	13.78	13.93	
+300.00				166.36	158.45		7.88	7.50	7.50	0.00	0.15	0.00		7.73	0.5	0.5	−0.65	−0.65	梯形	0.5	0.5	1:1	13.87	14.02	
ZH+315.00			+243.5	166.30	158.37		7.93	7.50	7.71	0.59	0.29	−0.04		7.78	0.5	0.5	−0.65	−0.65	梯形	0.5	0.5	1:1	13.89	14.05	
+340.00	JD_5 右			164.06	158.22		5.84	7.50	7.90	1.11	0.51	−0.12		5.55	0.5	0.5	−0.65	−0.65	梯形	0.5	0.5	1:1	12.78	13.10	
HY+360.00	78°53′21″			162.06	158.08		3.98	7.50	7.90	1.11	0.51	−0.12		3.47	0.5	0.5	−0.65	−0.65	梯形	0.5	0.5	1:1	11.74	12.20	
+380.00	$R=200$ m			162.20	157.96		2.24	7.50	7.90	1.11	0.51	−0.12		1.73	0.5	0.5	−0.65	−0.65	梯形	0.5	0.5	1:1	10.87	11.32	
+400.00	$L_s=45$ m			159.01	157.83		1.18	7.50	7.90	1.11	0.51	−0.12		0.67	0.5	0.5	−0.65	−0.65	梯形	0.5	0.5	1:1	10.34	10.75	
+420.00	$T=187.38$ m			158.95	157.70		1.25	7.50	7.90	1.11	0.51	−0.12		0.74	0.5	0.5	−0.65	−0.65	梯形	0.5	0.5	1:1	10.37	10.78	
+440.00	$L=320.375$ m			157.61	157.60		0.01	7.50	7.90	1.11	0.51	−0.12	0.50		0.5	0.5	−0.65	−0.65	梯形	0.5	0.5	1:1	10.75	11.16	
+460.00				156.63	157.52	0.89		7.50	7.90	1.11	0.51	−0.12	1.40		0.5	0.5	−0.65	−0.65	梯形	0.5	0.5	1:1	12.09	12.53	
QZ+476.08			凹	155.02	157.47	2.45		7.50	7.90	1.11	0.51	−0.12	2.96		0.5	0.5							14.41	14.90	
+500.00		K2+500	$R=18\,000$	154.05	157.43	3.38		7.50	7.90	1.11	0.51	−0.12	3.89		1.5	1.5							15.80	16.31	
+520.00		$i=0.41\%$	$T=95.4$	153.02	157.41	4.39		7.50	7.90	1.11	0.51	−0.12	4.90		1.5	1.5							17.30	17.85	
+540.00		$L=400$ m		152.43	157.42	4.99		7.50	7.90	1.11	0.51	−0.12	5.50		1.5	1.5							18.20	18.76	
+560.00				151.89	157.46	5.57		7.50	7.90	1.11	0.51	−0.12	6.08		1.5	1.5							19.06	19.64	
+580.00				151.21	157.51	6.30		7.50	7.90	1.11	0.51	−0.12	6.81		1.5	1.5							20.15	20.75	
YH+591.27				150.13	157.55	7.42		7.50	7.90	1.11	0.51	−0.12	7.93		1.5	1.5							21.82	22.45	
+600.00			+595.4	150.60	157.59	6.99		7.50	7.82	0.89	0.42	−0.09	7.41		1.5	1.5							21.04	21.58	
+620.00				151.86	157.67	5.81		7.50	7.64	0.40	0.20	−0.02	6.01		1.5	1.5							18.95	19.28	
GQ+636.27				152.35	157.73	5.38		7.50	7.50	0.00	0.15	0.00	5.53		1.5	1.5							18.24	18.41	

4.5.2 城市道路横断面

1. 横断面设计图

城市道路标准横断面图比例为 1∶100~1∶200，一般包括规划横断面图、设计横断面图、现状横断面图及其相互关系。根据不同路段绘制典型道路横断面设计图，在图上应绘出红线宽度、行车道、人行道、非机动车道、绿化带、照明杆线、路面横坡以及两侧重要建筑等，如图 4-21 所示。

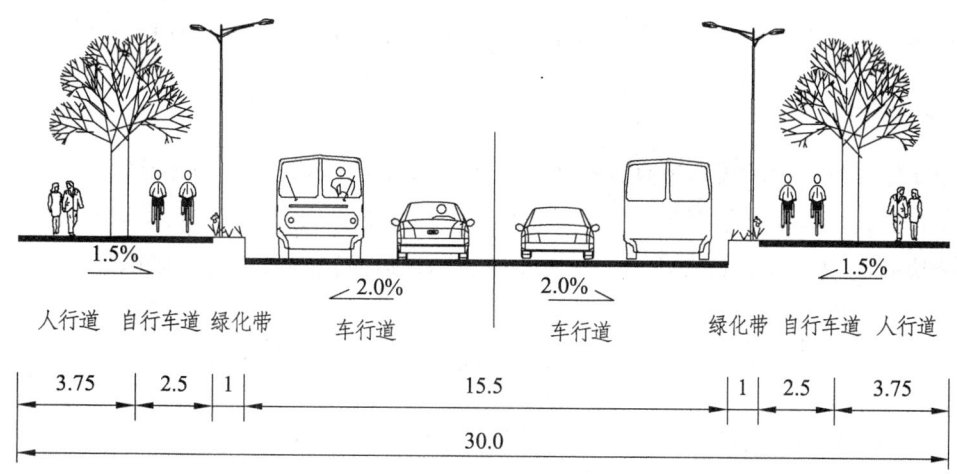

图 4-21 城市道路横断面设计图（单位：m）

2. 横断面现状图

沿道路中线每隔一定距离绘制横断面地面线。若属旧街道改建，则应包括横断面现状图。图中应包括地形、地物、原街道的各组成部分、边沟、路侧建筑等，比例尺为 1∶100 或 1∶200。有时为更明显地表现地形和地物高度的变化，也可采用纵、横不同的比例尺绘制。

3. 横断面施工图

在完成道路纵断面设计后，中线上各桩号的填挖高度已知，将各桩号填挖高度点绘在相应桩号的横断面图上，成为施工的主要依据。

4.6 路基土石方数量计算与调配

路基土石方是公路工程的一项主要工程量，不论在方案比选阶段还是在路线设计阶段，路基土石方数量的多少都是评价公路测设质量的主要技术经济指标之一。在编制公路施工组织计划和工程概预算时，还需要确定分段和全线的路基土石方数量。

地面形状是很复杂的，填挖方不是简单的几何体，所以其计算只能是近似的，计算的精确度取决于中桩间距、测绘横断面时采点的密度和计算公式与实际情况的接近程度等。计算时一般应按工程的要求，在保证实用的前提下力求简化。

4.6.1 横断面积计算

路基填挖的断面积，是指断面图中原地面线与路基设计线所包围的面积，高于地面线者为填，低于地面线者为挖，两者应分别计算。下面介绍几种常用的面积计算方法。

1. 积距法

积距法的原理是把断面积垂直分割成宽度相等的若干个梯形与三角形条块，由于每一条块的宽度相等，所以在计算面积时，只需量取每一条块的平均高度，然后乘以宽度，即可得出每一条块的面积，如图 4-22 所示。每个小条块的近似面积为 $F_i = bh_i$，则横断面积为：

$$A = b\sum_{i=1}^{n} h_i \tag{4-9}$$

当 $b = 1$ m 时，A 在数值上就等于各小条块平均高度之和 $\sum_{i=1}^{n} h_i$。

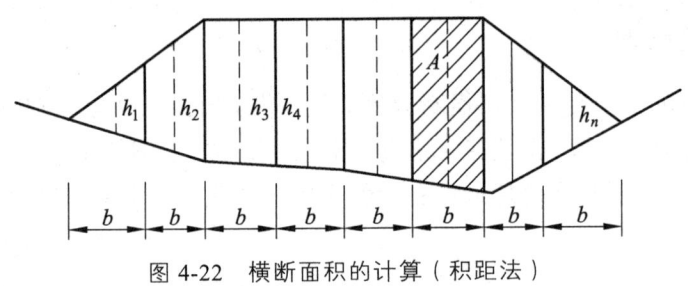

图 4-22 横断面积的计算（积距法）

可以用卡规逐一量取各条块高度的累计值。当面积较大、卡规不够用时，也可用厘米方格纸折成窄条代替卡规量取积距。

用积距法计算面积具有简单迅速的特点，适用于不规则图形的面积计算。

2. 块分法

所谓块分法，就是通过路基横断面地面线及设计线上的所有转折点，用竖线把路基横断面划分成宽度不等的多个准确的梯形或三角形，然后分别计算每一个梯形或三角形的面积，再累加起来即为路基横断面积，如图 4-23 所示。填挖方交界处也应划分出来，分别计算填挖面积。本方法一般是通过解析法进行计算，用计算机来完成，其特点是计算精度高。

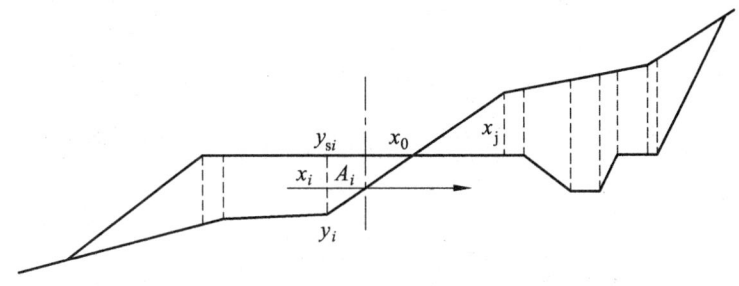

图 4-23　块分法计算横断面积

3. 坐标法

已知断面图上各转折点的坐标 (x_i, y_i)，由解析几何可得多边形面积的计算公式为：

$$A = \frac{1}{2}\sum_{i=1}^{n}(x_i y_{i+1} - x_{i+1} y_i) \qquad (4-10)$$

式中：x_i、y_i——设计线和地面线围成面积的各顶点的坐标（m）。

坐标法精度较高，方法较繁，适用计算机计算，如图 4-24 所示。

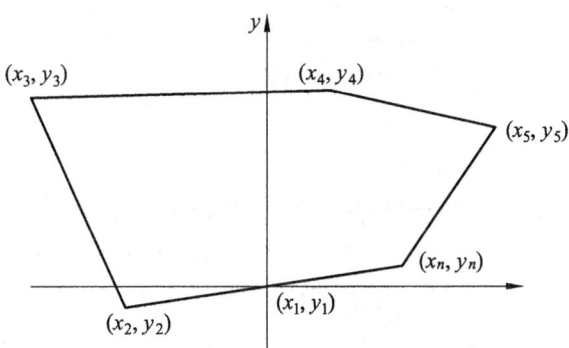

图 4-24　横断面积的计算（坐标法）

4. 混合法

在一个较大的横断面中，可将几何图形法和积距法共用，以加快计算速度。

5. 在横断面积计算中应注意的几个问题

（1）填方和挖方的面积应分别计算。
（2）填方或挖方中的土石也应分别计算，因为其工程造价不同。
（3）有些情况下横断面上的某一部分面积可能既是挖方面积，又要算作填方面积（不良地质换填），例如既要挖除又要回填其他材料的情况。

4.6.2 土石方数量计算

1. 平均断面积法

若相邻两断面均为填方或挖方且面积大小相近,则可假定两断面之间为一棱柱体(图4-25),其体积的计算公式为:

$$V = \frac{1}{2}(A_1 + A_2)L \tag{4-11}$$

式中: V ——体积,即土石方数量(m^3);
A_1、A_2 ——相邻两断面的面积(m^2);
L ——相邻两断面之间的距离(m)。

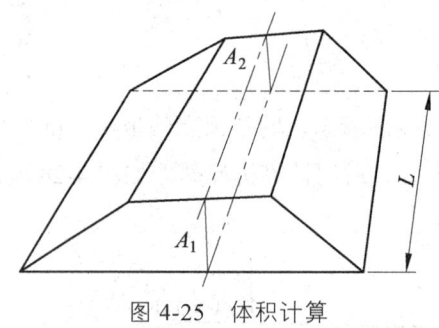

图 4-25 体积计算

2. 棱台体积法

若 A_1 和 A_2 相差较大,则与棱台更为接近。其计算公式为:

$$V = \frac{1}{3}(A_1 + A_2 + \sqrt{A_1 A_2})L \tag{4-12}$$

此法的精度较高,应尽量采用,特别适用于计算机计算。

3. 土石方数量计算应注意的问题

(1)填挖方数量分别计算(填挖方面积分别计算)。

(2)土石方应分别计算(土石面积分别计算)。

(3)路基填、挖方数量中应考虑路面所占的体积(填方扣除、挖方增加)。

(4)计算路基土石方数量时,应扣除大、中桥及隧道所占路线长度的体积;桥头引道的土石方,可视需要全部或部分列入桥梁工程项目中,但应注意不要遗漏或重复;小桥涵所占的体积一般可不扣除。

路基工程中的挖方按天然密实方体积计算,填方按压实后的体积计算,各级公路各类土石方与天然密实方换算系数见表4-24,土石方调配时注意换算。

表 4-24 路基土石方换算系数

公路等级	土石类别				
	土方				石方
	松土	普通土	硬土	运输	
二级及二级以上公路	1.23	1.16	1.09	1.19	0.92
三、四级公路	1.1	1.05	1.00	1.08	0.84

【工程实例 4-2】 对某路线（二级及以上等级公路），取其中一段进行分析，设其挖方数量为 1 000 m³，其中松方为 200 m³，普通土为 600 m³，硬土为 200 m³；填方数量为 1 200 m³；本断面挖方可利用数量为 900 m³，其中松土 100 m³，普通土 600 m³，硬土 200 m³；可调入本段的远运利用方量为 200 m³ 天然方（按普通土计）。

对上面的数量，可作如下分析：

（1）本桩利用方：$100/1.23 + 600/1.16 + 200/1.09 = 782$ m³（压实方）。
（2）远运利用方：$200/1.16 = 172$ m³（压实方）。
（3）借方：$1\,200 - 782 - 172 = 246$ m³（压实方）。
（4）弃方：100 m³（天然方）。

4.6.3 路基土石方的调配

土石方调配的目的是确定填方用土的来源、挖方弃土的去向，以及计价土石方的数量和运量等。填方土源包括附近挖方利用、借土；挖方去向包括调往附近填方、弃土。

通过调配合理地解决各路段土石方平衡与利用问题，使从路堑挖出的土石方，在经济合理的调运条件下移挖作填，达到填方有所"取"，挖方有所"用"，避免不必要的路外借土和弃土，以减少占用耕地和降低公路造价。

1. 关于调配计算的几个问题

（1）免费运距、平均运距和经济运距。

① 免费运距：土方作业包括挖、装、运、卸等工序，在某一特定距离内，只按挖方数计价，这一特定距离称为免费运距。显然施工方法不同，其免费运距也不同，如：人工作业时，人工运输的免费运距为 20 m，轻轨运输的免费运距为 50 m；机械作业时，推土机的免费运距为 20 m，铲运机的免费运距为 100 m 等。

② 平均运距：土石方调配时，从挖方体积重心到填方体积重心的距离称为平均运距。为简化设计计算，通常平均运距为按挖方路段中心至填方路段中心的距离计。

当平均运距小于或等于免费运距时，可不另计运费；当平均运距大于免费运距时，超出的运距称超运运距，超运运距按运输方式不同有不同的计算单位，如人工运输以每超运 10 m 为单位，铲运机以每超运 50 m 为单位，汽车运输以 km 为单位等，各种运输方式的超运运距单位，可从《预算定额》和《概算定额》中查得。

③ 经济运距：移挖作填与附近借土的费用相等时的运距，即移挖作填与附近借方经济比较，调运填方的最大距离。

填方用土的来源，一是从路堑挖方纵向调运，另一是就近路外借土。一般情况下，利用挖方纵向调运来填筑较近的路堤是比较经济的，但如果调运的距离较长，以至运费（上述超运运距另加运费）超过了在路堤附近借土所需的费用时，这种移挖作填就不如在附近借土经济。经济运距按式（4-13）计算：

$$L_{经} = \frac{B}{T} + L_{免} \tag{4-13}$$

式中：B——借方单价（元/m³）；

　　　T——运费单价[元/(m³·m)]；

　　　$L_{免}$——免费运距（m）。

（2）运量。

土石方运量为平均超运运距单位与土石方调配数量的乘积。土石方调配时，超运运距的运土才另计运费，故运量应按平均超运运距计。

在生产中，例如工程定额是将人工运输免费运距 20 m，平均每增运距 10 m 划为一个运输单位，称之为一级，在路基土石方数量计算表中记作①；当实际的平均运距为 40 m，超运运距为 20 m 时，则为两个运输单位，称为二级，在路基土石方数量计算表中记作②；其余类推。则：

$$总运量 = 调配（土石方）数量 \times n$$

$$n = (L - L_{免})/A \tag{4-14}$$

式中：n——平均超运运距单位（四舍五入取整数）；

　　　L——土石方调配平均运距（m）；

　　　$L_{免}$——免费运距（m）；

　　　A——超运运距单位（m）（例如人工运输 $A = 10$ m，铲运机运输 $A = 50$ m）。

（3）计价土石方数量。

在土石方计算与调配中，所有挖方均应予计价，但填方则应按土的来源决定是否计价，如是路外就近借土就应计价，如是移"挖"作"填"的纵向调配利用方，则不应再计价，否则形成双重计价。即计价土石方数量为：

$$V_{计} = V_{挖} + V_{借} \tag{4-15}$$

式中：$V_{计}$——计价土石方数量（m³）；

　　　$V_{挖}$——挖方数量（m³）；

　　　$V_{借}$——借方数量（m³）。

2. 土石方调配原则

（1）就近利用，以减少运量：在半填半挖的断面中，应首先考虑在本路段内移挖作填进行横向平衡，然后再作纵向调配，以减少总的运量。

（2）不跨越调运：土石方调配应考虑桥涵位置对施工运输的影响，一般大沟不作跨越调运，同时尚应注意施工的方便与可能，尽可能减少和避免上坡运土。

（3）高向低调运：位于山坡上的回头曲线路段，要优先考虑上下线的土方竖向调运。

（4）经济合理：必须根据地形情况和施工条件，选用适当的运输方式，确定合理的经济运距，进行远运利用与附近借土的经济比较（移挖作填与借土费用的比较）。

远运利用的费用：运输费用、装卸费等；

借土费用：开挖费用、占地及青苗补偿费用、弃土占地及运费。

综合考虑弃土和借方占地，赔偿青苗损失及对农业生产的影响等。有时移挖作填虽然运距超出一些，但如能少占地，少影响农业生产，这样对整体来说也未必是不经济的。

（5）不同的土方和石方应根据工程需要分别进行调配，以保证路基的稳定和人工构造物的材料供应。

（6）土方调配对于借土和弃土应事先同地方商量，妥善处理。借土应结合地形、农田规划等选择借土地点，并综合考虑借土还田、整地造田等措施。弃土应不占或少占耕地，在可能条件下亦将弃土平整为可耕地，防止乱弃乱堆，或者堵塞河流、损坏农田。

3. 土石方调配方法

土石方调配方法有多种，如累积曲线法、调配图法及土石方计算表调配法等。

目前，生产上多采用土石方计算表调配，直接可在土石方表上进行调配，其优点是方法简捷、调配清晰、精度符合要求，见表4-25。具体调配步骤如下：

（1）土石方调配是在土石方数量计算与复核完毕的基础上进行的，调配前应将可能影响运输调配的桥涵位置、陡坡大沟等注明在表旁，供调配时参考。

（2）计算并填写表中"本桩利用""填缺""挖余"各栏。当以石作填土时，石方数应填入"本桩利用"的"土"一栏，并以符号区别。然后按填挖方分别进行闭合核算，其核算式为：

$$填方 = 本桩利用 + 填缺$$

$$挖方 = 本桩利用 + 挖余$$

（3）在作纵向调配前，根据"填缺""挖余"的分布情况，选择适当施工方法及可采用的运输方式定出合理的经济运距，供土方调配时参考。

（4）根据填缺、挖余分布情况，结合路线纵坡和自然条件，本着技术经济少占用农田的原则，具体拟定调配方案。将相邻路段的挖余就近纵向调配到填缺内加以利用，并把具体调运方向和数量用箭头标明在纵向调配栏中。

（5）经过纵向调配，如果仍有填缺或挖余，则应会同当地政府协商确定借土或弃土地点，然后将借土或弃土的数量和运距分别填注到借方或废方栏内。

（6）调配完成后，应分页进行闭合核算，核算式为：

$$填缺 = 远运利用 + 借方$$

$$挖余 = 远运利用 + 废方$$

表 4-25 路基土石方数量计算表

桩号	横断面积/m²		距离/m	挖方分类及数量/m³													填方数量/m³			利用方数量及调配/m³					备注
	挖	填		总数量	土					石							总数量	土	石	本桩利用		填缺		挖余		纵向调配利用示意	
		土	石			I		II		III		IV		V		VI				土	石	土	石	土	石	
						%	数量	%	数量	%	数量	%	数量	%	数量	%	数量									
1	2	3	4	5	6	7	8	9	10	11	12	13	14	15	16	17	18	19	20	21	22	23	24	25	26	27	28	35
K32+515.040	0.00	5.54																										
K32+521.060	0.00	8.54		6.02														42.4	44.5				44.5					
K32+527.090	0.00	13.30		6.03				100										65.9	69.1				69.1					
K32+547.090	0.00	7.94		20.00				100										212.4	223.0				223.0			于 102.9 (35 m) (从 K32+460 接调入)	
K32+567.300	0.00	5.12		20.21				100										132.0	138.6				138.6					
K32+587.300	0.37	0.72		20.00	3.7			100	3.7									58.4	61.3		3.7		57.6					
K32+600	0.46	0.75		12.70	5.3			100	5.3									9.3	9.8		5.3		4.5					
K32+620	0.00	6.11		20.00	4.6			100	4.6									68.6	72.0		4.6		67.4					
K32+640.850	0.00	7.07		20.85				100										137.3	144.2				144.2				于 989.3 (6796 m) 借方 (从滩土处 K25+800)	
K32+661.110	0.00	9.61		20.26				100										168.9	177.3				177.3					
K32+681.360	0.13	0.99		20.25	1.3			100	1.3									107.3	112.6		1.3		111.3					
				22.08	36.9			100	36.9									10.9	11.4		11.4				25.4			

续表

桩号	横断面积/m²			距离/m	挖方分类及数量/m³													填方数量/m³			利用方数量及调配/m³							备注
	挖	填			总数量	土 I		土 II		土 III		土 IV		石 V		石 VI		总数量	土	石	本桩利用		填缺		挖余		纵向调配示意 远运利用	
		土	石			%	数量	%	数量	%	数量	%	数量	%	数量	%	数量				土	石	土	石	土	石		
1	2	3	4	5	6	7	8	9	10	11	12	13	14	15	16	17	18	19	20	21	22	23	24	25	26	27	28	35
K32+703.440	3.21	0.00																										
K32+725.520	0.25	0.75		22.08	38.2			100	38.2									8.3	8.7		8.7				29.5		土 989.3 (6796 m) 借方 (K25+800处)	
K32+740	0.00	3.09		14.48	1.8			100	1.8									27.8	29.2		1.8		27.4					
K32+760	0.00	1.63		20.00														47.2	49.6				49.6					
K32+780.890	0.00	3.30		20.89														51.5	54.1				54.1					
K32+801.080	0.00	10.72		20.19														141.5	148.6				148.6					
K32+821.080	0.00	4.20		20.00														149.2	156.6				156.6					
K32+825.020	0.00	3.52		3.94														15.2	16.0				16.0					
K32+846.440	0.31	2.99		21.42	3.3			100	3.3									69.7	73.1		3.3		69.8					
K32+867.850	1.14	0.00		21.41	15.5			100	15.5									32.0	33.6		15.5		18.1					
小计				352.81	110.6				110.6									1 555.8	1 633.3		55.6		1 577.7		54.9		土 54.9 (37 m)	

（7）本公里调配完毕，应进行本公里合计，总闭合核算除上述外，尚有：

（跨公里调入方）+ 挖方 + 借方 =（跨公里调出方）+ 填方 + 废方

（8）土石方调配一般在本公里内进行，必要时也可跨公里调配，但需将调配的方向及数量分别注明，以免混淆。

（9）每千米土石方数量计算与调配完成后，须汇总列入"路基每千米土石方表"，并进行全线总计与核算。至此完成全部土石方计算与调配工作。

☞ 【能力提升】

1. 完善以下路基土方计算表 4-26（单位为：m、m^2、m^3）。

表 4-26 路基土方计算表

桩号	挖方面积	填方面积	挖方平均面积	填方平均面积	距离	挖方体积	填方体积	本桩利用	填缺	挖余
+300	0	35.4	—	—	—	—	—	—	—	—
+350	33.6	21.2								
+368.45	42.5	10.2								
+380	52.8	0								
合计	—	—	—	—						

2. 道路两侧土地利用（道路网络功能、红线宽度、两侧用地性质、交通吸引源密度）是道路横断面设计的前提和基础，空间环境、交通运行、公交优先、慢行保障是道路横断面设计的核心内容。蠡溪路位于无锡市西南部蠡溪新城，全长约 5 km，是联系蠡溪新城北部河埒商贸中心、中部体育中心与南部蠡湖休闲商务中心的重要通道，也是一条贯穿南北的骨架通道和"旅游休闲轴"。根据无锡市蠡溪新城土地利用规划（图 4-26），蠡溪路贯穿河埒居住区、休闲区、风景区 3 个主体单元，其中北段（约 2 km，承担两侧居住、商业用地的交通到发功能）、中段（1 km，承担两侧居住、办公、体育场馆用地的交通到发功能）属于次道，南段（约 2 km，承担两侧居住、旅馆、绿地的交通到发功能）属于景观街。

试搜集蠡溪路道路横断面设计的资料，分析蠡溪路道路横断面设计是怎样实现从传统意义上将城市道路机械地视作相对孤立的通道，转变为以服务于城市人群、物资流通为主要目的，落实某个地区乃至整个城市发展策略的具体标尺，实现拓展城市空间、完善城市结构、整合城市功能、提升沿线用地价值以及城市品位等一系列任务的。道路横断面设计的对象也超越了物质景观本身，而更多地注入了对城市文脉、街区活力、土地经济性等非物质景观要素的关注。

图 4-26　无锡市蠡溪新城土地利用规划及蠡溪路规划区位

☞ 【复习思考题】

一、填空题

1. 高速公路和一级公路的路基横断面由_____、_____、_____以及紧急停车带、爬坡车道、变速车道等组成。

2. 城市道路横断面的形式有_____、_____、_____、_____。

3. 二、三、四级公路的路基横断面由_____、_____以及错车道组成。

4. 路基填土高度小于_____m、大于_____m的路堤称为一般路堤。

5. 路基挖方深度小于_____m、一般地质条件下的路堑称为一般路堑。

6. 路基边坡的坡度，习惯上用边坡的_____与_____的比值来表示。

7. 为防止零星土石碎落物落入边沟，通常在路堑边坡坡脚与边沟外侧边缘之间，设置_____。

8. 若平均运距_____免费运距时，可不计运费。

9. 土石方纵向调配时，从_____体积重心到_____体积重心的距离称为平均运距。

10. 计价土石方数量 $V_{计}$ = _____ + _____。

11. 填方 = 本桩利用 + _____；挖方 = 本桩利用 + _____。

12. 填缺 = 远运利用 + _____；挖余 = 远运利用 + _____。

13. 本公里土石方调配完毕,应进行公里合计,总闭合核算式为:_____+挖方+_____=_____+_____+废方。

14. 中间带由_____及两条左侧_____组成。

15. 路基工程中的挖方按_____体积计算,填方按_____体积计算。

二、选择题

1. (　　)的横断面称为典型横断面。
   A. 特殊设计　　　B. 经常采用　　　C. 不常采用

2. 一般路基是指(　　)。
   A. 填土高度在 12 m 以下的路堤　　　B. 填土高度在 20 m 以内的路堤
   C. 边坡采用 1∶1.5 的路堤。

3. 一般路堑是指(　　)。
   A. 一般地质条件下挖方深度不小于 20 m 的路基
   B. 一般情况下,挖方深度在 10 m 左右的路基
   C. 挖方深度小于 20 m 的路基

4. 路基土石方的体积数量(　　)。
   A. 应扣除桥涵、挡土墙的体积
   B. 不扣除桥涵体积
   C. 应扣除大、中桥及隧道所占路线长度的体积

5. 人工运输土石时,免费运距为第一个(　　)。
   A. 20 m　　　　B. 10 m　　　　C. 50 m

6. 路基填方用土取"调"或"借"的界限距离称为(　　)。
   A. 免费运距　　B. 平均运距　　C. 超运运距　　D. 经济运距

7. 下面关于横断面上"经济点"的说法不正确的是(　　)。
   A. 当地面横坡度不大时,挖方和填方基本平衡的标高控制点
   B. 当地面横坡度较陡时,路基多挖少填的标高控制点
   C. 当地面横坡度很陡时,路基全挖或深挖的标高控制点
   D. 纵坡面上沿线各种标高控制点的统称

8. 护坡道的作用是(　　)。
   A. 减缓路堤边坡保证路基稳定　　B. 路基排水的重要设施
   C. 属于路基防护工程范畴　　　　D. 设置弃土堆的理想位置

9. 绘制横断面图的比例尺一般为(　　)。
   A. 1∶100　　B. 1∶200　　C. 1∶500　　D. 1∶1 000

10. 已知桩号 K1+00 挖方断面积为 60 m², 填方面积为 30 m², K1+017 挖方断面积为 82 m², 挖方为 0, 则两桩号之间的挖方体积为(　　)。
    A. 2 414 m³　　B. 1 462 m³　　C. 952 m³
    D. 1 207 m³　　E. 510 m³

11. 某公路某段采用人工挖运土方,已知免费运距为 20 m, 借方单价为 16 元/m³, 远运运费单价为 4 元/(m³·km), 则其经济运距为(　　)。
    A. 24 m　　　B. 80 m　　　C. 4.02 km　　　D. 4.2 km

12. 设相邻两桩号的横断面积分别为 A_1 和 A_2，该两桩号间距为 L，则用于计算土石方体积 V 的平均断面法公式为（　　）。

  A. $V = (A_1 + A_2)L$　　　　　　　　B. $V = (A_1 - A_2)L$

  C. $V = 2(A_1 + A_2)L$　　　　　　　D. $V = (A_1 + A_2)L/2$

13. 土石方调配时，横向调运复核公式为（　　）。

  A. 本桩利用＋填方＝挖方　　　　B. 挖方＝本桩利用＋废方

  C. 挖方＝本桩利用＋填缺　　　　D. 挖方＝本桩利用＋挖余

14. 已知桩号 K1＋000 挖方断面积为 60 m²，填方面积为 20 m²，K1＋017 挖方断面积为 82 m²，则两桩号之间的挖方体积为（　　）。

  A. 2 414 m³　　　B. 867 m³　　　C. 1 377 m³　　　D. 1 207 m³

15. 已知 K1＋060～K1＋080 两桩号间挖方为 75 m³，填方为 238 m³，则（　　）。

  A. 本桩利用 75 m³　　　　　　　　B. 挖余 75 m³

  C. 弃方 163 m³　　　　　　　　　　D. 填缺 238 m³

16. 我国道路机动车道宽度一般以（　　）m 为模数。

  A. 0.3　　　B. 0.25　　　C. 0.4　　　D. 0.5

17. 一条车道的最大宽度为（　　）。

  A. 3.5 m　　　B. 3 m　　　C. 4 m　　　D. 3.75 m

18. 路拱横坡的选取与下列哪个因素无关？（　　）

  A. 路面材料　　B. 路基材料　　C. 自然气候　　D. 道路等级

19. 关于控制点和经济点，下列说法不正确的是（　　）。

  A. 设计路线与现有道路的交叉口是控制点

  B. 沿溪线的洪水位为控制点

  C. 填挖平衡处的高程点即为经济点

  D. 桥隧位置处为控制点

20. 关于左侧路肩的设置，下列说法错误的是（　　）。

  A. 左侧路肩一般不设

  B. 在双向 8 车道以上高速公路中应设左侧路肩

  C. 分离式道路应设左侧路肩

  D. 左侧路肩的宽度小于右侧路肩

三、问答题

1. 公路横断面的组成、类型及其适用性是什么？
2. 城市道路横断面的组成、类型及其适用性是什么？
3. 各级公路都要设置路肩，路肩的作用是什么？
4. 4 条和 4 条以上车道的公路应设置中间带，其作用是什么？
5. 无中间带道路的超高过渡方式及适用条件是什么？
6. 有中间带道路的超高过渡方式及适用条件是什么？
7. 简述横断面设计的方法与步骤。
8. 简述路基土石方计算的方法与调配原则。
9. 路基土石方计算与调配的任务是什么？土石方调配时如何进行校核？

四、计算题

1. 某路段两两相邻桩号分别为 K1+250（1 点）、K1+276（2 点）和 K1+300（3 点），计算出横断面积分别为：$A_{T1} = 38.2 \text{ m}^2$、$A_{T2} = 15.2 \text{ m}^2$、$A_{W2} = 16.1 \text{ m}^2$ 和 $A_{W3} = 47.5 \text{ m}^2$。若 K1+250～K1+300 挖方土石比为 4∶6，试计算该路段的填方数量、挖土方数量、挖石方数量、本桩利用方数量。

2. 某二级公路，设计速度为 60 km/h，偏角为 35°，半径 $R = 200$ m，$L_s = 60$ m。求该曲线的最大横净距，并绘制视距包络图。

第5章 道路选线与定线

【导读】

惊险刺激的盘山公路

盘山公路是山路的一种常见类型,其主要特点是盘绕山体、依靠山坡修建,坡陡弯急、起伏不平。盘山公路通过线路盘旋环绕大山的方式减小道路坡度,使车辆能够爬坡。贯穿山区的公路都会不可避免地或多或少存在盘山路段,以下是我国几条著名的盘山公路:

(1)怒江七十二拐,是在西藏自治区昌都市的八宿县境内的一条路,也位于川藏南线上昌都邦达至八宿区间,这条路也称"川藏九十九道弯"。怒江七十二拐长约12 km,从山下2 700 m的怒江河谷到4 650 m的业拉山口,公路一下陡升了超过2 000 m。

怒江七十二拐

(2)晴隆二十四道拐抗战公路,是"史迪威公路"的形象标识。古称"鸦关",雄、奇、险、峻,有一夫当关、万夫莫开之势。从山脚至山顶的直线距离约350 m,垂直高度约260 m;在倾角约60°的斜坡上以S形顺山势而建,蜿蜒盘旋至关口,全程约4 km。

晴隆二十四道拐

（3）通天大道，是位于著名的张家界天门山国家森林公园的一条盘山公路。通天大道共计 99 道弯，暗合了"天有九重，云有九霄"之意。全长 10 km 多，海拔从 200 m 上升到 1 200 多米，有"天下公路第一奇观"之称，被公认为"全国十大盘山公路之首"。

通天大道

（4）矮寨盘山公路，为国道 319 干线（旧称湘川公路）公路奇观。这段公路长约 6 km，却修筑于水平距离不足 100 m、垂直高度 440 m，坡度为 70°~90°的大小斜面上。这样特定的空间迫使公路左右移动，转折 13 道锐角急弯，形成 26 截几乎平行、上下重叠的路面。形象地说，这段公路的外观，就像一长条褶皱的带子，一根压缩的弹簧，一道陡峭的多级阶梯。

第5章 道路选线与定线

矮寨盘山公路

——资料来源(有修改):八条最为壮观的盘山公路[J].汽车自驾游,2019(6):138-140.

盘山公路的特点在于其弯曲、陡峭、狭长和高耸的路线设计。这些特点让行车过程在惊险刺激的同时,也不乏美景尽收眼底。本章将聚焦于道路选线、定线的设计理念和方法,为大家揭晓"山路十八弯"的玄妙。

☞【学习目的与要求】

知识单元与知识点	1. 选线的目的、任务、原则、方法、步骤; 2. 路线方案的拟定、影响因素、比选方法和步骤、详细方案比较内容、比选实例; 3. 平原区选线的自然特征、路线特征、布线要点; 4. 山岭区选线的自然特征、路线特征、布线要点; 5. 丘陵区选线的自然特征、路线特征、布线要点、布线方式; 6. 特殊地区选线; 7. 平原微丘区、山岭重丘区定线步骤。
能力点	1. 理解道路设计和选线定线的关系; 2. 理解选线定线的内容; 3. 熟悉平原区、山岭区、丘陵区、特殊地区和不良地质地区选线的主要内容和方法,初步具备利用计算机辅助工具进行纸上选线定线的能力。
重难点	【学习重点】 路线方案比较,各种地形条件下的选线要点。 【学习难点】 山岭区公路选线。

5.1 选线概要

选线概要

选线是在路线起终点之间的大地表面上，根据计划任务书规定的使用任务和性质，结合当地自然条件，选定道路中线位置的过程。

5.1.1 选线的目的与任务

选线的目的：根据道路的性质、任务、等级和标准，结合地形、地质、地物及其他沿线条件，综合平、纵、横三方面因素，在实地或纸上选定道路路中线平面位置。

选线的任务：确定道路的走向和总体布局，具体确定道路的交点位置和选定道路曲线的要素，通过纸上、实地选线，把路线的平面位置确定下来。

5.1.2 道路选线的一般原则

路线设计应在道路建设项目工程可行性研究报告所选定的路线走向和主要控制点的基础上进行。首先，要做出总体设计，这主要包括确定地形类别和计算行车的速度，确定车道数以及城镇或其他路线连接线交叉的地点、方式等。总体设计为具体选线提出了要求、基本方向和规模，选线是总体设计的具体化。选线要综合考虑多种因素，妥善处理好各方面的关系。在选线时要注意掌握以下原则：

1. 比选原则

选线是一项技术性、综合性强，且复杂的工作，即使设计者主观上有完美的设想，也难免使实际线路存在不足。发现优劣的最佳途径，就是比较选择。在路线设计的各个阶段，应用各种先进手段，对路线方案作深入细致的研究，在多方案论证比选的基础上，选定路线最优方案。

2. 安全原则

公路的选线必须考虑在正常使用的情况下，不会有大的破坏。影响公路的自然因素很多，特别是滑坡、崩塌、软土等地质不良地段，应慎重对待。为确保公路安全，选线时应避让或选择合适位置，缩小穿越范围，并采取必要的工程措施。

3. 均衡原则

公路的造价随公路功能和技术指标的变化而变化，例如，为了良好的线形有些地段就需要多占农田，纵坡坡度设计较小就需要增加填挖方数量等等。我们总是在道路的功能和指标与道路的造价和代价之间寻求一个平衡点,使对立的两个方面达到统一。不同时期人们有不同的均衡观念,现在许多人认识到在公路设计中,应充分考虑环境保护。

4. 协调原则

公路不仅具有使用上的功能,而且具有美学和景观上的要求。协调是美的基本要素,公路内部之间以及内部与外部之间的协调是保证人们在生理上有安全感、舒适感的重要因素。其中内部协调是指纵面、平面线形视觉的连续性和纵面、平面立体协调;外部协调是指公路与周围环境景观的协调和宏观的路线位置与自然的协调。

5. 环保原则

选线应重视环境保护,应尽量减小由于公路修筑以及汽车运行所产生的影响与污染,路线对自然景观与资源的影响,噪声对居民的影响等。

道路线路布线如图 5-1 所示。

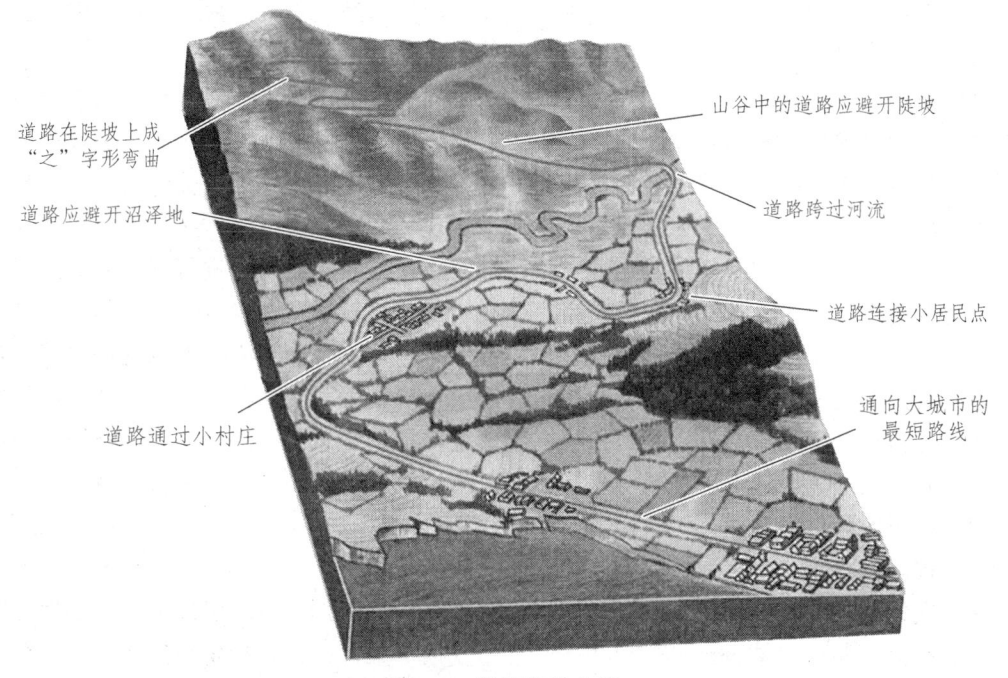

图 5-1 道路路线布线

5.1.3 道路选线的方法和步骤

1. 选线的方法

(1) 实地选线。

实地选线是由选线人员,根据设计任务书的要求,在现场实地进行勘察测量,经过反复比较,直接选定路线的方法。

(2) 纸上选线。

纸上选线是在已经测得的地形图上，进行路线布局方案比选，从而在纸上确定路线，再到实地放线的选线方法。

(3) 自动化选线。

随着航测技术和电子计算机技术的迅速发展，产生了航测和电算相结合的自动化选线方法。

自动化选线的基本做法是：先用航测方法测得航测图片，再根据地形信息建立数字地形模型（即数字化的地形资料），把选线设计的要求转化为数学模型，将设计数据输入计算机，由计算机按照一定的程序进行自动选线、分析比较、优化，最后通过自动绘图仪和打印机将全部设计图表输出。

2. 选线的步骤

选线是一个由总体到具体、由浅入深的过程。一条公路的起终点和中间控制点确定以后，可用多种方法把它们连接起来。为了选出一条最合理的路线，选线一般要经过3个步骤。

(1) 全面布局。

全面布局主要是解决起、终点间路线基本走向问题，即在起点、终点和中间大控制点之间按选线原则寻求最合理的路线走向。此项工作通常是先在小比例尺（1∶2.5万~1∶10万）地形图上从较大面积范围内找出各种可能的方案，收集各可能方案的有关资料，进行初步评选，确定数条有进一步比较价值的方案；然后进行现场勘察，通过多方案的比选得出一个最佳方案来，当没有地形图时，可采用调查或踏勘方法现场收集资料，进行方案评选。当地形复杂或地区范围很大时，可以通过航空视察，或用遥感与航摄资料进行选线。例如：沿溪线可以走不同的河岸，越岭线可以展线或利用隧道穿越，每一种布局事实上就是提出了一种路线的基本走向，这一工作一般在视察时确定。路线布局是关系到公路"方向"的根本问题，否则线路选得再好，技术指标定得再恰当，仍然是一条不理想的线路。因此，布局前一定要认真分析和研究周围的地形、地质等自然条件，通过踏勘形成完整的立体自然模型，为全面布局提供必要的条件。

(2) 逐段安排。

逐段安排是指在路线的基本走向确定以后，进一步加密控制点，解决路线局部性方案的工作，即在大控制点间结合地形、地质、水文、气候等条件，逐步确定小控制点的过程。通过逐段安排，进一步选定能提高路线标准和降低工程造价的有利路线带，从而解决路线的局部方案。例如：沿溪线是一次跨河还是多次跨河，越岭线从垭口哪一侧展线下山等。这一工作是通过初步测量完成的。

(3) 具体定线。

这是在逐段安排的小控制点之间，根据技术标准，结合自然条件，综合考虑平纵横3个方面因素，适当移动交点，进行穿线，具体定出路线中线位置的工作。具体定线在详测时进行。

由此可见，选线是一个由粗到细的过程：只有布局合理，才能逐段安排到位；只有逐段安排恰当，才有具体定线的结果，从而形成一个统一的整体。它是根据技术指标、自然条件、建筑材料、施工条件、工程造价、养护条件、营运效益等综合考虑的结果。

5.2 路线方案选择

路线方案选择

5.2.1 路线方案的拟定

路线方案是根据指定的路线总方向和设计道路的性质任务及其在公路网中的作用，考虑了社会、经济因素和复杂的自然条件等拟定的路线走向。路线方案的选择是路线设计中最根本的问题，目的是合理地解决设计道路的起讫点和走向问题。一般情况下，新建公路的走向，已在国家或当地路网规划中有了初步轮廓。由于我国社会主义建设事业的飞速发展，工矿资源的不断发现和开发，国家对公路建设不断提出新的要求；因此在勘测设计过程中，要结合路线性质及其在路网中的作用、政治经济控制点、近远期交通量、主要技术标准、自然条件等因素，进一步认真研究落实。

一条路线的起终点及中间必须经过的重要城镇或地点，通常是由公路网规划所规定或根据国家或地方经济建设需要指定。这些指定的点称为"据点"，把据点连接成线，就是路线的总方向或称大走向。两个据点之间常有若干可供选择的不同走向，有的可能沿某河、越某岭，也可能沿某几条河、翻某几个岭；可能走某河的这一岸，靠近某城镇；也可能走对岸，避开某城镇等。图 5-2 中的 A、C 为规划路线的起终点，B 为必须点。若将线路起终点和必须经过的经济据点直接连接，路线虽短捷，但多次跨越大河，直穿较高的山岭和不良地质地段，不仅投资大，而且工程质量差、隐患大。为了降低工程造价，消除隐患，可根据自然条件选择有利地点通过，如特大桥或复杂大桥的合适桥址 D、E，绕避不良地质的 F、G，垭口 H、I，这些点称为控制点。这样，据点 A、B 之间就有 $ADFB$ 和 $AGEB$ 两种可能走法，而据点 BC 之间也有 BHC 和 BIC 两种可能走法，每一种可能的走法就是一个大的路线方案。作为选线工作的第一步就是要在各种可能的方案中，在深入调查的基础上，通过方案的比选，选择最合理的路线方案作为进一步设计的依据。

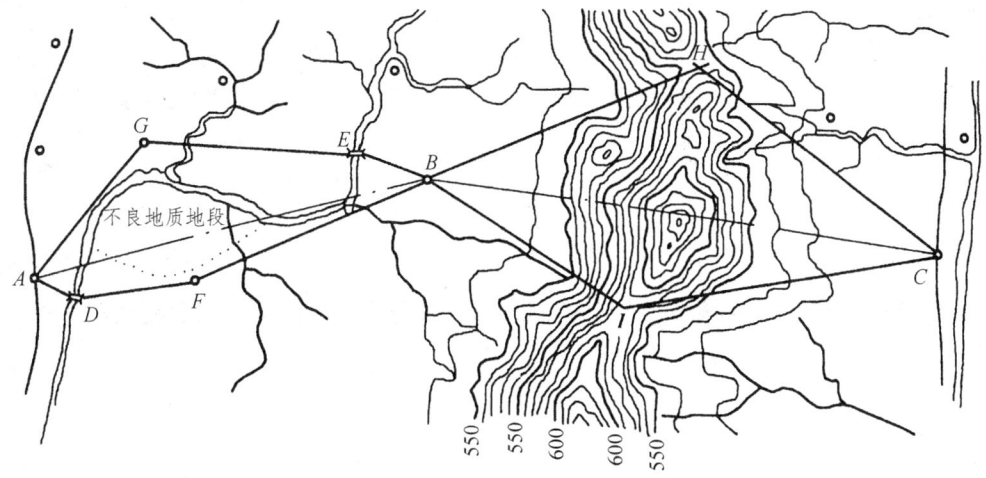

图 5-2 路线方案拟定

路线方案是否合理，不但直接关系到公路本身的工程投资和运输效率，更重要的是影响到路线在公路网中能否起到应有作用，即是否满足国家政治、经济、国防的要求和长远利益。长的干线公路尤其如此，所以，路线方案的选择，要从大面积着手。

5.2.2 影响路线方案选择的主要因素

从形式上看，方案比较可分为质的比较和量的比较。对于原则性的方案比较，主要是质的比较，多采用综合评价的方法，即不是通过详细地计算经济和技术指标进行的比较，而是综合各方面因素进行评比。影响路线方案选择的主要因素有：

（1）路线在政治、经济、国防上的意义，国家或地方建设对路线使用任务、性质的要求，以及战备、支农、综合利用等重要方针的贯彻和体现程度。

（2）路线在铁路、公路、航道等交通网系中的作用，与沿线工矿、城镇等规划关系以及与沿线农田水利建设的配合及用地情况。

（3）沿线地形、地质、水文、气象、地震等自然条件对道路的影响，要求的路线等级与实际可能达到的技术标准及其对路线使用任务、性质的影响，路线长度、筑路材料来源、施工条件以及工程量、三材（钢材、木材、水泥）用量、造价、工期、劳动力等情况及其对运营、施工、养护的影响，以及施工期限长短等。

（4）工程费用和技术标准情况。

（5）其他如与沿线历史文物、革命史迹、旅游风景区的联系。

路线在满足使用任务和性质要求的前提下，应综合考虑自然条件、技术标准和技术指标、工程投资、施工期限和施工设备等因素，通过精心选择、反复比较，才能提出合理的推荐方案。

5.2.3 路线方案比选的方法和步骤

最佳路线方案是通过许多方案的比较、淘汰而确定的。指定的两个据点之间的自然情况越复杂、距离越长，可能的比较方案就越多，需要淘汰的方案也就越多。淘汰的方法是：先尽可能收集地形图等现有资料，并在室内进行初步筛选，找出几个较好的方案参加最后的比选。在最后比选之前，要进行现场调查和踏勘，以掌握详细的地形、地貌、水文、地质等资料，为最终比选提供依据。

路线方案比选的方法如下：

1. 搜集资料

搜集与路线方案有关的规划与统计资料，以及各种比例尺的地形图、航测图、水文、地质、气象等资料。

2. 确定所有的可行方案

根据确定了的路线总方向和公路等级，先在小比例尺（1∶50 000 或 1∶100 000）的地形图上,结合搜集的其他有关资料,初步研究各种可能的路线走向。比如路线可能沿哪些溪沟、河流,越哪些垭口,路线经过城镇或工矿区时是穿过、靠近还是避开等等。

3. 初步筛选

在室内初步筛选出有限的几个方案,淘汰一部分较差的方案,参加方案的最终比选。

4. 实地调查与踏勘

针对初步筛选出的方案,进行现场实地调查与踏勘,连同野外调查过程中发现的新方案,都必须坚持跑到、看到、调查到,不遗漏一个可能的较佳方案。

野外调查要求做到以下几点:

(1)初步落实各据点的位置。对于路网规划中指定的据点,如在调查过程中发现不合理,应及时反映,并经过充分分析和论证,提出变动理由,报有关部门审批。

(2)对路线、大桥、隧道均应提出推荐方案。

(3)提出分段采用的技术标准和主要技术指标。

(4)选定路线必经的控制点,如越岭的垭口、跨较大河流的桥位、与铁路或其他公路交叉的地点,以及应绕避的城镇及大型的不良地质地段等等。

(5)分段估算各种工程量,如路基土石方数量、路面工程量、桥梁、涵洞、隧道、挡土墙等的类型、长度及工程量等。

(6)社会、环境与经济调查。

论证后,推荐路线主要控制点及路线走向方案。

5.2.4 路线详细方案比较的内容

详细的方案比较是在原则性方案比较之后进行的量的比较,它包括技术和经济指标的详细计算,一般多用于局部方案的分析比较。

1. 技术指标的比选

(1)路线长度及其延长系数。

① 路线总延长系数λ_0。

$$\lambda_0 = \frac{L}{L_0} \tag{5-1}$$

式中:L——路线方案的实际长度(m);

L_0——路线起、终点间的直线距离(m)。

② 路线技术延长系数λ_1。

$$\lambda_1 = \frac{L}{L_1} \tag{5-2}$$

式中:L_1——路线方案中各大控制点间的直线距离(m)。

（2）转角数。

转角数包括全线的转角数（n 个）和每千米的转角数（个/km）。

（3）转角平均度数。

转角是体现路线顺直的一种技术指标，转角平均度数 θ 按式（5-3）计算：

$$\theta = \frac{\sum_{i=1}^{n}\theta_i}{n} \tag{5-3}$$

式中：θ_i——任一转角的度数（°）；

n——全线的总转角数。

（4）最小平曲线半径（m）。

（5）回头曲线的数目（条）。

（6）最大与最小纵坡。

（7）最大与最小竖曲线半径（m）。

（8）与既有公路及铁路的交叉数目（包括平面交叉和立体交叉）。

（9）限制车速的路段长度（指居住区、小半径转弯处、交叉点、陡坡路段等）。

2. 经济指标的比选

（1）路基土石方工程数量。

（2）桥涵工程数量（大桥、中桥、小桥涵的座数、类型及其长度）。

（3）隧道工程数量。

（4）挡土墙工程数量。

（5）征地数量及费用。

（6）拆迁建筑物及管线设施的数量。

（7）主要材料数量。

（8）主要机械、劳动力数量。

（9）工程总造价。

（10）投资成本-效益比。

（11）投资利润率。

（12）投资回收期。

以上各项技术经济指标，在进行路线方案比选时需要根据工程项目的具体情况，选择必要的指标进行计算和比选。

5.2.5 路线方案比选实例

【工程实例 5-1】 图 5-3 所示为某干线公路，根据公路网规划要求按二、三级公路标准进行视查，视查后拟定了 4 个方案进行比较。各方案的主要技术经济指标汇总见表 5-1。

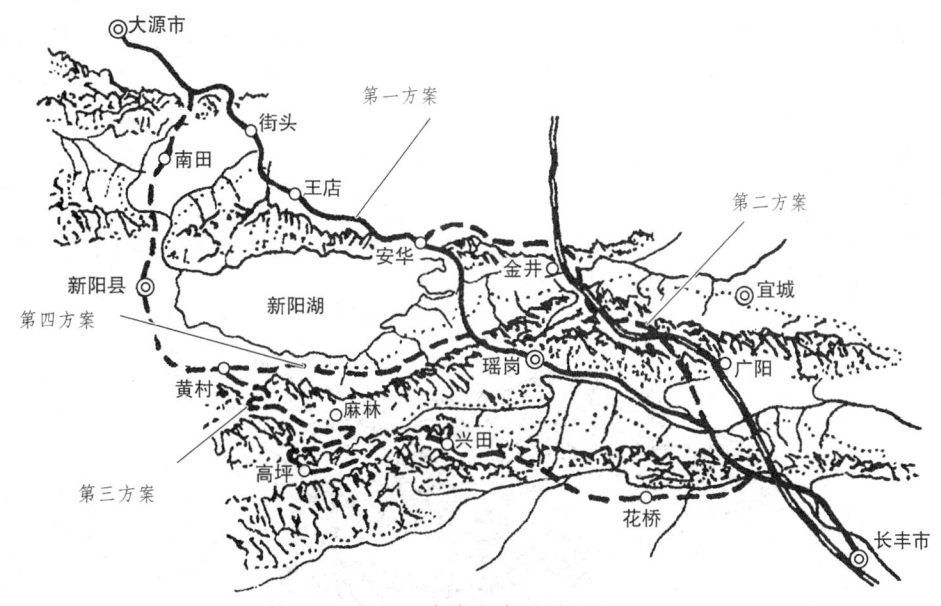

图 5-3 路线方案比选之一

表 5-1 某路各方案主要指标比较

指标		单位	第一方案	第二方案	第三方案	第四方案
通过县市		个	29	29	32	31
路线长度		km	1 360	1 347	1 510	1 476
其中	新建	km	133	200	187	193
	改建	km	1 227	1 147	1 323	1 283
地形	平原、微丘	km	567	677	512	615
	山岭、重丘	km	793	670	998	861
用地		hm^2	152.47	191.27	209.07	192.67
工程数量	土方	$10^4 m^3$	382	492	528	547
	石方	$10^4 m^3$	123	75	82	121
	次高级路面	km^2	5 303	5 582	5 440	5 645
	大、中桥	m/座	1 542/16	1 802/20	1 057/13	1 207/15
	小桥	m/座	1 084/47	846/54	980/52	1 566/82
	涵洞	道	977	959	1 091	1 278
	挡土墙	m^3	73 530	53 330	99 770	111 960
	隧道	m/座	300/1	—	290/1	—
材料	钢材	t	1 539	1 963	1 341	1 469
	木材	m^3	18 237	19 052	18 226	19 710
	水泥	t	30 609	39 159	31 288	33 638
劳动力		万工日	1 617	1 773	1 750	1 920
总造价		万元	81 015	85 110	77 835	89 490
比较结果			推荐			

比选结果，第三、四方案过于偏离总方向，较第一、二方案增加了 100~150 km，虽能多联系两三个县(市)，但对发展地区经济起的作用不大。而且第三方案线形指标较低，将来改建难以利用原有路线；第四方案又与现有高压电缆线连续干扰，不易解决。因而第三、四方案不宜采用。第二方案虽路线最短，但与铁路干扰严重，施工不方便，且占地较多。最后推荐路线较短、线形标准较高、用地最省、造价也较低的第一方案。

【工程实例 5-2】 某公路在作巴、安渡两点间，有南、北两个方案，如图 5-4 所示。经视查，两方案的主要技术经济指标汇总见表 5-2。

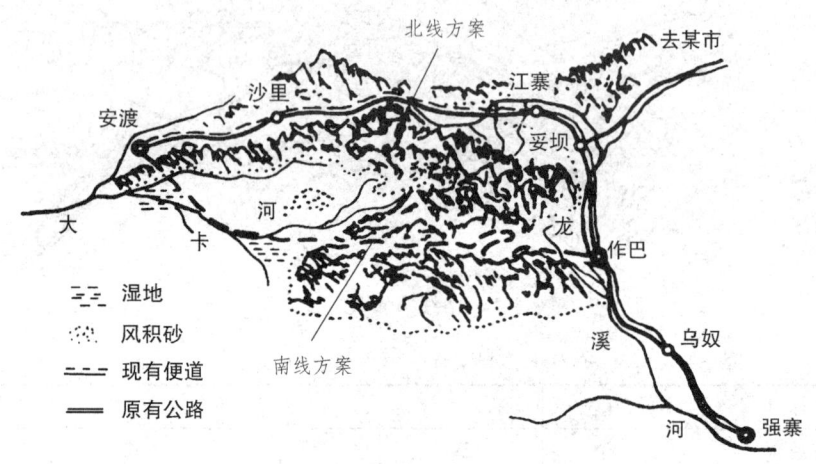

图 5-4 路线方案比选二

表 5-2 某公路南北线方案主要指标比较

指标		单位	南线方案	北线方案
路线长度		km	118	141
其中	新建	km	112	—
	改建	km	6	141
工程数量	土方	$10^4 \, m^3$	83	103
	石方	$10^4 \, m^3$	15	10
	路面	km^2	708	594
	桥梁	m/座	110/8	84/15
	涵洞	道	236	292
	防护	m^3	6 300	1 300
比较结果				推荐方案

单从表 5-2 所列主要技术经济指标，难于分出优劣。

如路线仅系连接强寨、安渡两地，则南线要近 23 km。但从公路网规划需要考虑，从安渡通往某市不走南线反而绕远 11 km，不如北线直捷。

两方案都有积雪问题。南线垭口海拔为 3 000 m，北线垭口海拔为 3 300 m。南线积雪虽较北线薄，且距离短，但越岭地形较陡，需要展线 6.5 km，积雪难以处理。同时，南线越岭段东侧有一段线形指标低，工程集中，且有岩堆、崩塌、风积沙等病害需要处理。而北线沿线地形平坦,越岭不需展线,线形指标较高。

北线另一有利因素,是全线均有旧路或便道可以利用,其中作巴至江寨的旧路,略加改善即可达到新建标准,比南线(几乎都是新建)工程要省些,施工也较方便。

综合上述分析,推荐北线方案。

【工程实例 5-3】 某高速公路是国家高速公路"7918"规划网中的一段,共分扶西段、西周段、周贾段三部分,如图 5-5 所示。西华互通段路线方案比选针对西华互通式立交位置的选择和整体路线的顺畅提出了 AK 线,进行同深度方案比较,见表 5-3。

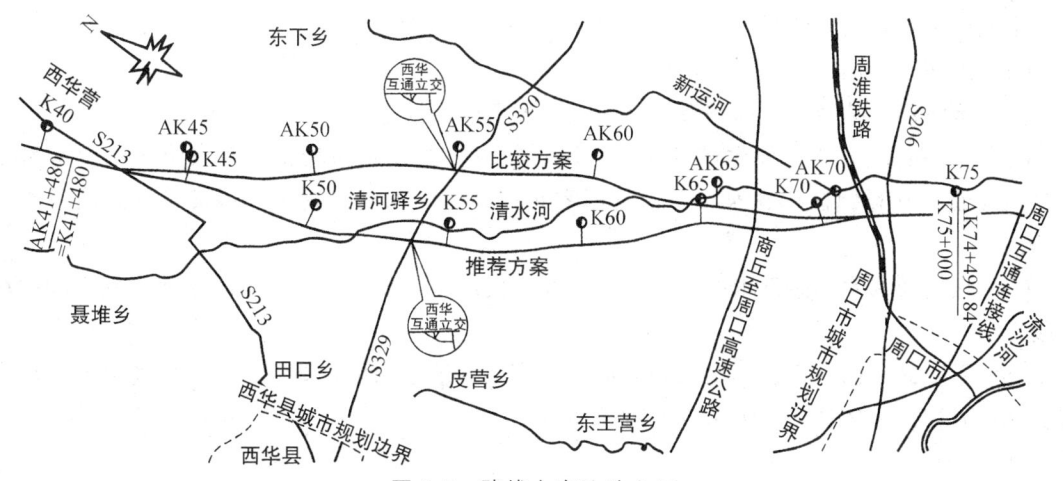

图 5-5 路线方案比选之三

表 5-3 路线方案主要指标比较

评价内容	推荐方案	比较方案
比较范围	K41+480~K75+000	AK41+480~AK74+490.84
里程长度/km	33.520	33.011
平纵面指标	最小平曲线半径 $R=4\,000$ m;最大纵坡 1.45%(560 m/处);竖曲线最小半径:凸形 20 000 m,凹形 12 000 m	最小平曲线半径 $R=5\,500$ m;最大纵坡 1.3%(920 m/处);竖曲线最小半径:凸形 20 000 m,凹形 12 000 m
主要工程数量	占用土地 209.61 hm²;路基总填方 4 281 166 m³、总挖方 178 336 m³;防护工程 22 147 m³;地基处理长度 22.40 km;大桥 157.34 m/座,中桥 312.2 m/5 座;涵洞 23 道;分离式立交 14 座,天桥 10 座,通道 46 道	占用土地 207.63 hm²;路基总填方 4 169 486 m³、总挖方 174 189 m³;防护工程 23 554 m³;地基处理长度 25.94 km;大桥 182.34 m/座,中桥 293.2 m/5 座;涵洞 30 道;分离式立交 14 座,天桥 7 座,通道 48 道
与城市规划的关系	西华互通式立交设置在距西华县城 7 km 的清河驿乡,互通距城市的距离适中	西华互通距西华县城 10 km,不利于吸引西华的交通量,也不利于为西华的经济发展服务
概算金额(建安费)/万元	61 314.81	61 645.24
推荐意见	平面指标稍低,里程较长。但西华互通与西华县城距离适中,符合地方政府要求;跨越清水河的桥位较好,桥长较短;拆迁数量少,对沿线居民生活影响较小;建设投资稍低;推荐采用	路线走向顺捷,里程较短。但西华互通距西华县城较远;跨越清水河的桥位较斜,且在约 3 km 的范围内平行于清水河,距河较近,不利于高速公路本身的防洪安全;拆迁数量大;投资稍高;不推荐采用

5.3 平原区选线

平原区选线

5.3.1 平原区自然特征

平原区主要是指一般平原、山间盆地、高原等地形平坦地区。其地形特征有：
（1）地面起伏不大，一般自然坡度都在3°以下。
（2）除泥沼、盐渍土、河谷漫滩、草原、戈壁、沙漠等外，一般多为耕地。
（3）分布有较多的各种建筑设施，居民点较密，交通网系较密；在农业区农田水系渠网纵横交错；在城镇区则建筑、电信管网密布；在天然河网、湖区，还密布有湖泊、水塘和河汊。
（4）从地质和水文条件来看，平原区一般不良地质现象较少，但有时会遇到软土和沼泽地段。
（5）平原区地面平坦，排水困难，地面易积水，地下水位较高；河流比较宽阔，河道平缓，泥沙淤积，河床低浅，洪水泛滥时河面较宽。

5.3.2 平原区路线特征

平原地形对路线的限制不大，路线平、纵、横三方面的线形容易达到较高的指标，基本线形应是短捷顺直。其路线特征是：平面线形顺直，以直线为主体线形，弯道转角小，平曲线半径大；在纵断面上，纵坡平缓，以低路堤为主。

一般平原地区，农田密布、灌溉渠道网纵横交错，城镇和工业区较多，居民点也较为稠密。因此，路线布设时，主要考虑如何绕避地物障碍等。对于平原地区选线，先是把路线总方向内所规定经过的地点如城镇、工厂、农场和乡政府，以及文物、风景等地点作为大控制点；然后在大控制点之间进行实地勘查，了解地物及农田情况，确定哪些可穿，哪些该绕以及怎样绕避，从而建立起一系列的中间控制点。所有的控制点明确以后，路线一般应由一个控制点直达另一个控制点。但为了路容的美观，适当插入平曲线与竖曲线是必要的。

平原地区的路线要充分考虑长远发展的需要，在线形上尽量采用较高的标准，以便将来提高公路等级时能充分利用原路基、桥涵等工程。

5.3.3 平原区路线布设要点

平原区路线，因地形限制不大，布线应在基本符合路线走向的前提下，着重考虑政治、经济因素。其布线应注意如下要点：

1. 正确处理道路与农业之间的关系

平原地区农田成片，渠道纵横交错，布线时应处理好如下问题：

（1）平原区新建公路要占用一些农田，这是不可避免的，但要尽量做到少占或不占高产田。布线时要进行全面的分析和比较，既不能片面求直而占用大片良田，也不能片面强调不占某些农田而使路线弯弯曲曲，造成行车条件恶化。如图 5-6，公路通过某河附近时，如按虚线方案，则路线将从田中间穿过，虽路线短、线形好，但占用许多好田，且填筑路基取土困难；如将路线移至坡脚下，如图中实线所示，则里程虽略有增加，但避开了大量的高产田，而且沿坡脚布线，路基可为半填半挖，节省了大量的土石方量。

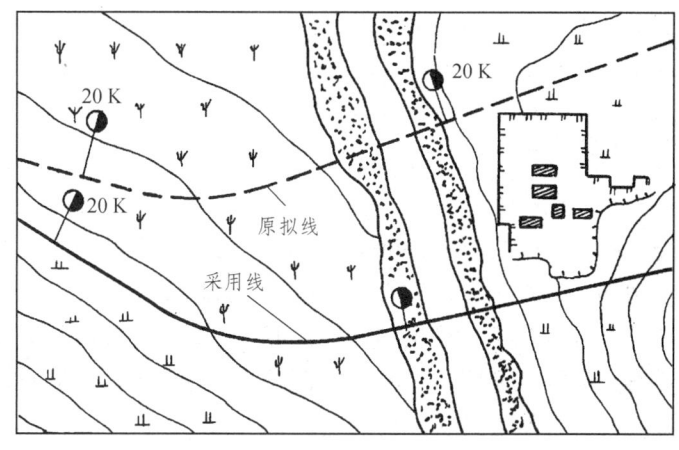

图 5-6 路线方案比较示意图

（2）路线应与农田水利建设相配合，有利农田灌溉，尽可能少和灌溉渠道相交，把路线布置在渠道上方非灌溉一侧或渠道尾部。当路、渠方向基本一致时，可沿渠堤或河堤布线，堤路结合、桥闸结合，以减少占地；当路线通过水塘时，可考虑设在水塘的一侧，并适当拓宽水塘取土填筑路基，使水塘面积不致缩小。

（3）注意筑路与造田、护田结合。路线通过河曲地带，当水文条件许可时，可考虑路线直穿，截弯取直，改河造田，缩短路线里程（减少桥涵数量），如图 5-7 所示。当线靠近河边低洼的村庄或田地时，应尽可能靠河岸布线，围滩造田，并采取公路防护措施，兼作保村保田之用，如图 5-8 所示为某公路采用沿河布置路线方案，借石填筑路堤，使约 7 hm^2 河滩变为良田，并保护了村庄。

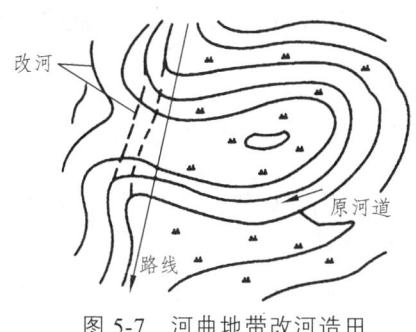

图 5-7 河曲地带改河造田

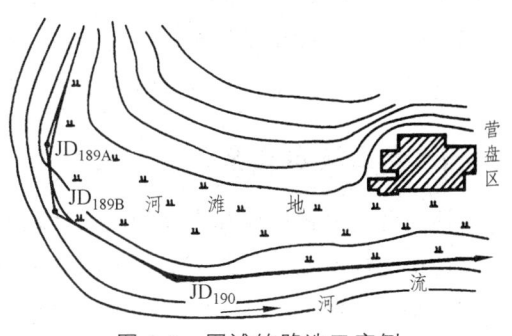

图 5-8 围滩筑路造田实例

2. 合理考虑路线与城镇的联系

平原区有较多的城镇、村庄和工业厂矿，布线时应根据具体情况，正确处理穿越和绕避的问题。

（1）国防公路和高等级公路，应尽量避免穿越城镇、工矿区和较密集的居民点。但路线不宜离开太远，并修建支线联系，做到"靠村不进村，利民不扰民"，既方便运输又保证安全。

（2）一般沟通县、乡、村并直接为农业运输服务的公路，经地方政府同意也可穿越城镇和乡村，但应有足够的宽度和视距，以保证行人和行车的安全。

（3）路线应尽量避开重要的电力、电信设施。当必须靠近或穿越时，应保持足够的距离和净空，尽量不拆或少拆各种电力、电信设施。

3. 处理好路线与桥位的关系

（1）大、中桥位常常是路线的控制点，原则上应服从路线的总方向，并满足桥头接线的要求，即桥路要综合考虑。一般情况下，桥位中线应尽可能与洪水的流向正交，桥梁和引道最好都在直线上。当两端引道必须设置曲线时，应在桥两端以外保持一定长度的直线段，并尽量采用较大的平曲线半径；当条件受限制时，也可设置斜桥或曲线桥。如图 5-9，路线跨河有3个方案：Ⅱ方案与河沟正交跨越，但线形曲折，不利于行车；Ⅲ方案路线直捷，但桥位处于河曲段，跨河不利；综合比较，Ⅰ方案桥位虽略斜，比Ⅱ方案桥跨略长，但路线顺适，故为可取方案。

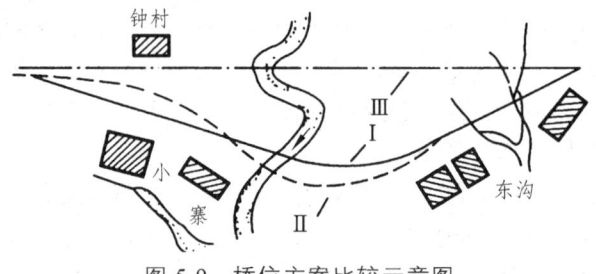

图 5-9 桥位方案比较示意图

（2）小桥涵位置应服从路线的走向，但当斜交过大（一般在桥轴线与洪水流向的夹角小于45°时）或河沟过于弯曲时，可采取改河措施或改移路线，选线时应全面比较确定。

（3）路线跨河修建渡口时，应在路线基本确定后再选择渡口位置。渡口要避开浅滩、暗礁等不良河段，且两岸地形应适宜修建码头。

4. 注意土壤水文条件

平原地区的工程地质和水文地质条件较差，特别是河网湖区，地势低平，地下水位高，使路基的稳定性变差，因此应尽可能沿接近分水岭的地势较高处布线。当路线遇到面积较大的湖泊、水塘、泥沼、洼地时，一般应绕避；如必须穿越时，应选择在最浅、最窄和基底坡面较平缓的地方通过，并采取有效的措施，确保路基的稳定。

5. 正确处理新、旧路的关系

当在平原区修建汽车专用公路时,应视具体情况处理好新、旧路的关系。

(1) 现有一般二级公路由于交通量很大,需建汽车专用二级公路时,宜利用并改造原路,并重新修建辅道供非机动车行驶。

(2) 当现有公路等级低于一般二级路标准时,宜新建汽车专用公路,原有公路留作辅道。

6. 尽量靠近建筑材料产地

平原地区一般缺乏砂石建筑材料,路线应尽可能靠近建筑材料产地,以减少运输费用。

【工程实例 5-4】 如图 5-10,已知拟建道路交通量大、道路等级高。分析图中甲、乙、丙 3 种方案的优劣,确定采取哪种方案。

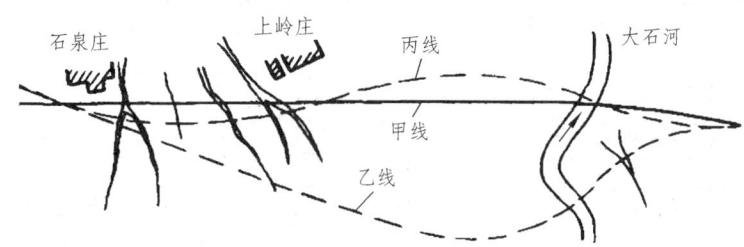

图 5-10 路线与桥位的关系示意图

就桥梁而言,乙线较好,桥梁少,但路线较长;就路线而言,甲线里程最短,线路顺直,但桥梁较多,且都为斜交;丙线则各桥都近于正交,线形比较美观。3 个方案都有可取之处,但因这条路等级高、交通量大,且有超车需要,故采用比较顺直的甲线。

5.4 山岭区选线

山岭区选线

山岭地区,山高谷深,坡陡流急,地形十分复杂;但山脉、水系较为清晰,这就给山岭区选线指明了方向。不是顺山沿水,就是横越山岭。顺山沿水的路线按经经带的部位又可分为沿河(溪)、山腰、山脊等。由于各种线形所处的部位不同,地形特征、地质条件决定了选线过程中要解决的主要问题也不一样。这里只重点叙述沿河(溪)、越岭线、山脊线 3 种路线的选线布局。由于沿河(溪)、越岭线、山脊线的大部分路线都处于山腰,内容已涉及山腰线,为避免重复,此处不再单独叙述山腰线。山区 4 种路线如图 5-11 所示。

5.4.1 沿河(溪)线

1. 路线特点

沿河(溪)线是沿着河流(或小溪)的某岸布置的路线,如图 5-12 所示。

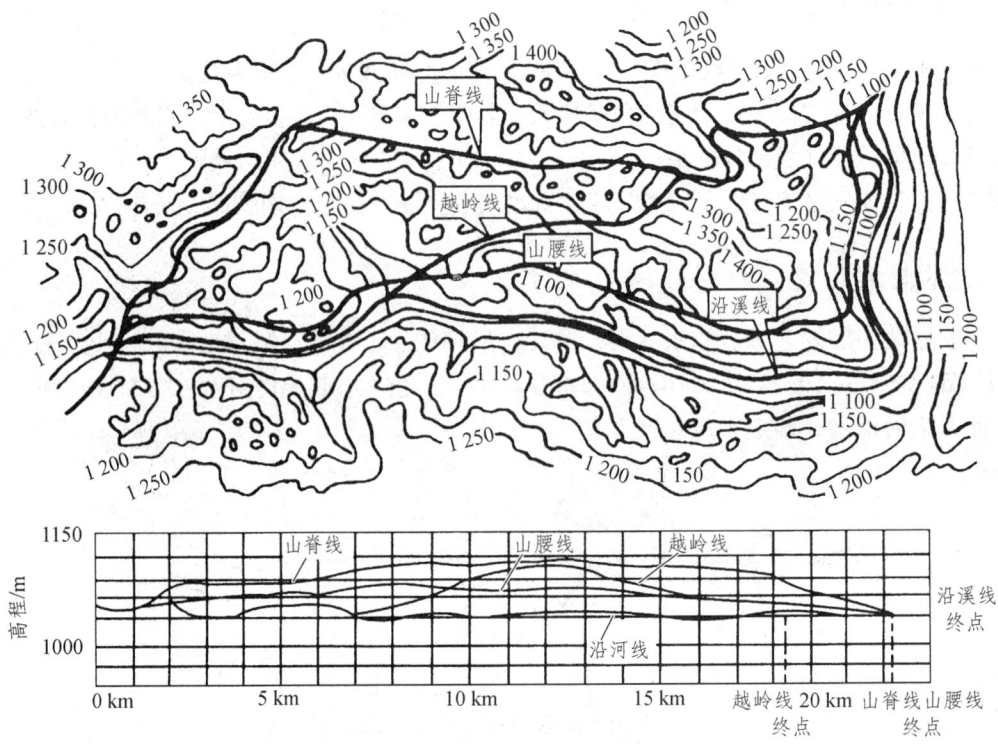

图 5-11 山区 4 种路线示意图

图 5-12 沿河（溪）线

山区河流，谷底一般不宽，两岸台地较窄，谷坡时陡时缓，河流弯弯曲曲。河谷地质情况较为复杂，常有滑坍、岩堆、泥石流等病害存在。寒冷地区的峡谷因日照少，常有积雪、雪崩等现象。

山区河流，平时流量不大。但一遇暴雨，山洪暴发，洪水常夹带泥沙、砾石、树木等急速下泄，冲刷河岸，危害甚大。

上述自然条件会给道路的设计与施工带来困难,但和山区其他布线方式相比较,沿河(溪)线的平、纵线形是最好的。同时,沿河(溪)线便于为分布在溪河两岸的居民点及工农业生产服务,且有丰富的砂石及充足的水源,可供施工和道路养护使用。另外沿河设线,只要善于利用有利地形,克服不良地质条件,在路线标准、工程造价等方面均有可能优于其他布线方式。因此,山区选线往往把沿河(溪)线作为优先考虑的方案。

2. 布线要点

沿河(溪)线的路线布局,主要的问题是:路线选择走河流的哪一岸,线位放在什么高度和在什么地点跨河。这3个问题是互相联系和互相影响的,在选线时应视具体情况,因地制宜地解决问题。

(1) 河岸选择。

由于河谷两岸情况各有不同,选线时应比较两岸地形、水文、地质、农田及水利设施布局等条件,本着"避难就易"的原则,选择最有利的一岸布线。当建桥工程不复杂时,为了避开不利地形和不良地质地带,或为了争取缩短里程,提高线形标准,可考虑跨河换岸设线;但河流越大,建桥也越复杂,跨河换岸就越要慎重考虑。河岸的选择主要考虑下列因素:

① 地形及地质条件。路线应选择在地形平坦、宽阔,有台地可以利用,支沟较少,水文及地质条件良好的一岸。这些有利的条件往往交替出现在河流的两岸,选线时应格外慎重、深入调查、全面分析、综合比较,再决定取舍。如图5-13所示,有两种布线方案:乙方案为躲避河左岸的两处陡崖,跨河利用右岸较好的地形,但过夏村后,右岸又出现悬崖,路线再次跨回左岸,在 3 km 范围内,两次跨河,需建桥两座;而甲方案一直走左岸,对山崖地段进行处理,集中开挖一段石方后,仍坚持走左岸。对上述两方案进行比较,甲方案技术上可行,经济费用较低,作为终选方案。

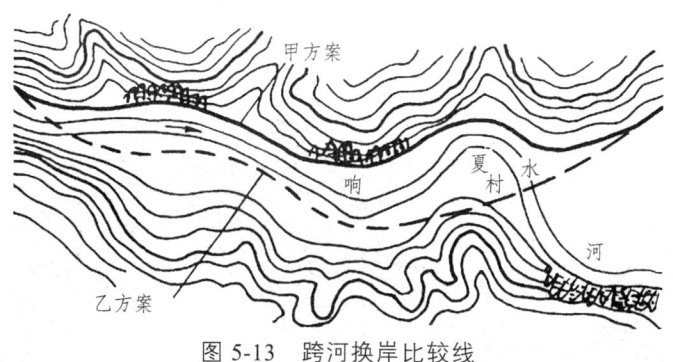

图 5-13 跨河换岸比较线

② 城镇及居民点的分布。除国防公路外,一般路线应选择在村镇较多、人口稠密的一岸。

③ 积雪和冰冻地区的选岸。积雪和冰冻地区的阳坡和阴坡、迎风面和背风面的气候相差很大,在对路线整体布局影响不大的情况下,尽可能选择阳坡和迎风的一岸,以减少积雪和流冰对公路行车的影响。

(2) 线位的高度。

线位高度是涉及路线纵面线形布局的问题。路线沿岸布设高度,首先考虑洪水的威胁。

对于沿河（溪）线，最好是将路线布设在地质、水文条件良好，不受洪水影响的平整台地上。因此，在选线中应认真做好洪水位调查工作，以确保路线必需的最低线位高度。

① 低线位。低位线一般是指高出设计水位（包括浪高加安全高度）不多，路基临水一侧边坡常受洪水威胁的路线。

低线位的优点：一般有较宽的台地可利用；平、纵线形比较好，宜达到较高的技术标准；路基土石方量少，边坡低，易稳定；路线活动范围较大，便于利用有利地形和避开不良地质地段；便于在沟口处直跨支流和跨河换岸设线；养护和施工用水、材料运输均比较方便。

低线位的缺点：常受洪水威胁，防护工程较多；路线与农田矛盾较大，处理废方较为困难。

② 高线位。高线位是指高出设计水位较多，基本不受洪水威胁的路线，一般多用在有较高台地的路段，或傍山临水低线易被积雪掩埋的路段，以及从路线整体布局出发需要提高线位的路段。

高线位主要优点：不受洪水影响；废方易于处理；当采用台口路基时，路基比较稳定。

高线位主要缺点：路基挖方往往较大、废方多；由于线位高，路线走势须随着山形走势绕行，平面线形指标低；跨河时线位高，构造物长大，工程造价高；支挡加固工程较多；施工、养护用料取水较困难。

综上所述，低线优点较多，应优先考虑采用。各地都有不少采用低线成功的经验，但也有不少水毁的教训。因此，在采用低线方案时，要特别注意洪水调查，准确掌握历史最高洪水位，把路线放在安全高度上。同时，要采取有效的防洪措施，以保证路基的稳定和道路的畅通无阻。

【工程实例 5-5】 如图 5-14 所示，为避让沿河 1.7 km 的断续陡崖，初步拟定采用高线方案。由低线过渡到高线的升坡段很长，且弯急坡陡、线形弯曲、行车不安全。后来改走低线直穿悬崖，路线平、纵标准显著改善，还缩短了 760 m 的里程。这说明不应当采用高线，但应注意防洪和排洪措施。

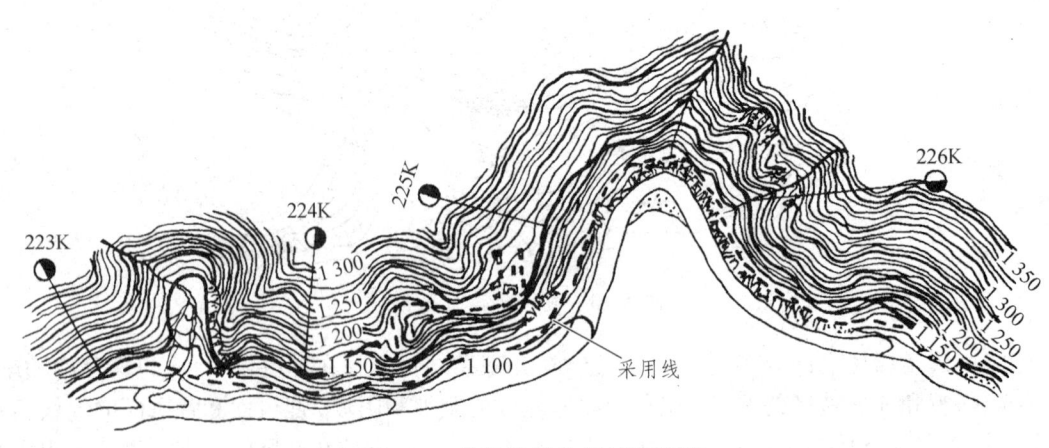

图 5-14 峡谷路线的低线和高线

（3）桥位选择。

按路线与河流的关系，桥位有跨支流和跨主流两类。跨主河的桥位选择属于路线总体布局问题,当路线由于地形、地质等需要跨河换岸布线时,必须选择合适地点修建跨河桥梁。因此,跨主河的桥位往往是确定路线走向的控制点,如果桥位选择不好,勉强跨河,不是造成桥头线形差,就是增大桥梁工程。因此,在选择河岸的同时,要研究并处理好桥位及桥头路线的布设问题。常见有以下几种情况:

① 如图 5-15 所示,属中小桥,在 S 形河段腰部跨河,采用斜桥方案,这样有利于路桥配合。

② 如图 5-16 所示,在河湾附近跨河,充分利用了有利地形,达到了跨河换岸布线的目的。

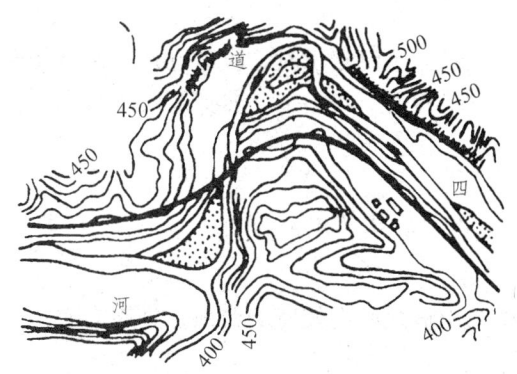
图 5-15 在 S 形河的腰部用曲线桥跨河

图 5-16 在河湾附近用斜桥跨河

③ 如图 5-17(a)所示的桥位应尽可能避免,因在与路线接近平行的顺直河段上跨河,桥头引道难以舒顺。当不得已必须在这种河段上跨河时,中、小桥可采用斜桥以改善桥头引线;如为大桥,一般不宜采用斜桥,宜把桥头路线做成杓形[图 5-17(b)]或布设一段弯引桥,或两者兼用。总之,桥头引线的直线段长度和圆曲线半径必须满足要求。

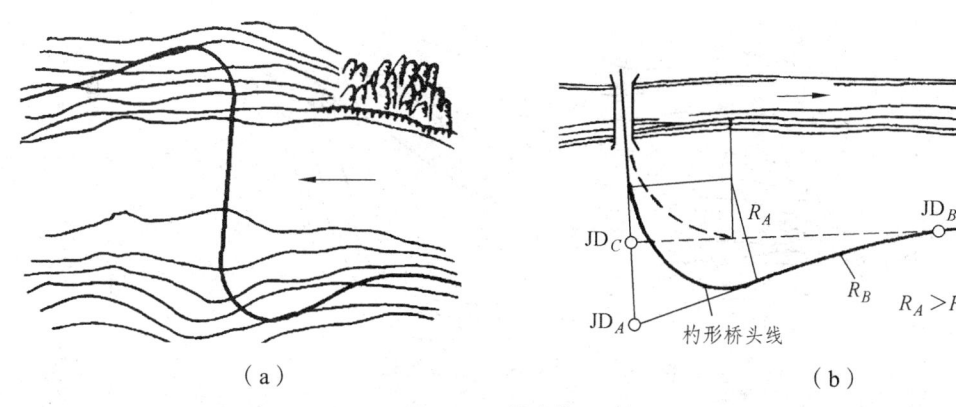
图 5-17 桥头线形处理

对于路线跨支流时桥位的选择,有两种方案,即从支河(沟)口直跨和绕进支流上游跨越,如图 5-18 所示。采用何者为宜,要根据路线等级和桥位处的地质、地形条件,经过多方面的比较后再确定。

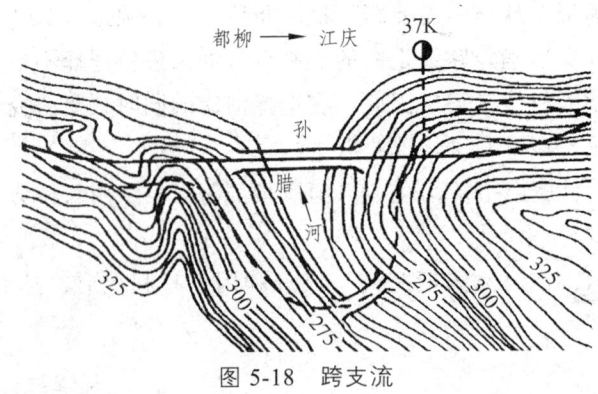

图 5-18 跨支流

一般情况下为避让困难工程集中或不良地质地段而跨河建桥时，应进行技术经济比较。有时虽多建几座桥，但避开了病害，减少了土石方工程量，对施工、养护及营运有利，仍不失为可取的方案。

3. 河谷地形条件下的选线

（1）开阔河谷。

这种河谷谷底地形简单、平缓，一般在河岸与山坡之间有较宽的台地，且布有农田，如图 5-19 所示。这类地形的路线有 3 种走法：

① 沿河线。如图 5-19 中实线所示，坡度均匀、平缓，线形好。但临河一侧常受洪水威胁，需做防护工程。

② 傍山线。如图 5-19 中点画线所示，路线略有抬高，纵断面会有起伏，但可不占或少占农田，路基远离河岸，故较稳定且无防护工程，是一种常采用的布线方案。

③ 台地中穿线。位于河谷和山脚之间的台地上，直穿田间，线形标准高，对行车有利。但占田最多，在稻田地区为保证路基稳定，施工时还需换土，一般不宜采用。

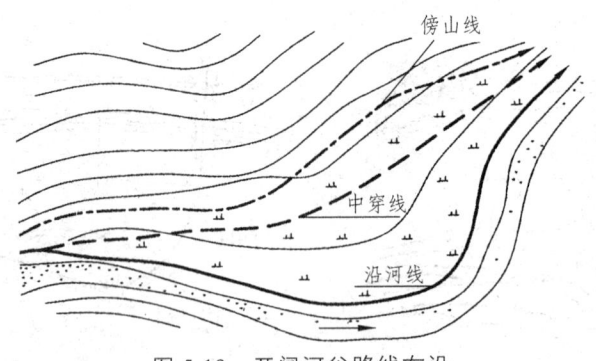

图 5-19 开阔河谷路线布设

（2）山嘴或河湾。

路线遇到山嘴时，有以下两种布线方式，如图 5-20（a）所示。

① 沿山嘴自然地形绕行。这种布线方式由于线路较长，在坡度受限地段有利于争取高度（隧道情况除外），但易受不良地质危害和河流冲刷的威胁，路线安全性较差。

② 以路堑或隧道取直通过。这种布线方式路线短而顺直，安全条件好，但隧道较长时，工程费用较高，应全面分析，综合进行比选。一般当取直方案与绕行方案工程量相等或接近时，以取直方案为宜。

路线遇到河湾时，有沿河绕行、建桥跨河和改移河道3种方案。一般情况下，沿河绕行方案，路线迂回，岸坡陡峭，水流冲刷严重，路基防护工程量大，路线安全性差；建桥跨河和改河方案，裁弯取直，路线短，安全性好，如图5-20（b）所示。无论改河或建桥跨河方案，均应根据地形、地质、水文条件细致研究，结合农田水利建设一并考虑。

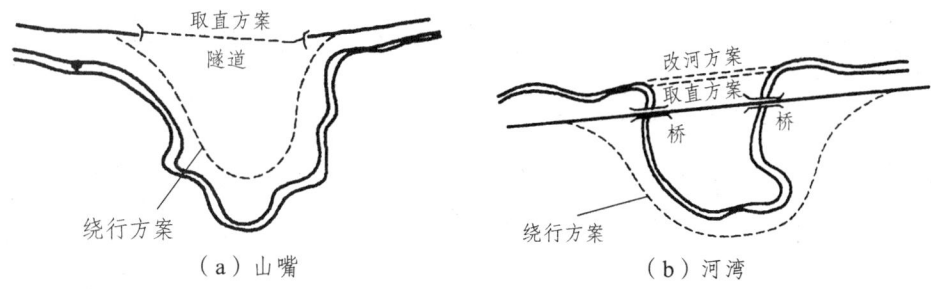

图 5-20　山嘴、河湾路线方案

另外，对于个别突出的山嘴，可用切嘴填弯的办法处理，如图 5-21 所示。设线时应注意纵向填挖平衡，不要使大量废方弃置河中，堵塞河道。

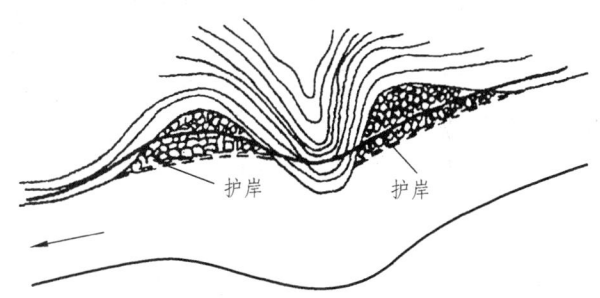

图 5-21　切山嘴填河湾的路线布置

究竟采用哪种方案，应通过技术经济比较来确定。一般来讲，对于技术等级高、交通量大的路线宜取直布线；对于等级较低的道路，则应采用工程量小、造价低的方案。

（3）陡崖峭壁河道。

山区河谷常有陡崖峭壁错综地交替出现，只有一侧是陡崖峭壁的河段，可采用上述方法布线，较容易处理。但当两岸都是陡崖峭壁时，该河段即为峡谷。峡谷一般河床狭窄，水流速度快，给布线带来一定的困难。这种情况主要有两种选线方案：

① 绕避：当岩壁陡峻又很长，路线无法直穿时，只能绕避。绕避方案有绕走对岸、绕走岩顶和另找越岭垭口3种方案。当崖顶过高时，不宜翻崖顶绕避，图5-14所示的高线即为绕避不当的例子。但当峡谷较长，如直穿峡谷工程艰巨、施工相当困难，而附近有条件绕避时，则可以考虑采用绕避方案。如图5-22所示，河谷曲折迂回，且有近5 km长的悬崖，布线十分困难；而越岭线的瓦窑垭口，方向很顺，且两侧地形和地质条件均较好，有利于设线，则越岭绕避是一可取的方案。

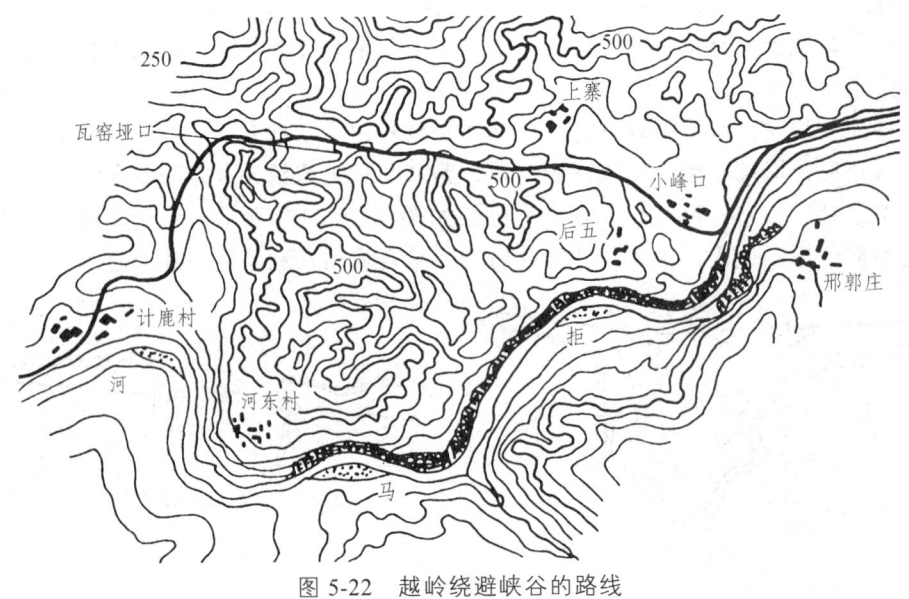

图 5-22 越岭绕避峡谷的路线

② 直穿峡谷布线：可根据河床宽窄、水文状况、崖壁陡缓等因素采用不同的方法通过。

a. 与河争路，侵占部分河床。如图 5-23 所示，当河床较宽、水流不深（一般岩前水深不超过 2 m）、水流不急、水量不大、河床主流偏向对岸时，可侵占和压缩部分河床，不致引起洪水位抬高太多，此时路线可在崖脚下按低线设计通过。当河床较窄不宜压缩时，路基填石防护所占用的泄水面积应从对岸河槽开挖中予以补偿。

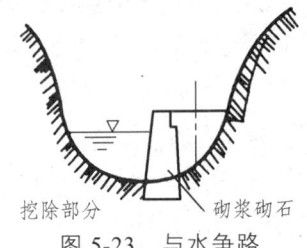

图 5-23 与水争路

b. 硬开石壁等特殊措施。当岩陡壁高，河床很窄时，不可能容纳并行的河与路，此时可根据地质条件、施工技术水平，通过技术经济比较可考虑在石壁上开挖出路基形成半山洞，或采用隧道、半山桥及悬出路台等措施通过，如图 5-24 所示。图 5-25 为某公路半山洞示意图。

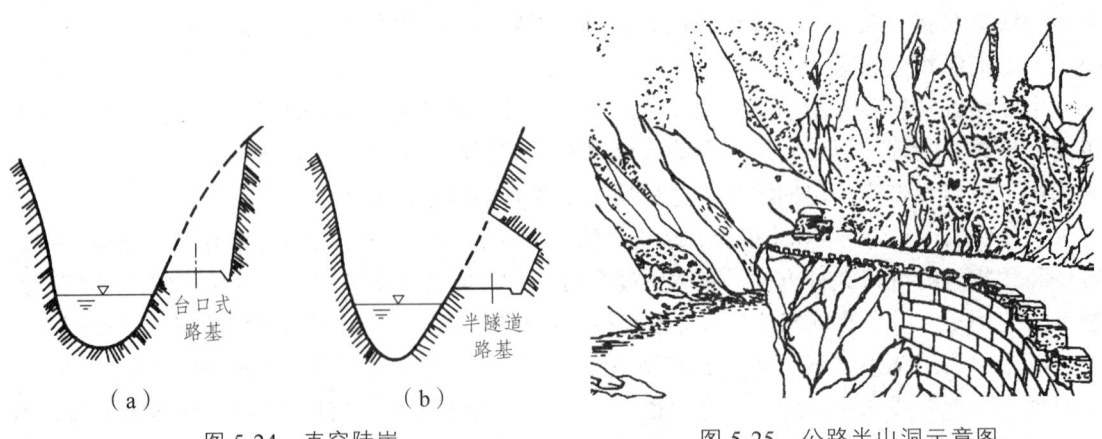

图 5-24 直穿陡崖　　　　图 5-25 公路半山洞示意图

（4）急流、跌水河段。

河床纵断面在短距离内突然下降几米至几十米，形成急流或跌水。这时河床的纵坡远远陡于路线纵坡的允许值，路线由急流或跌水的上游延伸到其下游时，线位就高出谷底很多。为了尽快降低线位，避免继续走陡峻的山腰线，可利用下游平缓的山坡展线下降，如图5-26所示。选线时，要注意放线，以纵坡为主安排路线。

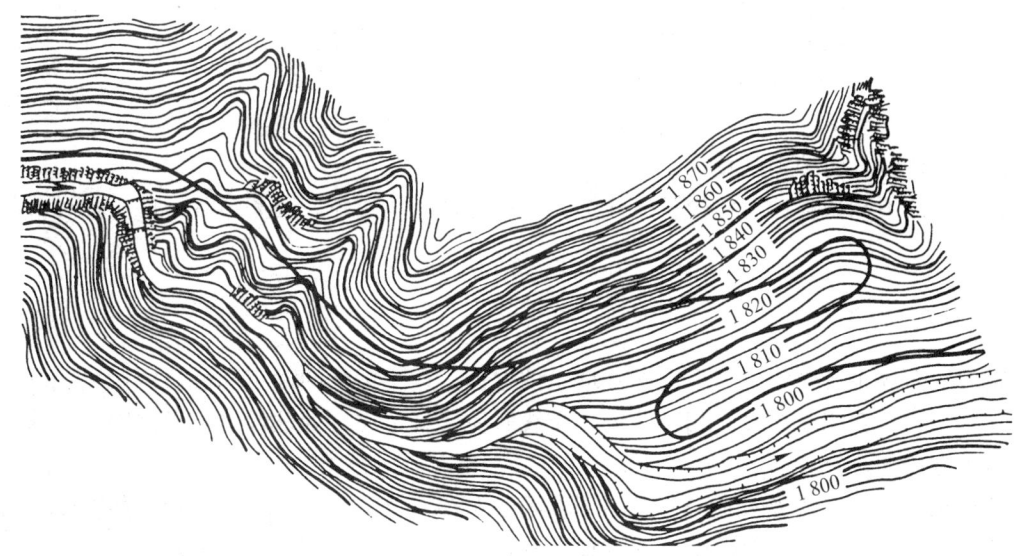

图 5-26 急流河段展线

（5）不良地质地段的路线布设。

沿河两岸的滑坡、崩塌、岩堆、泥石流等是较为常见地质病害。路线通过这些地带时，应遵循避强制弱、加强调查、综合防治的原则。

【拓展训练】 读图 5-27，并指出图中所示分别属于哪种构造。

图 5-27 图片辨析

5.4.2 越岭线

沿分水岭一侧山坡爬上山脊，在适当地点穿过垭口，再沿另一侧山坡下降的路线，称为越岭线。

1. 路线特点

路线需要克服很大的高差，路线的长度和平面位置主要取决于路线纵坡的安排。因此，在越岭线的设计中，是以路线纵断面设计为主导。

越岭线的有利条件：布线不受河谷限制，布线较为灵活；不受洪水威胁和影响，路基稳定，沿线的桥涵及防护工程较少。

越岭线的不利条件：里程较长、线形差、指标低；线位高，远离河谷，施工和运营条件较差。

2. 布设要点

越岭线布局主要应解决三个问题：垭口的选择、过岭标高的确定和垭口两侧路线的展线方案。这三者是互相联系又互相影响的，布线时应综合考虑，处理好这三者之间的关系。

（1）垭口的选择。

垭口是越岭线的重要控制点，应在基本符合路线走向的较大范围内选择，要全面考虑垭口的位置、标高、地形条件、地质情况和展线条件。

① 垭口位置的选择。

垭口位置应在基本符合路线走向的前提下，与两侧山腰展线方案统筹考虑（图 5-28）。首先考虑高差较小，而且展线降坡后能与山下控制点直捷地衔接的垭口；其次，再考虑稍偏离路线走向，但接线较顺且不致过于增加里程的其他垭口。

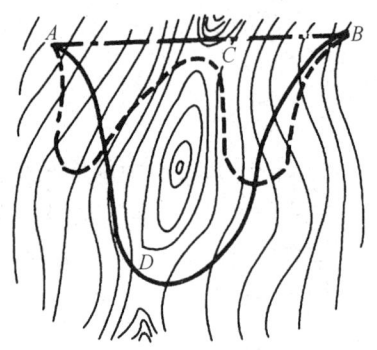

图 5-28 垭口位置的选择

② 垭口标高的选择。

垭口海拔的高低及其与山下控制点的高差对路线长短、工程量大小和运营条件有直接的影响，一般应选择标高较低的垭口。在高寒地区，特别是积雪、结冰地区，海拔高的路线对行车极为不利。因此，有时为了走低垭口，即使方向有些偏离，距离有些绕远，也是一种可行的方案，应注意比较。但如积雪、结冰不是太严重，对于基本符合路线走向、展线条件较好、接线较顺的垭口，即使标高高一些，也不应轻易放弃。只有多方案进行全面的分析和比较，才能选择最适宜的垭口，从而确定垭口标高。

③ 垭口展线条件的选择。

山坡线是越岭线的主要组成部分，因此，选择垭口必须结合山坡展线条件一起考虑。如有平缓、地质条件较好、利于展线降坡的山坡，即使垭口位置略偏或较高，也应比较，不应轻易放弃。

④ 垭口地质条件的选择。

垭口一般地质构造薄弱，常有不良现象存在，应深入调查研究其地层构造，摸清其性质及对公路的影响。如图 5-29 所示，常见垭口地层构造有：软弱层型、构造型、断层破碎带型、松软层型和断层陷落型。对于软弱层型、构造型和松软层型，只要注意岩层产状及水的影响，路线一般容易通过，不会存在太大问题。对于断层破碎带型和断层陷落型垭口，一般应尽量避开；必须通过时，应查清破碎带的大小和程度，进而选择有利部位通过，并采取可靠的工程措施（如挡土墙、明洞）以确保路基的稳定。对地质条件恶劣的垭口，当局部移动路线或采取工程措施无法解决问题时则必须放弃。

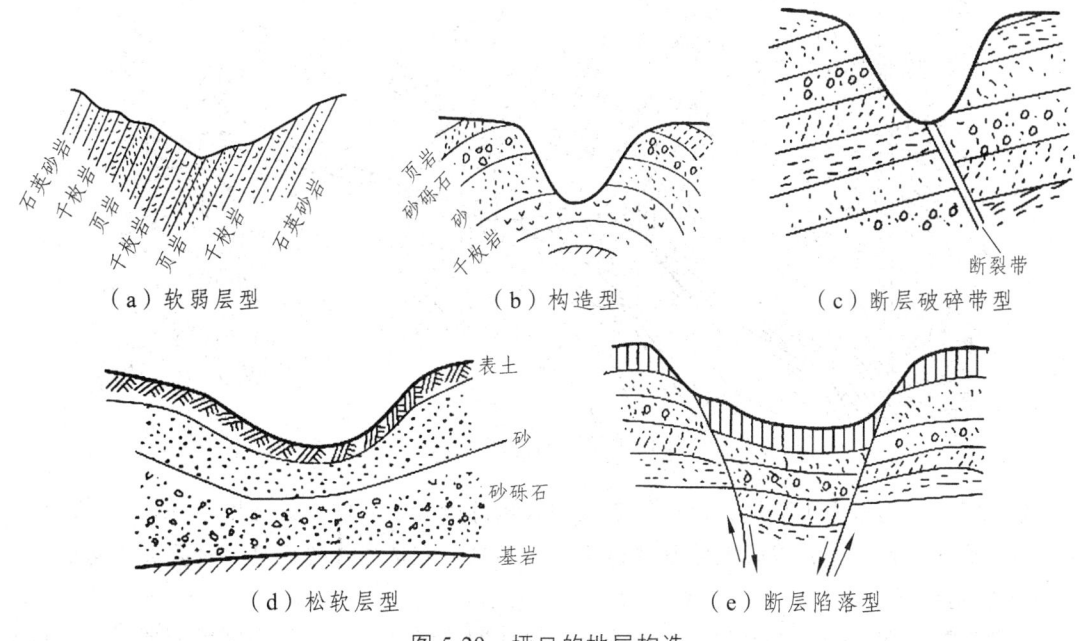

图 5-29 垭口的地层构造

（2）过岭标高的选择。

路线过岭，可采用路堑或隧道通过。过岭标高越低，路线就越短，但路堑就越深、隧道就越长，工程量就越大。因此，过岭标高应结合路线等级，越岭地段的地形、地质以及两侧展线方案，过岭方式等因素进行技术经济比较来选定。具体的过岭方式主要有下面 3 种。

① 浅挖低填。

遇到过岭地段山坡平缓、垭口较宽厚（有的达到 1~2 km）时，两侧展线比较容易，宜采用浅挖低填的方式过岭，过岭标高基本上就是垭口标高。

② 深挖垭口。

当垭口比较瘦削时，常用深挖的方式过岭。深挖垭口，虽然在垭口处的土石方量增加了，但由于降低了过岭标高，相应缩短了展线长度，总工程量并不一定增加，且线形标准和运营条件得到大大改善。至于深挖程度，应视地形、地质、气象条件及展线对垭口标高的要求等因素来确定。根据现有资料，一般挖深在 30 m 以内，地质条件良好时，还可深挖些。垭口越瘦，越宜深挖。但通常由于垭口的地质条件较差，挖深要以不危及路基稳定为度，否则应采取有效措施防止遗留病害。有条件时，可采用隧道通过。如图 5-30 所示，路线通过垭口，由于选用不同的挖深出现了 3 个可能的方案。甲方案挖深 9 m，需要设两个回头弯；乙方案挖深 13 m，需一个回头弯；丙方案挖深 20 m，即可顺山坡直接布线，不需回头弯。丙方案线形好，路线最短，有利于行车安全和降低运营费用，所以应采用丙方案。

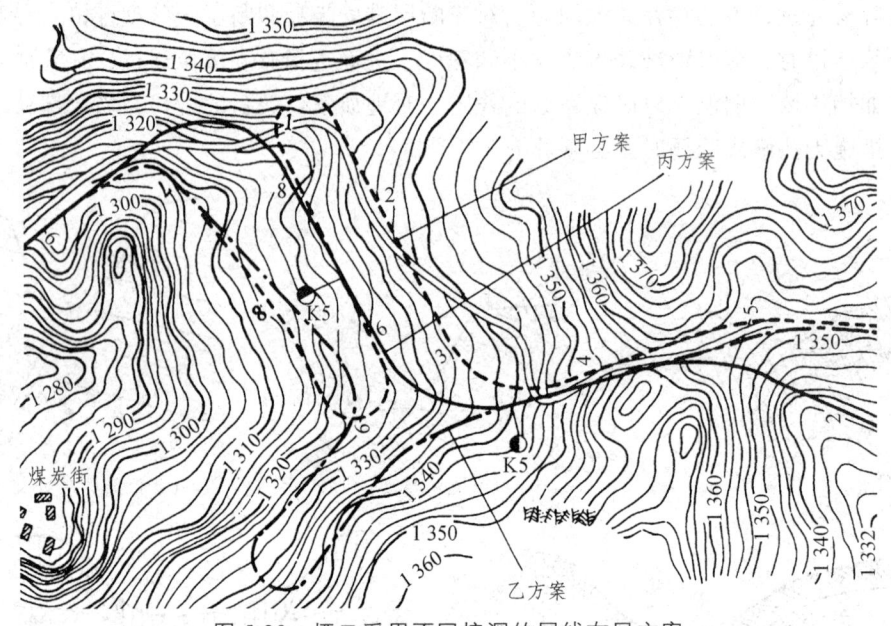

图 5-30　垭口采用不同挖深的展线布局方案

深挖垭口，土石方工程量大，往往要处理大量的废方；当垭口处地质条件较差时，还应设置挡土墙等工程措施，以确保路基的稳定。所有这些在选择过岭标高时都要充分考虑。

③ 隧道穿越。

当垭口挖深在 30 m 以上时，采用隧道往往比明堑经济。特别是当垭口瘦薄时，采用不长的隧道就能大大降低路线的爬升高度，缩短里程，提高路线的线形指标，在经济上是非常合算的。另外，有时为了避开严重不良地质条件或高山积雪、结冰对公路的不良影响，也可考虑采用隧道通过的方案。

一般情况下，隧道标高越低，路线就越短，路线的技术指标就越高，对运营就越有利；但标高低，隧道就长，其造价就高，施工工期就长。隧道标高的确定主要考虑以下因素：

a. 小的过岭标高，实际隧道标高应小于或等于临界标高。

b. 地质和水文条件是选择标高的重要影响因素，要尽可能把隧道设置在较好的地层中。

c. 隧道标高应设在常年冰冻线和常年积雪线以下，以保证行车的安全。

d. 隧道长度要考虑施工技术条件和施工工期的要求。

e. 在不过多增加工程造价的情况下，要适当考虑远景的发展，尽可能把隧道标高降低一些，以满足线形标准提高时对隧道标高的要求。

（3）垭口两侧路线的展线。

① 展线布局。

越岭线的高程主要是通过垭口两侧山坡上的展线来克服的。虽然山坡地形千差万别，线形多种多样，但路线的布局应以纵坡为主导，通过合理调整纵坡度和设置必要的回头曲线来实现展线。其主要步骤如下：

a. 拟定路线大致走法。

在主要的控制点间,进行广泛的现场勘察,了解周围地形及地质情况。充分利用有利地形和地质条件,拟定路线可能的大致走法。

b. 试坡布线。

试坡由已定的主要控制点开始。越岭线通常先固定垭口,由上而下试坡,视野开阔,便于争取有利地形。试坡时主要以坡度为控制指标,其采用值应符合标准的规定。对于地形曲折、小半径曲线多的地段,可略低于规定值。在试坡过程中,要把路线最适宜通过的位置暂时作为一个中间控制点,但应尽量避开地物、工程艰巨及地质不良的地段。如果这个中间控制点与前面暂定控制点之间的坡度不致超过最大坡度或过于平缓,就把这个点暂时固定,并把其位置、高程以及可活动的范围记录下来,供以后调整时参考。如果这个点与试坡线高差较大,则应返回重新试坡,或修改前面暂定的控制点,调整合适后再向下试坡,直至试坡完毕并找到比较理想的路线。

c. 分析、落实控制点,确定布局方案。

当一系列中间控制点暂定下来以后,路线的总体布局大体上就有个轮廓了。接下来就要分析并落实各个中间控制点。

控制点有固定和活动之分,有3种情况:位置和高程都不能改变,如工程特别艰巨地点的路线、受严格限制的回头地点、必须利用的桥梁、必须通过的街道等;位置固定,但高程可以活动,如垭口、新建大桥的桥位等;位置和高程都有活动余地。

上述第一种情况较少,第二、三种情况居多。也就是说,控制点大多是有活动余地的,但活动范围有大有小。对活动范围很小的控制点,可视为固定控制点,把位置和高程确定下来。然后再去研究那些活动范围较大的控制点,通过位置和高程的调整,达到既不增加工程量又能使线形更加趋于合理的目的。

② 展线方式。

越岭线的展线方式主要有3种,如图5-31所示。

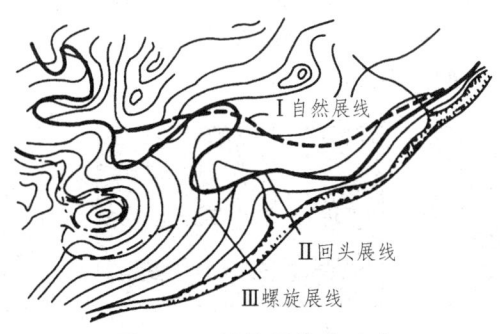

图 5-31 越岭展线的形式

a. 自然展线。自然展线是以适当的坡度,顺着自然地形,绕山嘴、侧沟来延展距离,克服高差。自然展线的走向符合路线的基本方向,路线最短,线形简单,技术指标较高,对行车、施工和养护均有利。当控制点之间的高差不大、地形条件允许时,应尽可能采用这种方案。

b. 回头展线。当控制点之间的高差大,靠自然展线无法取得需要的距离以克服高差,或因地形、地质条件限制,不宜采用自然展线时,可利用有利地形设置回头曲线进行展线,如图 5-32 所示。

(a)

(b)

(c)

图 5-32　回头展线实例

回头曲线的形状取决于回头地点的地形，一般利用以下 3 种地形设置，如图 5-33 所示：
- 直径较大、横坡较缓、相邻有较低鞍部的山包或平坦的山脊；
- 地质条件良好的平缓山坡，如图 5-34 所示；
- 地形开阔，横坡较缓的山沟或山坳。

利用山包回头

利用山脊平台回头

利用缓坡回头

利用山沟回头

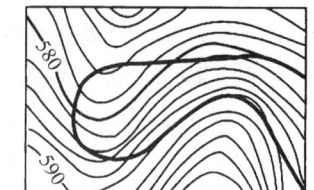

利用山坳回头

图 5-33　宜设回头曲线的有利地形

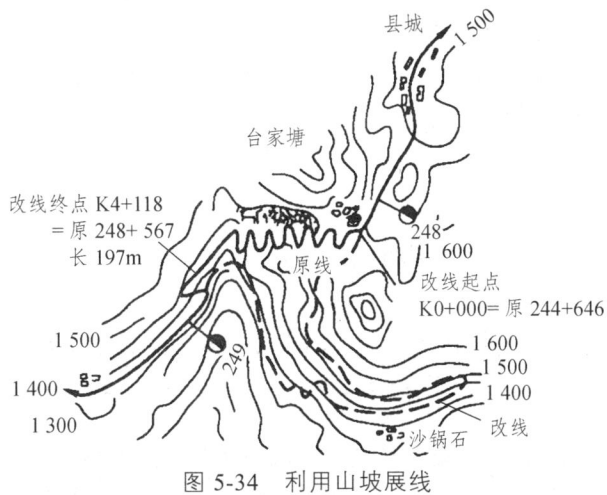

图 5-34 利用山坡展线

回头展线路线弯弯曲曲，靠近回头曲线前后的上、下线相距很近，对行车、施工、养护均不利。为了克服这一缺点，要尽可能把回头曲线间的距离拉长，以分散回头曲线，减少回头次数。回头展线对不利地形、障碍物和不良地质条件的避让有较大的自由度，但不要遇见难点工程，不分困难大小和能否克服就轻易回头，致使路线在小范围内重叠盘绕。应首先采取适当措施进行解决，实在解决不了时再设置回头曲线。

c. 螺旋展线。当路线受到限制，需要在某处集中地提高或降低某一高度才能充分利用前后有利地形时，可考虑采用螺旋展线。螺旋展线一般多在山脊利用山包盘旋，以旱桥或隧道跨线，如图 5-35 实线所示；也有的在峡谷内，路线就地迂回，利用建桥跨沟跨线，如图 5-36 实线所示。

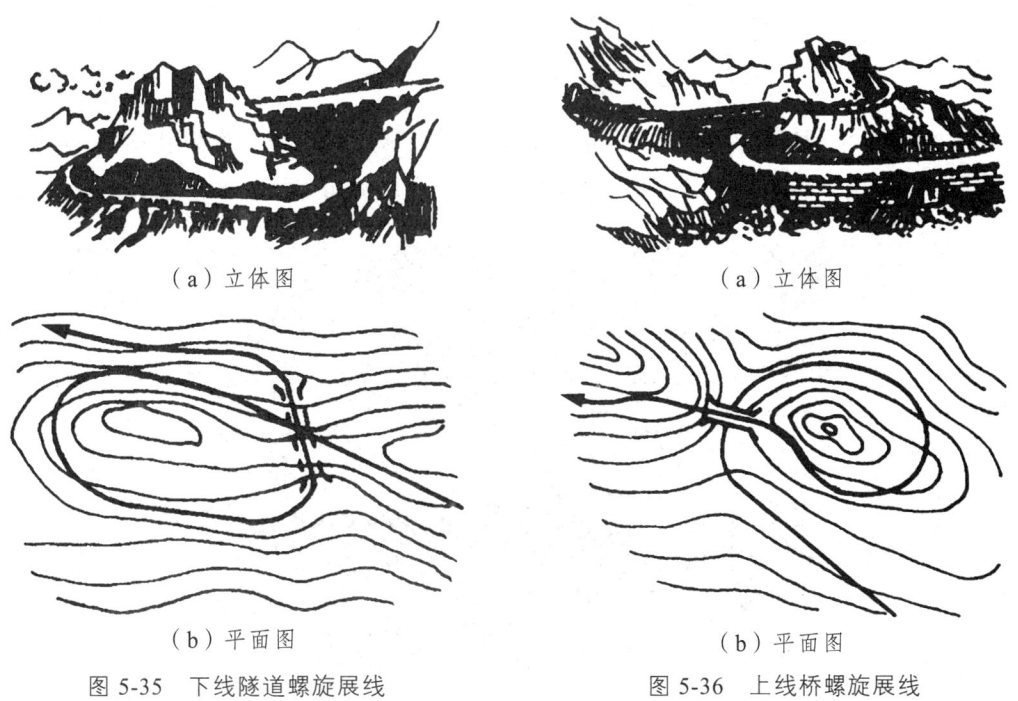

(a) 立体图　　　　　　　　　　　　　(a) 立体图

(b) 平面图　　　　　　　　　　　　　(b) 平面图

图 5-35　下线隧道螺旋展线　　　　图 5-36　上线桥螺旋展线

以上3种展线形式中，一般应先考虑采用自然展线，不得已时采用回头展线。螺旋展线因为需要修建隧道或高、大桥，目前在道路选线上还没有成为重要的展线方式，而仅作为回头展线的一种变式，必须采用时，应根据路线的性质、任务，与其他回头展线方式进行详细的比较。

③ 展线示例。

越岭线展线布局的基本形式是利用山谷与山脊展线。除此之外，还可以利用山坡展线。

a. 利用山谷展线。

图5-37显示了反复跨主沟的山谷展线。图中③、⑤、⑦处是试坡定下来的较合适的回头地点，可视为固定控制点；②、④、⑥是由①、③、⑤、⑦控制点分别交出来的跨沟地点。

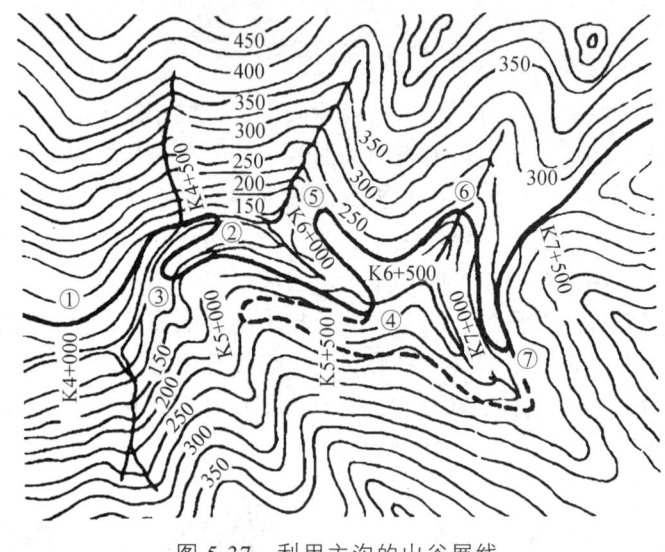

图 5-37 利用主沟的山谷展线

图5-38显示了利用侧沟的山谷展线。图中③、⑤、⑦处为山嘴，受限制较严，可视为固定控制点；②、⑥及侧坡上的④点有较大活动范围，布线时可分别由两端放坡交会而定。

图 5-38 利用侧沟的山谷展线

b. 利用山脊展线。

图 5-39 显示了利用支脉山脊展线。经试坡分析：①点受标高控制较严；③、⑤点下方横坡陡峻，路线不宜再低，均视为固定控制点；②、④点可稍许活动，布线时分别由①、③、⑤点交会出来。采用这种方式布线，要求选择宽肥的山脊或山嘴，以减少路线的重叠次数。有条件时，还可选择适当地点突破右侧山沟，将路线引向其他坡面布设。

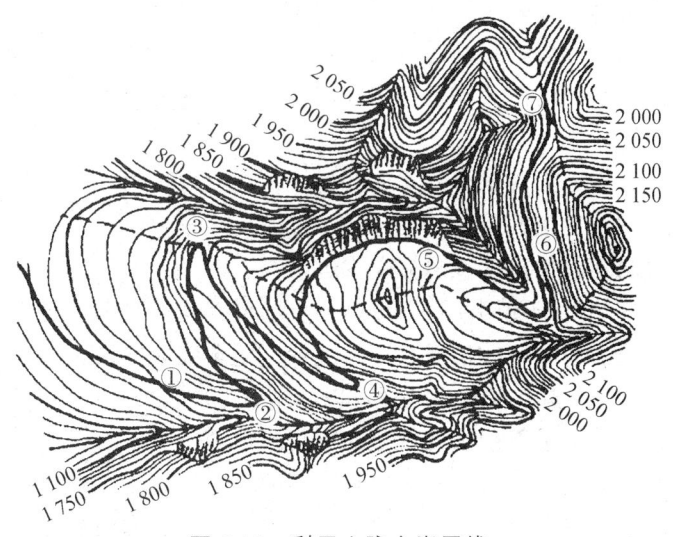

图 5-39　利用支脉山脊展线

c. 利用山坡展线。

利用一面山坡往返盘绕，往往叠线过多，一般应尽量避免。但在受地形限制、无其他方案时，可选择横坡平缓、地质条件好、布线范围较大的山坡设线。布线时注意尽可能突破难点，扩大布线范围和避免上、下两条回头曲线并头。图 5-40 是一个路线布局不好的例子，路线未充分利用地形尽量拉长回头曲线间的距离，致使叠线多达 5~6 次，并多次出现上、下线并头的现象。

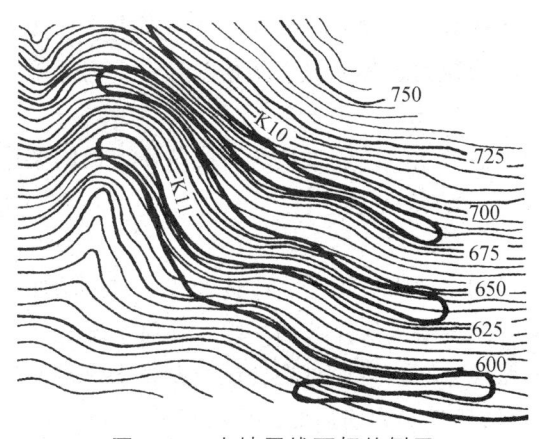

图 5-40　山坡展线不好的例子

一条较长的越岭线，由于地形的变化，常常是各种展线方式的综合运用，布线时要抓住地形特点因地制宜地选用展线方式，充分发挥其优点，把路线布局工作做好。

5.4.3 山脊线

1. 山脊线的特点及选择条件

大体上沿分水岭布设的路线，称为山脊线。分水线顺直平缓、起伏不大，岭脊肥厚的分水岭是布设山脊线的理想地形，路线可大部或全部设在分水岭上。但高山地区的分水岭常常是峰峦、垭口相间排列，有时相对高差很大。这种地形的山脊线，其位置则为一些较低的垭口所控制，路线需沿分水岭的侧坡在垭口之间穿行，线位大部分设在山腰上，其线形大多起伏、弯曲。

山脊线一般具有土石方工程量小，水文和地质情况良好，桥涵构造物较少等优点。但是否采用山脊线主要考虑下述条件：

（1）分水岭的方向不能偏离路线总方向太远。

（2）分水岭平面不能过于迂回曲折，纵断面上各垭口间的高差不过于悬殊。

（3）控制垭口之间山坡的地质情况良好，地形不过于陡峻零乱。

（4）上、下山脊的引线要有合适的地形可以利用，这是能否采用山脊线的主要条件之一，有时山脊本身条件很好，但上下引线条件差而不得不放弃。

另外，山脊线线位较高，一般远离居民点，不便于为沿线工农业生产服务；有时筑路材料和水源缺乏，给施工带来困难；由于地势较高、空气稀薄，有时有云雾、积雪、结冰等，均对行车和养护造成不利影响。所有这些都应在与其他路线方案作比较时予以充分考虑。

2. 山脊线布局

当决定采用山脊线方案以后，应着重解决山脊线的布设问题。由于山脊线基本沿分水岭而行，大的走向已经明确，剩下的问题主要是：选定控制垭口；在控制垭口间，决定路线走分水岭的哪一侧；试坡布线。下面分述之。

（1）控制垭口的选择。

选择控制垭口是山脊线选线的关键。当分水岭方向顺直、起伏不大时，几乎每个垭口都可暂定为控制点；如地形起伏较大、各垭口高低相差悬殊，则低垭口可作为路线的控制点，突出的高垭口便可舍去。

控制垭口的选择还应考虑分水岭两侧试坡的布线条件，在侧坡选择和布线过程中，对初步选定的控制垭口进行取舍、落实。

（2）侧坡选择。

分水岭的侧坡是山脊线的主要布线地带，应选择条件较好的那一侧，确保平纵线形好、工程量小、路基稳定。最理想的侧坡应是坡面平缓、地质情况好、无支脉隔断的向阳山坡。同一侧坡可能还有不同的路线方案，可通过现场试坡布线来决定。

如图 5-41 所示，A、D 两垭口是由前后路线所决定的固定控制点，其间 B、C、E 等垭口，哪个选为中间控制点，首先取决于路线布设在分水岭的哪一侧。显然，位于左侧的甲方案应舍 C、E 而取 B，位于右侧的乙方案应舍 B 而取 C 或 E。至于 C、E 的取舍以及甲、乙方案的比选问题，则应在试坡布线时解决。

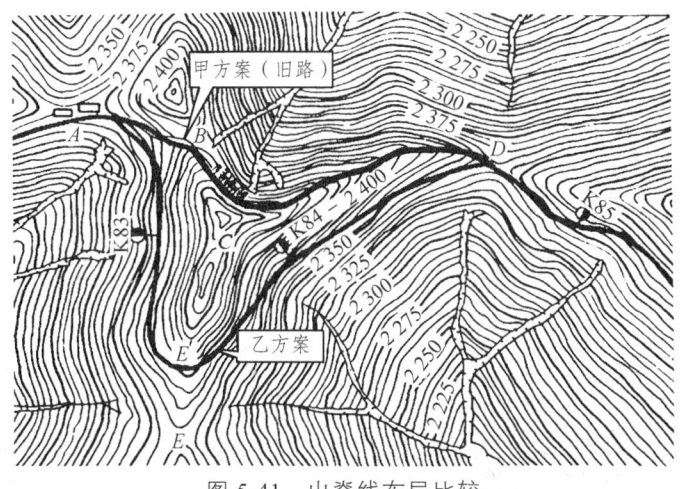

图 5-41　山脊线布局比较

（3）试坡布线。

在两固定控制点间布线，力求距离短捷、坡度和缓。山脊线有时因控制点间高差很大，需要展线；有时为避免路线过于迂绕，要采用起伏坡，以缩短距离。山脊线难免有曲折、起伏，但不应过于急促、频繁，平、竖曲线和视距等指标应尽量高些，以利于行车。

山脊布线常见有 3 种情况：

① 控制垭口间平均坡度不超过规定。

如两控制垭口之间地形平缓、地质条件良好，应以均匀坡度沿侧坡布线，且其坡度不应超过规定值；如两控制垭口间地形平缓，但遇有障碍或难点工程时，可加设中间控制点，并调整坡度来避让，中间控制点和各垭口之间仍以均匀坡度布线。如图 5-41 的甲线，AB、BD 两段，地面自然坡度上下坡很陡，采取挖深垭口 B 后，才分别获得 $+5.5\%$ 和 -5% 的较合理的坡度；另外，BD 段两次跨冲沟，防治工程量大，且路基常受到威胁，这种方案不宜采用。若想避开冲沟，需要在冲沟上方加设中间控制点，这将使 B 到 D 的一段纵坡过陡，也不宜采用。

② 控制垭口间有支脉横隔。

路线穿过支脉，要在支脉上选择合适垭口作为中间控制点。该垭口的选择应不致使路线过于迂绕，合理挖深后两翼路线的纵坡不应超过规定值，并使路线在较好的地形、地质地带通过。有时在支脉上选择的控制垭口虽然能满足纵坡的要求，但线形过于迂绕，为了缩短距离，中间控制点就不一定恰好设在垭口上，此时可采用隧道穿过支脉。

如图 5-41 中的乙线是穿支脉的路线，支脉上有 C、E 两个垭口，选择中间控制点时首先考虑 C 点。因其位置过高，合理深挖后两翼路线坡度仍超过规定，只好放弃垭口 C。E 的两翼自然纵坡均低于规定值，为保证纵坡符合要求，尽可能缩短距离，从垭口 D 以 $5\% \sim 5.5\%$ 的坡度沿山坡向垭口 E 试坡，定出控制点的具体位置 E'，使乙线得到合理的最短长度。AE' 之间则按均匀坡度（约 3%）布线。乙线虽然比甲线长 740 m，但工程量小、施工容易，同时考虑到该路线交通量小，宜采用乙线方案。

③ 控制垭口间平均坡度超过规定。

根据具体条件，可采用填挖、旱桥、隧道等措施来提高低垭口、降低高垭口，如图 5-42；也可利用侧坡有利地形设置回头展线或螺旋展线，如图 5-43。

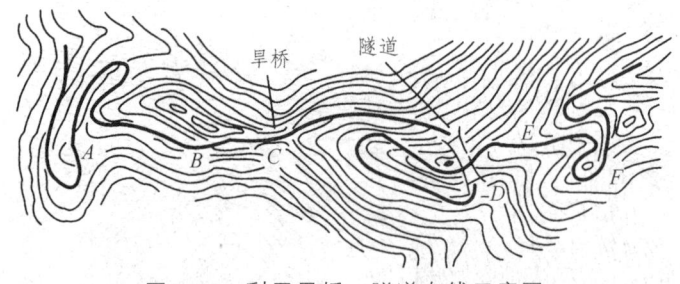

图 5-42 利用旱桥、隧道布线示意图

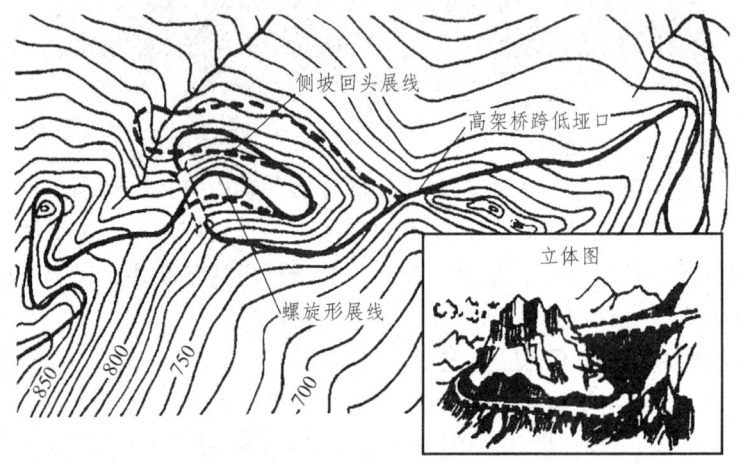

图 5-43 山脊线展线示意图

5.5 丘陵区选线

5.5.1 丘陵区自然特征

丘陵区是介于平原区和山岭区之间的地形,其地形特征是山丘连绵、岗坳交错、此起彼伏,山丘曲折迂回,岭低脊宽,山坡较缓,相对高差不大。丘陵区包括微丘和重丘两类地形。

微丘区起伏较小,地面自然坡度在 20°以下,山丘、沟谷分布稀疏,坡形缓和,相对高差在 100 m 以内,而且有较宽的平地可以利用。

重丘区起伏频繁,相对高差较大,地面自然坡度在 20°以上,山丘、沟谷分布较密,而且具有较深的沟谷和较高的分水岭,路线平、纵面部分受地形的限制。

随着丘陵区地形的起伏,地物的变化也较大。一般丘陵区农业都比较发达,土地种植面积广,种类繁多,低地为稻田,坡地多为旱地或经济林,小型水利设施也较多。居民点、建筑群、风景、文物点及其他设施在平坦地区时有出现,如图 5-44 所示。这些地点都是布线时应考虑的控制点。

图 5-44 丘陵区地形地貌

5.5.2 丘陵区路线特征

（1）局部方案多。由于丘陵区的山岗、谷地较多，路线走向的灵活性大，可行的布线方案一般比较多，一条路线的最终确定往往需要经过多方案的比较。

（2）需要路线平、纵、横三方面相互协调、密切配合。由于丘陵区地形的迂回曲折和频繁起伏，平、纵、横三方面相互之间的约束和影响较大，若三者组合合理，可以提高线形技术标准，如图 5-45 所示。

图 5-45 丘陵区道路

（3）路基形式以半填半挖为主。由于丘陵区的地形特点决定了路线所经地面常有一定的横坡，但是横坡一般并不太陡，路线与农林用地和水利设施的矛盾较大。为节约耕地，应采用半填半挖为主的路基形式。

（4）丘陵区选线应结合地形合理选用技术指标，使平面适当曲折、纵面略有起伏、横面稳定经济，线形指标的变化幅度较大，既不像平原区一般多用高限指标，也不像山岭区多用接近低限指标。

5.5.3　丘陵区路线布设要点

丘陵区选线需摸清丘陵地区的地形、地质和水文特点，选择方向顺直、工程量少的路线方案。

1. 微丘地区

微丘地区应充分利用地形，处理好平、纵线形的组合。不应迁就微小地形，造成线形曲折；也不宜采用长直线，造成纵断面线形起伏。

2. 重丘地区

（1）注意利用有利条件减少工程量。路线应随地形变化布设，在确定路线平、纵面线形的同时，应注意横向填挖的平衡。对于横向坡度较缓的地段，应采用半填半挖或多填少挖的路基形式。对于横向坡度较陡的地段，可采用全挖或挖多少填的路基形式。但应注意挖方的边坡坡度，防止挖方边坡过高、过陡而造成失稳。同时还应该注意纵向土、石方平衡，以减少废方和借方。

（2）注意平、纵、横综合设计。应注意避免只考虑纵坡平缓，而使路线平面弯曲；也不应只考虑平面顺直、纵面平缓，而导致高填深挖，工程量过大；不能只讲究经济，过分迁就地形，而致使平、纵面线形指标过多地采用极限或接近极限指标。

（3）注意少占耕地，不占良田。丘陵地区的种植耕地种类较多，分布较广，因此布线时需慎重，尽量做到少占农田、不占经济林园。

（4）注意避让地质不良地段。遇到地质不良地段，首先应该考虑绕避，并采取相应必要的工程防护措施及排水设施，确保边坡及路基稳定。

当遇到冲沟比较发育的地段时，高等级公路可采用高路堤或高架桥的方式直穿，低等级公路则适宜采用绕越方案。

5.5.4　丘陵区路线布设的方式

丘陵区地形可概括为3类地形地带和相应3种布线方式。

1. 平坦地带——走直线

在两个已知控制点之间，若地势平坦，应按平原区以方向为主导的原则进行布线。如其间无地物、地质障碍，或应避让的风景、文物以及居民点等，路线应走直线，如图5-46所示；如有障碍，或应避让的地点，则应加设中间控制点，相邻控制点间仍以直线相连，在转折处设置圆曲线及缓和曲线。

图 5-46　平坦地区走直线

2. 较陡横坡地带——走匀坡线

匀坡线是两点之间，顺自然地形，以均匀坡度定的地面点的连线，如图 5-47 所示。

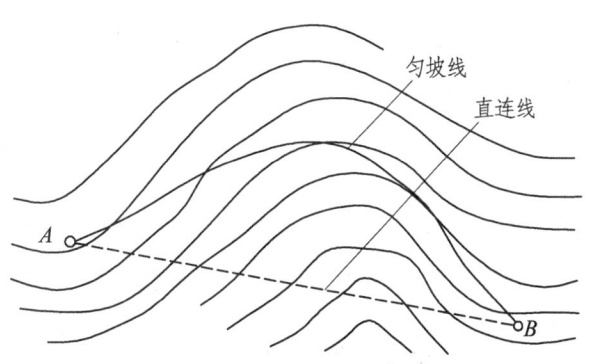

图 5-47　陡坡地带走匀坡线

在具有较陡横坡的地带，两个已知控制点间，如无地物、地形、地质上的障碍，路线应按匀坡线布线；如有障碍，则在障碍处加设中间控制点，相邻控制点间仍按匀坡线布线。

3. 起伏地带——走直线和匀坡线之间

起伏地带地面横坡较缓，所谓"走中间"就是路线在匀坡线和直线之间选择平面顺适、纵面均衡的合理路线。路线两控制点间要通过起伏地带，意味着路线要穿过交替的丘梁坳谷。其间可能有一组或多组起伏地带。起伏地带的布线原则和布线方法按起伏多少分述如下：

（1）两已定控制点间包括一组起伏时。

在两个相邻的梁顶或谷底之间即为一组起伏。在这种地形上布设路线，如沿直线走，路线最短，但起伏很大，为了减缓起伏，势必出现高填深挖，增大工程量；如沿匀坡线走，坡度最好，但路线迂绕太长。这种"硬拉直线"或"弯曲求平"的做法，都是错误的。

如果路线走在直线与匀坡线之间，比直线起伏小、比匀坡线的距离短，将使路线的技术指标有所提高，工程造价有所降低。因此，对于起伏地带，应在直线与匀坡线之间寻找最理想的路线方案。如图5-48所示，A、B为两相邻梁顶，中间为一坳谷，构成一组起伏地带。如果路线由A至B硬拉直线，路线虽然短，但纵坡起伏大，线形差，势必出现高填深挖，增大工程量；如果沿匀坡线走，则纵坡度平缓、均匀，但路线会增长很多，平面线形又差，也不够理想。

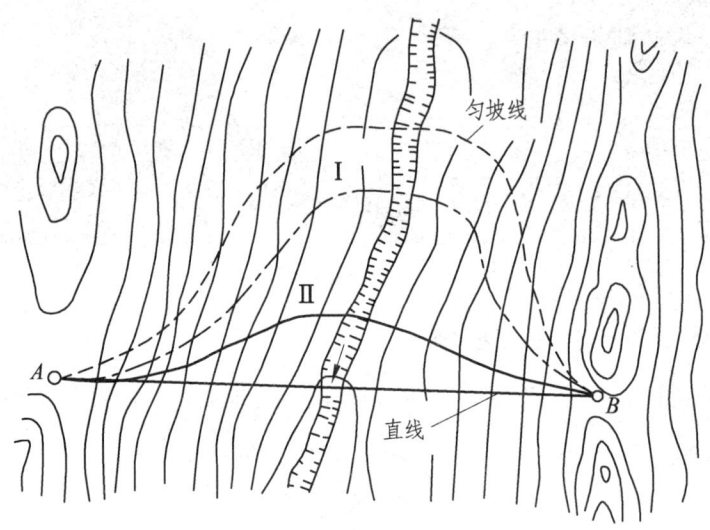

图5-48 起伏地带路线方案

如果路线布设于匀坡与直线之间，如图中的Ⅰ方案或Ⅱ方案，则比直线的起伏小，比匀坡线的距离短，而使用质量有所提高，工程造价有所降低，是较合理的布线方案。至于路线在直线及匀坡线之间的具体位置，要根据公路等级，结合地形作具体分析，从平、纵、横协调来确定。

（2）两已定控制点间有多组起伏时。

两已定控制点间有多组起伏时，需要在每个梁顶（或每个谷底）都定出控制点，然后按上述方法处理各组起伏。

已定控制点间包括的起伏组数越多，直连线和匀坡线所包围的范围越大，连线的方案也就越多。布线时可分头从两个已定控制点向中间进行，逐步减少包括的起伏组数，直到最后合拢。

【工程实例5-6】 图5-49是某丘陵区路线的一段，A、G为固定控制点，A点前为沿溪线，G点后为山脊线，都是在总体布局中定下来的。现只讨论A、G间的布线问题。A、G间的路线有两个基本方案：第一方案（点画线），由A继续沿溪至K处，跨河后升坡至G。此方案平、纵指标都较高，但占用耕地较多，且受洪水威胁，不宜采用。第二方案，提高线位，如实线所示，路线走起伏地带通过，该方案又有一些局部比较方案，如虚线所示。

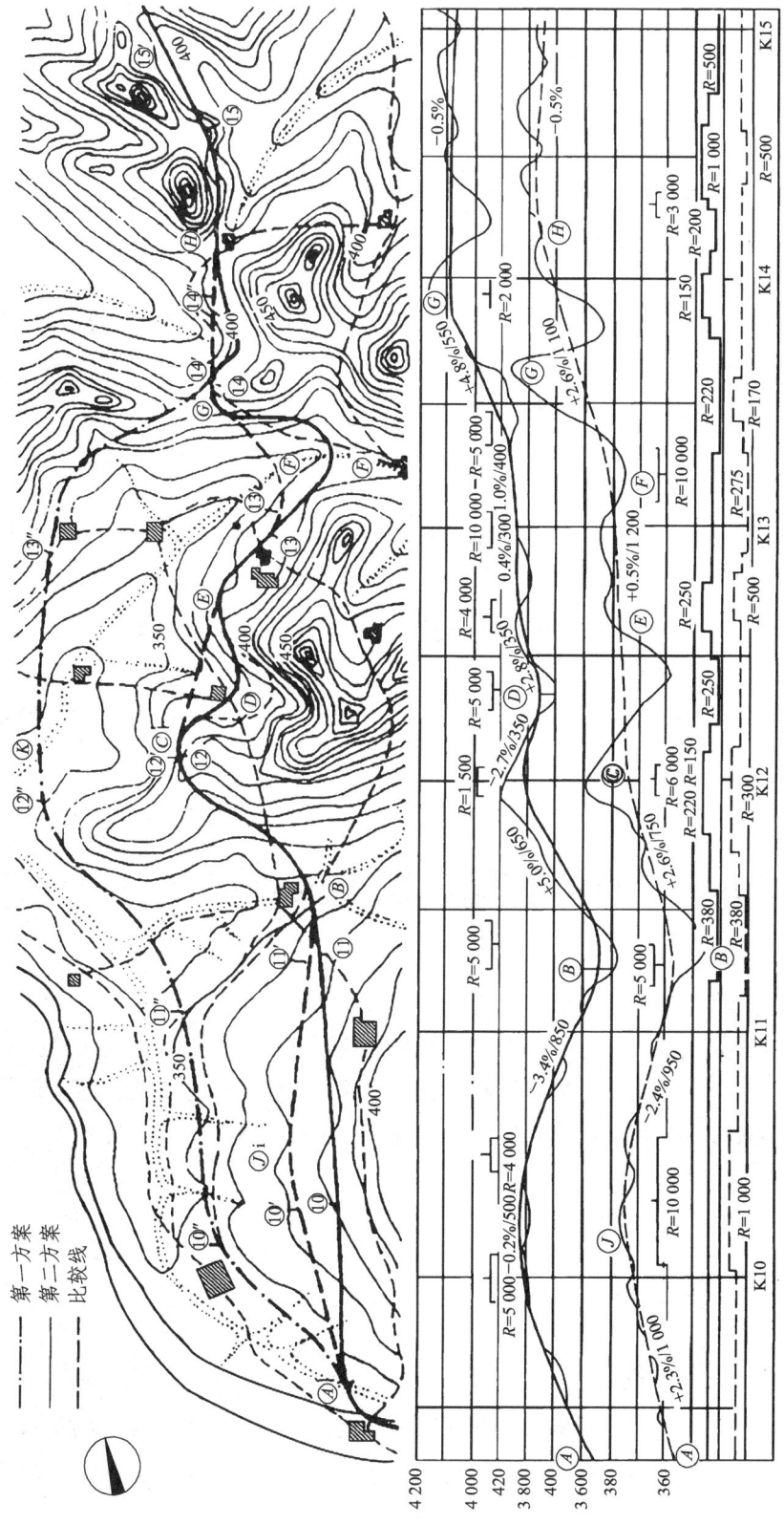

图 5-49 丘陵区路线

选线的具体内容,注意是选择决定路线走向的控制点和加密中间控制点,其具体选线步骤如下:

(1)主要控制点的确定。

图中的 A、G 为路线总体布局中已明确的固定控制点,路线必须经过这两点。另外路线要跨过支流,应选择有利地点跨河,经比较定在 B 点,则 B 点也是主要控制点。

(2)加密中间控制点的确定。

有了主要控制点后,还需根据其间细部地形加设一些小控制点,路线方案便明确下来。现就(实线)加以分析。

B、G 之间要跨越 C、E 两个梁,D、F 两个谷,包括两组半起伏。其中 BC、FG 高差大,是关键段,应先解决。根据前述"起伏地带,走直连线与匀坡线的原则",分别从 B、G 两点试坡放线确定出 C、F 两点。

C、F 点定下以后,路线就剩下 C、F 间一组半起伏了。下面先定出 E 点,主要考虑避让村庄又不相隔太远。

C、E 之间还包括一组起伏,直连线和匀坡线如图中虚线和点线所示,同样,按上述原则,走直连线与匀坡线中间地带。

A、B 段地形平缓,略有起伏,从使用质量上看,应走 AJB 线,但因占用的是较好的耕地,故取靠近山脚的直线方案。

5.6 特殊地区和不良地质地区选线

公路选线会遇到的一些特殊地区和不良地质地区,往往控制线路走向。如路线方案选择不当,公路建成后建筑物遭受破坏,会造成中断交通的严重后果。因此,选线时应深入调查研究,收集足够的气候、水文、地质等资料,查明特殊地区和不良地质地区的分布范围、类型、规模和严重程度及其发展。根据具体情况,提出各种可行的绕避或通过方案,做到绕有根据、治有办法,保证公路建成后交通畅通。

5.6.1 水库地区选线

1. 水库对公路的影响

沿河修建水库工程,改变了河流天然状况,使库区范围内的工程地质与水文地质条件产生一系列变化,影响公路建设(图 5-50)。其中水库坍岸、地下水壅升和水库淤积是三个主要因素。

图 5-50 水库地区布线

（1）水库坍岸。水库蓄水后，由于水位的变化，波浪对库岸的冲击和淘刷，加之库岸受水浸泡和不良地质现象随地下水壅升而加速发展等，库岸产生变形，造成坍岸，威胁公路安全。

（2）地下水壅升。水库水位升高后，原有地下水壅升，使黄土和黄土类地层产生湿陷，已趋稳定的古滑坡复活。当地下水位上升至接近地表时，可使泉水出露，土地沼泽化。

（3）水库淤积。水库建成后，水库上游回水区内流速降低，产生淤积现象，河床逐渐上升，水流的回水曲线抬高，影响桥梁净空。

2. 水库地区选线要点

（1）路线应与水库协调。

如水库为远期规划且未落实时，为不使公路过多增加投资，经比较可按暂无水库影响布线，但须征得有关方面的同意。当水库修建计划已落实时，如对公路建设投资影响不大，应尽量配合水库建设要求进行公路选线。当河谷地形困难，地质条件复杂，水库规模较大，水坝较高，使建设公路产生技术难度过大或增加投资过多时，可考虑避开水库影响，另行选线。

公路路线经过既有水库地区时，应测绘和查明水库的影响范围，研究路线通过或绕避库区的合理方案。

（2）路线研究和方案比选。

根据水库相关资料及沿线工程地质和水文地质条件，在大比例尺平面图上绘出水库淹没范围，选择有代表性垂直库岸的地质横断面，根据有关条件分别求出坍岸宽度，逐一放到平面图上并连成预测坍岸线。坍岸宽度受水文和气象因素的影响，与库岸地形、地质条件有关，可近似按浅滩类比法（图解分析法）进行预测。

① 路线位置一般选在最终坍岸线以外，并留有一定安全距离。个别地段有防护和跨越条件，能保证路基稳定，且可以显著节省投资时，可考虑在坍岸范围内布线。

路线应尽量选在地质条件较好、库岸平缓的一岸，尽量避免设在垂直主导风向的一岸，以减少风浪对路线的不良影响。对滑坡、崩塌等不良地质地段，应评估水库建成后对其稳定性的影响。若加固工程投资过大或不能确保安全时，路线应尽量绕避。

② 路线应避开水库淹没范围，以减少水下工程。如必须通过淹没区时，路肩高程应保证水库最高水位时不淹没路基，并须保证路基稳定。水库路基的设计高程，可按式（5-4）计算：

$$H = h_1 + h_2 + h_3 + \delta \tag{5-4}$$

式中：H——路基设计高程（m）；

h_1——对应公路设计洪水频率的水库水位（m）；

h_2——回水高（m）；

h_3——波浪侵袭高（m）；

δ——安全高度，一般不小于 0.5 m。

因影响水位高程的因素复杂，确定路肩高程时应留有余地。

③ 路线应尽量绕避因地下水壅升，造成湿陷、翻浆、沼泽化和使滑坡、崩塌等不良地质现象恶化的地区。如经处理可保证安全，且经济合理，可考虑通过。

④ 路线跨过支沟时，应尽量离开沟口，选择在水浅、风浪小、地质条件好的地段通过。跨越支沟的大中桥，应注意支沟坍岸的影响，桥台基础应在坍岸范围以外。

⑤ 路线跨越水库，一般选择在水库上游回水曲线以上或水库下游集中冲刷范围以下河段通过。如必须在水库淹没区内跨越时，桥位应选择在较窄地段，桥梁高度应适当留有余地。

⑥ 路线由坝顶通过时，坝身质量必须符合公路路基要求；泄水建筑物能达到公路桥涵荷载强度，基底无渗漏现象；并与水利部门充分协商，落实坝顶通过方案。

⑦ 遇有隧道时，应按坍岸断面及地下水壅升曲线检查路线位置。

5.6.2 人为坑洞地区选线

1. 人为坑洞对公路建筑物的危害

人为坑洞是指因人的活动所挖掘的地下洞穴，如矿区的采空区、采煤洞、掏砂洞、淘金洞、窑洞、坎儿井、地下渠道和墓穴等。选线时若对此类地区重视不够，工程措施考虑不周全，通车后将导致公路产生病害，严重影响交通安全。

2. 人为坑洞地区选线要点

（1）路线应尽量绕避人为坑洞地区，尤其是人为坑洞密集地区和处理工程复杂的大型人为坑洞以及需修建桥梁、隧道、立交等重要建筑物地段，更应绕避。当绕避有困难时，路线应尽量选择在矿层薄、埋藏深、倾角缓和垂直于矿层走向等有利地带通过，并采取措施确保公路安全。

（2）路线通过小型坑洞时，应采取适当的工程措施。对埋藏浅的坑洞应挖开回填；对不易开挖的坑洞，应使用必要的勘探方法，查明坑洞情况，加以处理。

（3）对正在开采或计划开采的矿区，为避免压矿，路线应尽量绕避。如必须通过时，须与有关部门协商，选择通过矿体长度最短的部位，并采取措施，保证安全。

5.6.3 风沙地区选线

1. 风沙对公路的危害

风沙给公路养护、运营带来沙害，危害程度与沙源、风力和地貌有关。沙害的具体表现为：

（1）风蚀，路基易发生边坡或路肩被风蚀而遭破坏，路堤的路肩和路堑的边坡受害较为严重，危及行车安全。

（2）沙埋，在路基的零断面、低路堤、浅路堑路段易遭沙埋而造成路基积沙和排水不良等病害。

（3）堵塞桥涵，当风沙地区的桥涵被流沙堵塞时，一旦出现暴雨，因排水不畅，会冲毁路基。

（4）风沙还使空气混浊不清，影响驾驶员视线，危及行车安全。

做好公路沙害防治，应采取各种有效措施，进行长期的工作。

2. 风沙地区选线要点

（1）应深入调查研究，查明各种沙丘的成因、性质、活动情况以及风力、风向、沙源、地形、地貌等，尽可能绕避严重流沙地带。

（2）在大面积沙丘地区，如流沙不能绕避，应尽可能选择在下列沙害较轻的地带通过：

① 沙丘边缘地带。该地带风力较小、沙埋较轻，且多潜水溢出，植物容易生长，多为半固定和固定沙丘。

② 沙丘之间的湖盆草滩等地。这些地段地形平缓，地下水位较高，植物生长较好，有利于固沙造林，防治沙害。

③ 大山或高地的前缘背风地带。

（3）在风沙覆盖的山地、丘陵地区，路线宜选在沙带间的丘陵地通过。如条件限制，必须穿越沙带时，宜选择在沙带最窄部位，以路堤正交跨过。

（4）在半固定和固定沙丘为主的局部流沙地区，路线应尽量通过半固定、固定沙丘地区，并尽可能不通过沙丘的下风侧，避免沙体移动掩埋公路。

（5）路线走向应尽量与当地主风向平行，若路线与主风向垂直，路堤上风侧常形成大量积沙，使路肩遭受风蚀，路堑亦容易积沙，边坡易遭风蚀。

（6）应尽量少设曲线，必须设置时，宜采用大半径曲线，曲线段只宜设路堤，并将曲线外侧面对主导风向。

（7）路线应尽量靠近筑路材料产地和水源地带，以降低工程造价，并减少施工、养护困难。

（8）路线纵断面设计，应尽量采用适当高度的路堤，不填不挖路基及路堑均易被沙埋。

5.6.4 多年冻土地区选线

1. 多年冻土对公路建筑物的危害

（1）路基冻害主要表现在融沉和冻胀。一般遭受冻害的是松散土及粉状土的路堑及不填不挖路基。路堑冻害常导致边坡滑动、侧沟挤坏，若遇埋藏冰层易形成泥槽。石质路堑有裂隙水时，冬季冻结形成冰锥，危及行车安全。

（2）桥涵建筑物的冻害，主要为基础凸起和下沉。桥涵附近的冰锥、冰丘可能产生冰塞，挤压桥涵。

2. 多年冻土地区选线要点

（1）路线通过山坡时，应尽量选在平缓、干燥、向阳的地带。该处多年冻土埋藏较深，水分蒸发量大，地表及地下水含量相对较小，冻害和其他病害较轻。但阳坡的融解层深度大，在山坡较陡、节理发达、风化严重的阳坡选线时，要注意绕避不良地质地段。

（2）路线通过山岳丘陵地区时，宜选择在融冻坡积层缓坡的上部。沿着大河河谷定线时，宜选在高台地上，以较短的距离通过多年冻土边缘地带。避免沿融区附近的多年冻土边缘地带布线。

（3）路线宜选择在岩石、卵石土、砾石土、砂和含水量小的黏土、黏砂土、砂粒土等少冰冻土地带。在多冰冻土的地层中通过时，应避让腐殖土、黏砂土、砂黏土、粉砂地段，尤其避免在饱冰、富冰冻土的含冰土层中通过。对厚层地下冰、热融滑坍、热融湖（塘）、冰锥冰丘、沼泽等不良地质地段应尽量绕避。

（4）路线应尽量采用填方，尽可能避免挖方、零断面或低填浅挖断面，如受条件限制时，应缩短路段长度。在饱和冰冻土和厚层地下冰地段，应避免以挖方通过。

（5）大、中桥宜选在大河的融区地段或基底为少冰冻土的河段。避免将一座桥设在融区和冻土两种不同的地基上。

（6）隧道应尽量避免穿过地下水发育的地层。洞口位置应避开热融滑坍、冰锥、冰丘以及厚层地下冰等不良地质地段。

5.6.5 黄土地区选线

1. 黄土对公路工程的影响

（1）黄土湿陷对建筑物的影响。

黄土遇水使连接土粒的胶膜胀大，连接力减弱，并使土内起胶结作用的易溶盐溶解，在自重及外力作用下产生沉陷，如图5-51所示。公路建筑物不能适应这种迅速沉陷，轻则变形开裂，重则破坏倒塌。

图 5-51 湿陷性黄土

（2）黄土崩塌、滑坍、滑坡。黄土沟谷两岸一般工程地质条件比较差，坡脚不稳，易发生崩塌或滑坍。此外，黄土与其下红土层接触面多向沟床倾斜，有的红土层不透水，地下水沿此接触面移动或渗流，易产生滑坡。

（3）黄土陷穴。地面水渗入松散的黄土体内，破坏了黄土的胶结性，同时在动水压力作用下，黄土中的胶体微粒被水带走，形成地面坍陷，继而冲成洞穴，即陷穴。

（4）黄土路堑边坡的崩塌与冲刷。黄土路堑的主要问题是边坡的稳定性。它与路堑的深度、边坡坡度、排水和防护等有关，还受地貌、气候及黄土性质的影响。

2．黄土地区选线要点

（1）路线应尽量走在黄土塬、宽谷阶地、平缓斜坡以及比较稳定的沟谷地带，尽量绕避陷穴与冲沟发育的塬边和斜坡地带。

（2）路线通过湿陷性黄土地区时，应尽量选择湿陷性轻微、地表排水条件较好的地区。

（3）路线跨越黄土深沟时，应结合地形，降低填土高度。沟谷宽敞，沟坡稳定平缓时，可沿沟坡绕向沟谷上游以降低填高；当沟谷深窄，沟坡陡峻且不稳定，绕线困难，同时沟谷不长，沟底纵坡较陡时，可将线位移向沟的上游附近来降低填高。

（4）选线时应对高填与高架桥进行综合比较，工程造价相近时，应尽量采用高架桥方案，墩台应选在地基较好的地段。

（5）选线时应对深挖与隧道进行综合比较，工程造价相近时，应采用隧道方案。黄土隧道应绕避不良地质地段，宜设在土质较好的老黄土层中，并避免偏压。

5.6.6 软土和泥沼地区选线

1．软土和泥沼对公路工程的危害

软土和泥沼都具有压缩性高和强度低的特点，会对工程建筑物造成滑坍和沉陷等危害。软土和泥沼地区公路建成后路基常有下沉，造成路面过早破坏，给行车、养护带来很大困难。

2．软土和泥沼地区选线要点

（1）软土和泥沼地区，选线时应进行全面比较。在技术经济指标相差不大时，应采用绕避方案。如软土或泥沼范围较小，工程处理能确保安全，工程投资较省时可以路堤通过。

（2）路线必须通过软土、泥沼地区时，路线位置应尽量选择在软土、泥沼最窄，泥炭、淤泥较浅，沼底横坡不大，地势较高及取土条件较好的地段通过。

（3）软土、泥沼地区，以修建路堤为宜，且路堤高度不宜超过极限高度。沼泽地区需利用路堤自重将泥炭压缩使其达到稳定，填土高度也不宜大于极限高度。

在淤泥和泥炭较厚，沼底横坡较陡，路基处理工程困难地段，应考虑建桥的比较方案。

（4）河谷软土地带或古盆地的中央部位软土层较厚，土颗粒较细，含水较多，基底松软，路线宜绕避，选择在边缘地区通过，但也要注意绕开土质软硬差别极大的边缘地段。

（5）在宽广的软土地区，路线应尽量避免沿排水管道边缘或湖塘边缘布线，因这些地方为水流浸润，地基较软弱，基底两侧的变形也不均匀，对路基的稳定不利。

5.6.7 盐渍土地区选线

1. 盐渍土对公路工程的影响

地表 1 m 深以内土层中易溶盐含量大于 0.5%的土称为盐渍土。其对路基工程的影响，主要有下列几种表现：

（1）因盐渍土中有盐分，在夯实过程中，其最佳密实度随含盐量的增加而减小。含盐量超过一定限度时，就达不到路基的标准密实度，使路基下沉、变形。

（2）盐渍土中水分和温度随气候条件的变化而变化，使土体中盐分溶解与结晶交替，土体膨胀与收缩循环，破坏了稳定性。这种现象在日温差较大的干旱内陆地区突出。

（3）松散和膨胀作用。松散多发生于表层 0.3 m 深内，土层疏松，足踏下陷。松散是表土受昼夜温差影响引起。膨胀常发生于表层 1 m 深内，个别到 3 m 深，土体膨胀使路面拱起，危害较大。

2. 盐渍土地区选线要点

（1）盐渍土地区选线，应尽量选在排水条件良好、地下水位低、含盐量小、通过地段短和地势较高等有利地段。内陆盐渍土地区路线宜在砾石带、砂土灌丛带通过。冲积平原盐渍土地区路线，宜远离河岸边的湿盐渍土地区，而在地下水位较深的干燥地带通过。

（2）湿盐渍土地区，地下水位高，排水困难，路基基底一般需填渗水土或采取抬高路堤等措施，造价较高，应尽量绕避。如必须通过时，应将路线设置在地势较高和工程地质条件较好的地段；对一般盐渍土或干盐渍土地区，含盐量一般较轻，可考虑以路堤通过。

（3）当降低地下水位有困难，且不易取得渗水土作填料时，宜采用抬高路堤的方法通过；此时路肩高程应考虑冻前地下水位、毛细水强烈上升高度、临界冻结深度和一定安全距离。

5.6.8 膨胀土地区选线

1. 膨胀土对公路工程的危害

膨胀土是一种裂隙特别发育、工程地质性质不良的黏性土。干缩湿胀，使土体结构遭受破坏，造成边坡不稳定，影响正常行车。其危害有：

（1）冲刷。冲刷现象存在于所有膨胀土边坡中。其破坏是雨季地表水使土层湿化，崩解后冲刷，坡面呈无数 V 形小沟，由上而下逐渐加宽加深，边坡愈高冲刷愈严重。

（2）剥落。坡面龟裂松胀的土层，逐步散裂成颗粒状碎屑，在重力及地表水作用下顺坡剥落，堆于坡底淤塞侧沟。

（3）溜坍。溜坍是路堑顶或坡面表土的滑动现象，呈马蹄形，坡度陡而不规则。原因为雨季地表水在风化裂隙中迅速集中，使松散土层顺坡滑动。当降雨大而久时，可能发展成为泥石流。

（4）滑坡。滑坡有塑流型滑坡及剪切型滑坡两类。前者具有一般滑坡的弧形外貌，滑体呈塑流状；后者含水较多，裂缝密布，滑带呈软塑和可塑状。

2. 膨胀土地区选线要点

（1）路线应绕避中等及强膨胀土地区，无法绕避时应选择最短距离通过。
（2）路线经过膨胀土地区时，宜采用少挖多填的方式通过，尽量减少深长路堑。
（3）路线遇到垄岗时，应垂直于垄岗方向，并选择垭口较低、较薄地段通过。
（4）路线跨越沟谷时，宜采用桥梁方式通过。应避免在垄岗处修建浅埋式隧道，无法避免时应采用加固措施。

5.6.9 滑坡地段选线

1. 滑坡对公路工程的危害

滑坡发生时，大量土体下滑推移，埋没路基或其他建筑物，如图 5-52 所示，修复困难，造成行车中断，对公路及行车危害极大。

图 5-52 滑坡地段

2. 滑坡地段选线要点

（1）对技术复杂，工程量大，采用整治措施也不能确保稳定的大型滑坡，路线应绕避。在河谷地段，可移到滑坡的对岸通过，或在滑动面底适当位置以隧道通过。
（2）对中小型滑坡，如经整治能确保稳定，工程投资有显著节省时，可考虑在其下部以低填方或其上部以浅挖方通过。
（3）当路线位置受到控制，无法绕避滑坡地段（含可能产生滑坡地段）时，必须采取有效工程措施，以确保施工和运营的安全。

5.6.10 崩塌、岩堆地段选线

1. 崩塌、岩堆对公路工程的危害

山坡陡峻、裂隙发育、岩层倾向公路的地段，或构造复杂、岩块松动的陡坡，因雨水侵

蚀、温度变化或受其他外力作用可能产生崩塌。崩塌一般出现在峡谷陡坡地段，它直接威胁公路安全，尤其是大型崩塌来势凶猛，破坏力大。

2. 崩塌、岩堆地段选线要点

（1）在山体不稳、岩层破碎的陡峻山坡，或预计人工开挖使稳定条件破坏，将发生较大规模崩塌，且工程处理困难的地段，应尽量绕避。若采用修建明洞、在稳定岩层内修建隧道等措施通过，需经比较后选定。

（2）在崩塌范围不大，且性质不严重，采取清理山坡危石以及其他有效工程措施能保证安全时，可考虑在崩塌影响范围内通过。

（3）对处在发展阶段或较大范围松散、稳定性差的岩堆，路线宜向山体内移以隧道在堆积体范围外的基岩中通过，或外移设桥通过，或考虑跨河至对岸的绕避方案。

（4）对稳定的岩堆，路线以低路基或浅路堑通过，应避免深挖高填，以免破坏岩堆的稳定性，如图5-53所示。

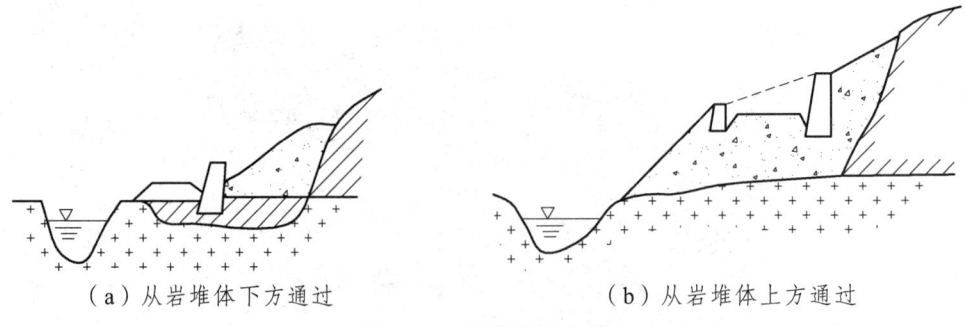

（a）从岩堆体下方通过　　　　　　（b）从岩堆体上方通过

图5-53　岩堆地段布线

5.6.11　泥石流地段选线

1. 泥石流对公路工程的危害

泥石流是山区特有的一种自然地质现象，是由于降水产生在沟谷或山坡上的一种挟带大量泥沙、石块等固体物质的突发性急流。其主要发生在地质不良、地形陡峻的山区。

泥石流来势凶猛，破坏力巨大，冲毁路基、桥涵、房屋、村镇和淹没农田，堵塞河道，给公路交通和工农业生产造成了严重危害。

2. 泥石流地段选线要点

（1）对严重泥石流集中地段，应考虑绕避。当沿河两岸均有泥石流时，则应选泥石流较轻微的一岸通过，必要时可多次跨河绕避。

（2）路线跨越泥石流沟时，首先应考虑从流通区或沟床比较稳定、冲淤变化不大的洪积扇顶部以桥跨越。但这种方案平面线形一般较差，纵坡起伏大，沟口两侧路堑边坡容易发生崩塌、滑坡等病害。此外，还应注意目前流通区有无转化为堆积区的趋势。

（3）路线必须通过泥石流区时，应尽量避免穿过沉积区，二级及以上的公路宜在通过区设桥跨过，并留有足够孔跨及净高。如受高程限制不能设桥时，不宜设计为路堑，可以明洞或隧道通过，应将明洞或隧道的进出口设在泥石流影响范围外，并有足够埋藏深度，如图5-54所示。

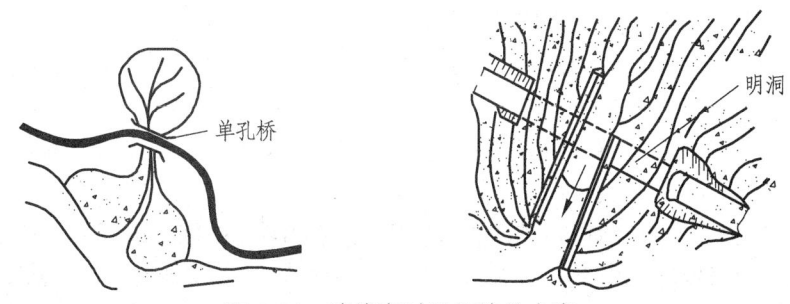

图 5-54　路线穿过泥石流的方案

（4）只有泥石流不严重，技术上可以处理，并经比选，方能采用在沉积区通过的方案。在沉积区宜分散设桥，不宜改沟合并设桥。一般对山前区泥石流，路线宜在沉积区下方通过，山区泥石流路线宜在沉积区上方通过，如必须通过洪积扇下方时，应以不受大河影响为度。

5.6.12　高烈度地震区选线

1. 地震对公路工程的影响

强烈地震使地层断裂、山体崩塌、房屋倒塌、桥梁破坏和人畜伤亡。地震对公路工程的破坏程度与地震烈度大小、当地地形、地质条件和建筑物的抗震能力有关。

（1）不同地形和地质条件下地震的危害。

深谷、悬崖、陡坡、陡坎等地段受震后容易产生崩塌。地震也会使不稳定、风化破碎的陡峻山坡形成滑坡及崩塌。地震还可促使古老滑坡、泥石流复活，并可造成新的泥石流。平原地区地震时，也会产生地面裂缝，出现翻砂冒泥。

地层的工程地质和水文地质条件不同，地震危害的程度亦不同。完整、微风化的基岩、洪积胶结的大块碎石土等地基最为稳定。流塑状黏性土、饱和砂层（不包括粗砂、砾砂）、淤泥质土、填筑土等地基抗震性能最差。饱和松散的粉细砂、细砂或中砂受震后，可能发生液化现象，使地基承载能力减弱或丧失。

（2）不同建筑物的抗震能力。

建筑物因强度、结构的不同具有不同的抗震能力。隧道因埋藏在地层中而抗震能力强，但洞口和浅埋的隧道较易受地震的破坏。高路堤、深路堑易受到破坏。具有对称的或整体结构的桥涵抗震力较好。特大桥、大桥等大型建筑物，如地基不良，受震后墩台基础易产生下沉，桥墩台支座、梁部易受到破坏或推移，修复困难。

建筑物的抗震能力，涵洞比桥梁好，隧道比深路堑好。

2. 地震区选线要点

（1）干线公路应尽量绕避高烈度地震区，难以避开时，路线应选择在最窄处通过，并宜采用低路堤。

（2）路线必须通过高烈度地震区时，应尽量利用有利地形，避开悬崖陡壁、地形复杂和不良地质地区，以减少地震可能造成的破坏。

① 路线应选择在比较稳定的地基和地下水埋藏较深的地区，或地形开阔平缓和稳定的山坡地段上。

② 路线应尽量绕避活动断层和两个构造线的交汇点。如必须穿过构造带时，应选择在最窄处以正交通过。

③ 当路线必须通过非岩质和岩层风化破碎的陡峻山坡时，应考虑以隧道通过。其洞口位置应避免设置在岩层松软、崩塌、滑坡等不稳定的地段。难以避开时，应早进洞晚出洞和采取加强措施，尽量避免傍河隧道的洞身埋藏过浅。

④ 路线应避免高填深挖或半填半挖，尤其在土质松软地区更应避免。

（3）地震区桥梁位置应尽量选择在良好的地基和稳定的河岸地段。如必须在易液化砂土、黏砂土及软土或稳定性较差的河岸地段通过时，路线应尽量与河流正交。

5.7 道路定线方法

定线是按照已定的技术标准，在选线布局阶段选定的"路线带"（或称为定线走廊）范围内，结合细部地形及地质条件，综合考虑平、纵、横三面的合理安排，实地定出道路中线的确切位置。

定线是公路设计中较关键的一步。它不仅要解决工程技术和经济等方面的问题，而且对如何使公路与周围环境相配合，以及公路本身线形的美观等问题，也要在定线过程中给予充分的考虑。公路定线除受地形、地物、水文、地质等因素制约外，还受技术标准、国家政策、社会影响、道路美学等因素的制约。公路定线质量还在很大程度上取决于采用的定线方法。

定线按工作对象的不同分为纸上定线、现场定线和航测定线。随着勘测设计的发展，目前在设计阶段定线大多数都是在电子地形图甚至三维模型的基础上利用专业辅助工具开展的，这大大提高了定线工作的效率和质量。以下简要介绍传统的纸上定线方法和步骤。

5.7.1 平原、微丘区定线步骤

1. 定导向点

在既定控制点之间，根据平原、微丘区路线布设要点，综合分析比较，确定可穿越、应靠近和绕避的点，建立若干中间导向点。

2. 试定路线导线

按规定的技术标准，参照导向点，试穿出一系列直线并交汇出交点，作为初定的路线导线。

3. 初定平曲线

读取交点坐标、计算或直接量测路线转角和交点间距，初定圆曲线半径和缓和曲线长度，计算平曲线要素。

4. 定线

检查各项指标是否满足相关规范要求，以及平曲线线位是否合适，不满足则调整相应交点位置、圆曲线半径或缓和曲线长度，直至满足为止。排列出整个路线的里程桩号，点绘出纵、横断面图，绘出地面线，拉出设计线。纵、横断面设计完成后，需进行平、纵、横线形是否协调的检查，内容包括：平曲线与平曲线的组合、平曲线与竖曲线的组合、路基高度、边坡、排水、桥涵等工程结构物的安排是否合理，发现问题应及时修改，直到满意为止。

5.7.2 山岭、重丘区定线步骤

1. 定导向线

（1）在大比例尺地形图上，仔细研究在路线布局阶段已选定的主要控制点间的地形、地质情况，选择有利地形（如平缓、顺直的山坡，开阔的侧沟，利于回头的地点等），拟定路线各种可能的走法。

（2）根据地形图上的等高线间距 h 及选用的平均坡度 $i_{均}$（一般为 5%～5.5%），按 $a = h/i_{均}$ 计算出等高线间平距 a，使两脚规的开度等于 a（按地形图比例尺），从某一固定控制点（如图 5-55 的 A 点）开始，沿各拟定走法在等高线上依次截取 1、2、3…各点，进行纸上放坡。

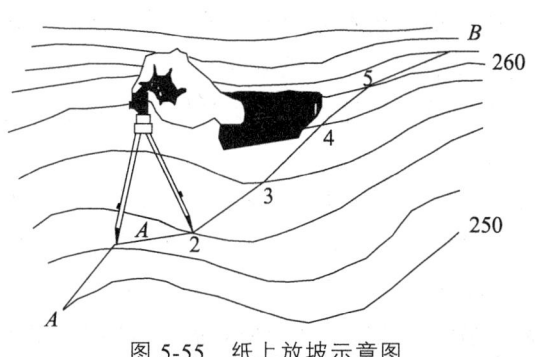

图 5-55 纸上放坡示意图

图 5-56 为某回头曲线纸上定线实例，A、B、C 为控制点，按上述方法放出坡度线 A、a、b、c、d…D。若放坡自 A 点开始，不能到达控制点 B 附近时，说明路线方案不能成立，应修改方案改动控制点，重新放坡，至放坡后能到达 D 点附近为止。

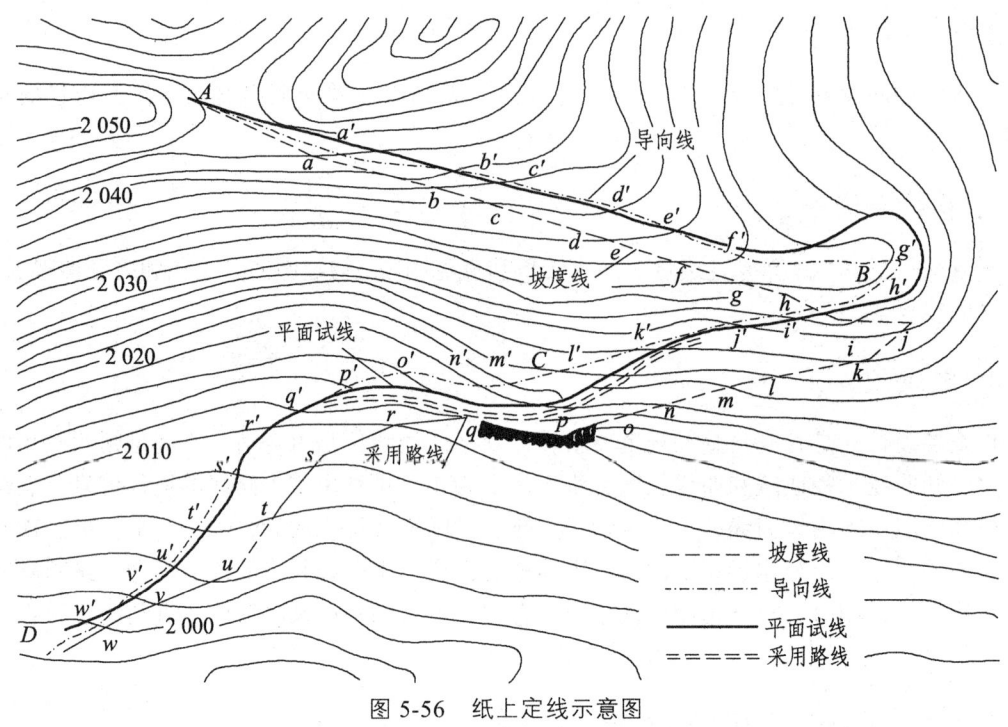

图 5-56 纸上定线示意图

（3）连接 A、a、b、c…D 各点，分析研究这条折线在利用地形和避让地物、不良地质条件以及艰巨工程等的情况，从而选择应穿或应避的点作为中间控制点。如图 5-56，Aabc…D 折线从 C 处陡崖中间通过，B 处有利于回头的地点也未利用上，如调整一下 B、C 前后路段的坡度，就能避开陡崖和利用上有利回头的地点。因此，可把 B、C 两点定为中间控制点，然后再分段仿照上述方法截取 a'、b'…诸点，连接 $Aa'b'$…D 的折线，将显示出路线行经的部位，称为"导向线"。

2. 修正导向线

导向线仍是条折线，还应根据技术标准的要求，结合横坡变化情况，确定必须通过的点作修正导向线，然后用"以点连线，以线交点"的办法定出平面试线，反复试线最后确定出交点。如地形变化不大，采用的地形图比例又较小，则纸上定线即可结束，如图中粗实线所示。

为了使路线更为经济合理，当地形复杂，又有大比例尺地形图时，可在平面试线的基础上敷设曲线，确定中桩，作出纵断面、横断面，然后在横断面上用透明模板确定路中线的最佳位置（经济点位置或控制点位置），分别按不同性质用不同符号绘于平面图上，这些点的连线则是一条具有理想纵坡、横断面位置最佳的平面折线，称为二次导向线。再进一步根据第二次导向线对路线线位局部进行修改，最后定出线位，如图中的"采用线"。

纸上定线的过程是一个反复试线、比较，逐步趋于完善的过程。定线时要在满足标准的前提下结合自然条件，平、纵、横综合考虑，反复进行，直到满足为止。

【工程实例 5-7】 如图 5-57，请在 A、B 两点之间布设一条路线。

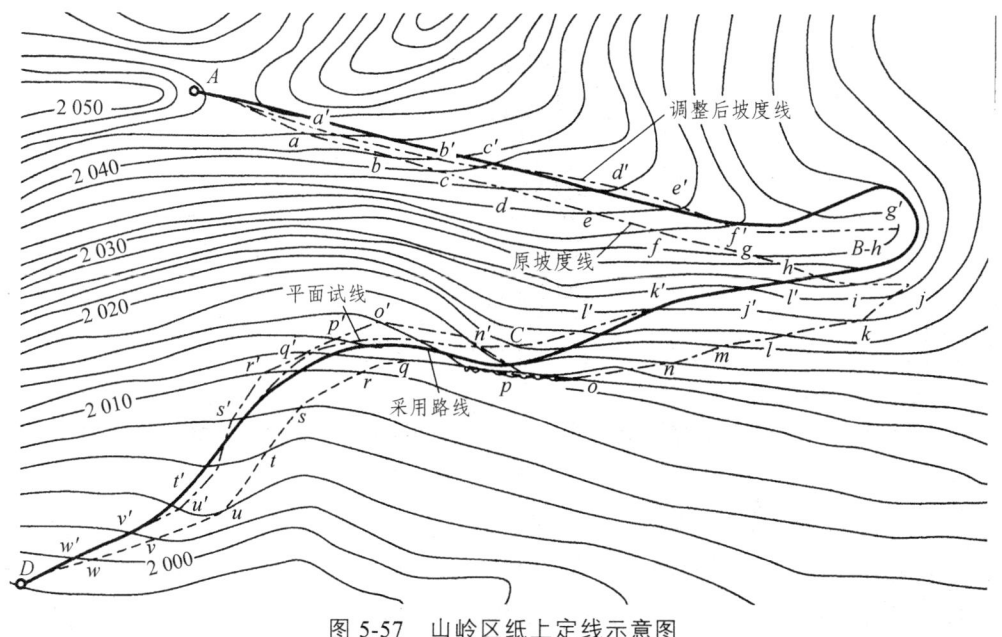

图 5-57 山岭区纸上定线示意图

【解】（1）拟定方向。

通过在地形图上仔细研究地形、地质情况发现，该地区为山岭地区，左侧地形较陡，右侧地形较缓。B 点为可利用的山脊平台，C 点为应避让的陡崖，$A—B—C—D$ 为路线的一种可能走向，需要放坡试线。

（2）试坡。

选用平均纵坡 5%，根据地形图可知 $h = 2$ m，则等高线平距 $a = 2/0.05 = 40$ m，根据地形图比例尺 1∶2 000 可换算出图上距离为 0.02 m，即 2 cm。使两脚规的张开距离为 2 cm，从固定点 A 点开始，沿拟定走向依次截取每一根等高线可得 a、b、c、d…点，在 B 点附近回头（图中 j 点）后再向 D 点截取。当最后一点的位置和标高都与 D 点接近时，说明该方案成立，否则应修改走法（如改变回头的位置）或调整 $i_{均}$，重新试坡至方案成立为止。

连线 $Aabcd…D$ 为具有平均纵坡的折线，称为匀坡线。

（3）调坡，定导向线。

分析匀坡线发现，B 处有利于设置回头的地点未能利用，C 处的陡崖未能避让。若调整 B、C 前后的纵坡（可在最大和最小纵坡间选用，但不宜采用极限值，并且不要出现反坡），就能避开陡崖和利用有利回头的地点，因此将 B、C 定为中间控制点。然后再仿照上法分段调整纵坡，试定匀坡线，各段匀坡线的连线 $Aa'b'c'd'…D$ 为具有分段安排纵坡的折线，称为导向线。

（4）修正导向线。

① 试定平面和纵断面。参照导向线定出直线和平曲线，即平面试线，按地形变特征点量取或读取桩号及地面标高，点绘纵断面图的地面线，参考地面线和前面分段安排的纵坡设计理想纵坡，如图 5-58 所示，量出或读取各桩的概略设计标高。

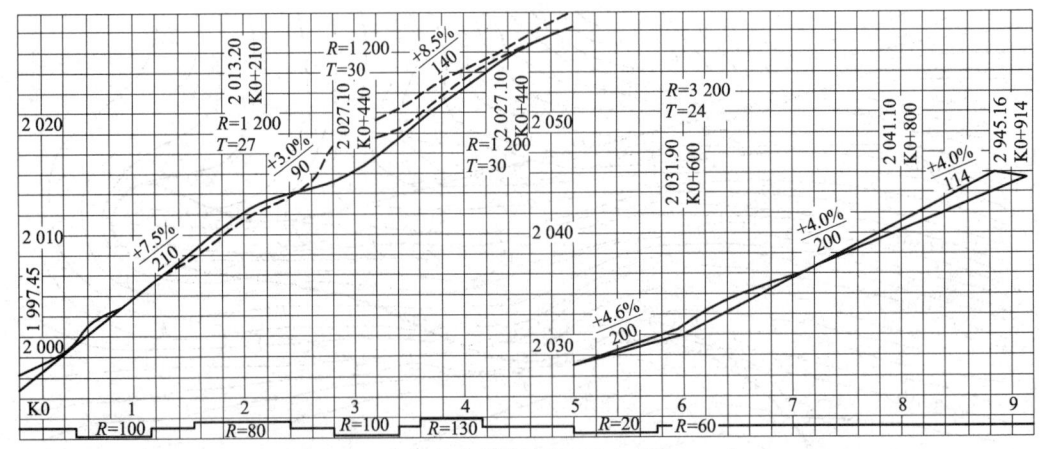

图 5-58 纸上定线纵断面图（单位：m）

② 定修正导向线。如图 5-58 中 K0+200～K0+400 之间，实地地面线（对应平面试线）挖方较大，该段纵坡已接近极限值，无法调整，如将路线移到崖顶通过（平面采用路线），平面线形并无多大变化，但挖方工程减少很多，如图 5-59 中虚线地面线。

③ 定二次修正导向线。对修正导向线各点绘制横断面图，用路基模板逐点找出最经济或起控制作用的最佳中线位置及可移动范围，如图 5-59 中的②③，根据最佳位置的性质，分别用不同的符号点标注到平面图上，这些点的连线是具有理想纵坡、横向位置最佳的折线。

（5）定线。

定线完成即可。

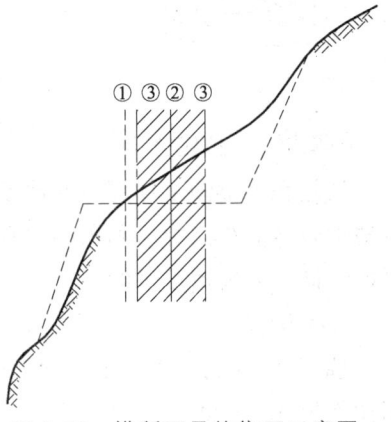

图 5-59 横断面最佳位置示意图

☞ 【能力提升】

1. 图 5-60 分别属于越岭线的哪种展线方式？

图 5-60 图片辨析

2. 如图 5-61 所示，拟在 AB 两点之间修建一条路线，请根据图示条件拟定路线布线方案。

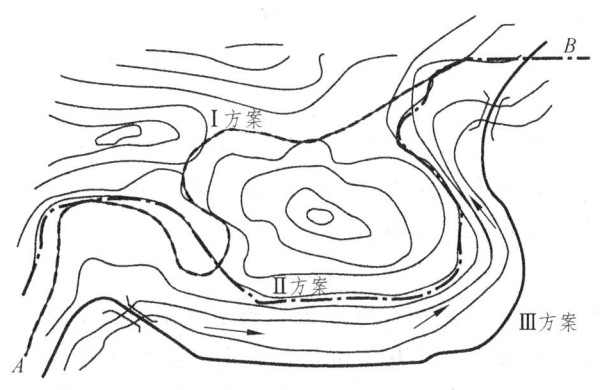

图 5-61 山岭区布线方案

提示：根据图示情况可以看出 AB 两点地处山岭地区，布线方案可选择越岭线和沿溪线两种。方案 I 是越岭线，先展线升坡至垭口，穿越垭口后再展线降坡。这种布线方式需要合适的地形条件和垭口。路线不受水的威胁，防护工程数量少，但是局部路段纵坡较大，线形较差。方案 II、III 属于沿溪线。方案 II 利用河岸的坡地，采用自然展线的方式布线，线形与地形相适应。这种方式对地形有一定要求，需要保证路基的稳定，必要时需要设置防护工程。方案 III 为了利用宽阔的河岸，选择了两次跨河，线形顺畅，纵、横断面线形均比方案 I、II 好，但增加了两座桥，工程造价较高。

3. 2016 年交通运输部下发了《关于实施绿色公路建设的指导意见》，提出建设具有生态环保等主要特征的绿色公路。为此，要挖掘"绿水青山就是金山银山"的发展理念等思政元素。以拖乌山隧道为例，拖乌山菩萨岗广泛分布着我国少有的高海拔湿地资源——海子。最初设计时考虑通过湿地直接填筑路堤，但是考虑到对湿地的破坏，此方案很快被否决；后考虑桥梁方案，大型设备和桥梁预制场会占有大量的临时用地，且运营阶段的尾气也将对湿地的生态环境带来严重的破坏。经过多次勘查、论证后选择的隧道方案能最好地保护拖乌山菩萨岗湿地的生态资源，为大熊猫迁徙预留了 3 km 长的通道。同时，最高点标高降低减小了高差，避免了连续长下坡导致的安全隐患。湖北兴山在古（夫）昭（君桥）公路的修建中，为避免破坏山体脆弱的生态环境，摒弃了开山修路或打隧道的方案而采用造价更高的顺水桥的方式，在峡谷溪流中建设了 4 km 长的中国首条水上生态环保公路。课后搜集绿色公路设计案例，树立绿色环保、可持续发展的道路线形设计理念。

4. 山西太原天龙山网红公路，也称天龙山防火旅游通道，全长 30 km，沿途有 4 座高架桥和 1 处隧道，起点与终点的高低落差达 350 m。请思考：

（1）山区道路线形有什么特点？

（2）路线是如何克服 350 m 的高差？

（3）在总体设计中介绍了山区公路的设计指导思想，这里体现了哪些？

5. 郭亮洞被称为"世界最险要十条路"之一、"全球最奇特 18 条公路"之一。1972 年，为了让乡亲们能走下山，郭亮村的村民们集资购买钢锤、钢钎、炸药，凭着坚韧、牺牲、执着、顽强的精神，仅靠人力，历时 5 年，硬是在绝壁中一锤一锤凿出一条高 5 m、宽 4 m，全长 1 300 m 的石洞——郭亮挂壁公路。为开凿此洞，还有村民献出了自己的生命。通过跨河换岸比选，重温山区道路"安全、环保、协调、经济、创新"设计理念，思考是什么精神使得天堑终于变成通途，从而改变了郭亮村落后闭塞的历史。

6.（1）重庆网红公路（"刀片天路"）：在海拔超过 1 800 m 的大风门山脊上修建了一条壮阔惊险的公路，两边都是悬崖，仿若"天路"。在公路上开车，从空中俯瞰就像行驶在刀片上，既壮观又惊险。在这段山路上行驶，既能欣赏到群山的雄伟壮阔，也能看到错落有致的风电群。

（2）蓝田网红公路（蓝关古道）：位于陕西省西安市蓝田县境内，一道绵延起伏的 20 km 长的山岭脊梁道路。蓝关古道是古代从关中平原通往东南方向的一条道路。这条路最艰难的莫过于翻越秦岭主脊，也就是从蓝田到商洛，需要从海拔 500 多米的蓝田平原上，在短短几十千米内海拔上升 1 000 多米。历史上蓝关古道既是防卫来自东南威胁的最后一道关隘，也是争夺天下、发兵东南必经的第一要塞，具有极其重要的军事战略意义。

思考网红公路为人们所喜爱的原因。

☞ 【复习思考题】

一、填空题

1. 选线是一项涉及面广、影响因素多、_____、_____都很强的工作。
2. 选线一般要经过的三个步骤是_____、_____、_____。
3. 根据方案比较深度上的不同，路线方案比较可分为_____、_____两种。
4. 平原区的地形特征是：地面起伏不大，一般自然坡度都在_____以下。
5. 沿溪线布局时，需要解决的 3 个问题是_____、_____、_____。
6. 越岭线布线应解决的主要问题是：选择_____，确定_____，拟定垭口两侧_____。
7. 越岭线展线方式主要有_____、_____、_____等 3 种。
8. 根据地形情况的不同，丘陵区路线布设的方式一般按 3 类地带分段布线：平坦地带_____，斜坡地带_____，起伏地带_____。
9. 山岭区公路按线位的不同可分为_____、_____、_____ 3 种。

二、选择题

1. 越岭线在选线中起主导作用的是（   ）。
   A. 平面与纵面   B. 纵断面   C. 地质与土质
2. 平原区布线应合理考虑路线与城镇的关系，一般是（   ）。
   A. 穿过城镇   B. 离开城镇   C. 靠近城镇
3. 沿河线应保证不受洪水威胁，其选线的要点首先在于（   ）。
   A. 横断面   B. 平面与纵面   C. 地质与土质
4. 沿溪线低线位的优点，其中有（   ）。
   A. 平纵面比较顺直平缓，路线线形可采用较高的技术标准
   B. 路基防护工程少
   C. 在狭窄河谷地段，路基废方处理容易

5. 在平原区,纵断面设计标高的控制主要取决于(　　)。
   A. 路基最小填土高度　　　　　　B. 土石方填挖平衡
   C. 最小纵坡和坡长　　　　　　　D. 路基设计洪水频率
6. 丘陵地区,路基形式一般为(　　)。
   A. 填方　　　　　　　　　　　　B. 挖方
   C. 半填半挖　　　　　　　　　　D. 挖大于填
7. 沿河的路线,应保证路基设计标高高出设计洪水频率对应的计算水位(　　)以上。
   A. 0.3 m　　　　B. 0.5 m　　　　C. 1.0 m　　　　D. 1.5 m
8. 选线的第一步工作是(　　)。
   A. 进行路线平、纵、横综合设计　B. 逐段解决局部路线方案
   C. 确定所有细部控制点　　　　　D. 解决路线的基本走向
9. 越岭线在选线中起主导作用的是(　　)。
   A. 平面　　　　B. 纵断面　　　　C. 纵坡　　　　D. 地质
10. 定线就是在选线布局之后,具体标定出公路的(　　)。
    A. 起点　　　　B. 路线带　　　　C. 中心线　　　　D. 终点

三、问答题

1. 公路选线一般应考虑哪些原则?叙述公路选线的步骤和方法。
2. 影响路线方案的主要因素有哪些?
3. 叙述平原区选线的特征及要点。
4. 沿河线选线主要解决的问题及其要点有哪些?
5. 越岭线选线主要解决的问题及其要点有哪些?
6. 展线方式有哪些?试分析其各自的特点。
7. 怎样选择垭口?
8. 纸上定线的基本步骤是什么?
9. 叙述匀坡线、导向线、修正导向线的概念及其作用。

第6章 道路平面交叉设计

☞ 【导读】

工程实例：周口市开元大道与南四路、南十九路交叉口设计

项目背景：该道路交叉口位于周口市产业集聚区内，现状为南四路与南十九路形成T字路口，开元大道为项目设计道路。南四路已于2014年年底施工完成；南十九路已完成设计任务，并施工至该交叉口范围。在南四路和南十九路设计过程中，设计单位并未考虑城市规划道路——开元大道后期的合理衔接方案，在接到开元大道设计任务后，项目组立即将该交叉口的交通渠化组织设计作为一个专题进行研究。

交叉形式分析：现状交叉口按照简单的两路交叉T形路口设计，随着园区内交通量增长的需求，产业集聚区与物流园区之间的唯一交通通道——开元大道显得尤为重要。然而，正因为开元大道的贯通，使得该交叉口形式转变成一个畸形的K形交叉口，这就对如何合理、有效地进行交通渠化组织提出了更高要求。

方案一：增设中央环岛，组织交通。	方案二：增设交通岛，将K形交叉口改善为十字交叉口。
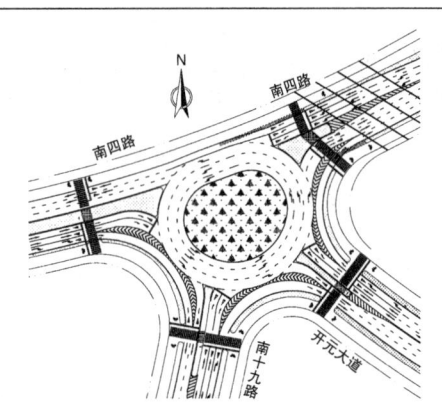	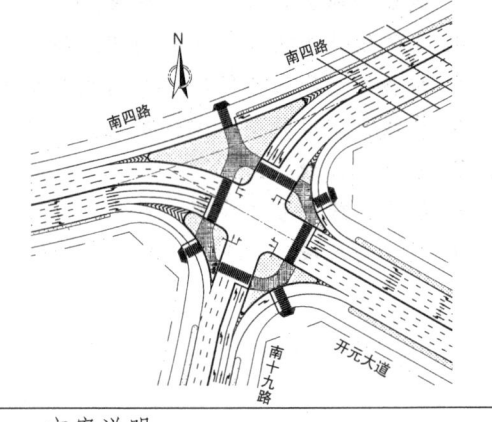
方案说明： （1）在交叉口中心位置增设卵形环岛，左转和直行车辆驶入环岛，遵循环岛运行规则。 （2）南四路交叉口范围破除原路面，改增绿化实体岛，分离对向车流。 （3）为满足环形交叉口交织长度要求，在南四路与南十九路、开元大道与南十九路、开元大道与南四路之间设置导流线，在保证交织长度的同时，也用于区分右转车辆和驶入环岛车辆。	方案说明： （1）为了拟合交叉口形成正规的十字交叉口，将南四路和南十九路道路中心线向东偏折，和南四路自身的圆曲线形成一个S形平曲线，保证车辆驶入交叉口范围平顺。 （2）在交叉口4个转角处，增设交通实体岛。一方面引导驶入和驶出交叉口车辆；另一方面通过实体岛绿化景观设计，突显城市道路交叉口与周边环境的协调性。

（4）为避免南四路北向南方向直行车辆驶入环岛，在南四路直行车道与环岛之间增设分隔护栏，规范直行车辆与环岛内行驶车辆。 （5）为避免交叉口范围右转车辆与非机动车辆的冲突，保留交叉口转角处机非分隔带，在空间上分隔机动车辆与非机动车辆。	（3）交叉口渠化尽量拓宽进口车道，增加进口道车道数，保证车辆能在最短时间内通过交叉口。 （4）非机动车辆与行人通过渠化岛设置过街安全区域，减少非机动车辆和行人与机动车辆发生冲突，进而提升交叉口范围的通行能力。 （5）交叉口采用"四相位信号控制"，规范各类交通参与者安全通过交叉口。 （6）车辆停止线提前至渠化岛合理位置，减少绿灯损失时间，缩短车辆通过交叉口时间。 （7）为保证行人的安全，在交叉口范围人行道上靠近机动车道侧布设护栏，防止机动车辆上人行道和行人横穿马路情况。

比选结论：综上所述，方案二较方案一更为合理。其原因有三：一是十字交叉口在投入使用中较为普遍，车辆更容易管理，车辆通过交叉口时间较短；二是造价方面，方案二较方案一可节省近200万元建安费用，更经济；三是在交叉口通行能力方面，十字路口通行能力优于环形交叉口，远期考虑，方案二更具有前瞻性。

——资料来源（有修改）：郭文辉，李霞.浅谈新建城市道路交叉口渠化设计[J].城市建设理论研究（电子版），2016（5）.

本章主要介绍道路平面交叉口设计。

☞【学习目的与要求】

知识单元与知识点	1. 平面交叉的交通特征分析、平面交叉口的类型、设计内容； 2. 平面交叉口处的道路平面线形、转弯设计； 3. 平面交叉口的视距验算； 4. 平面交叉口的交通组织设计； 5. 交叉口通行能力与服务水平分析； 6. 交叉口的立面设计。
能力点	1. 熟悉平面交叉的交通特征，能合理选择平面交叉的类型，理解平面交叉口设计内容和一般要求； 2. 掌握交叉口的交通组织设计方法； 3. 掌握交叉口的平面和视距设计方法，并初步具备用计算机辅助工具进行交叉口平面和立面设计的能力。
重难点	【学习重点】 平面交叉口的平面设计、立面设计。 【学习难点】 平面交叉口的立面设计。

6.1 道路平面交叉概述

道路平面交叉概述

交叉口是道路系统的重要组成部分,无论是公路还是城市道路,车辆一般只有在交叉口处才可改变其行驶方向,完成转向功能。这完善了道路网的交通功能,但同时也产生了交通干扰,影响了交叉口的通行能力,使交叉口处车速降低,造成交通阻塞,增加行车延误,并易发生交通事故。因此,对交叉口进行合理的规划和设计,具有十分重要的意义。交叉口设计的根本任务是在保证交通安全的前提下,合理地解决交通流畅与道路用地、工程经济以及环境之间的矛盾。

按照相交道路的空间位置,交叉口可分为平面交叉和立体交叉两种基本类型。本章主要介绍道路平面交叉设计相关内容。

6.1.1 平面交叉的交通特征分析

1. 平面交叉口的交通分析

各车流驶入交叉口后,以直行、右转弯或左转弯的方式,汇入欲行驶方向的车流后再驶离交叉口。进出交叉口的车辆,由于行驶方向的不同,车辆与车辆之间的交错方式也不相同,可能产生的交错点的性质也不一样。

- 同一行驶方向的车辆向不同方向分离行驶的地点称为分流点;
- 来自不同行驶方向的车辆以较小的角度,向同一方向(此时一般行车路线交角小于45°)汇合行驶,车辆可能发生挤撞,这些地点称为合流点;
- 来自不同行驶方向的车辆以较大的角度(一般行车路线交角大于45°)相互交叉的地点称为冲突点。

此3类交错点都存在相互尾撞、挤撞或碰撞的可能性,是影响交叉口行车速度、通行能力和发生交通事故的主要原因。其中:以直行与直行、左转与左转以及直行与左转车辆之间所产生的冲突点,对交通的干扰和行车的安全影响最大;其次是合流点;再次是分流点。因此,在设计交叉口时,应尽量消除、减少冲突点,或采用渠化交通等方法,把冲突点限制在较小的范围内。道路与道路平面交叉的冲突点和合流点的分布如图6-1所示。

无交通管制时,3路、4路、5路相交平面交叉口的交错点分布情况如图6-1所示,其数量见表6-1。

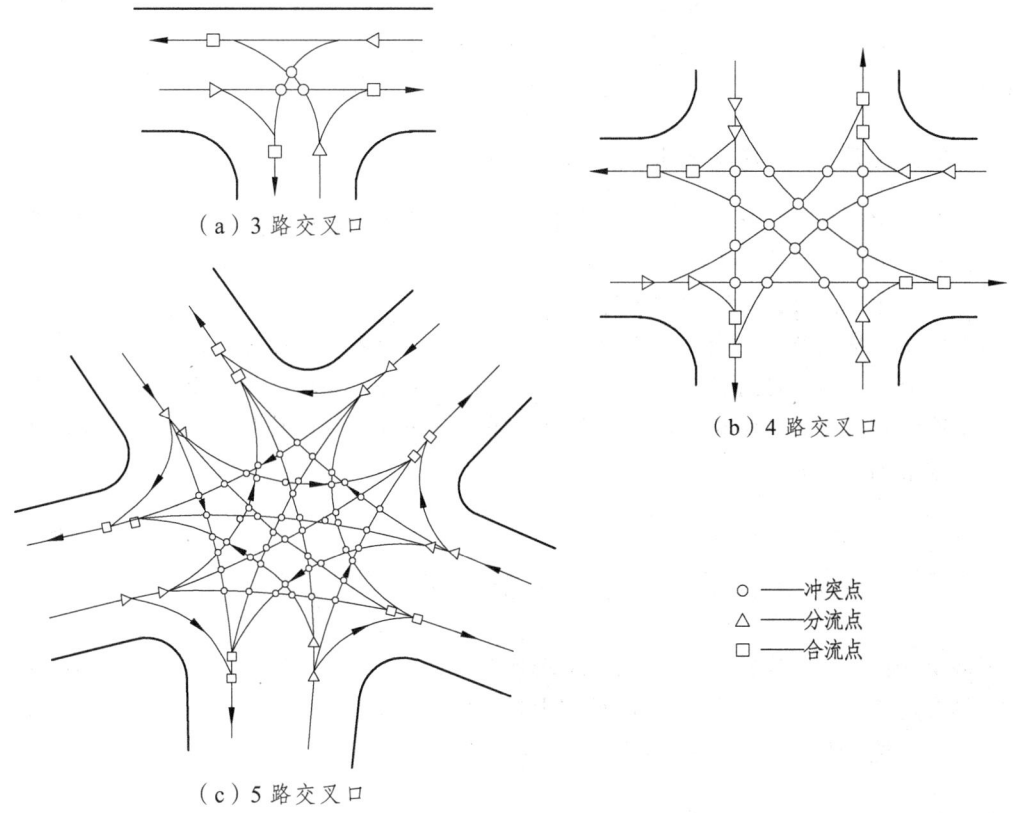

图 6-1 平面交叉交错点

表 6-1 平面交叉口交错点数量

交叉口类型	交错点数量/个			
	冲突点	分流点	合流点	总数
3 路交叉口	3	3	3	9
4 路交叉口	16	8	8	32
5 路交叉口	50	15	15	80

分析上述图表可得出以下两点结论：

（1）在无交通管制的交叉口，都存在各种交错点。其数量随相交道路条数的增加而显著增加，其中增加最快的是冲突点。当相交道路均为双车道时，各交错点的数量可用下式计算。

$$冲突点 = \frac{n^2(n-1)(n-2)}{6}$$

$$分流点 = 合流点 = n(n-2)$$

式中：n——交叉口相交道路的条数。

因此，在规划和设计交叉口时，应力求减少相交道路数量，尽量避免 5 条或 5 条以上道路相交，使交通简化。

(2)产生冲突点最多的是左转弯车辆[图 6-1（b）、（c）]。4 路交叉口若没有左转车流，则冲突点由 16 个减至 4 个，而 5 路交叉口从 50 个减到 5 个。因此，在交叉口设计中如何正确地处理和组织左转弯车辆，是保证交叉口交通通畅和安全的关键所在。

2. 减少或消灭冲突点的措施

(1)实行交通管制。在交叉口设置交通信号灯或由交警指挥，使发生冲突的车流从通行时间上错开。如 4 路交叉口实行交通管制后，冲突点由 16 个减至 2 个，分、合流点由 8 个减至 4 个。若禁止车流左转可完全消灭冲突点。

(2)采用渠化交通。在交叉口内合理布置交通岛、交通标志和标线，或增设车道等，引导各方向车流沿一定路径行驶，减少车辆之间的相互干扰，如环形平面交叉可消灭冲突点。

(3)修建立体交叉。将相互冲突的车流从通行空间分开，使其互不干扰。这是解决交叉口交通问题最彻底的办法。

6.1.2 平面交叉口的类型及其选择

平面交叉口的形式应根据相交道路的交通量、设计速度、交通组成及其在道路网中的作用，并结合道路网的规划、交叉口用地、周围建筑及投资等因素确定。平面交叉根据相交道路的条件和交通管制方式的不同，有多种分类形式。

1. 按相交道路条数分类

按相交道路的条数可将交叉口分为 3 路交叉、4 路交叉与多路交叉 3 种形式。该分类方法由于只考虑了相交道路的条数，因此分类较粗略，未能体现各类交叉口的交通特征。

2. 按交通管理与组织方式分类

按交叉口所实行的交通管理与交通组织方式，可将其归纳为 4 类：加铺转角式、分道转弯式、加宽路口式及环形交叉。

(1)加铺转角式。

加铺转角式交叉是指交叉口用适当半径的圆曲线平顺连接相交道路的路基和路面的平面交叉，如图 6-2 所示。

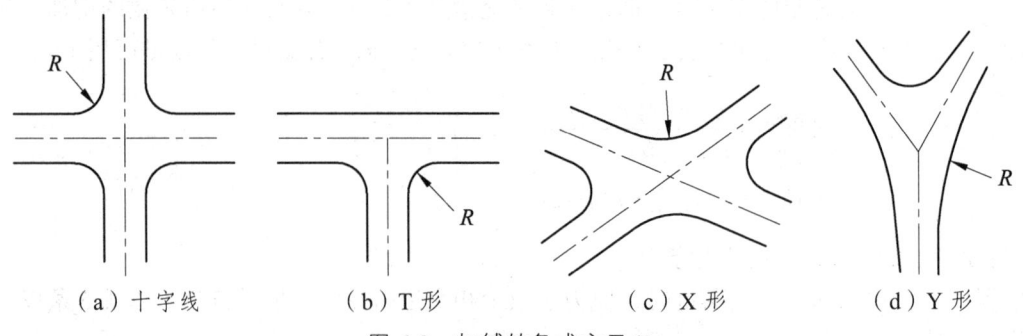

图 6-2 加铺转角式交叉口

此类交叉口形式简单、占地少、造价低、设计方便，但行车速度低、通行能力小，适用于交通量小、车速低、转弯车辆少的三、四级公路或地方道路，若斜交不大时，也可用于转弯交通量较小的主要道路与次要道路交叉。设计时主要解决合适的转角曲线半径和足够视距问题。

（2）分道转弯式。

分道转弯式交叉是指通过设置导流岛、划分车道等措施，使单向右转或双向左、右转车流以较大半径分道行驶的平面交叉，如图 6-3 所示。此类交叉口转弯车辆，尤其是右转弯车辆行驶速度和通行能力都较高，适用于车速较高、转弯车辆较多的一般道路。设计时主要解决分道转弯半径、保证足够的视距和满足导流岛端部半径的要求。

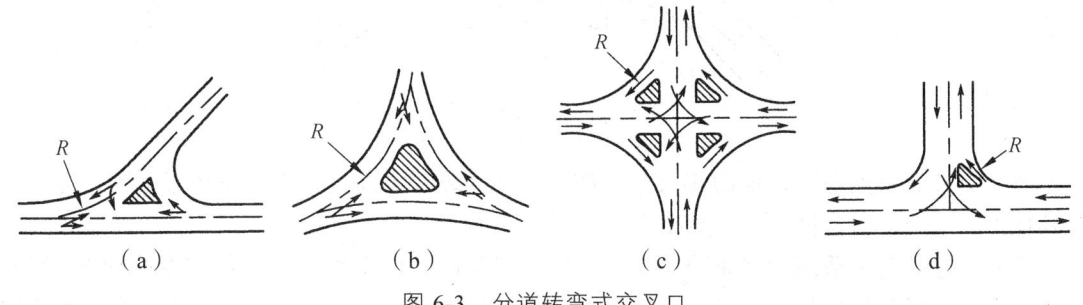

图 6-3　分道转弯式交叉口

（3）加宽路口式。

加宽路口式交叉是指为使转弯车辆不影响其他车辆的正常行驶，在交叉口连接部增设变速车道和转弯车道的平面交叉。这种交叉可以单增右转或左转车道，也可以同时增设左、右转弯车道，如图 6-4 所示。此类交叉口可减少转弯交通对直行交通的干扰、车速较高、事故率低、通行能力大，但占地多、投资较大，适用于交通量较大、转弯车辆较多的二级公路和城市主干路。设计时主要解决扩宽的车道数，同时也要满足视距和转角曲线半径的要求。

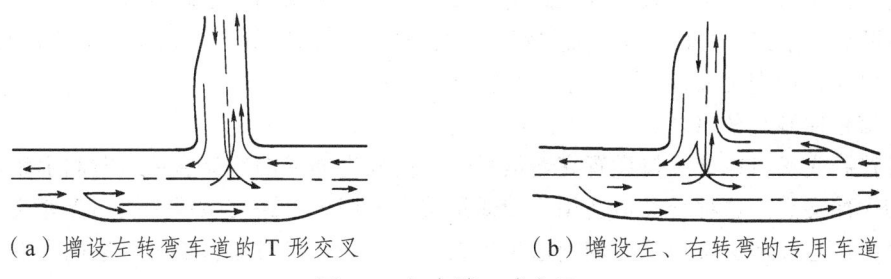

（a）增设左转弯车道的 T 形交叉　　　　（b）增设左、右转弯的专用车道

图 6-4　加宽路口式交叉

（4）环形交叉。

在交叉口中央设置中心岛，用环道组织渠化交通，使所有车辆进入环道后均按逆时针方向绕岛单向行驶，直至所要去的路口离岛驶出的平面交叉，称为环形交叉，也叫转盘，如图 6-5 所示。

环形交叉的优点是：各种车辆可以连续不断地单向运行，没有停滞，减少了车辆在交叉口的延误时间，环道上的行车只有交织的分流与合流，消除了冲突点，提高了行车安全性；交通组织简便，不需信号管制。对多路交叉和畸形交叉，用环式交叉更为有效。

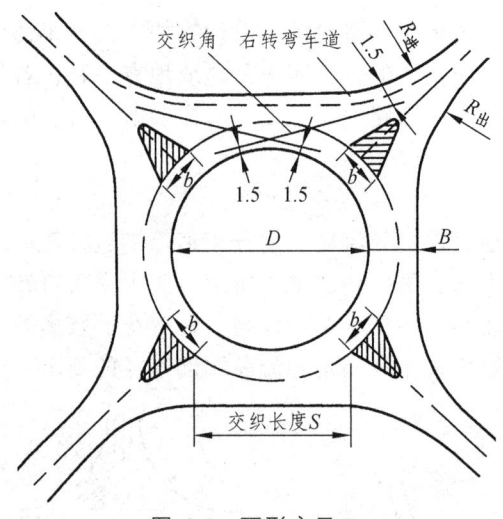

图 6-5 环形交叉口

环形交叉的缺点是：占地面积大，增加了车辆的绕行距离，特别是左转弯车辆；造价相对其他形式的交叉口为高。

因此，这种交叉适用于多条公路相交、通过交叉口的总交通量达 500~3 000 辆/h、转向车辆较多、地形较为平坦的交叉口。应注意非机动车尤其是畜力车较多时，环式交叉的使用效果显著下降。

3. 按交通控制方式分类

（1）无信号控制交叉口。

无信号控制交叉口应指定优先道路，并在非优先道路的交叉入口处设置"让"或"停"的交通标志，使非优先道路的车辆在进入交叉口前缓行或停候，判断主路车流间隔允许通过时方可进入交叉口，该类交叉口为主路优先交叉口。当两条相交道路等级接近且交通量均较小时，也可在各个路口均设"让"或"停"的交通标志，以提醒驾驶人注意谦让并安全通过，该类交叉口为无优先交叉口。

（2）信号控制交叉口。

信号控制交叉口在交叉口设置交通信号灯，使发生冲突的车流从通行时间上错开，进而减少或消灭冲突点。这种交叉口适用于交通量较大的城市干路交叉或干路与支路交叉。实施渠化交通的信号控制交叉口适应的交通量更大。公路交叉口对通行能力有较高需求或交通管理复杂时一般采用该类交叉口。

4. 道路平面交叉的选型

（1）公路平面交叉选型。

公路平面交叉根据相交公路的功能、等级、交通量等可分别采用主路优先交叉、无优先交叉或信号控制交叉 3 种交通管理方式的交叉口。

① 公路功能、等级、交通量有明显差别的两条公路相交，或交通量较大的 T 形交叉，应采用主路优先交叉的交通管理方式。

② 两条相交公路的等级均低且交通量较小时，应采用无优先交叉的交通管理方式。

③ 下述平面交叉应采用信号交通管理方式：

a. 位于城镇路段的平面交叉。

b. 两条交通量均大，且功能、等级相同的公路相交，难以用主路优先的规则管理时。

c. 两条相交公路虽有主次之别，但交通量均较大（主要公路双向交通量大于或等于750辆/h，次要公路单向交通量大于或等于300辆/h），采用主路优先交通管理方式会出现较频繁的交通事故和过大的交通延误时。

d. 主要公路交通量相当大（主要公路双向交通量大于或等于900辆/h），而次要公路尽管交通量不大，但采用"主路优先"交通管理方式时，次要公路上的车辆由于难以遇到可供驶入的主流间隙而引起不可接受的交通延误，或出现冒险驶入长度不足的主流间隙而危及安全时。

e. 两相交公路的交通量虽未达到上述程度，但由于有相当数量的行人和非机动车穿越交叉而引起交通延误，甚至造成阻塞或交通事故时。

f. 环形交叉口的入口因交通量大而出现过多的交通延误时。

（2）城市道路平面交叉选型。

《城市道路工程设计规范》（CJJ 37—2012）（2016年版）与《城市道路交叉口设计规程》（CJJ 152—2010）依据常见的典型交叉口，综合考虑交通控制方式与交通组织方式两方面因素，提出了城市道路平面交叉口的综合分类方法，见表6-2。各级城市道路相交时，平面交叉口选型依据见表6-3。

表6-2　城市道路平面交叉口分类

序号	类别	说明
1	平A类	信号控制交叉口
	平A1类	进出口道展宽的信号交叉口
	平A2类	进出口道不展宽的信号交叉口
2	平B类	无信号控制交叉口
	平B1类	支路只准右转通行的交叉口
	平B2类	减速让行或停车让行标志管制交叉口
	平B3类	全无管制交叉口
3	平C类	环形交叉口

表6-3　城市道路平面交叉口选型

平面交叉口类型	选型	
	推荐形式	可选形式
主干路-主干路	平A1类	
主干路-次干路	平A1类	
主干路-支路	平B1类	平A1类
次干路-次干路	平A1类	
次干路-支路	平B2类	平A1类或平B1类
支路-支路	平B2类或平B3类	平C类或平A2类

6.1.3 平面交叉口的设计内容及一般要求

1. 平面交叉口设计的主要内容

交叉口设计的基本要求：一是保证车辆与行人在交叉口能以最短的时间顺利通过，使交叉口的通行能力满足各相交道路的行车要求；二是正确设计交叉口立面，保证转弯车辆行车稳定，符合排水要求。交叉口设计的主要内容包括：

（1）选择交叉口的交通管理方式和交叉口的类型。

（2）进行交通组织，布置各种交通设施，包括设置专用车道和组织渠化交通。

（3）通行能力与服务水平分析。

（4）交叉口的平面设计，确定各组成部分的几何尺寸，包括行车道的宽度、转角曲线的转弯半径、各种交通岛及绿化带的尺寸等。

（5）验算交叉口的行车视距，保证安全通视条件。

（6）交叉口立面设计与排水设计。

2. 平面交叉口设计的一般要求

平面交叉设计的一般要求包括以下几方面：

（1）公路与公路平面交叉，除高速公路外，一级公路可少量采用平面交叉，其他各级公路均可采用平面交叉。

（2）平面交叉范围内相交的公路设计速度，原则上应与该公路的设计速度一致。如果两相交公路等级相同或交通量相近时，其设计速度可降低，但与公路设计速度之差不应大于20 km/h。城市道路交叉口内的设计速度按各级道路设计速度的0.5~0.7倍计算，直行车取高限，转弯车取低限。

（3）交叉道处宜选在地形平坦，视线开阔的地方，宜设在水平纵坡段处，而且，紧接水平坡段的纵坡应小于3%；在山岭工程艰巨地段，应不大于5%。当交叉口道路设有纵坡时，应首先保证等级较高的主要交通流方向道路的平纵线形顺适、平缓。城市道路交叉口设计范围内纵坡度宜不大于2%，困难情况下应不大于3%。

（4）交叉道路应尽量垂直相交；当其必须斜交时，应使交角尽量大，交角应大于45°。

（5）交叉路段宜采用直线；当采用曲线时，其圆曲线半径宜大于不设超高的最小半径，至少不应小于表6-4所规定的半径。

表6-4 公路平面交叉圆曲线半径

设计速度/(km/h)	主要公路/m		次要公路/m	设计速度/(km/h)	主要公路/m		次要公路/m
	一般值	极限值			一般值	极限值	
100	460	380		40	60	50	30
80	280	230		30	30	25	15
60	150	120	60	20	15	12	15

（6）远期拟建成立体交叉的平面交叉口，近期设计应将平面交叉与立体交叉作出总体设计以便将来改建。

（7）交叉口必须保证具有表 6-5 所规定的视距和识别距离。当受地形条件及其他特殊情况限制时，视距可采用表中低限值，但必须采取设置限速标志等技术措施。视距三角内的视障必须清除，如图 6-6 所示。

表 6-5 平面交叉视距与识别距离

设计速度/（km/h）		100	80	60	40	30	20
停车视距/m	一般值	160	110	75	40	30	20
	极限值	120	75	55	30	25	15
信号控制的信号识别距离/m			350	240	140	100	60
停车标志控制的标志识别距离/m				105	55	35	20

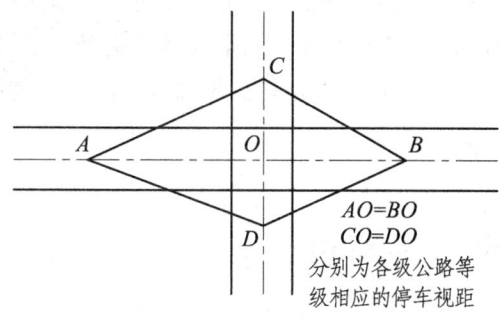

图 6-6 平面交叉视距三角形

（8）交叉口的纵面布置要符合行车舒适、排水通畅的要求，要使道路在交叉口内有一个平顺的共同面，利于地面水及时排除。

6.2 平面交叉口的平面设计

平面交叉口的平面设计

6.2.1 平面交叉处道路的平面线形

平面交叉范围内两相交道路应正交或接近正交，平面线形宜为直线或大半径曲线，尽量避免采用需设超高的圆曲线半径。但由于进口道线形、地形特征以及周围用地的开发等条件限制，难以做到正交时，应保证两相交道路相交不小于 70°；受地形情况或其他特殊情况限制时，应大于 45°，否则应进行平面交叉的扭正设计。图 6-7 列出了 5 种斜交的扭正方法。

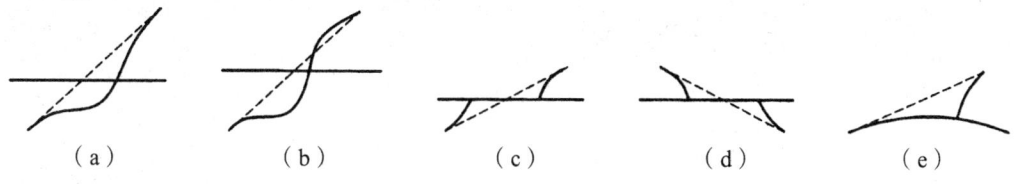

图 6-7 平面交叉斜交扭正示意图

（1）图 6-7（a）和（b）是对一条交叉道路的扭正改线，一般对功能等级较低的道路进行改造，使其垂直交叉。此法缺点是次要道路的重新定线所增加的几个曲线段，会成为危险路段，应与减速措施和前置警告标志相结合。

（2）图 6-7（c）和（d）是将斜交改成错位交叉。错位交叉是指两个相距很近的反向 T 形交叉相连接的形式。图 6-7（c）为逆错位，其中次要道路的改线，提供了右转连续进入，而穿越的车辆离开主路时，必须左转弯重新进入次要道路，对主路的干扰较大，只用于中、小交通量的次要道路交叉。图 6-7（d）为顺错位，次要道路线形的连续性比图 6-7（c）好，因为穿越的车辆等待主路直行车辆的间隙安全左转进入主路后，只需右转弯重新进入次要道路，对主路上的直行交通干扰较小。若次要道路交通量较大时，需要的交织段较长，设计中应尽量避免采用错位交叉。

（3）图 6-7（e）为道路曲线段斜交的处理措施，该交叉口是曲线与其一条切线相交而成。这种改线能改善交叉处的视线，但给转弯车辆带来的反向超高，影响了车辆行驶的平顺性（尤其当圆曲线超高较大时），因此应设置足够的超高过渡段。最彻底的解决方法是避免在具有超高的曲线段设置交叉口。

6.2.2 平面交叉的转弯设计

为保证右转车辆能以一定速度顺利转弯，交叉口转角处的缘石或行车道边缘应做成圆曲线或复曲线，圆曲线的半径 R，称为转角半径，如图 6-8 所示。

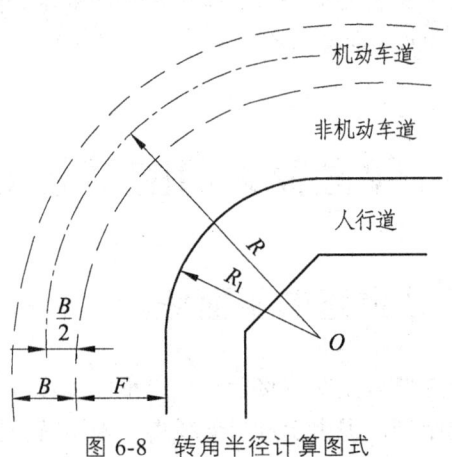

图 6-8 转角半径计算图式

在未考虑机动车道加宽的情况下，转角半径 R_1 为：

$$R_1 = R - \left(\frac{B}{2} + F\right) \text{ (m)} \tag{6-1}$$

$$R = \frac{V_1^2}{127(\mu \pm i_h)} \tag{6-2}$$

式中：B——机动车道宽度（m），一般采用 3.5 m；

F——转弯处的非机动车道宽度（m），无非机动车道时，$F=0$；

R——右转车道中心线半径（m）；

V_1——右转弯设计速度（km/h），可取路段设计速度的 0.5~0.7 倍；

μ——横向力系数，在 0.15~0.20 取值；

i_h——交叉口路面横坡度，一般采用 2%。

城市道路平面交叉口转角处缘石转弯半径应满足机动车和非机动车的行驶要求，可按表 6-6 选定。当平面交叉口为非机动车专用路交叉口时，路缘石转弯半径可取 5~10 m。

在条件允许时应尽量采用较大转角半径，满足行车和交通发展的需要。

各级公路应根据对应设计车辆的行迹进行转弯设计，载重汽车路面内缘的转角最小圆线半径见表 6-7。

表 6-6 城市道路交叉口缘石转角最小半径

右转弯设计速度/（km/h）	30	25	20	15
无非机动车道路缘石转角推荐半径/m	25	20	15	10

表 6-7 公路转弯路面内缘的最小半径

速度/（km/h）	≤15	20	25	30	40	50	60	70
最小半径/m	15	20（15）	25（20）	30	45	60	75	90
最小超高/%	2	2	2	2	3	4	5	6
最大超高/%	一般值：6；绝对值：8							

注：条件受限时可采用括号内的数值。

公路交叉口转弯路面边缘线形应符合车辆转弯时的行迹。渠化平面交叉的右转弯车道，其内侧路面边缘应采用三心圆复曲线。左转弯内侧路面边缘以一单圆曲线来控制分隔岛端的边缘线。当按铰接列车设计时，路面边缘可采用符合转弯行迹的复曲线。非渠化平面交叉的转弯路面边缘可采用半径为 15 m 的圆曲线。

6.3 平面交叉口的视距验算

平面交叉口的视距验算

6.3.1 视距三角形

为保证交叉口行车安全，驾驶员在进入交叉口前的一定距离内，应能看到相交道路上的行车情况，以便能及时采取措施顺利驶过或安全停车。这段必要的距离应该大于或等于停车视距 S_T。

由相交道路上的停车视距所构成的三角形称为视距三角形(通视三角形)。在该范围内不能有任何阻挡驾驶员视线的障碍物,如图6-9所示。

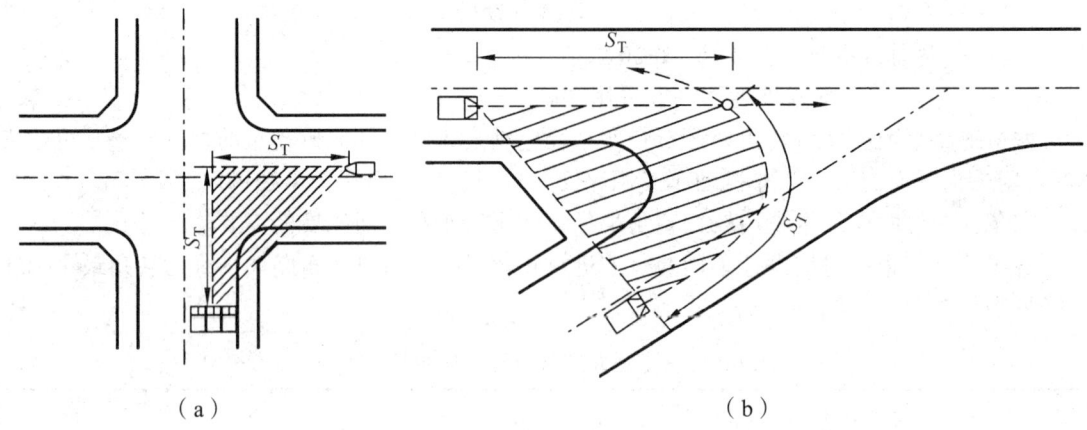

(a)　　　　　　　　　　　　　　　(b)

图6-9　视距三角形

视距三角形应以最不利的情况绘制,绘制的方法和步骤如下。

(1)确定停车视距 S_T:可用前述停车视距计算公式计算或根据相交道路的设计速度按表6-8选用。

表6-8　安全交叉停车视距

设计速度/(km/h)	100	80	60	40	30	20
停车视距/m	160	110	75	40	30	20
安全交叉停车视距/m	250	175	115	70	55	35

(2)找出行车最危险冲突点:不同形式交叉口的最危险冲突点不尽相同。常见十字形和T形(或Y形)交叉口的最危险冲突点可按下述方法确定:

① 对十字形交叉口,如图6-9(a)所示,最靠右侧第一条直行机动车道的轴线与相交道路最靠中线的第一条直行车道的轴线所构成的交叉点为最危险冲突点。

② 对T形(或Y形)交叉口,如图6-9(b)所示,直行道路最靠右侧第一条直行车道的轴线与相交道路最靠中线的一条左转车道的轴线所构成的交叉点为最危险冲突点。

(3)从最危险冲突点向后沿行车轨迹线各量取停车视距 S_T。

(4)连接末端构成视距三角形。条件受限不能保证由停车视距构成视距三角形时,应保证主要道路的安全交叉停车视距和次要道路至主要道路边车道中线 5~7 m 所组成的视距三角形,如图6-10(a)所示。安全交叉停车视距值规定见表6-8。

对信号交叉口,各进口道的车辆受信号控制,速度低且直接冲突少,信号交叉口的视距,只要满足任一条车道路口停车线前第一辆车的驾驶员看到相邻路口第一辆车即可,如图6-10(b)所示。

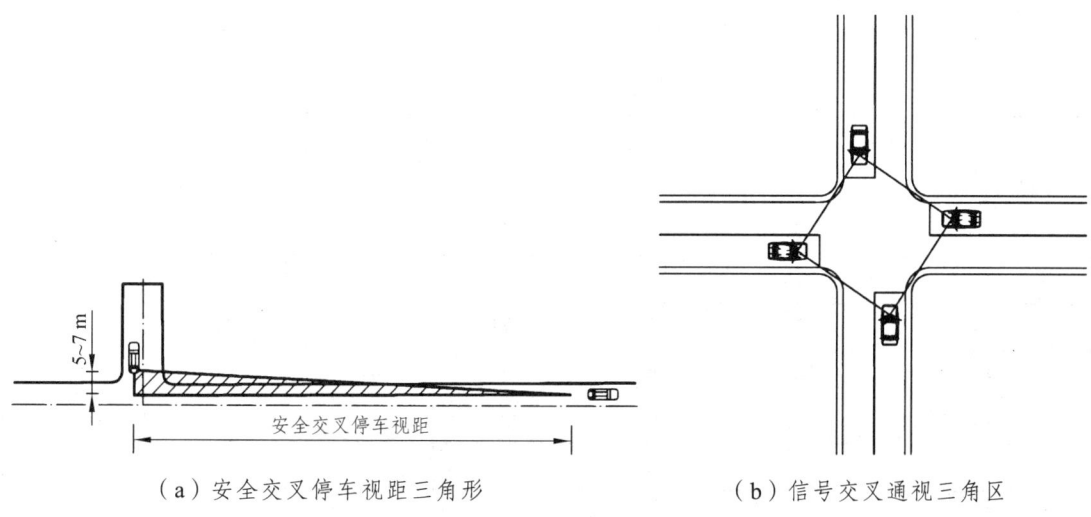

(a) 安全交叉停车视距三角形　　　　（b) 信号交叉通视三角区

图 6-10　安全交叉停车视距三角形和信号交叉通视三角区

6.3.2　识别距离

为保证车辆安全顺利通过交叉口，应使驾驶员在交叉口之前的一定距离能识别交叉口的存在及交通信号和交通标志等，这一距离称为识别距离。该识别距离随交通管制条件而变化。

1. 无信号控制交叉口

对无信号控制的交叉口，多是等级低、交通量小及车速不高的次要交叉口，识别距离可采用各相交道路的停车视距。

2. 有信号控制交叉口

对有信号控制的交叉口，识别距离为使正常行驶的驾驶员能看清交通信号和显示内容，有足够时间制动减速直至停车，但这种制动停车并非紧急制动。识别距离可用式（6-3）计算。

$$S_s = \frac{V}{3.6}t + \frac{V^2}{26a} \quad (\text{m}) \tag{6-3}$$

式中：S_s——交叉口的识别距离（m）；

　　　V——路段设计速度（km/h）；

　　　a——减速度（m/s²），取 $a = 2$ m/s²；

　　　t——识别时间（s）。

识别时间 t 包括驾驶员的反应时间和制动生效时间。在公路上识别时间可取 10 s；在城市道路上因交叉口较多，驾驶员对其存在已有思想准备，识别时间可取 6 s。

3. 停车标志控制交叉口

对停车标志控制的交叉口，一般为主要道路与次要道路交叉，主次关系明确，且对标志的识别要比对信号容易，可采用式（6-3）及识别时间为 2 s 计算。

信号控制及停车标志控制交叉口的识别距离见表6-9，在此范围内不应有任何障碍物。

表6-9 交叉口的识别距离（单位：m）

设计速度/（km/h）	信号控制交叉口				停车标志控制交叉口	
	公路		城市道路		计算值	采用值
	计算值	采用值	计算值	采用值		
80	348	350	—	—	—	—
60	237	240	171	170	104	105
40	143	140	99	100	54	55
30	102	100	68	70	35	35
20	64	60	42	40	19	20

6.4 平面交叉口的交通组织设计

平面交叉口的
交通组织设计

平面交叉口的交通组织包含机动车交通组织、行人和非机动车交通组织，本节主要介绍机动车交通组织。机动车交通组织的目的是保证交叉口上车辆行驶安全、通畅，提高交叉口的通行能力。交通组织设计归纳起来就是正确选择交通管理方式，设置必需的车道数，合理布置交通岛和各种标志、标线，使车辆在交叉口能按渠化交通的原则组织起来，顺利通过交叉口。常用的交通组织方法有：设置专用车道，组织渠化交通，实行信号管制，调整交通组织等。

6.4.1 设置专用车道

组织不同行驶方向的车辆在各自的车道上分道行驶，互不干扰。根据行车道宽度和左、直、右行车辆的交通量大小可作出多种组合的车道划分，如图6-11所示。

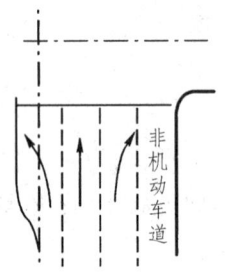 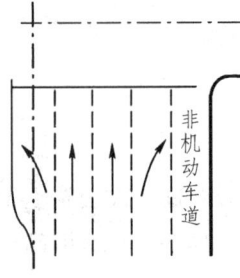 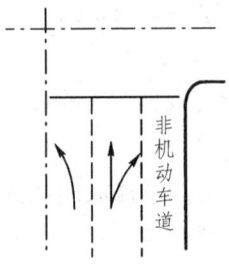 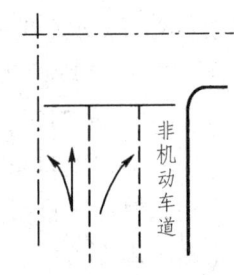

（a）左、直、右方向车辆数均匀，各设一条专用车道
（b）直行车辆较多且左、右转也有一定数量时，设两条直行车道和左、右转各一条车道
（c）左转车多而右转少时，设一条左转车道，直行和右转车共用一条车道
（d）左转车少而右转车多时，设一条右转车道，直行和左转车共用一条车道

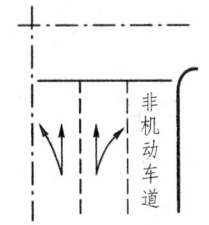 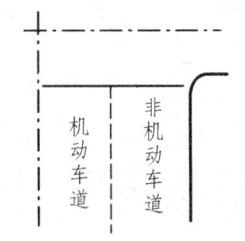 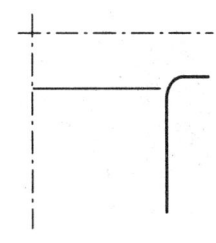

（e）左、右转车辆都较少时，分别与直行车合用车道　　（f）行车道宽度较窄，不设专用车道，只画快、慢车分道线　　（g）行车道宽度很窄，单向只设一条车道

图 6-11　交叉口车道划分

平面交叉应保证进口道车道数与出口道车道数平衡，原则上出口道车道数必须大于或等于进口道车道数。若平面交叉的直行车道数是 2，则直行方向的出口道也需 2 条及以上车道。同样，需设 2 条左转车道时，左转方向的出口道也需 2 条及以上车道。这种设置利于出入口车道位置对应和出入口通行能力对应，避免出口拥堵和发生追尾、碰撞事故。平面交叉还应保证进口道直行交通流在交叉口范围内不改变驾驶方向即可驶入出口车道。

左转弯车辆是引起交叉口车流冲突的主要原因，合理组织左转弯车辆的交通，是保证交通安全、提高交叉口通行能力的有效方法。左转弯车辆交通组织方法可采用以下几种形式：

1. 设置专用左转车道

如图 6-11 所示，在行车道宽度内紧靠中线画出一条车道供左转车辆专用，以免阻碍直行交通 [图 6-11（c）]；若原有行车道宽度不够时，可向中线左侧适当扩宽设置专用左转车道 [图 6-11（a）、(b)]。设置专用左转车道后左转车辆须在左转车道上等待开放或寻机通过，而不影响直行交通。

2. 实行交通管制

通过信号灯控制或交警手势指挥，在规定时间内不准左转或允许左转。

3. 变左转为右转

（1）环形交通：利用环道组织逆时针单向交通，变左转为右转，使冲突车流变为分流与合流，如图 6-12（a）所示。

（2）街坊绕行：使左转车辆环绕邻近街坊道路右转行驶实现左转，如图 6-12（b）所示。此法行程增加很多，通常仅用于左转车辆所占比例不大，旧城道路扩宽困难，或在桥头引道纵坡大的十字形交叉口，为防止车辆高速下坡时直角转弯发生事故而采用。

（3）远引掉头：利用中间带开口远引掉头实现左转，如图 6-12（c）所示。左转车辆在禁左交叉口右转后，从下游中央分隔带开口处掉头直行，间接实现左转。该法简化了路口配时，同时也分离了冲突区域，减少了冲突点。远引掉头一般要求中央分隔带宽度不小于 4 m。

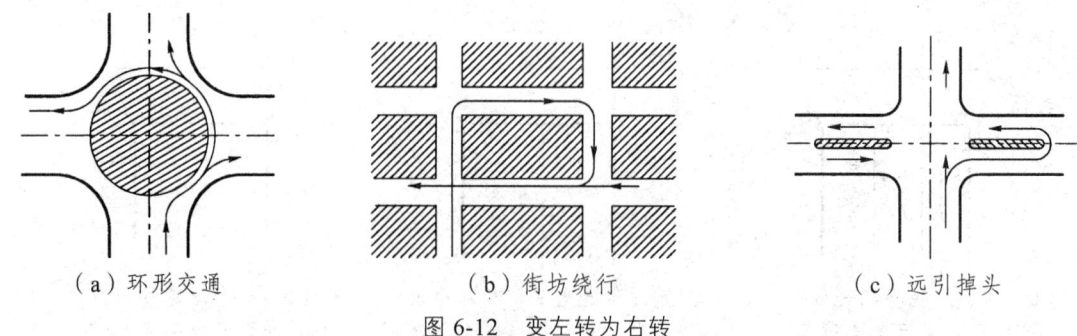

(a)环形交通　　　　　　(b)街坊绕行　　　　　　(c)远引掉头

图 6-12　变左转为右转

6.4.2　组织渠化交通

在交叉口设置交通标志、标线和交通岛等,引导车流和行人各行其道的措施称为渠化交通。

1. 渠化的作用

渠化交通在一定条件下可有效提高道路通行能力,减少交通事故,对解决畸形交叉口的交通问题较为有效。

(1)利用分车线或分隔带、交通岛等,对不同方向和速度的车辆划分车道行驶,使行人和驾驶员容易看清互相行驶的方向,避免车辆相互侵占、抢占车道和干扰行车路线,减少车辆相互碰撞的机会,增加行车安全,如图 6-13(a)所示。

(2)利用交通岛,限制车辆行驶方向,使斜交对冲的车流为直角交叉或锐角交叉,如图 6-13(b)、(c)所示。

(3)利用交通岛,限制车道宽度,控制车速,防止超车,如图 6-13(d)、(e)所示。

(4)利用交通岛或分隔带,设置各种交通标志,并可作为行人过路时避让车辆的安全岛。

在交通量较大、车速较高的交叉口利用交通岛组织渠化交通,还需考虑设置变速车道和候驶车道,如图 6-13(f)所示,以利左转弯车辆转向行驶和变速行驶的需要。

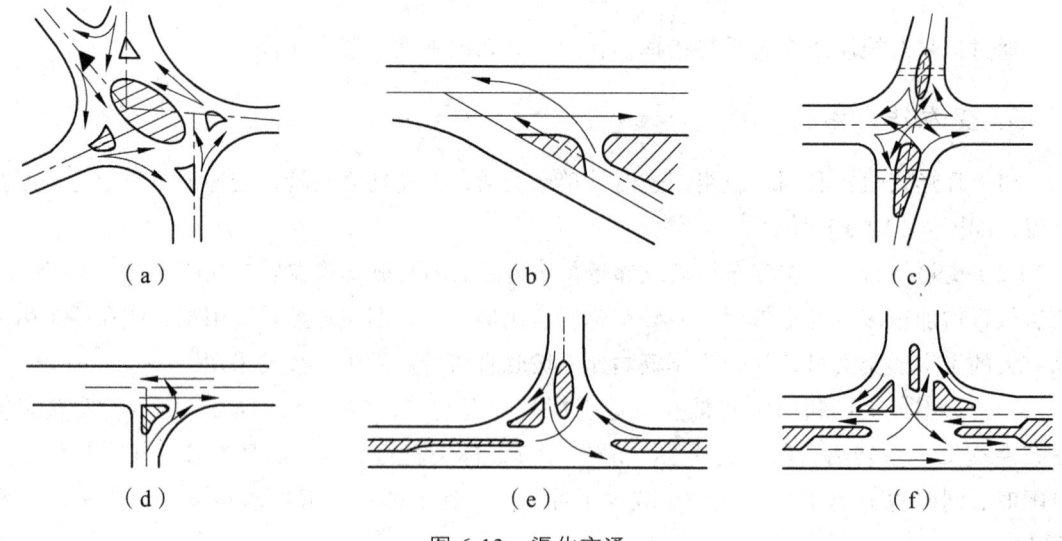

图 6-13　渠化交通

2. 交通岛设计

为控制车辆行驶方向和保障行人安全，在车道之间设置的岛状设施称为交通岛。交通岛按其功能分为方向岛、分隔岛、中心岛、安全岛等。

方向岛又称导流岛，用以指引行车方向，在渠化交通中起着重要作用，一些复杂的交叉口，只需几个简单的方向岛，就能组织好交通，减少或消灭冲突点。方向岛还可用于约束车道，使车辆减速转弯，保证行车安全。

分隔岛又称分隔带，是用来分隔机动车和非机动车、快速车和慢速车，以及对向行驶的车流，保证行车速度和交通安全的长条状交通岛，有时也可通过在路面上画线的方式来代替分隔岛。

中心岛是设在交叉口中央，用来组织左转弯车辆和分隔对向车流的交通岛。

安全岛供行人过路时避让车辆之用。在宽阔、交通繁忙的道路上，宜在人行横道线中央设置安全岛，以保证行人过路安全。

交通岛的形状为直线与圆曲线的组合图形。分隔岛的宽度按其用途规定见表 6-10。交通岛边缘的线形取决于相邻车道的路缘线形，直行车道边缘的岛缘线应根据缘石构造作不同值的偏移，岛端迎车流边应偏移且圆滑化。转角导流岛的形状和岛端后退量如图 6-14 所示，岛端圆弧半径见表 6-11，缘石后退量见表 6-12。表 6-12 中：立式路缘石为具有一定形状和高度，能够阻碍车辆驶离路面的界石；半可越式路缘石为在紧急情况下车辆可以驶过或在特殊情况下对车辆无损害的一种路缘石；可越式路缘石为车辆可以驶过且对车辆无损害的一种路缘石。导流岛端部内移距在主要道路一侧按 1/10~1/20 过渡，次要道路一侧为 1/5~1/10。

表 6-10 分隔岛的宽度

用途	宽度/m	用途	宽度/m
设置标志	1.2	左转车道及剩余分隔带	4.3~5.5
个别行人避险以及今后可能设信号	1.8	标线式左转弯分隔带	至少为车道宽度
多车道公路的信号交叉中较多行人的越路避险	2.4	二次等候左转或穿越	7 m 或设计车辆长度

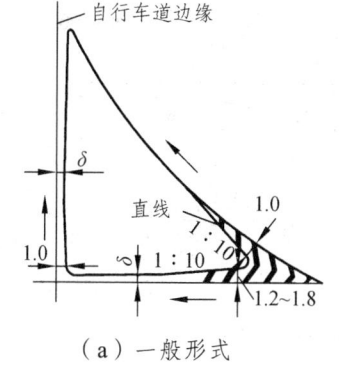
（a）一般形式

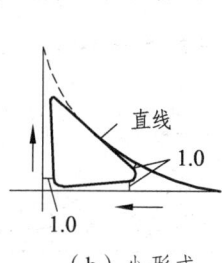
（b）小形式

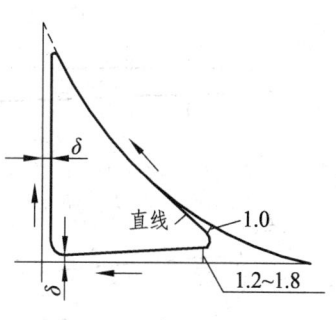
（c）变通形式

图 6-14 转角导流岛（尺寸单位：m）

表 6-11 岛端圆弧半径

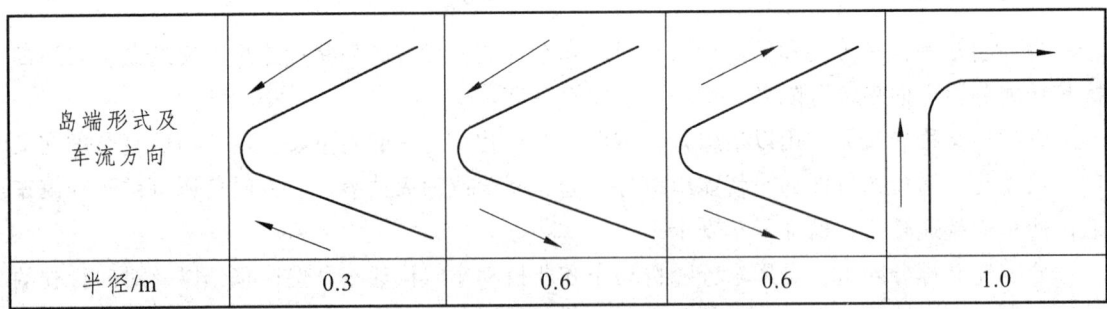

表 6-12 缘石后退量

缘石类型	δ/m	缘石类型	δ/m
立式	0.6	可越式	0
半可越式	0.3		

交叉口主要道路上的分隔岛如图 6-15 所示,设计参数见表 6-13。次要道路或支路上的分隔岛如图 6-16 所示,设计参数见表 6-14,图中 R_2 一般等于 R,但有时需变动,以保证岛端至主要公路行车道边缘底距离为 2~4 m 和岛底宽度为 2~5 m。

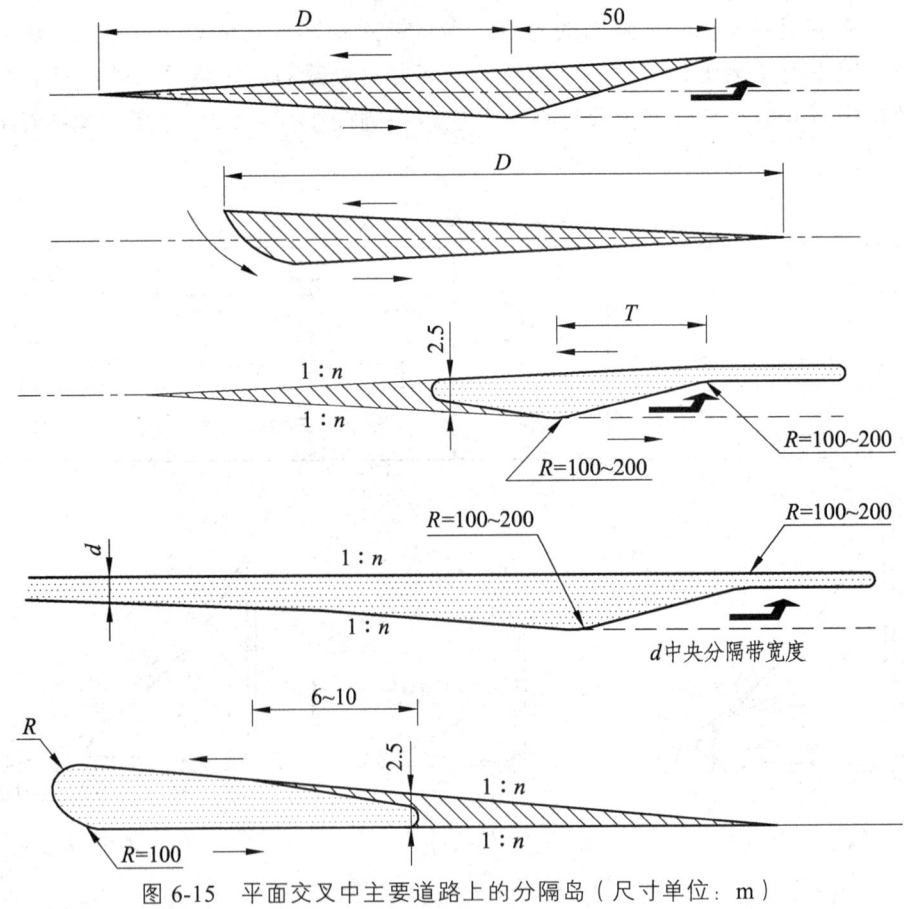

图 6-15 平面交叉中主要道路上的分隔岛(尺寸单位:m)

表6-13 主要道路上分隔岛的设计参数

设计速度/(km/h)	40	50	60	80
渐变参数 n	15	20	25	30
D/m	40	50	60	80
T/m	40	45	55	70

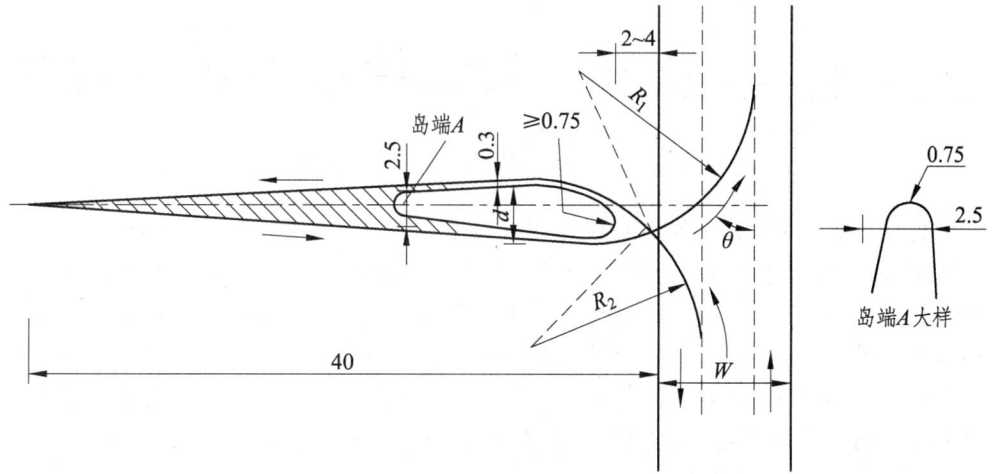

图6-16 平面交叉中支路上的分隔岛（尺寸单位：m）

表6-14 支路上分隔岛的设计参数

θ/(°)	70	80	90	100	110	W/m	≤10	11	≥14
d/m	1.5	2.0	2.5	2.0	1.5	R_1/m	12	14	20

交通岛按其构造分为用缘石围成而高出周围行车道路面的实体岛、路面上用标线画出的隐形岛和无缘石的浅碟式岛3种。各种交通岛的面积在城区不小于5 m²，其他地区不小于7 m²。

（1）当被交通岛分隔的行车道有不少于两条的车道或虽为一条车道但设有绕避故障车辆的加宽时应采用实体岛，岛缘宜采用斜式缘石或半可越式缘石。岛缘与车道边线间应有0.3~0.5 m宽的路缘带。

（2）岛的面积较小或不需要或不宜采用强行分隔时，宜采用隐形岛。

（3）岛的面积很大或可不依赖缘石导向（如速度较高的右转车道的导流岛），可采用设宽度不小于0.5 m路缘带的行车道围成的浅碟式岛。

（4）夜间交通量较大且交通岛复杂的渠化交叉应设置照明。

（5）不具备设置照明条件时，应采用反光路标勾出岛界轮廓。路缘线、隐形岛的所有标线，迎流岛端部缘石的立面上，均应采用反光涂料。

3. 公路平面交叉的渠化布设

二级及二级以上公路的平面交叉必须进行渠化设计，三级公路的平面交叉应进行渠化设计，四级公路的平面交叉宜进行渠化设计。城市道路平面交叉可参照布设。

（1）主要公路为二级公路的 T 形交叉，当直行交通量不大，而与次要公路间的转弯交通量占相当比例时，可采用图 6-17（a）所示的只在次要公路上设分隔岛的渠化 T 形交叉。当主要公路的直行交通量较大时，则采用图 6-17（b）所示的在主要公路和次要公路上均设分隔岛的渠化 T 形交叉。

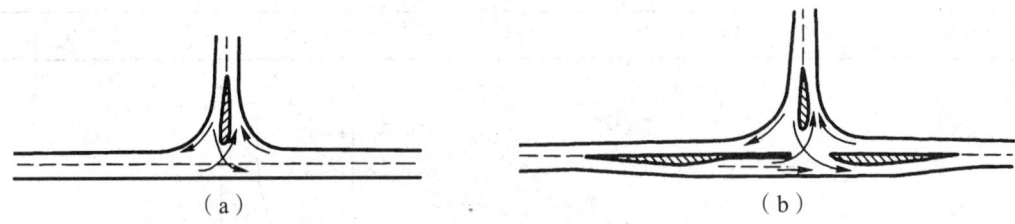

图 6-17　只设分隔岛的渠化 T 形交叉

（2）主要公路为 4 车道公路，或设计速度大于等于 60 km/h 且有相当比例转弯交通量的二级公路，或直接与互通式立交连接的双车道公路 T 形交叉应采用图 6-18 所示设置导流岛的渠化 T 形交叉。当主要公路为双车道公路时，应根据左、右转弯交通量的大小选用图 6-18（a）、(b)、(c) 所示的某种渠化布置方式，主要公路上的分隔岛宜为隐形岛。当主要公路为 4 车道时，应采用图 6-18（d）所示的渠化布置方式，次要公路上的导流岛可根据左、右转弯交通量分别按图 6-18（a）、(b)、(c) 处理，主要公路上的分隔岛应为实体岛。

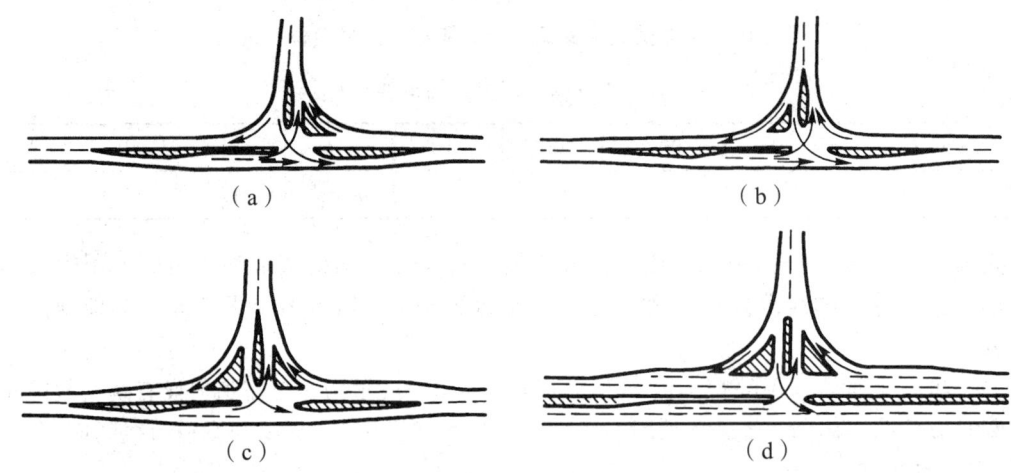

图 6-18　设导流岛的渠化 T 形交叉

（3）相交公路等级较高或交通量较大时，十字形交叉应采用由分隔岛、导流岛指定各向车流的行径。此类十字形交叉口的转弯车辆，尤其是右转弯车辆行驶速度和通行能力都较高，适用于车速较高、转弯车辆较多的干线公路。主要公路为 4 车道公路以及设计速度为 80 km/h 的双车道公路，或设计速度为 60 km/h 但属区域干线的双车道公路，其上的十字形交叉应采用图 6-19 所示的渠化交叉。当主要公路为 4 车道公路，或虽为双车道公路，但交叉所在的局部路段为 4 车道，次要公路为双车道公路且转弯交通量不平衡时，其间的十字形交叉可采用图 6-19（c）的形式；若转弯交通量较大且各向转弯较平衡时，则应按图 6-19（b）布置完善交通岛。两 4 车道公路或 4 车道以上公路相交，或其中之一为 4 车道以上的公路时，应按图 6-19（d）布置完善交通岛和转弯车道，且应设置足够相数及合适配时的信号系统。

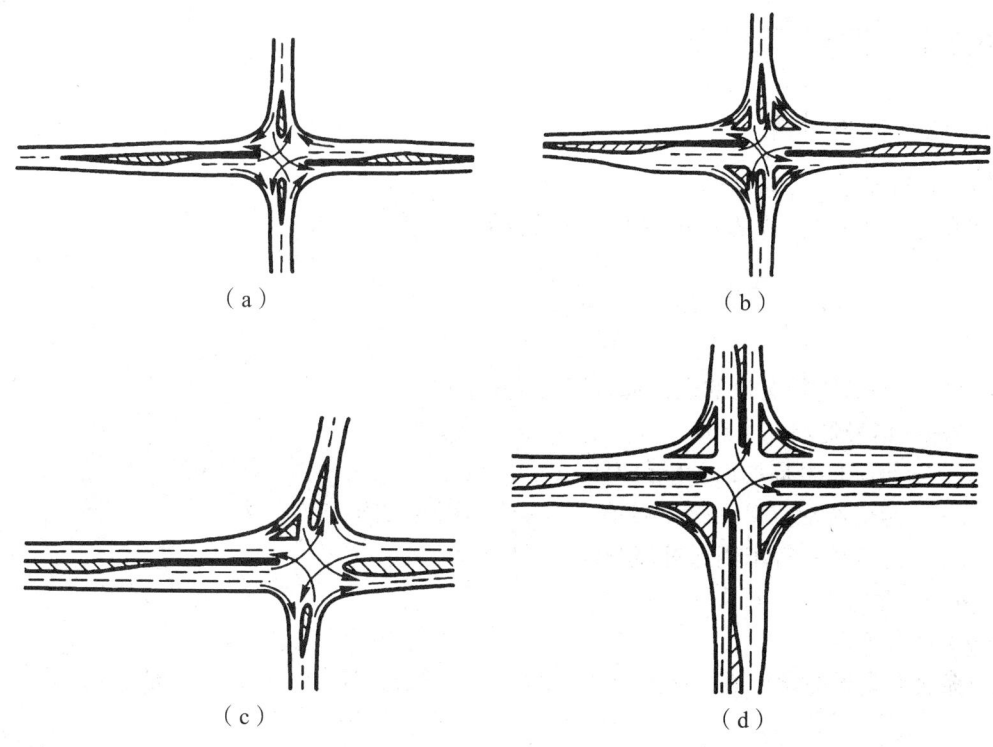

图 6-19 渠化十字交叉

6.4.3 实行信号管制

采用自动控制的交通信号指挥系统，提高行车速度和通行能力。

6.4.4 调整交通组织

当旧城道路改建困难时，可对城市道路网综合考虑，采取改变交通路线，限制车辆行驶，控制行驶方向，组织单向交通，以及适当封闭一些主要干道上的支路等措施，简化交叉口交通，提高整个道路网的通行能力。

6.5 通行能力与服务水平分析

交叉口通行能力指的是交叉口各进口道单位时间内可以通过的车辆数之和。平面交叉口设计，必须使其设计服务水平下的通行能力满足交叉口的规划交通量要求。城市道路交叉口、三级及三级以上公路平面交叉应对通行能力和服务水平进行分析和检验。不同的交通管理方式，交叉口的通行能力不同，其分析方法也不相同。

6.5.1 信号交叉口

1. 通行能力计算

（1）直行车道。

信号交叉口进口一条直行车道的设计通行能力计算公式如下：

$$C_s = \frac{3600}{T_c}\left(\frac{t_g - t_1}{t_i} + 1\right)\delta \tag{6-4}$$

式中：C_s——一条直行车道的设计通行能力（pcu/h）；

T_c——信号灯周期（s）；

t_g——每个信号周期内的绿灯时间（s）；

t_1——绿灯亮后，第一辆车启动、通过停车线的时间，可采用 2.3 s；

t_i——直行或右行车辆通过停车线的平均时间（s/pcu）；

δ——折减系数，可采用 0.9。

（2）直右车道。

一条直右车道的设计通行能力与一条直行车道的设计通行能力相等，即

$$C_{sr} = C_s \tag{6-5}$$

式中：C_{sr}——一条直右车道的设计通行能力（pcu/h）。

（3）直左车道。

一条直左车道的设计通行能力按式（6-6）计算：

$$C_{sl} = C_s(1 - \beta'_l/2) \tag{6-6}$$

式中：C_{sl}——一条直左车道的设计通行能力（pcu/h）；

β'_l——直左车道中左转车所占比例。

（4）直左右车道。

一条直左右车道的设计通行能力与一条直左车道的设计通行能力相等，即

$$C_{slr} = C_{sl} \tag{6-7}$$

式中：C_{slr}——一条直左右车道的设计通行能力（pcu/h）。

（5）进口道。

进口道的设计通行能力等于该进口各车道设计通行能力之和。此外，也可根据本进口车辆左、右转比例计算。

① 进口设有专用左转与专用右转车道。

进口设有专用左转与专用右转车道时，进口道设计通行能力按式（6-8）计算：

$$C_{elr} = \sum C_s / (1 - \beta_l - \beta_r) \tag{6-8}$$

式中：C_{elr}——设有专用左转与专用右转车道时，本面进口道设计通行能力（pcu/h）；

$\sum C_s$——本面直行车道设计通行能力之和（pcu/h）；

β_l——左转车占本面进口道车辆比例；

β_r——右转车占本面进口道车辆比例。

② 进口设有专用左转车道而未设专用右转车道。

进口设有专用左转车道而未设专用右转车道时，进口道的设计通行能力按式（6-9）计算：

$$C_{el} = (\sum C_s + C_{sl})/(1 - \beta_l) \qquad (6-9)$$

式中：C_{el}——设有专用左转车道时，本面进口道设计通行能力（pcu/h）。

③ 进口道设有专用右转车道而未设专用左转车道。

进口道设有专用右转车道而未设专用左转车道时，进口道的设计通行能力按式（6-10）计算：

$$C_{er} = (\sum C_s + C_{sl})/(1 - \beta_r) \qquad (6-10)$$

式中：C_{er}——设有专用右转车道时，本面进口道的设计通行能力（pcu/h）。

2. 服务水平评价

我国《城市道路工程设计规范》（CJJ 37—2012）（2016 年版）将信号交叉口服务水平分为 4 级，采用的服务水平评价指标包括平均停车延误、负荷度、排队长度等，见表 6-15，新建道路交叉口设计服务水平采用三级。

表 6-15　信号交叉口服务水平

服务水平	平均停车延误/（s/辆）	负荷度	排队长度/m
一	<30	<0.6	<30
二	30～50	0.6～0.8	30～80
三	50～60	0.8～0.9	80～100
四	>60	>0.9	>100

6.5.2　无信号交叉口

无信号交叉口可分为次要道路停车让行、全部道路停车让行和环形交叉口 3 种形式。城市道路要求次要道路停车让行交叉口通行能力应保证次要道路上车辆可利用的穿越空当能满足次要道路上交通需求。下面以公路为例介绍其通行能力的分析方法。

1. 实际通行能力计算

无信号交叉口通行能力与服务水平应与路段服务水平保持一致，亦按三级服务水平设计。十字交叉口、T 形交叉口的设计通行能力见表 6-16。

表 6-16　不同类型无信号交叉口的设计通行能力

交叉口类型	2 车道与 2 车道十字交叉	2 车道与 4 车道十字交叉	2 车道与 2 车道 T 形交叉	2 车道与 4 车道 T 形交叉
设计通行能力/（pcu/h）	1 600	2 300	1 300	1 800

确定了设计通行能力后,不同交叉口的实际通行能力为:

$$C = C_D \times \prod F_i \tag{6-11}$$

式中:C——无信号交叉口的实际通行能力(pcu/h);

C_D——无信号交叉口的设计通行能力(pcu/h);

F_i——第 i 种影响因素的修正系数,主要包括主支路流量比修正系数、大型车混入率修正系数、左转车影响修正系数、右转车影响修正系数、横向干扰修正系数,具体计算可参见《道路通行能力》相关教材。

2. 服务水平评价

无信号交叉口服务水平评价指标采用车辆的平均延误与饱和度,服务水平划分标准见表 6-17。

表 6-17 无信号交叉口服务水平的划分标准

服务水平	平均延误/s	饱和度	交通状况描述
一级	≤15.0	0.75	车流畅通,略有阻力
二级	(15.0,30.0]	0.85	车流运行正常,有一定延误
三级	(30.0,40.0]	0.90	车流能正常运行,但延误较大
四级	(40.0,50.0] >50.0	0.9~1.0 1.0	车流处于拥挤状态,延误较大

6.6 平面交叉口的立面设计

交叉口立面设计的目的是通过调整交叉口范围的行车道、人行道及附近地面等有关各点的设计标高,合理确定各相交道路之间及交叉口和周围建筑物之间共同面的形状,以符合行车舒适、排水迅速和建筑艺术三方面要求。

6.6.1 交叉口立面设计的要求和原则

立面设计主要取决于相交道路的等级、交通量、横断面形状、纵坡的大小和方向以及周围地形等。交叉口立面设计的基本要求是首先应满足主要道路的行车方便,在不影响主要道路行车平顺的前提下,适当变动主要道路的纵坡和横坡,以照顾次要道路的行车需要。交叉口立面设计的一般原则为:

(1)相同等级道路相交时,一般维持各自的纵坡不变,而改变它们的横坡度。通常是改变纵坡较小道路的横断面形状,将路脊线(路拱顶点的连线)逐渐向纵坡较大道路的车行道边线移动,使其横断面的横坡度与纵坡较大道路的纵坡一致。

（2）主要道路与次要道路相交时，主要道路的纵、横断面均维持不变，而将次要道路双坡横断面，逐渐过渡到与主要道路纵坡相一致的单坡横断面，以保证主要道路的交通便利。

（3）设计时至少应有一条道路的纵坡方向背离交叉口，以利于排水。如遇特殊地形，所有道路纵坡方向都向着交叉口时，必须在交叉口内设置雨水口和排水管道，以保证排水要求。

（4）交叉口范围布置雨水口时，一条道路的雨水不应流过交叉口的人行横道，或流入另一条道路，也不能使交叉口内产生积水。所以，雨水口应设在人行横道之前或低洼处。

（5）交叉口范围内横坡要平缓些，一般不大于路段横坡，以利于行车。**纵坡度**宜不大于2%，困难情况下应不大于3%。

（6）交叉口立面设计标高应与周围建筑物的地坪标高协调一致。

6.6.2 交叉口立面设计的基本类型

交叉口立面设计的形式，主要取决于交叉范围相交道路的纵坡、横坡及地形。以十字形交叉口为例，按其所处地形及相交道路纵坡方向，可划分为 6 种基本类型，如图 6-20 所示。

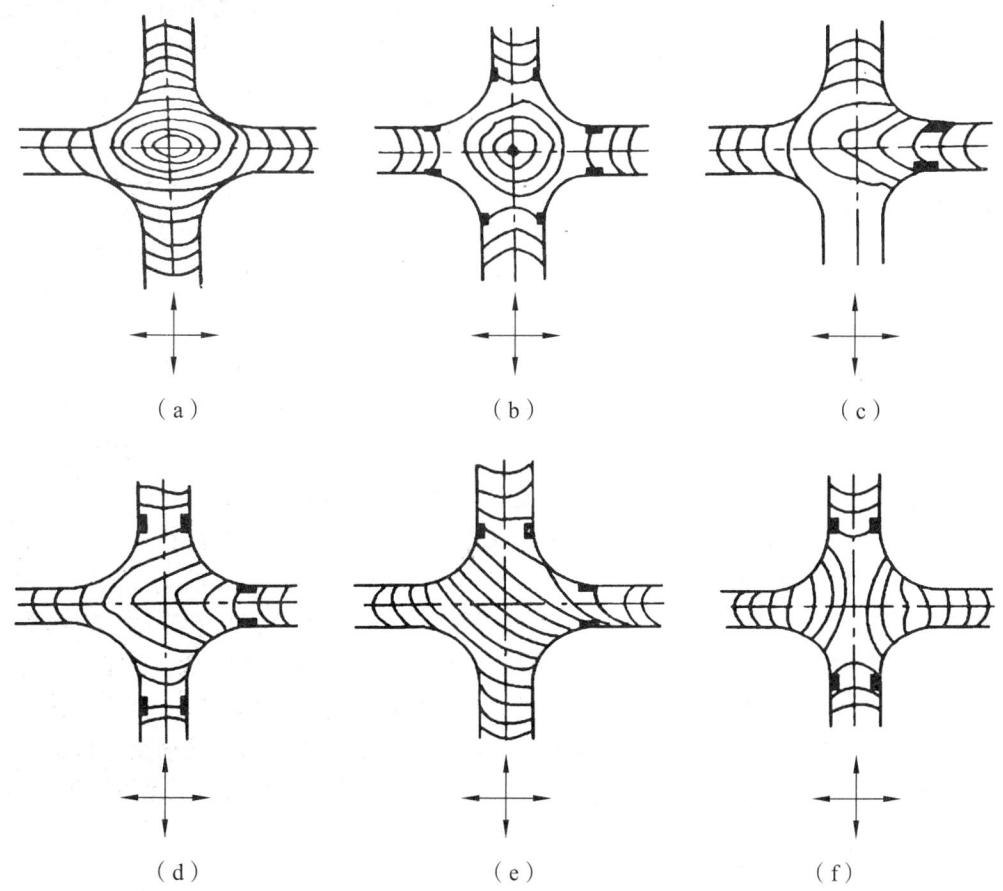

图 6-20 交叉口立面设计的基本形式

（1）处于凸形地形上，相交道路的纵坡方向均背离交叉口［图 6-20（a）］。

设计时使交叉口的纵坡与相交道路的纵坡一致，适当调整一下接近交叉口的路段横坡，让雨水流向交叉口 4 个转角的街沟或路基外排除，交叉口内不需设置雨水口。

（2）处于凹形地形上，相交道路的纵坡方向都指向交叉口［图 6-20（b）］。

这种形式地面水都向交叉口集中，排水比较困难，应尽量避免。若因地形限制，必需时应设置地下排水管道排水。为防止雨水汇集到交叉口中心，应适当改变相交道路的纵坡，以抬高交叉口中心标高，并在转角设置雨水口。最好在相交道路纵坡设计时，应将一条主要道路的变坡点设在远离交叉口的地方，保证有一条道路的纵坡方向能背离交叉口。

（3）处于分水线地形上，有 3 条道路纵坡方向背离而一条指向交叉口［图 6-20（c）］。

设计时应将纵坡指向交叉口的道路路脊线在交叉口处分为 3 个方向，相交道路的横断面不变，并在纵坡指向交叉口道路的人行横道线外设雨水口，防止雨水流入交叉口内。

（4）处于谷线地形上，有 3 条道路纵坡方向指向交叉口而一条背离［图 6-20（d）］。

设计时，与谷线相交的道路进入交叉口之前，在纵断面上产生转折而形成过街横沟，不利于行车，应尽量使纵坡转折点离交叉口远一些，并在该处插入竖曲线。纵坡指向交叉口的人行横道线外应设置雨水口。

（5）处于斜坡地形上，相邻两条道路纵坡指向交叉口而另两条背离［图 6-20（e）］。

设计时，相交道路的纵坡均不变，而将两条道路的横坡在进入交叉口前逐渐向相交道路的纵坡方向变化，使交叉口上形成一个单向倾斜面，并在纵坡指向交叉口道路的人行横道线外设雨水口。

（6）处于马鞍形地形上，相对两条道路纵坡指向交叉口而另两条背离［图 6-20（f）］。

设计时，相交道路纵、横坡都可按自然地形在交叉口内适当调整，并在纵坡指向交叉口的道路两侧设置雨水口。

6.6.3 交叉口立面设计的方法与步骤

平面交叉立面设计的方法有方格网法、设计等高线法、方格网设计等高线法 3 种。其中方格网法是将平面交叉范围以相交公路的中心线为坐标基线打上方格网，方格网一般采用 5 m×5 m 或 10 m×10 m，且平行于路中心线。斜交公路平面交叉应选在便于施工放线的方向，测出方格网点上的地面高程，并按一定要求计算出方格网点的设计高程，从而计算出施工高度，以便计算其平面交叉的工程数量。设计等高线法是在平面交叉的设计范围内选定路脊线和划分高程计算网，算出路脊线及高程计算线上的设计高程，然后在平面交叉范围内勾出等高线，并计算出施工高度。和方格网法比较，设计等高线法的主要优点是能更全面、更清晰地反映出平面交叉的设计地形；其缺点是设计等高线在施工放样时，等高线上各点高程位置不易确定，所以有时也采用将上面两种方法联合使用的方式。对于普通交叉口，多采用方格法或设计等高线法，其中混凝土路面宜采用方格网法，而沥青路面宜采用设计等高线法；对于大型、复杂的交叉口和广场的竖向设计，通常采用方格网设计等高线法。

现就方格网法设计的一般方法介绍如下：

（1）绘制平面交叉平面图。平面交叉平面图包括公路中心线、车行道线、分隔带、路缘石半径、路边线及交通岛等相关设计线，以相交公路中心线为坐标基线打方格网，尺寸一般采用 5 m×5 m 或 10 m×10 m，并确定网格点高程。

（2）确定平面交叉的设计范围。设计范围一般为路缘石半径的切点以外 5~10 m，并满足相交公路的双向横坡逐渐过渡到单向横坡所需的距离，并应与相交公路的路面高程完全衔接。

（3）立面设计形式的确定。根据相交公路的等级、纵坡方向和地形，确定采用的立面设计等高线形式，并选定合适的等高距（一般为 0.02~0.1 m，取偶数以便于计算）。

（4）绘制平面交叉的设计等高线。平面交叉竖向设计借助于等高计算（辅助）线网作为计算各点高程的辅助线，根据相交公路纵横坡及平面交叉的控制高程，便可计算出辅助线上各相应点的设计高程，然后将各高程相同的点连接，便可得到平面交叉的设计等高线。

① 在平面交叉范围内选定合适的路脊线和控制高程。平面交叉路脊线是指路拱顶点（分水点）的连线。路脊线位置的合理与否，将直接影响平面交叉处排水、行车和立面美观。一般情况下，路中线即为路脊线。路脊线交点即为其控制高程。在斜交的 T 形平面交叉上，相交的公路虽然必交于一点，但当斜交的偏角过大时，其路中线就不宜作为路脊线，应加以调整，如图 6-21 所示。

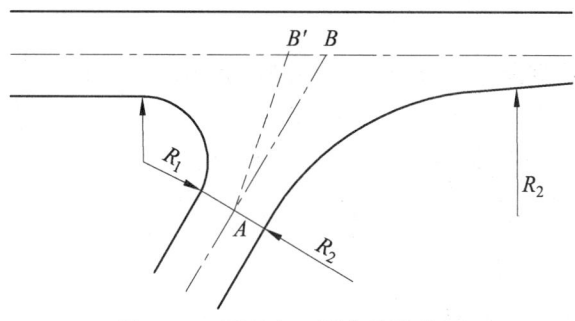

图 6-21 平面交叉调整路脊线图

② 确定高程计算线网，并计算高程线上各点的设计高程。只有路脊线上的设计高程，不能全面反映平面交叉范围内的立面设计，因此还必须计算出路脊线以外各点的设计高程。

高程计算线网是竖向设计必不可少的辅助线，一般可用圆心法（图 6-22）、等分法（图 6-23）、平行线法（图 6-24）和方格网法（图 6-25）等方法确定，采用时可结合平面交叉形式、交通情况、是否便于施工等情况合理取用。下面仅对方格网法作出介绍。

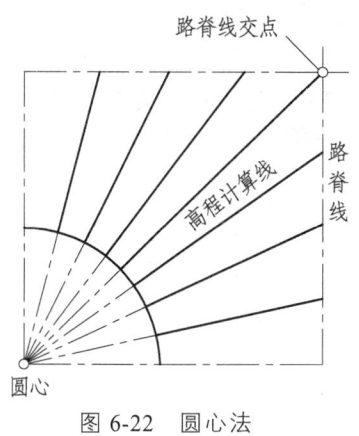

图 6-22 圆心法

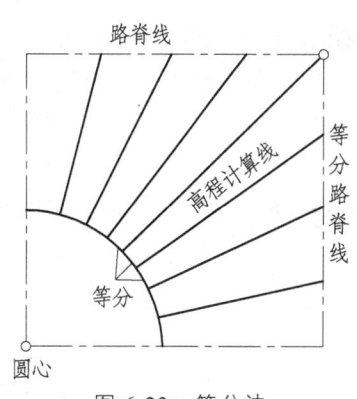

图 6-23 等分法

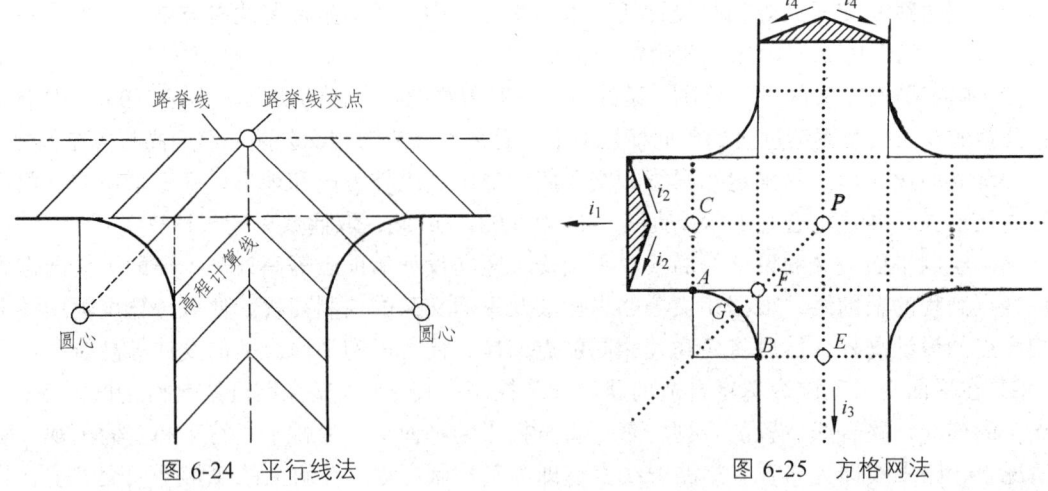

图 6-24 平行线法   图 6-25 方格网法

在平面交叉平面图上，平行于公路中心线画出 5 m×5 m 或 10 m×10 m 的方格网线，遇到特殊情况，方格网的大小也可以酌情增减，如公路斜交，方格网线应选在便于施工放线的方向。

如图 6-25 所示，根据路脊线交点 P 的控制高程 H_P 求出 A、C 点的高程。其计算公式如下：

$$H_C = H_P - \overline{CP} \cdot i_1$$

$$H_A = H_P - \overline{AC} \cdot i_2$$

同理，可求得 B、E 点的高程。

由 PF 延长线与路缘石的相交点 G 的高程可求得 F 点高程，按三点同坡的方法计算，其中 F 点高程可按下式计算：

$$H_F = \frac{(H_B + \overline{BF} \cdot i_3) + (H_A + \overline{AF} \cdot i_1)}{2}$$

其他路缘石上各点高程可按 A、B、G 三点高程用补插法计算求得。同理可求得其他三个角处的高程。

【**工程实例 6-1**】 如图 6-26 所示某平面交叉，其交叉中心高程为 10.06 m，东西向公路纵坡为 1.5%，由西向东倾斜，南北向公路纵坡为 0.3%，由平面交叉中心向南、向北倾斜，公路横坡为 1.5%，宽度如图所示。请用设计等高线法设计该平面交叉的立面图（等高距为 0.1 m）。

【**解**】如图 6-26 所示，东西向公路的水平间距为：

$$l = \frac{h}{i_纵} = \frac{0.1}{0.015} = 6 \text{ m}$$

$$l_1 = \frac{B}{2} i_横 \frac{1}{i_纵} = \frac{27 \times 0.015}{2 \times 0.015} = 13.5 \text{ m}$$

第6章 道路平面交叉设计

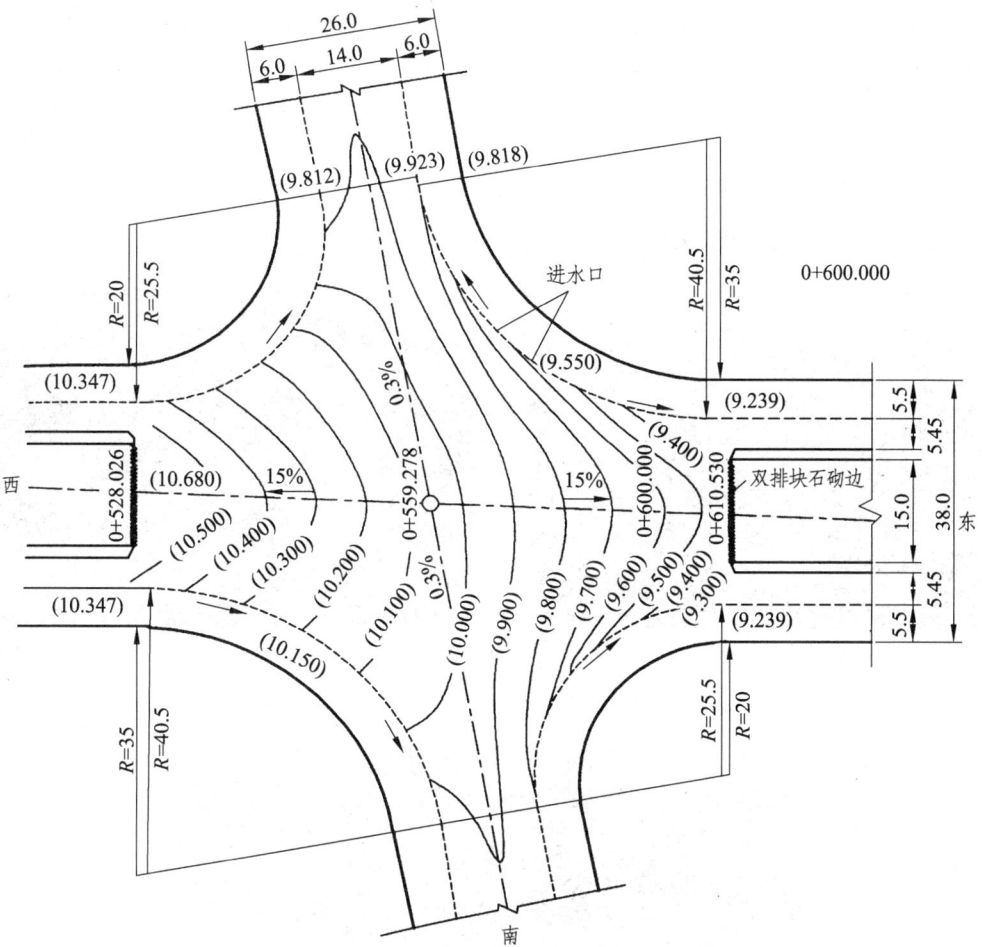

图 6-26 平面交叉竖向设计图（单位：m）

南北向的水平间距为：

$$l_{南北} = \frac{h}{i_{纵}} = \frac{0.1}{0.03} = 33.33 \text{ m}$$

$$l_1 = \frac{B}{2} i_{横} \frac{1}{i_{纵}} = \frac{14 \times 0.015}{2 \times 0.03} = 35 \text{ m}$$

平面交叉中心高程为 10.06 m，其上无等高线，故应计算其与相邻设计等高线的间距，以便绘出等高线。设 l_3 为平面交叉中心至西侧等高线的水平距离：

$$l_3 = \frac{高差}{纵坡值} = \frac{10.10 - 10.06}{0.015} = 2.66 \text{ m}$$

按比例绘出平面交叉中心向西 2.66 m 处的 10.10 m 等高线通过点，并绘出该等高线。同理设 l_4 为平面交叉中心至东侧等高线的水平距离：

$$l_4 = \frac{高差}{纵坡值} = \frac{10.10 - 10.00}{0.015} = 4 \text{ m}$$

按比例换算后以 4 m 距离绘制在中心线以东高程为 10.00 m 的等高线，以后按 $l = 6$ m 的东西间距求得每根等高线在东西向公路上的位置，南北向公路上以 $l = 33.33$ m 的距离绘制等高线的间距，同时，适当调整横坡，绘制出平面交叉竖向设计图，其成果如图 6-26 所示。

☞ 【能力提升】

1. 图片辨析，请指出图 6-27 所示分别属于哪种交叉口类型。

图片辨析（一）

图片辨析（二）

图片辨析（三）

图 6-27 图片辨析

2. 广州市典型平面交叉口规划设计指引：遵循以人为本，突破既有规范，补充完善了城市道路平面交叉口设计要点。

在城市土地资源紧缺的现状前提下，在道路红线宽度内合理优化调整道路横断面，提高道路通行能力，增加慢行空间及节约土地资源，缓解"出行难"问题，是交通拥堵治理难点之一。广州道路规划设计过程中在既有规范基础上进一步压缩平面交叉口进口道设计宽度，即进口道一般新建道路为 3.0 m，改建为 2.75 m，工业园区或公交走廊等道路的进口道宽度新建可取 3.25 m，改建为 3.0 m。相比较既有规范缩减了 0.25~0.5 m。

顺应"小街区、密路网"的推进实施，高密度路网布局片区可不进行交叉口车道展宽设计。近年来，广州白鹅潭中心商务区、琶洲互联网集聚区等重点城市功能区规划优化均采用

"小街区、密路网"的用地布局，地块尺度有 200 m×100 m、120 m×80 m 等，路网密度超过 12 km/km²。如果按照规范要求展宽，两个相邻路口间距小于展宽长度，无法进行展宽。因此，在高密度的路网布局情况下，片区交通组织更容易处理，路网整体容量能力已经得到较大提升。因此，此次研究基于路网间距与规范要求展宽尺寸长度关系，小街区、密路网核心目的等，提出当片区路网密度达到 10 km/km² 时，路口平均间距约 200 m，相交路口可不展宽。

为提高弱势人群过街便利性，提出交叉口内人行过街横道设置无障碍设计要求，同时从道路红线宽度控制情况完善行人二次过街安全岛的设置情形。一般的道路工程设计中关于无障碍设计以路缘石为主，穿越机动车道的过街斑马线区域普遍没有盲道设计，考虑到在过街人流量较大的情况下，盲人过街的不便性，研究提出在交叉口过街斑马线适当增加盲道铺装。此外，从规划设计应用的辨识性出发，在规范基础上提出依照道路红线宽度确定二次行人过街安全岛设置建议，即 26 m 规划红线以上，相对应一般是 4 车道及以上道路，应设二次过街安全岛，更突出行人过街安全保障。

试搜集资料，找出体现"以人为本，小街区、密路网"等前沿设计理念的道路平面交叉口设计案例。

☞ 【复习思考题】

一、填空题

1. 减少和消除冲突点的方法有_____、_____和_____。
2. 道路交叉的交错点包括_____、_____和_____等 3 类，其中_____对交通的干扰和行车的安全影响最大。
3. 交叉口立面设计的方法有_____、_____及_____等高线法。
4. 在确定交叉口的车道数时，其通行能力的总和必须大于_____h 交通量的要求。

二、选择题

1. 在十字交叉口中，产生冲突点最多的是（   ）。
   A. 右转弯车辆   B. 左转弯
   C. 直行车辆   D. 环行车辆
2. 公路功能、等级、交通量有明显差别的两条公路平面相交时，交通管理方式应采用（   ）。
   A. 主路优先交叉   B. 无优先交叉
   C. 环形交叉   D. 信号交叉
3. 下面不属于进入交叉口的车辆交错方式的是（   ）。
   A. 分流   B. 合流   C. 冲突   D. 交织
4. 下面不属于按交通管理方式划分的交叉口类型的是（   ）。
   A. 主路优先交叉   B. 无优先交叉
   C. 加铺转角式   D. 信号交叉
5. 属于平面交叉设计控制要素的是（   ）。
   A. 设计速度   B. 设计车辆
   C. 设计交通量与设计服务水平   D. 以上全部

三、问答题

1. 平面交叉口都有哪些分类？拓宽路口式交叉是按什么分类的？适用于何种情况？
2. 车辆在交叉口行驶会产生哪些交错点？当无信号控制，相交道路为3、4、5条时，其各种交错点的数量分别为多少？减少或消除平面交叉口处的冲突点可采取的措施有哪些？
3. 左转弯交通组织有哪些？各有什么特点？
4. 试区别导流岛、分隔岛、中心岛、安全岛等交通岛的作用。
5. 什么是渠化交通？进行渠化交通组织时应注意的事项有哪些？
6. 公路和城市道路交叉口视距分别应如何保证？
7. 左转专用车道的设置条件和设置方法有哪些？
8. 环形交叉口的分类及各自的特点、适用条件是什么？
9. 平面交叉口立面设计的原则是什么？

第7章 道路立体交叉设计

☞ 【导读】

重庆立交——为 8D 城市添魔力

电影《疯狂的石头》是一部在重庆取景的电影,影片中大量经典的重庆元素令人印象深刻。在电影尾声,黄渤饰演的"黑皮"一边往嘴里塞面包一边疯狂奔跑的画面,叫人爆笑,而他奔跑的这座立交桥就是位于重庆南岸、以高度和弯度闻名的苏家坝立交。

菜园坝大桥与南岸海铜路有几十米的高差,苏家坝立交便采取"迂回战术",将自己盘成半径 100 m 的圆圈,最终让菜园坝长江大桥顺利抵达南岸。苏家坝立交高达 72 m、30 多层楼高的大半径螺旋匝道,犹如游乐园的过山车,从桥下仰视,又如彩虹横跨天空。

重庆的 8D 魔幻效果中,有一份"功劳"应该归属于"绕晕导航"的立交桥。每个城市都有立交桥,不过重庆的立交桥却别有一番景致与个性,这使得重庆的立交桥也成了"网红"景点。有游客在网络上留言:重庆的立交桥与众不同。这不同,除了体现重庆独特的地形地貌外,还有那份对未知"出口"的憧憬。比如位于南岸区的黄桷湾立交,5 层、20 余条匝道连接 8 个方向,层层叠叠如同"盘龙",因此有了"走错一个道就是重庆一日游"的戏谑说法。别说外地游客,就是重庆本地人第一次开车上黄桷湾立交,若不用导航则多少有点"心虚"。

重庆南岸区黄桷湾立交

在重庆,立交桥绝不只甘心发挥交通枢纽的作用,有的立交桥还花样百出,形成一道道引人瞩目的立交风景线。在网络走红的重庆高新区青龙嘴立交桥,就因为搭配了色彩丰富的绿化景观而形似"悟空脸"。利用绿化"画龙点睛"的还有九龙坡区神似"猫头鹰"

造型的二郎立交。位于两江新区的古木峰立交更是直接把川剧脸谱、海底世界搬到桥下，玩出了"艺术范"。

重庆立交桥，用路面"脱离"地表的方式展现着一种全新的城市美学。它是奇特地形与基建技术的结晶，更是重庆人民智慧和创造力的表现。每一次关于立交桥的探索，都会带来新的惊喜和感叹。

——资料来源（有修改）：谈书，胡燕. 重庆立交为8D添魔力[J]. 今日重庆，2023（9）：46-49.

立交究竟有哪些功能？应该如何进行分类？需要遵循什么样的技术标准？通过本章的学习，为你揭开"全新城市美学——立交桥"的神秘面纱。

☞ 【学习目的与要求】

知识单元与知识点	1. 立体交叉的组成、一般规定、公路立交与城市立交的区别； 2. 立交的类型、特点与选择； 3. 互通式立交设计要点、设计成果； 4. 匝道设计； 5. 连接部设计。
能力点	1. 熟悉道路立体交叉的组成、设计要求及设计内容； 2. 了解立体交叉的主要类型、特点，能够合理选择立交的形式； 3. 学习并初步掌握匝道与连接部的线形标准和设计要点。
重难点	【学习重点】 立交的类型及设计要点。 【学习难点】 匝道设计。

7.1 道路立体交叉概述

道路立体交叉概述

立体交叉（简称立交）是利用跨线构造物使道路与道路（或铁路）在不同标高上相互交叉的连接方式。立交是高速道路（高速公路和城市快速路的统称）必不可少的组成部分。

采用立交可使各方向车流在不同标高的平面上行驶，消除或减少了冲突点；车流可连续运行，提高了道路的通行能力；节约了运行时间和燃料消耗；控制了相交道路车辆的出入，减少了对高速道路的干扰。

7.1.1 立体交叉的组成

立体交叉通常由跨线构造物、正线、匝道、出入口以及变速车道等部分组成，如图 7-1 所示。

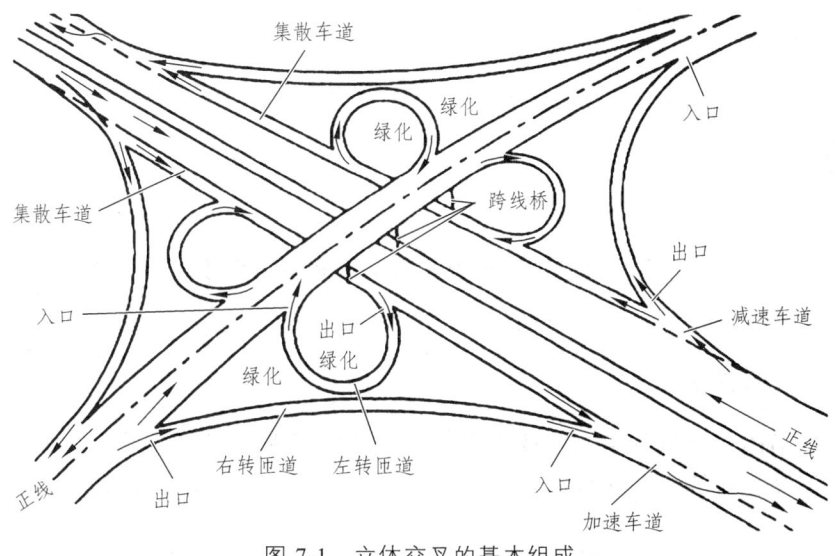

图 7-1 立体交叉的基本组成

1. 跨线构造物

它是立体交叉实现车流空间分离的主体构造物，指设于地面以上的跨线桥（上跨式）或设于地面以下的地道（下穿式）。

2. 正　线

它是组成立体交叉的主体，指相交道路（含被交道路）的直行车道，主要包括连接跨线构造物两端到地坪标高的引道和立体交叉范围内引道以外的直行路段。根据相交道路等级，正线可分为主要道路（简称主线）、一般道路或次要道路（简称次线）。

3. 匝　道

它是立体交叉的重要组成部分，是指供上、下相交道路的转弯车辆行驶的连接道，有时也包括匝道与正线或匝道与匝道之间的跨线桥（或地道）。按其作用可分为右转匝道和左转匝道两类。

4. 出口与入口

由正线驶出进入匝道的道口为出口，由匝道驶入正线的道口为入口。

5. 变速车道

变速车道是为适应车辆行驶的需要，而在正线右侧的出入口附近增设的附加车道。它可分为减速车道和加速车道两种，出口端为减速车道，入口端为加速车道。

6. 辅助车道

在高速道路立体交叉的分、合流附近，为使匝道与高速道路车道数平衡和保持正线的基本车道数而在正线外侧设置的附加车道。

7. 匝道的端部

匝道的端部是指匝道两端分别与正线相连接的道口，它包括出入口、变速车道和辅助车道等。

8. 集散道路

在城市附近，为了减少车流进出高速道路的交织和出入口数量，可在高速道路的一侧或两侧设置与其平行且分离的专用道路。

9. 三角地带及立交范围

在立交范围内，匝道与主线间或匝道与匝道间的旷地统称为立交三角地带。三角地带是立交绿化和美化布置、照明以及布置设施等的用地。三角地带的布置是立交设计的内容之一。

立交范围是指交通交叉口的交点至各方向相交公路路口出、入口处变速车道斜带的顶点间包围的主线和匝道以及三角地带的全部区域范围。立交范围线是划分路段与立交、立交与周围其他用地的界限，也是立交征地的依据。

7.1.2 公路立交的一般规定

（1）立体交叉的位置应根据公路网规划、相交公路状况、地形和地质条件、社会与环境因素等确定。互通式立交的形式应根据相交公路的功能、等级、交通量及其组成、收费制式等，并综合考虑用地条件、经济与环境等确定。

（2）高速公路与其他公路相交，必须采用立体交叉。一级公路同交通量大的其他公路交叉，应采用立体交叉。二、三级公路间的交叉，在交通条件需要或有条件的地点，也可采用立体交叉。除在控制出入的地点设置互通式立体交叉外，其他情况均采用分离式立体交叉。

（3）互通式立体交叉的形式、设置的间距及加（减）速车道、匝道设计，应根据《公路路线设计规范》（JTG D20—2017）的有关要求及具体情况确定。

（4）高速公路间、高速公路与具有干线功能的一级公路间、具有干线功能的一级公路间的互通式立体交叉，应为枢纽互通式立体交叉。枢纽互通式立体交叉的匝道应具有良好的自由流的线形，匝道上不设置收费站，匝道端部不出现穿越冲突。高速公路、一级公路间及其与其他公路相交的互通式立体交叉应为一般互通式立体交叉，其匝道上可设置收费站，且高速公路出入口以外允许设置平面交叉。

（5）设置互通式立体交叉，应根据交通量、远景规划及其在公路网中的作用，并结合地形、用地条件、投资等因素确定。

（6）在城市、重要工业区周围设置互通式立体交叉的标准间距为 5~10 km，一般地区为 15 km，其最大间距不宜超过 30 km，否则应在适当位置设置 U 形转弯设施，以供误行车辆和公路维修、救援等车辆调头之用。其最小间距应满足车辆交织和变速、设置标志等方面的需要，其值不应小于 4 km。因路网结构或其他特殊情况限制，经论证，相邻互通式立体交叉的间距需适当减小时,加速车道渐变段终点至下一个互通式立体交叉的减速车道渐变段起点间的距离,不应小于 1 000 m;当小于 1 000 m 且经论证而必须设置时,应将两者合并为复合式互通式立体交叉。互通式立体交叉与服务区、停车区、公共汽车停靠站、隧道进出口等之间的距离,应能满足设置出口预告标志的需要;条件受限制时,间距可适当减小,但上一个入口终点至下一个出口起点的距离不应小于 1 000 m。

(7)互通式立体交叉位置的选定,应以现有公路网或已批准的规划为依据。一般应选择**地势平坦**开阔、地质良好、拆迁少以及相交两公路具有较高的平、纵线形指标的位置。

(8)进行互通式立体交叉的设计时,应对该地区的交通条件、社会条件、**自然条件等**进行广泛、深入细致的调查和勘测,经过多方案的技术经济比较,选择合理的形式及适当的规模,并合理确定各设计指标。

(9)互通式立体交叉范围内主线的主要技术指标规定见表 7-1。

表 7-1 互通式立体交叉范围内主线的技术指标

设计速度/(km/h)		120	100	80	60
最小平曲线半径/m	一般值	2 000	1 500	1 100	500
	极限值	1 500	1 000	700	350
最小竖曲线半径/m	凸形 一般值	45 000	25 000	12 000	6 000
	凸形 极限值	23 000	15 000	6 000	3 000
	凹形 一般值	16 000	12 000	8 000	4 000
	凹形 极限值	12 000	8 000	4 000	2 000
最大纵坡/%	一般值	2	2	3	4.5(4)
	最大值	2	3	4(3.5)	5.5(4.5)

注:当主要公路以较大的下坡进入互通式立体交叉,且所接的减速车道为下坡,同时,后随的匝道线形指标较低时,主要公路的纵坡不得大于括号内的值。

(10)互通式立体交叉应满足建筑限界要求。

7.1.3 公路立交与城市立交的主要区别

公路立交一般附设收费站,两立交间的间距较大,地物障碍少,多采用地上明沟排水系统。立交形式简单,以二层式为主,但因匝道计算行车速度相对较高,立交占地面积较大。

城市立交一般不收费,相邻立交间距较小,需要合理解决庞大的自行车流和行人交通,且用地较紧张,受地上和地下各种管线及建筑物的影响大,多采用地下暗管排水并与城市排水系统连接;同时,城市立交要考虑施工时便于维持原交通和快速施工等问题,比公路立交更多地重视美观的要求,常作为一种城市景观来设计。城市立交形式复杂、多样,往往做成多层式。

7.2 立交的类型、特点与选择

立交的类型、特点与选择

7.2.1 立交的类型、特点

立体交叉按交通功能可划分为分离式立体交叉和互通式立体交叉两类。

1. 分离式立体交叉

分离式立体交叉是指仅设跨线构造物（跨线桥或地道）一座，使相交道路空间分离，上、下道路间无匝道连接的交叉方式（图7-2、图7-3）。

特点：立体交叉结构简单，占地少，造价低，但相交道路的车辆不能转弯行驶。

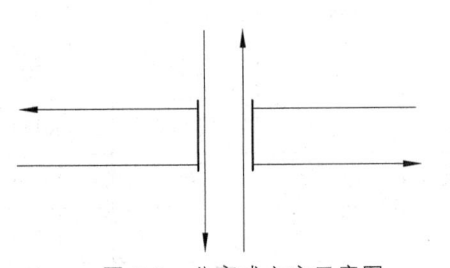

图7-2 分离式立交示意图

图7-3 分离式立交

分离式立体交叉主要适用于：直行交通量大，转弯车辆少，可不设置转弯车道的交叉处；道路与铁路交叉处；高速道路同其他各级道路交叉时，除在控制出入的地点设置互通式立体交叉外，均采用分离式立体交叉；一般等级道路之间交叉时，因场地或地形条件限制时，可采用分离式立体交叉，以减少工程数量，降低造价。

2. 互通式立体交叉

互通式立体交叉根据交叉处车流迹线的交叉方式和几何形状的不同，又可分为完全互通式、部分互通式和交织型立交3种类型。

（1）完全互通式立体交叉：相交道路的车流轨迹线全部在空间上分离的交叉。完全互通式立体交叉代表形式有喇叭形立交和苜蓿叶形立交等。

① 喇叭形立体交叉：用一个环圈式匝道（转向约为270°）和一个半定向匝道来实现车辆左转弯的全互通式立体交叉。喇叭形立交可分为A式和B式，经环圈式左转匝道驶入主线（或正线）为A式，驶出时为B式，如图7-4所示。

优点：除环圈式匝道以外，其他匝道都能为转弯车辆提供较高速度的半定向运行；只需一座跨线构造物，投资较省。

缺点：环圈式匝道上行车速度低，线形较差，若采用较高的计算行车速度时，占地较大；左转弯车辆绕行距离较长。

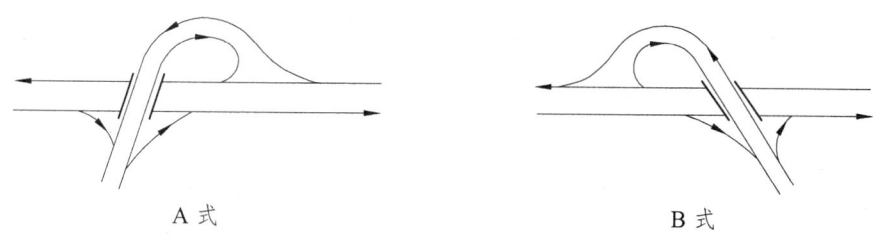

图 7-4 喇叭形立体交叉

② 子叶式立体交叉：用两个环圈式匝道来实现车辆左转弯的全互通式立式，如图 7-5 所示。

优点：只需一座跨线构造物，造价较低；匝道对称布置，呈叶状，造型美观。

缺点：环圈式左转匝道半径小，线形较差，运行条件不如喇叭式立交好。

子叶式立交的适用性与喇叭式立交相近，多用于苜蓿叶式立交的前期工程。布设时以使正线下穿为宜。

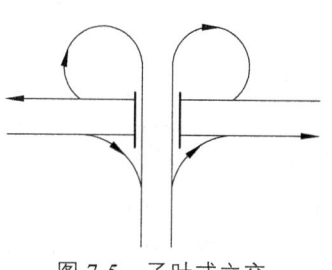

图 7-5 子叶式立交

③ Y形立体交叉：用定向匝道或半定向匝道来实现车辆左转弯的全互通式立体交叉，分定向 Y 形立交和半定向 Y 形立交两种。

a. 定向 Y 形立体交叉：左转车辆在定向匝道上由一个方向车道的左侧驶出，并由左侧进入另一行车方向车道的立交方式，如图 7-6 所示。

b. 半定向 Y 形立体交叉：将定向左转匝道改为半定向匝道，即左转弯车辆由行车道的右侧分离或汇入正线，如图 7-7 所示。

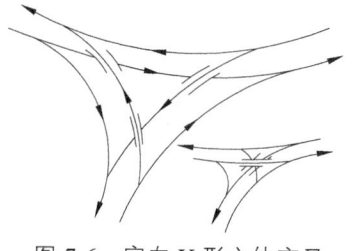

图 7-6 定向 Y 形立体交叉

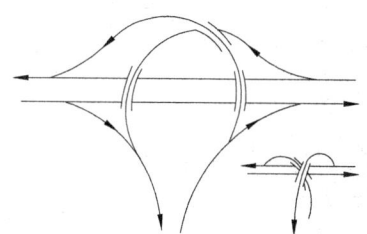

图 7-7 定向 Y 形立体交叉

④ 普通苜蓿叶式立体交叉：通过 4 个对称的环圈式左转匝道来实现各方向左转弯车辆的运行，如图 7-8 所示。

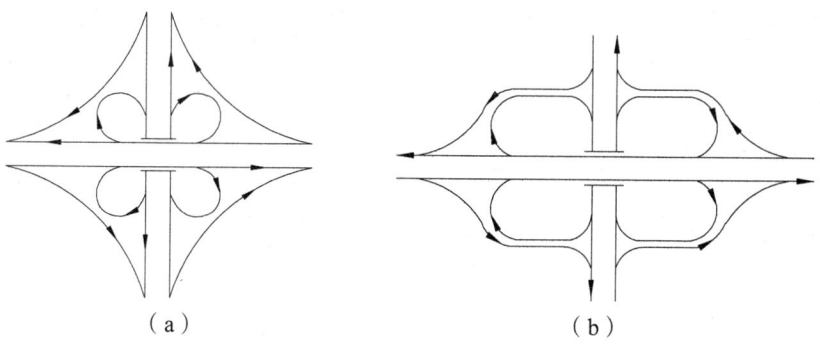

（a） （b）

图 7-8 普通苜蓿叶式立体交叉

优点：交通运行连续而自然；无冲突点，无须设信号控制；仅需一座跨线构造物，造价较低。

缺点：左转弯车辆绕行距离较长，立交占地较大；环圈式左转匝道线形差，行车速度低。

⑤ X形立交（定向四路立交）：通过4个定向左转匝道来实现各方向左转弯车辆的运行，如图7-9所示。

（2）部分互通式立体交叉：相交道路的车流轨迹之间至少有一个平面冲突点的交叉。其常见的代表形式有菱形立交和部分苜蓿叶式立交等。

特点：形式简单，仅需一座跨线构造物，占地少，造价低，但存在平面交叉，对行车干扰大。

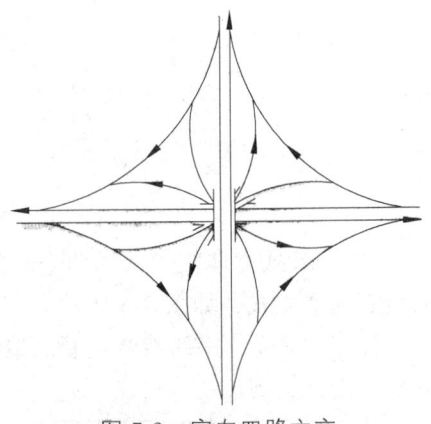

图 7-9　定向四路立交

① 菱形立体交叉：只设右转和左转公用的匝道，使主要道路与次要道路连接，在跨线构造物两侧的次要道路上为平面交叉口，如图7-10所示，多用于城市道路的主要道路与次要道路相交且用地困难的情况。

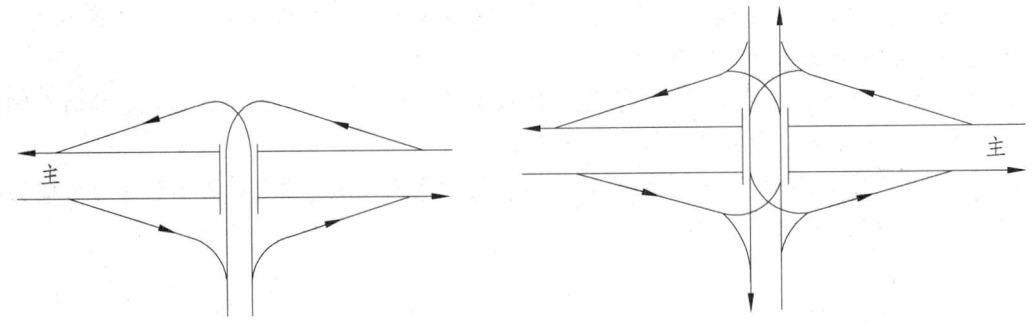

图 7-10　菱形立体交叉

② 部分苜蓿叶式立体交叉：在部分左转弯方向不设环圈式左转匝道，而在次要道路上以平面交叉的方式实现左转弯运行的立体交叉，如图7-11所示。

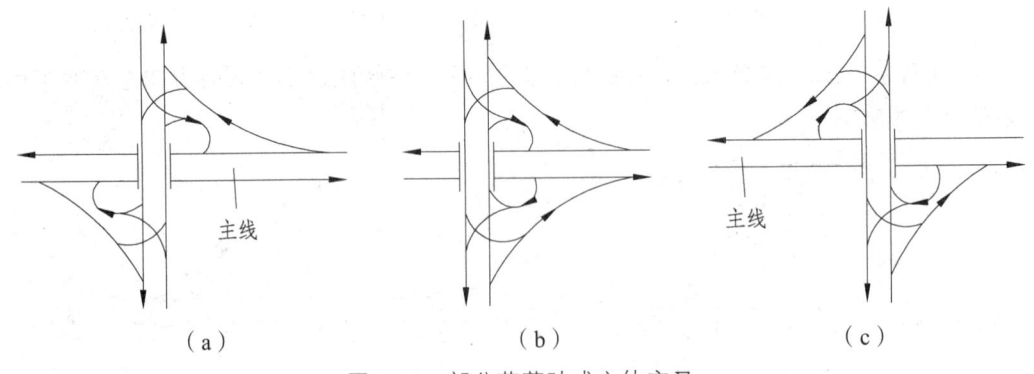

图 7-11　部分苜蓿叶式立体交叉

（3）交织型立体交叉：相交道路的车流轨迹线以交织的方式运行，存在交织路段的交叉（图7-12），代表形式有环形立体交叉。

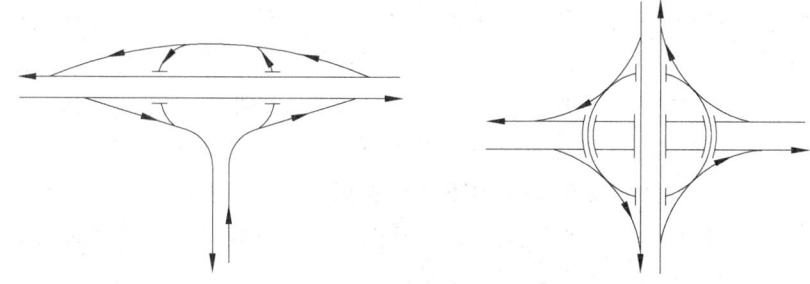

图 7-12 交织型立体交叉

特点：能保证主要道路直通，交通组织方便，无冲突点，占地较少，但通行能力受到环境交织能力的限制，车速受到中心岛半径大小的影响，构造物较多，左转车辆绕行距离长。

交织型立体交叉适用于主要道路与一般道路交叉，以用于 5 条及 5 条以上道路相交为宜。

7.2.2 互通式立体交叉形式的选择

互通式立体交叉形式的选择，是为了提高行车效率和安全舒适性，适应设计交通量和设计速度，满足车辆转弯需要，并与环境相协调。选形是否合理，不仅影响互通式立体交叉本身的功能，如通行能力、行车安全和工程经济等，而且与整个地区的道路网规划、地方交通效益的发挥、工程投资及市容环境等都有密切的关系。

互通式立体交叉形式的选择，应根据道路、交通条件，结合自然环境条件等综合考虑，并遵循下列基本原则：

（1）应根据路网布局和规划选形，尽量使一条道路上互通式立体交叉形式统一，进、出口的位置和形式保持一致。

（2）互通式立体交叉选形应考虑相交道路的等级、性质、任务和交通量等，确保行车安全通畅和车流的连续。交通量大、设计速度高的行车方向，要求线形指标高、路线短捷、纵坡平缓；车辆组成复杂时还要考虑个别交通特性的需要。在城市道路上，若是机动车与非机动车都有很大的车流，分离行驶，可采用三层式或四层式立体交叉。

（3）互通式立体交叉选形应与所在地的自然条件和环境条件相适应，充分考虑区域规划、地形、地质条件、可能提供的用地范围、文物古迹保护区、周围建筑物及设施分布现状等。在满足交通要求的前提下综合分析研究，力求合理利用地形、地质条件，减少征地、拆迁、工程运营经济，与周围环境相协调，造型美观，结构新颖合理。

（4）互通式立体交叉选形应全面考虑近、远期结合，既要满足近期交通的要求，减少投资，又要考虑远期交通发展的需要和改扩建提高的可能，使前期工程为后期所利用。

（5）互通式立体交叉选形应考虑是否收费和实行的收费制式。若是收费立体交叉，应根据转弯交通量大小，确定连接线所在的象限，按变速车道长度要求确定连接线的具体位置，连接线两端三路交叉的形式应根据相交道路的功能、等级及场地限制条件等确定。

（6）互通式立体交叉选形要考虑工程实施，造型和工程投资两者兼顾，有利于施工、养护和排水，尽量采用新技术、新工艺、新结构，以提高工程质量、缩短工期和降低成本。

（7）互通式立体交叉选形要和匝道布置一并考虑，分清主次。在考虑相交道路平、纵面线形的同时，应考虑匝道平面线形的布设和竖向高程控制的要求。处理好主要道路与次要道路的关系，应先满足主要道路的要求，后考虑次要道路。选形要与正线线形、构造物、总体布局及环境相配合。高速道路与其他道路相交，原则上高速道路不变或少变，其他道路抬高或降低；城市道路立体交叉以非机动车道不变或少变，以利于行人和自行车通行为原则。

（8）选形应与定位相结合。形式随所在位置的地形、地物及环境条件而异，通常是先定位后选形，并使选形与定位相结合。

互通式立体交叉形式选择是在交叉位置选定后，在定位时提供的可选形式基础上，按下列步骤确定该位置可采用的形式：

1. 初定互通式立体交叉的基本形式

初定互通式立体交叉的基本形式应先选择立体交叉的总体布局，首先应解决下列问题：
（1）是否为收费立体交叉。
（2）是否采用完全互通式或部分互通式。
（3）是否考虑行人交通。
（4）机动车与非机动车是分离行驶还是混合行驶。
（5）主线是上跨还是下穿被交线。
（6）采用两层式、三层式还是四层式。

在此基础上进一步选择互通式立体交叉常用的形式。公路互通式立体交叉的形式，应根据各方向的交通量，结合地形、地物、交通条件综合考虑而定，并遵循以下几点：

（1）直行和转弯交通量均较大，相交公路的设计速度较高，并要求用较高的速度集散时，可采用直连形或半直连形立体交叉，也可采用涡轮形或组合形立体交叉。

（2）高速公路与一级公路相交，且不设收费站时，可采用组合型立体交叉。交通量大时，可采用直连和半直连匝道，部分方向左转弯交通量较小时可采用环形匝道。

（3）两条一级公路相交，宜采用苜蓿叶形、环形或组合型立体交叉。

（4）高速公路与一级公路或交通量大的二级公路相交，且设置收费站时，宜采用双喇叭形立体交叉。

（5）高速公路与交通量小的二级公路相交时，宜采用在被交道路上设置平面交叉的单喇叭形、部分苜蓿叶形立体交叉。匝道上不设收费站时，宜采用菱形立体交叉。

（6）一级公路与二级、三级、四级公路相交，因交通转换而设置互通式立体交叉时，宜采用菱形、部分苜蓿叶形立体交叉。

2. 互通式立体交叉几何形状及结构的选择

互通式立体交叉的几何形状及结构对整个立体交叉的车辆运行速度、运行距离、行车安全和舒顺、行车视距、视野范围、交通功能、服务水平和通行能力等影响很大。在互通式立体交叉基本形式的基础上，对互通式立体交叉的总体结构布局和匝道布设进行安排，如跨线构造物的布置，出入口的位置，匝道布设的象限，内外匝道采用整体式或分离式断面，匝道的平、纵、横几何形状及尺寸，变速车道的布置等。

3. 互通式立体交叉方案比选

经过互通式立体交叉基本形式和几何线形及结构的选择，会产生多个有比较价值的互通式立体交叉方案，应通过多方案的安全、技术、经济、效益比较，选择合理的形式和适当的规模，设计出满足交通功能要求、适合现场条件、工程量小、造型美观且投资少的方案。对于复杂的大型互通式立体交叉，还应制作透视图或三维动画进行检查比较。

7.3 互通式立交设计

互通式立交设计

7.3.1 立交线形设计要点及设计成果

1. 测设要点

在立体交叉设计之前，应通过实地勘测、调查搜集一系列外业资料，包括：自然资料，即地形图测绘、用地规划、水文、地质、土、气候和国家水准点及控制点等资料；交通资料，即交通量、交通组成、交通流向及行人和非机动车等资料；公路资料，包括相交公路的等级、平纵面线形、横断面尺寸和形状、交叉角、路面类型及厚度等资料；其他资料，如排水、文书等资料。立体交叉勘测一般从以下几方面进行：

（1）除平面交叉所需搜集的资料外，还应征求当地政府有关部门的意见。

（2）实地初拟交叉位置，以相交公路的中线为基线，不设控制网。

（3）地形测量除分离式立体交叉外，均需测绘交叉范围内的地形图，测图比例为 1∶500～1∶1 000，测绘的范围视实际情况而定，一般应测至交叉范围外至少 100 m，测量要求与桥位地形测量相同。

（4）在地形图上定出不同方案的交叉位置和类型（包括匝道），并到实地核实，然后根据所搜集的各类资料进行综合评定，拟定采用方案。为便于方案比选，必要时，做模型或绘出透视图。

（5）按采用方案在实地放样，并测得平纵横线形资料，以供内业设计。

（6）地质勘探，在跨线桥和其他构造物处，应进行地质钻探，其要求与桥梁的相同。

2. 公路立体交叉设计成果

按实际需要，公路立体交叉在综合评定和精心设计的基础上，一般提供以下几方面成果：

（1）远景交通量计算表及交通量分布图，如图 7-13 所示。

（2）立体交叉线位图，包括立交主线及匝道分布，各线路的里程桩号及曲线要素，各匝道线位坐标表，直线、曲线及转角表（同平面设计）。

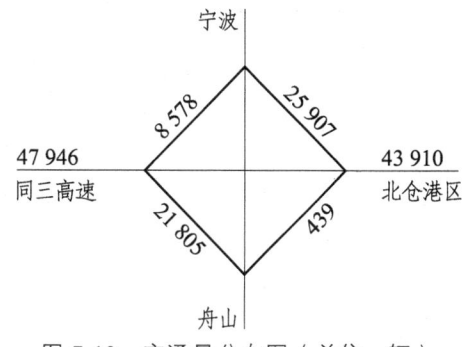

图 7-13 交通量分布图（单位：辆）

（3）立体交叉的纵横断面图的比例尺和要求与平面交叉相同，格式与路线设计的纵、横面图相同。

（4）跨线桥设计图的要求与一般桥梁相同。

（5）匝道连接部设计图及匝道连接部高程数据图。

（6）如遇有挡土墙、窨井、排水管、排水泵站等其他构造物，均需附设计图。

（7）有比较方案时，应绘制图并提供经济技术比较表等资料。

（8）交叉口的工程量等资料。

（9）立体交叉透视图及景观设计图（参见有关参考书）。

7.3.2 匝道设计

匝道是互通式立体交叉不可缺少的组成部分，是供上、下相交道路转弯车辆行驶的连接道。匝道设计合理与否，直接关系到互通式立体交叉功能的发挥、行车的安全畅通、运营的经济和工程的投资等。因此，应按匝道设计依据，进行合理的安排布置并使用合适的线形。

1. 匝道设计标准

（1）匝道设计速度。

公路匝道设计速度规定见表 7-2。

表 7-2　公路匝道设计速度

匝道类型		直连式	半直连式	环形匝道
匝道设计速度 /（km/h）	枢纽互通式立交	80、70、60、50	80、70、60、50、40	40
	一般互通式立交	60、50、40	60、50、40	40、35、30

选用匝道设计速度时应遵循如下原则：

① 右转弯匝道应尽量采用上限或中间值。

② 直连弯匝道应尽量采用上限或中间值。

③ 匝道设计速度是指匝道中线形紧迫路段所能保证的最大安全速度。其余路段上应以与匝道中必然存在的变速行驶相适应的速度作为设计的控制值。接近自由流出入口附近的匝道部分应有较高的设计速度；接近收费站或平面交叉的匝道端部，设计速度可酌情降低。

城市道路匝道设计速度见表 7-3。

表 7-3　城市道路匝道设计速度

相交道路的设计速度/（km/h）		120	80	60	50	40
道路的设计速度/（km/h）	80	60~40	50~40	—	—	—
	60	50~40	45~35	40~30	—	—
	50	—	40~30	35~25	30~20	—
	40	—	—	30~20	30~20	25~20

注：① 120 km/h 为高速公路的设计速度，用于城市快速路或主干路与高速公路交叉。

② 表列大值为推荐值，地形条件特殊困难时可采用小值。

（2）匝道圆曲线最小半径。

① 公路匝道圆曲线最小半径规定见表7-4。

表7-4　公路匝道圆曲线最小半径

匝道设计速度/（km/h）		80	70	60	50	40	35	30
圆曲线最小半径/m	一般值	280	210	150	100	60	40	30
	最小值	230	175	120	80	50	35	25

② 城市道路匝道曲线最小半径及平曲线最小长度规定见表7-5。

表7-5　城市道路匝道曲线最小半径及平曲线最小长度

匝道设计速度/（km/h）	60	50	45	40	35	30	25	20
横向力系数 μ	\multicolumn{6}{c}{0.18}	0.16	0.14
超高 $i_s=6\%$ 的最小半径/m	120	80	65	50	40	30	20	15
超高 $i_s=4\%$ 的最小半径/m	130	90	75	60	45	35	25	20
超高 $i_s=2\%$ 的最小半径/m	145	100	80	65	50	40	30	20
不设超高的最小半径/m	180	125	100	80	60	45	35	30
平曲线最小长度/m	100	85	75	65	60	50	40	35

（3）匝道回旋线参数及长度见表7-6。

表7-6　匝道回旋曲线参数及长度

匝道设计速度/（km/h）	80	70	60	50	40	35	30
回旋曲线参数 A/m	140	100	70	50	35	30	20
回旋曲线长度/m	70	60	50	40	35	30	25

注：对行驶速度大于设计速度的匝道部位，设计时按实际行驶速度值采用相应的 A 值。

（4）匝道最大纵坡。

公路匝道最大纵坡见表7-7。

表7-7　公路匝道最大纵坡

匝道设计速度/（km/h）			80	70	60	50	40	35	30
最大纵坡/%	出口匝道	上坡	3		4		5		
		下坡	3		3		4		
	入口匝道	上坡	3		3		4		
		下坡	3		4		5		

注：当地形困难或用地紧张时可增大1%。非冰冻积雪地区在特殊困难情况下可增加2%。

城市道路匝道最大纵坡见表 7-8。

表 7-8　城市道路匝道最大纵坡

设计速度/（km/h）		80	≤60
最大纵坡/%	冰冻地区	4	4
	非冰冻地区	4	5

（5）匝道竖曲线的最小半径及长度见表 7-9。

表 7-9　匝道竖曲线的最小半径及长度

匝道设计速度/（km/h）			80	70	60	50	40	35	30
竖曲线最小半径/m	凸形	一般值	4 500	3 500	2 000	1 600	900	700	500
		最小值	3 000	2 000	1 400	800	450	350	250
	凹形	一般值	3 000	2 000	1 500	1 400	900	700	400
		最小值	2 000	1 500	1 000	700	450	350	300
竖曲线最小长度/m		一般值	100	90	70	60	40	35	30
		最小值	75	60	50	40	35	30	25

（6）匝道横断面及加宽。

① 匝道横断面：匝道横断面由车道、路缘带、硬路肩和土路肩（城市道路不设）组成，对向分离双车道匝道还包括中央分隔带。匝道横断面的基本类型分为下列 4 种，如图 7-14 所示。

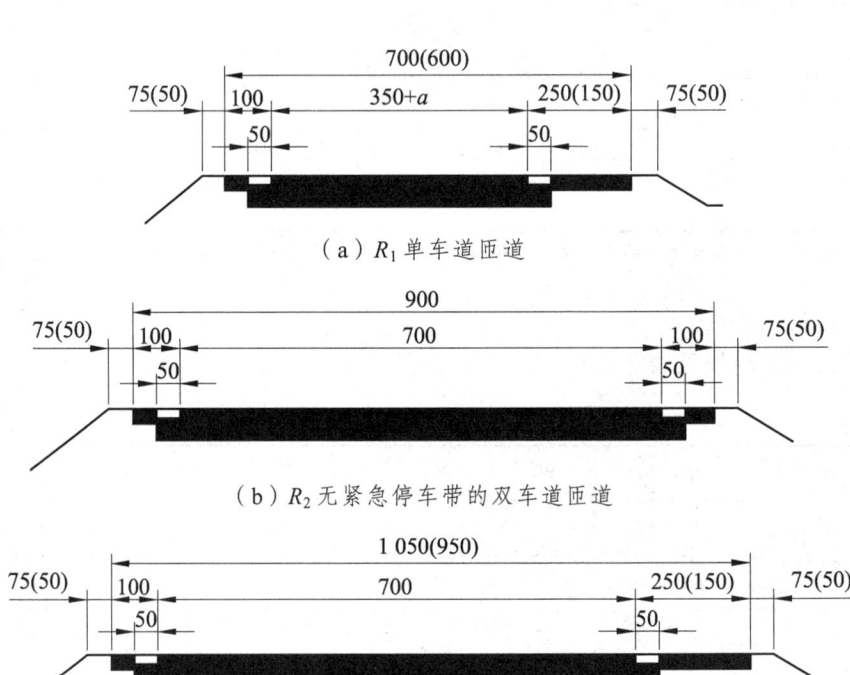

（a）R_1 单车道匝道

（b）R_2 无紧急停车带的双车道匝道

（c）R_3 设紧急停车带的双车道匝道

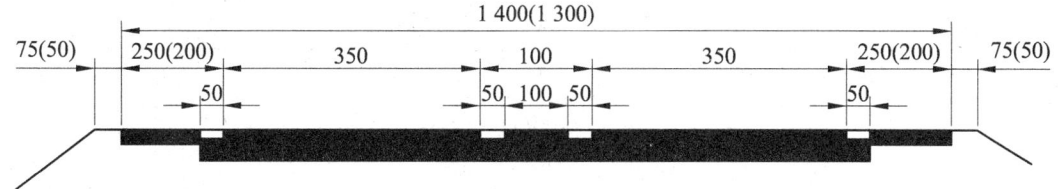

(d) R_4 对向分隔的双车道匝道

图 7-14 匝道横断面的基本类型（尺寸单位：cm）

匝道各组成部分的宽度：车道宽度一般为 3.5～4.0 m。城市立交机、非混行的匝道，非机动车道宽度应视交通量而定。中央分隔带的宽度为 1.0 m（设刚性护栏时可分为 0.6 m），路缘带宽度为 0.5 m。土路肩宽度为 0.75 m 或 0.5 m。单车道匝道右侧应设硬路肩，其宽度包括路缘带为 3.5 m，特殊困难时取 1.5 m，左侧硬路肩宽为 1.0 m，双车道匝道当交通量较小，通行能力有较大富余时可不设硬路肩而保留路缘带。匝道的车道、硬路肩宽度与正线不同时，应在匝道范围内设置渐变率为 1/20～1/30 的过渡段。

② 匝道圆曲线的加宽值：匝道圆曲线的加宽值，应根据圆曲线半径按表 7-10 所示数值采用。曲线加宽的过渡可按照正线加宽过渡的方式进行。

表 7-10 匝道圆曲线的加宽值（单位：m）

单车道匝道（R_1 型）		单向双车道或对向双车道匝道（R_2 型）	
圆曲线半径	加宽值	圆曲线半径	加宽值
25～27	2.00	25～26	2.25
27～29	1.75	26～27	2.00
29～32	1.50	27～29	1.75
32～36	1.25	29～31	1.50
36～42	1.00	31～33	1.25
42～48	0.75	33～36	1.00
48～58	0.50	36～39	0.75
58～72	0.25	39～43	0.50
≥72	0	43～47	0.25
—	—	≥47	0

注：① 表中加宽值是对标准行车道宽度而言的。当遇特殊断面时，加宽值应予调整，使加宽后的总宽度与标准一致。
② 对向分隔的双车道匝道，应按各自车道的曲线半径所对应的加宽值分别加宽。
③ 表中上限值不包括其本身。

(7) 匝道的超高及其过渡。

① 超高值：匝道上的圆曲线应根据规定要求设置必要的超高，超高值按表 7-11 选用。

表 7-11 匝道圆曲线的超高

匝道设计速度/(km/h)	80	70	60	50	40	35	30	超高/%
匝道圆曲线半径/m	280	<210	<140	<90	<50	<40	—	10
	280 330	210 250	140 180	90 120	50 70	40 50	—	9
	330 380	250 300	180 220	120 160	70 90	50 60	30 40	8
	380 450	300 350	220 270	160 200	90 130	60 90	40 60	7
	450 540	350 430	270 330	200 240	130 160	90 110	60 80	6
	540 670	430 550	330 420	240 310	160 210	110 140	80 110	5
	670 870	550 700	420 560	310 410	210 280	140 220	110 150	4
	870 1 240	700 1 000	560 800	410 590	280 400	220 280	150 220	3
	>1 240	>1 000	>800	>590	>400	>280	>220	2

② 超高设置方式：超高方式与正线相同，即根据实际条件在匝道上以行车中心旋转或以中央分隔带边缘旋转两种。超高过渡段设置方法视匝道平面线形而定，有缓和曲线时，超高过渡在回旋线的全长内进行；对低等级道路的匝道上无缓和曲线时，可将所需过渡段长度的 1/3～1/2 插入圆曲线，其余设在直线上；两圆曲线径相连接时，可将过渡段的各半分别置于两圆弧内。

（8）匝道的视距。

① 停车视距：单向单车道匝道主要满足停车视距要求；单向双车道可快、慢车分道行驶，无须考虑超车视距；双向双车道一般应设中间隔离设施，也不存在会车和超车问题，所以，匝道全长只需满足停车视距要求。匝道停车视距应大于或等于表 7-12 中规定数值。

表 7-12 匝道停车视距

设计速度/(km/h)		80	70	60	50	40	35	30
停车视距/m	一般地区	110	95	75	65	40	35	30
	冰冻积雪地区	135	120	100	70	45	35	30

② 识别视距：分流点之前正线上的识别视距应大于 1.25 倍的正线停车视距，有条件时宜按表 7-13 所列数值选用。

表 7-13 匝道识别视距

设计速度/(km/h)	120	100	80	60
识别视距/m	350～460	290～380	230～300	170～240

2. 匝道设计要点

（1）平面设计要点。

匝道平面线形设计应与匝道的设计车速及类型相适应，同时考虑地形、地物、占地等条件，从而保证匝道上行驶的车辆连续、稳定、安全。具体要求如下：

① 平面线形要与汽车行驶速度变化相适应。

② 匝道平面线形设计要考虑匝道承担的交通量大小。通常在繁重的匝道上，应尽量设计成较好的线形。

③ 匝道的起、终点以及匝道的分、合流点，交通复杂，易发生事故，设计时应注意保证视距，并创造良好的视线诱导条件。

④ 匝道起点、终点、收费站等处，横断面组成、尺寸、横坡及线形等都应满足行车要求，并做到线形顺适圆滑，做好过渡段的设计。

（2）纵面设计要点。

与一般主线纵断面线形相比，由于互通式立体交叉具有路线相互跨越的特点，匝道纵面线形往往受到上、下线标高的限制，因而如何满足上、下线竖向连接的要求，是匝道纵面设计的根本任务。匝道纵面设计应满足下列要求：

① 匝道纵面线形应尽可能连续、顺适、均衡，并避免生硬而急剧变化的线形。

② 在可能条件下，尽可能用较大的竖曲线半径，特别在匝道端部，这一点尤为重要。要从行车安全、畅通、不阻塞延误出发做好纵面线形设计。

③ 驶入主线附近的匝道纵面线形，必须有一段同主线的纵面线形一致的平行路段，充分保证主线通视条件，便于汇入车辆驾驶员识别。

④ 应尽量避免同向竖曲线间插入短直线。如有这种情况，可以采用大竖曲线包络两个竖曲线，予以改善。

⑤ 匝道应尽量采用较缓的纵坡以保证行驶的舒适与安全，尤其是加速上坡匝道和减速下坡匝道，更应采取较缓的纵坡，严禁采用等于或接近最大纵坡值。

⑥ 匝道的纵面线形设计应与平面线形设计结合起来，构成良好的空间线形。设计变速车道及其与主线的连接部分时，应特别重视匝道纵断面之间的关系。

⑦ 匝道中设收费站时，邻接收费广场路段的纵坡应平缓，不得以较大的下坡驶向或进入收费广场。

⑧ 匝道纵面设计时还应注意以下几点要求：

a. 匝道的纵坡应平缓，且使两端较缓，中间较陡，并尽量避免反坡。

b. 匝道同主线相连接的部位，其纵面线形应连续，避免线形的突变。

c. 出口匝道宜为上坡匝道。

e. 上坡加速或下坡减速的匝道（逆坡匝道），应采用较缓的纵坡，尽量避免采用最大纵坡值。

7.3.3 连接部设计

连接部是指匝道与交叉公路之间、主线相互之间或匝道相互之间连接的部位，包括分、合流车道连接路段及鼻端。从主要道路（简称主线）出入的道口应自由流畅，而次要道路（次线）上的道口有时则是有或无信号控制的平面交叉。连接部设计的一般原则是：出入顺适、安全，线形与正线协调一致；出入口应视认方便；正线与匝道通视良好；满足车道平衡和车道连续的要求。

1. 出入口间距

为了保证出入口之间交通的顺畅，降低出入车辆之间的相互干扰，主线及匝道相邻连接部鼻端之间的距离不宜过小。高速公路上如图 7-15 所示的各种相邻出口或入口之间、匝道上相邻出口或入口之间、主线上的出口至前方相邻入口之间的距离应不小于表 7-14 所列值。当不能保证主线出入口间距或转弯车流交织干扰主线交通时，应采用与主线相分隔的集散车道将出入口串联。

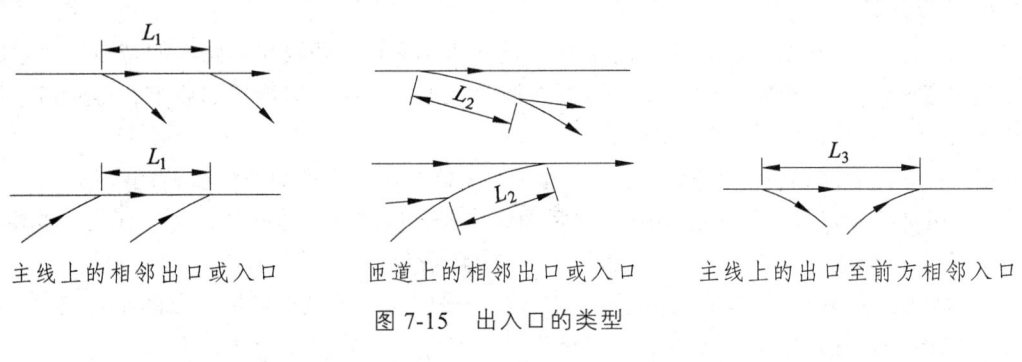

主线上的相邻出口或入口　　匝道上的相邻出口或入口　　主线上的出口至前方相邻入口

图 7-15　出入口的类型

表 7-14　高速公路相邻出、入口的最小间距

主线设计速度/(km/h)				120	100	80
间距/m	L_1		一般值	400	350	310
			最小值	350	300	260
	L_2		一般值	300	250	200
		最小值	枢纽互通式立体交叉	240	210	190
			一般互通式立体交叉	180	160	150
	L_3		一般值	200	150	150
			最小值	150	150	120

2. 变速车道设计

变速车道包括减速车道和加速车道。车辆由正线驶入匝道时减速所需的附加车道称为减速车道；车辆从匝道驶入正线时加速所需的附加车道称为加速车道。

（1）变速车道的形式。

变速车道分为平行式与直接式两种，如图 7-16 所示。

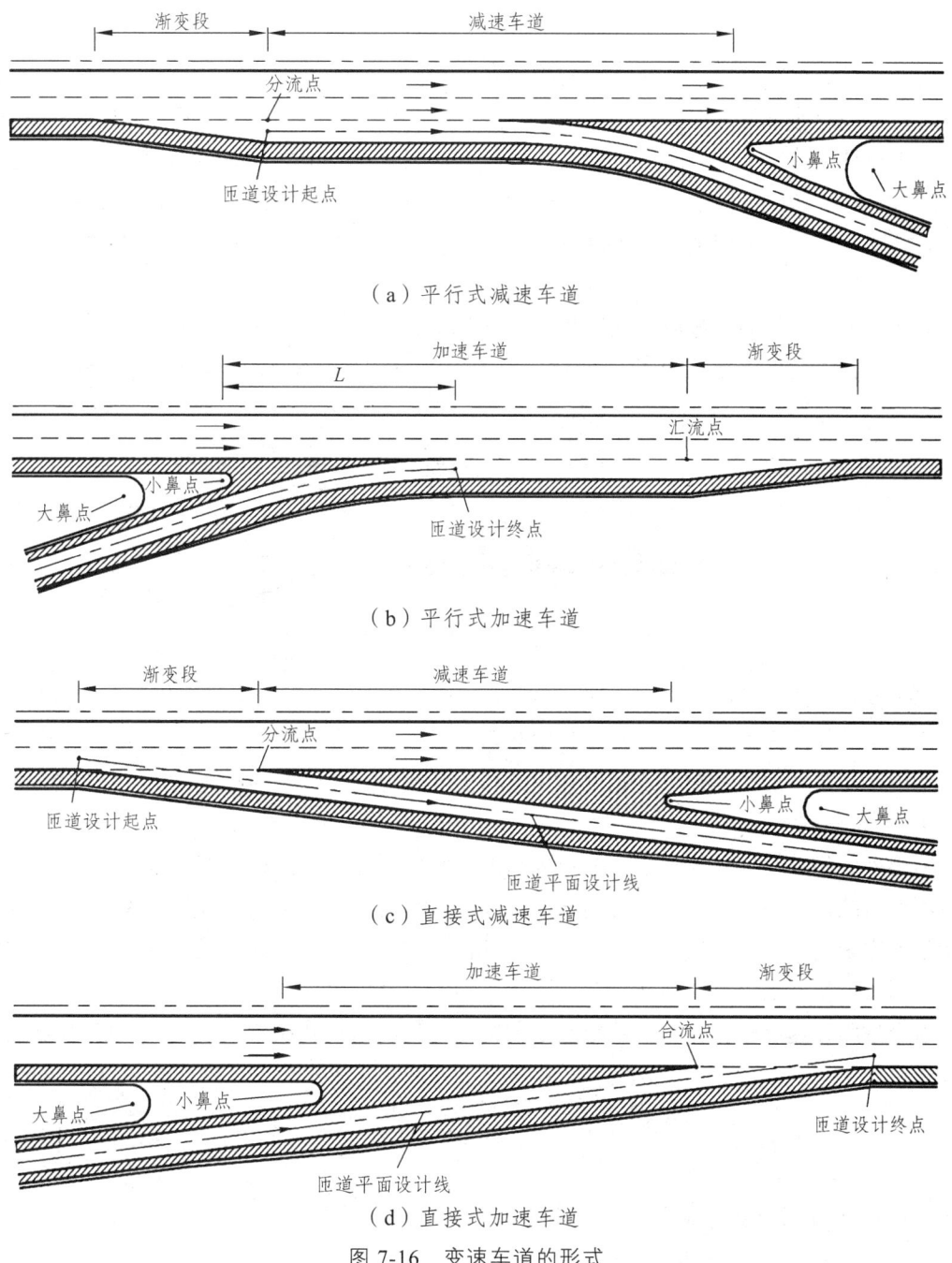

图 7-16 变速车道的形式

① 平行式。

平行式是在正线外侧平行增设的一条附加车道。其特点是车道划分明确，行车容易辨认，但车辆行驶轨迹呈反向曲线，对行车不利。平行式变速车道连接部应设渐变段与正线连接。

② 直接式。

直接式是由正线斜向以一定角度渐变加宽，形成一条与匝道连接的附加车道。其特点是线形平顺并与行车轨迹吻合，对行车有利，但变速车道起点不易识别。

③ 变速车道形式的选择。

变速车道为单车道时，减速车道宜采用直接式，加速车道宜采用平行式；变速车道为双车道时，加、减速车道均应采用直接式。当主线圆曲线半径小于规定的互通式立交范围内一般最小半径且设置直接式困难时，曲线外侧的变速车道宜采用平行式。

《城市道路工程设计规范》（CJJ 37—2012）（2016 年版）规定立体交叉直行方向的交通量较大时，变速车道可采用平行式；直行方向的交通量较少时，变速车道可采用直接式。

（2）变速车道的横断面。

变速车道横断面的组成由左侧路缘带（与正线车道共用）、行车道、右路肩（含右侧路缘带）组成，各组成部分宽度如图 7-17 所示。城市道路可不设右路肩，但应保留路缘带。

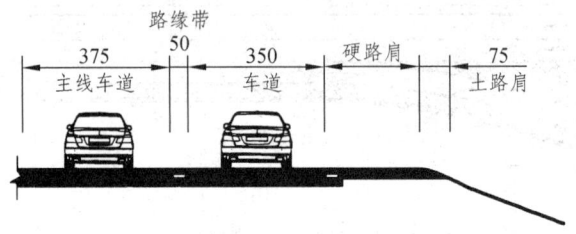

图 7-17　变速车道的宽度（尺寸单位：cm）

（3）变速车道的长度。

变速车道长度为加速或减速车道长度与渐变段长度之和。其中，加速或减速车道长度是指渐变段车道宽度达到一个车道宽度的位置与分流或合流鼻端之间的距离。

① 减速车道长度。

国内外的相关研究认为车辆在减速驶出的过程中可能采用两种减速方式：一是采用一个基本不变的减速度驶出，即认为是匀减速过程。二是采用两次不同的减速度驶出，第一阶段是抬起或完全松开加速踏板，采用发动机和其他行驶阻力减速，这个过程减速度较小；第二阶段是驾驶员看清出口匝道的线形和宽度后，为了安全驶出主线，进入匝道，用主制动器减速，这个过程减速度较大，第二阶段也是匀减速过程。两种减速方式的每个减速阶段的长度计算式为：

$$L = \frac{V_1^2 - V_2^2}{26a} \tag{7-1}$$

式中：L——每个减速段车辆行驶的距离（m）；

　　　V_1——减速前行驶速度（km/h）；

　　　V_2——减速后行驶速度（km/h）；

　　　a——汽车平均加（减）速度（m/s²），一般取 2～3 m/s²。

② 加速车道长度。

加速车道是设置在主线最外侧车道的附加车道，既要满足合流车辆加速的需要，同时也要满足为合流车辆等待一个与主线车辆合流的机会而保持在附加车道上继续行驶的长度（简称等待长度）。因此加速车道第一部分长度是合流车辆加速所需的长度，按下式计算：

$$L_1 = \frac{V_1^2 - V_2^2}{26a} \tag{7-2}$$

式中：L_1——车辆加速行驶的距离（m）；

V_1——合流加速的末速度（km/h）；

V_2——汇流鼻端的初速度（km/h）；

a——合流加速度（m/s²），一般取 0.8～1.2 m/s²

等待长度 L_1 与主线外侧车道车辆的可插入间隙（欲换道车辆顺利汇入目标车道时所能利用的车头时距最小值）、最大服务交通量有关。所以加速车道的长度为加速段长度与等待长度之和。

当变速车道位于纵坡大于 2%的路段时，下坡路段的减速车道和上坡路段的加速车道长度应根据主线平均纵坡予以修正，修正系数见表 7-15。

表 7-15　变速车道长度的修正系数

主线平均纵坡 i/%	$i \leq 2$	$2 < i \leq 3$	$3 < i \leq 4$	$i > 4$
下坡减速车道修正系数	1.00	1.10	1.20	1.30
上坡加速车道修正系数	1.00	1.20	1.30	1.40

变速车道长度的选用除应符合规定的最小长度要求外，还应结合正线的运行速度、交通量、大型车比例等，对变速车道长度进行验算，必要时应增加变速车道的长度。

③ 渐变段长度。

渐变段长度是指渐变段车道宽度达到一个车道宽度的位置至正线之间的渐变长度。渐变段的长度应保证车辆变换车道时行驶的稳定性和舒适性。

3．辅助车道

在高速道路的全长或重要结点之间的较长路段内，必须保持一定基本车道数；同时，在正线与匝道或匝道与匝道的分、合流处必须保持车道数目的平衡，两者之间通过辅助车道协调。

（1）基本车道数。

基本车道数是指一条道路或其某一区段内，根据交通量和通行能力要求所必需的一定车道数。基本车道数在相当长的路段内不应变动，不因通过互通式立体交叉而改变基本车道数，目的是防止因修建立体交叉而可能形成交通瓶颈，立体交叉的交通功能难以发挥。

（2）车道平衡原则。

立体交叉处正线的车流量必然会因分、合流的存在而发生变化，分流减少，合流增大。为适应车流量的变化，保证车流畅通和工程经济，在分、合流处的车道数应保持平衡。车道平衡的原则为：

① 两条车流合流后正线上的车道数不应少于合流前交汇道路上所有车道数总和减一。

② 正线上的车道数不应少于分流后分岔道路的所有车道数总和减一。

③ 正线上一个方向的车道数每次减少不应多于一条。

如图 7-18 所示，根据车道平衡原则，分、合流处应按车道数平衡公式（7-1）进行计算，以检验车道数是否平衡。

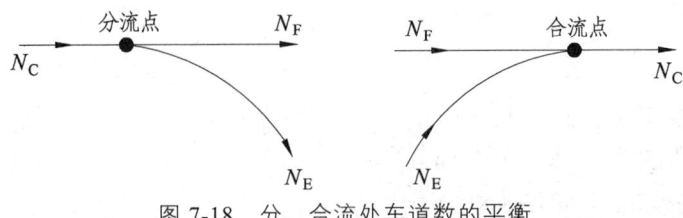

图 7-18 分、合流处车道数的平衡

$$N_C \geq N_F + N_E - 1 \tag{7-3}$$

式中：N_C——分流前或合流后的正线车道数（条）；

N_F——分流后或合流前的正线车道数（条）；

N_E——匝道车道数（条）。

（3）辅助车道。

在分、合流处，既要保持车道数平衡，又要保持基本车道数连续，如两者发生矛盾时，可通过在分流点前或合流点后的正线上增设辅助车道的办法来解决，如图 7-19 所示。

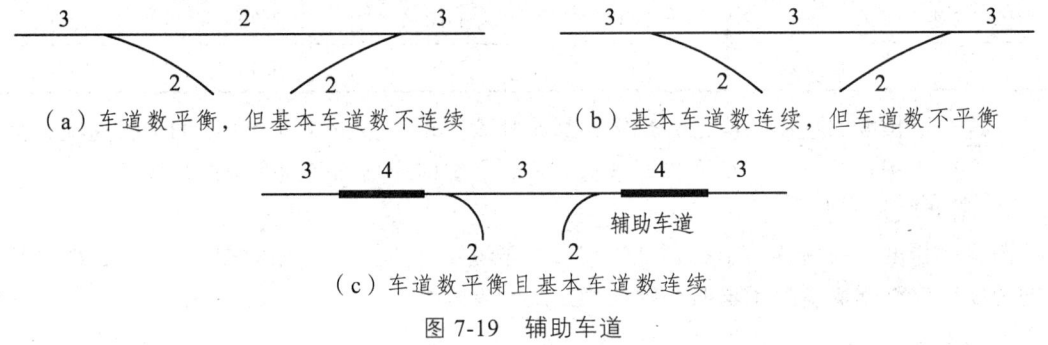

图 7-19 辅助车道

在基本车道数连续的条件下，一般单车道匝道能满足车道数平衡的要求；而设置双车道匝道时车道数不平衡，应增设辅助车道。辅助车道的长度根据设计服务水平时的最大交通量、交织区长度、车道数和交织段车道连接方式等计算确定，同时考虑车辆变道所需要的长度等。设计时应满足有关设计规范的规定。

辅助车道的宽度与正线车道相同，且与正线车道间不设路缘带。辅助车道右侧的硬路肩，其宽度一般与正线路段的硬路肩相同；用地或其他条件受限制时可减窄，但不得小于 1.50 m。

4. 集散车道

集散车道是指在互通式立体交叉范围内，为隔离交织区、减少主线出入口数量而大致平行设置于主线外侧并与主线隔离的附加道路。当不能保证主线出入口规定间距或转弯车流交织运行干扰直行车流时，应采用与主线分隔的集散车道将出入口串联（图 7-20），避免交织车流对主线直行车流的干扰，提高通行能力和行车安全。集散车道上交织段的最小长度根据设计服务水平时的最大交通量、交织区长度、车道数及交织段构造形式等计算确定。

（1）集散车道的布设方法。

① 集散车道与主线的连接应按出入口设计，并符合车道数平衡原则。当单车道出入口能满足交通量的需要时，可采用单车道或单车道出入口的双车道匝道布置形式。

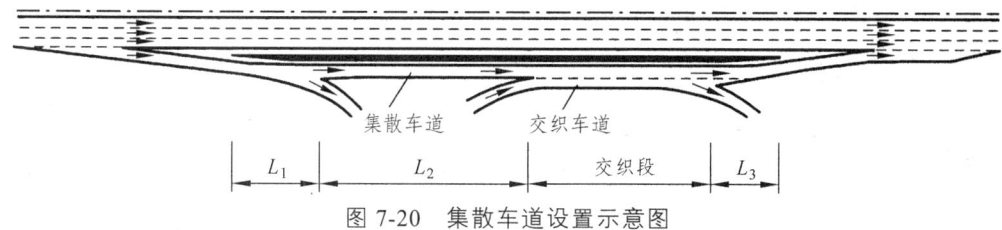

图 7-20 集散车道设置示意图

② 集散车道上相邻出、入口的间距应满足表 7-14 的规定；入口及其后相邻出口的间距应满足交织的需要。

③ 集散车道上的分、合流应满足匝道间分、合流的规定。

④ 当交织交通量较大时，应对交织段的通行能力进行检验，必要时可通过采用立体交叉方法，消除交织段或减少交织交通量，如图 7-21 所示。

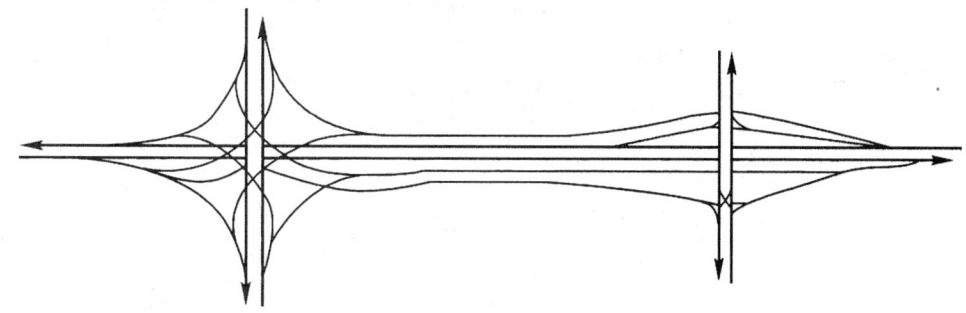

图 7-21 消除交织段或减少交织交通量

（2）集散车道的横断面。

集散车道由行车道、硬路肩组成。与主线之间应设分隔带（侧分带），分隔带应设在主线硬路肩外侧，一般不应压缩主线硬路肩宽度（图 7-22）。分隔带应采用凸起式，特殊情况下也有采用标线施画成隐形岛的做法。集散车道的行车道一般为双车道，交通量较小时，非交织段可为单车道。右侧硬路肩宽度一般为 2.5 m，当双车道的通行能力有较大富余时（交通量小于或略大于单车道通行能力时），硬路肩的宽度可减至 1.0 m。集散车道的硬路肩外侧应设置 0.75 m 的土路肩。

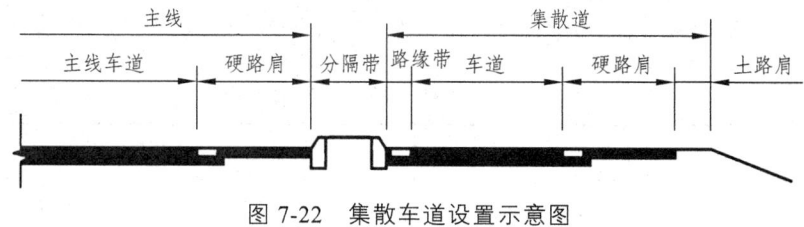

图 7-22 集散车道设置示意图

5. 端部构造

主线与匝道分流鼻处，为给误行车辆提供返回的余地，行车道边缘应设置偏置加宽，用圆弧连接主线和匝道的路面边缘，如图 7-23。偏置加宽值和分流鼻端圆弧半径见表 7-16。分流鼻处的加宽路面收敛到正常路面的偏置过渡段长度，应不小于依据表 7-17 渐变率计算的值。

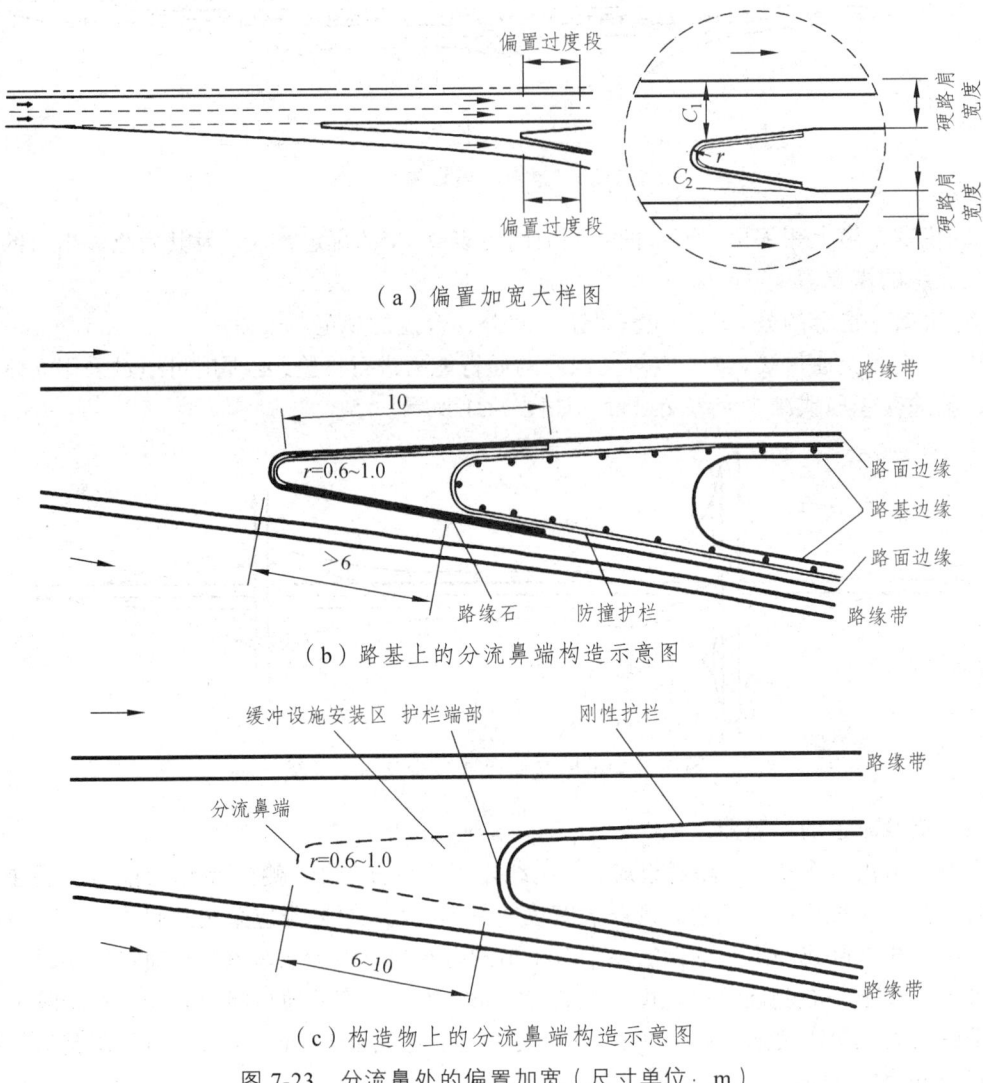

(a)偏置加宽大样图

(b)路基上的分流鼻端构造示意图

(c)构造物上的分流鼻端构造示意图

图 7-23 分流鼻处的偏置加宽(尺寸单位：m)

注：C_1 为主线路面偏置值；C_2 为匝道路面偏置值；r 为分流鼻半径。

表 7-16 分流鼻偏置值与鼻端半径

分流方式	主线偏置值 C_1/m	匝道偏置值 C_2/m	连接部半径 r/m
驶离主线	2.5~3.5	0.6~1.0	0.6~1.0
主线分岔	≥1.8		0.6~1.0

表 7-17 分流鼻端偏置加宽渐变率

设计速度/(km/h)	120	100	80	60	≤40
渐变率	1/12	1/11	1/10	1/8	1/7

第7章 道路立体交叉设计

☞ 【能力提升】

1. 图片辨析，请分析并指出图 7-24 所示分别属于哪种立体交叉类型。

图片辨析（一）

图片辨析（二）

图片辨析（三）

图片辨析（四）

图片辨析（五）

图 7-24 图片辨析

2. 九道岭道口平面交叉改立体交叉工程：义县九道岭平改立原道口为新义铁路与国道通武线（G230）、省道阜锦线（S217）、凌河大街平面交叉，路口来往火车间隔较短，公路线路交错，凌北产业园车流量庞大，经常发生拥堵，群众反映强烈。新建公铁立交桥位于原道口东侧约 112 m 处，路线全长 1.2 km，包括 1 条主线、2 条连接线。为彻底解决新义铁路与省道阜锦线平面交叉口通行问题，相关部门决定对此铁路平交口进行平交改立交。但此平交口相交道路均较为重要，并且靠近城区，平交改立交方案对道路交通通行和附近居民的生产生活均有重大影响，故此平交口改建方案需进行多方案、同深度技术经济比较，最终综合确定最优方案。

试搜集项目资料，从技术经济分析图 7-25～图 7-27 所示方案的优缺点，综合确定最优方案。

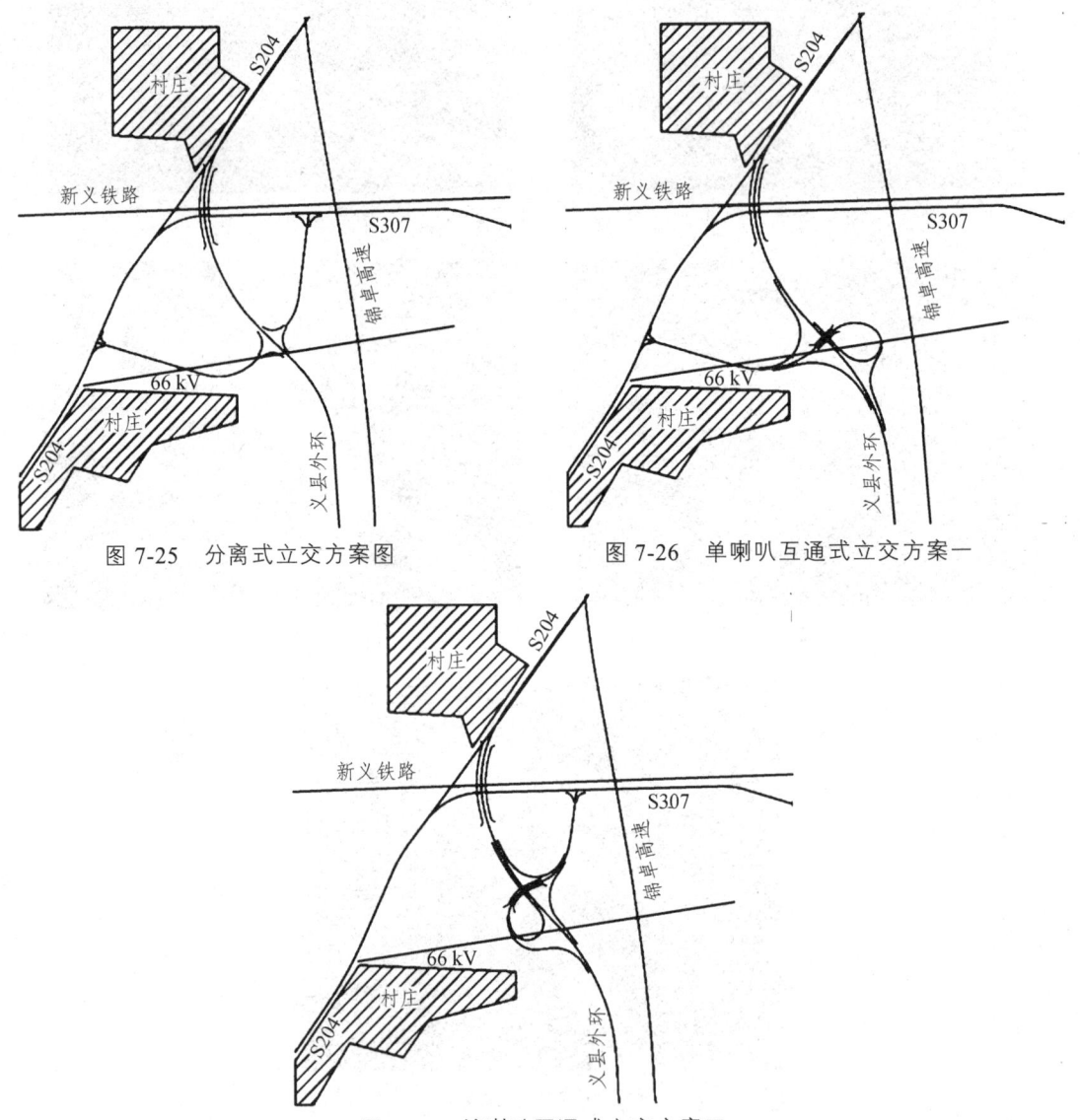

图 7-25 分离式立交方案图　　　　图 7-26 单喇叭互通式立交方案一

图 7-27 单喇叭互通式立交方案二

九道岭道口立交桥（图 7-28）的通车，根治了原道口长期拥堵问题，打通了义县城区北侧走廊，对优化路网结构，方便百姓的生产生活将起到不可替代的作用，对完善义县城市基础设施建设，强化道路交通运输功能，提高承载能力，促进经济和社会协调发展，具有十分重要的现实意义和深远的历史意义。

图 7-28 九道岭道口立交桥

☞ 【复习思考题】

一、填空题

1. 总体设计是勘察设计中的重要组成部分，_____是影响工程建设规模主要因素。
2. 在立体交叉设计方面，对于互通式立交的车道布置来说，其在快速路上不应设置自行车道，常速路布置自行车道时，自行车道宽每侧_____m。

二、选择题

1. 在城市道路交叉口规划设计中，立体交叉多用于（   ）。
   A. 城市机场的交叉口   B. 城市中心
   C. 快速路与铁路相交的交叉口   D. 城市出入口

2. 城市立体交叉中的减速道是（   ）。
   A. 为匝道上的车辆加速驶入快速道路而设置的车道
   B. 为快速道路上的车辆减速驶入匝道而设置的车道
   C. 连接相交两条道路，为转弯行驶的车流而设置的交换道
   D. 为车辆进出快速道路而设置的车道

3. 在立体交叉设计方面，其立体交叉设置的主要目的是（   ）。
   A. 保证快速道路交通的快速性
   B. 减少或避免低速的车辆、行人对快速车辆正常行驶的干扰
   C. 提高交叉路口的通行能力
   D. 保证快速道路交通的连续性
   E. 降低交叉路口的通行能力

4. 在立体交叉设计方面，对互通式交叉的间距来说，在干道设计车速为 60 km/h 时，其互通式立交最小净距值为（   ）m。
   A. 1 000   B. 900   C. 800   D. 700

5. 在立体交叉设计方面，对于互通式立交的设计车速来说，其立交直行车道的设计车速应采用主线设计车速，非定向匝道的设计车速取主线设计车速的（　　）。

　　A. 20%～30%　　　　　　　　　B. 30%～40%

　　C. 40%～50%　　　　　　　　　D. 50%～60%

6. 新建、改建设计开行速度（　　）km/h 以上列车的铁路或者设计运输量达到国务院铁路行业监督管理部门规定的较大运输量标准的铁路，需要与道路交叉的，应当设置立体交叉设施。

　　A. 100　　　　B. 120　　　　C. 160　　　　D. 200

7. 在立体交叉设计方面，对互通式交叉的间距来说，一般有快速路网的城市，市区互通式立交中心间距等于主干路间距，约为（　　）km，郊区可适当加大。

　　A. 0.5～1.0　　　B. 1.0～1.5　　　C. 1.5～2.0　　　D. 2.5～3.0

8. 下列属于路线交叉方案技术比选内容的是（　　）。

　　A. 路线交叉的分布及设置情况

　　B. 设计方案与周围环境、自然景观的协调

　　C. 取弃土方案及节约用地措施

　　D. 沿线桥梁、涵洞的设置位置

三、问答题

1. 立体交叉的组成部分有哪些？
2. 常用三路全互通式立体交叉的形式及其适用条件是什么？
3. 常用四路全互通式立体交叉的形式及其适用条件是什么？
4. 立体交叉形式选择的方法和设计步骤分别是什么？
5. 立体交叉的分类体系是什么？匝道是如何分类的？各有何特点？
6. 匝道连接部设计内容及其设计要点有哪些？

第 8 章 路线 CAD 辅助设计

☞【学习目的与要求】

知识单元与知识点	1. 基于 EICAD 的道路平面路线设计； 2. 基于 EICAD 的道路纵断面拉坡设计； 3. 基于 EICAD 的横断面戴帽设计。
能力点	1. 理解软件的运行平台及数据管理； 2. 能够掌握道路平、纵、横路线设计流程； 3. 能够掌握计算机辅助道路设计系统（如 EICAD）的使用，生成符合现行规范和标准要求的道路设计成果。
重难点	【学习重点】 道路平面、纵断面、横断面的设计。 【学习难点】 横断面戴帽设计。

8.1 路线 CAD 辅助设计概述

路线 CAD 辅助设计概述

路线计算机辅助设计（Route Computer-Aided Design，简称 RCAD）是指利用计算机技术辅助完成路线设计的一种方法。通过使用专业的路线设计软件，设计师可以更加高效地完成道路设计工作，提高设计质量和效率。

路线 CAD 系统是一套复杂、庞大的系统，其设计内容包括平面、纵断面、横断面、土石方计算等主要内容，涉及土石方调配、设计图表的自动生成、透视图的生成。考虑到设计一体化，它还包括对数字地面模型系统，以及地形原始数据的处理。国际主流道路辅助设计软件主要有：CARD/1、Bentley、Civil 3D。国内道路辅助设计软件主要有纬地三维道路设计、EICAD、鸿业市政、路线大师等。本章将以 EICAD 软件为平台，结合工程实例，基于道路设计的新理念和新方法，演示路线 CAD 辅助设计的流程。

EICAD，由华设设计集团子公司江苏狄诺尼信息技术有限责任公司自主研发，全称为 EICAD 集成交互式道路与立交设计软件，主要用于公路、城市道路、互通立交工程的各阶段设计。EICAD 包括路线版、立交版两个版本，适应用户的不同设计需求。路线版包括道路平面、纵断面和横断面设计，以及土石方调配等设计、计算和图表输出等功能。立交版包含了用于互通立交设计的命令，如积木法、基本模式法、扩展模式法和其他辅助设计命令等。EICAD 系统主要包括平面设计、纵断面和横断面设计 3 个部分。该系统输出成果可以直接供"道路、桥梁三维建模程序—3Droad"使用，建立道路桥梁的三维模型。

8.2 EICAD 辅助公路路线设计示例

EICAD 辅助公路路线设计示例

8.2.1 项目概况

本次 EICAD 辅助公路路线设计项目的概况：
（1）公路等级：三级公路。
（2）设计速度：40 km/h。
（3）路基宽度：8.5 m。
（4）车道分布：双向两车道。
（5）道路全长：380.306 m。

8.2.2 平面线形设计

用计算机辅助系统设计公路线形，一般是在矢量化的地形图上进行的，根据地形地貌情况，结合公路等级以及设计速度，满足规范及标准要求，才能设计出一条合格的公路线形。

1. 建立 CAD 的工作目录

打开 CAD 加载 EICAD 程序，加载成功后运行项目数据环境。

在"项目信息"栏里面选择"新建项目"，或者在项目信息窗口中点取鼠标右键，在弹出的菜单中填写项目名称"示例项目"，选择项目存储路径（提前在 D 盘目录下新建的项目文件夹），并选择设计阶段，如图 8-1 所示。

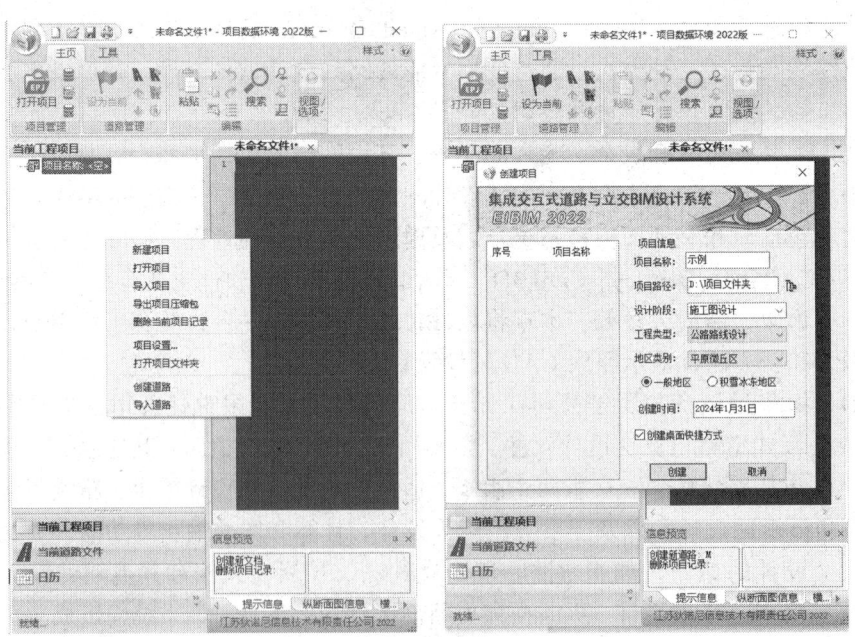

图 8-1 创建项目

第 8 章 路线 CAD 辅助设计

根据对话框要求进行项目设置，然后在项目数据环境里面选择"创建道路"，根据对话框要求进行道路设置，设置完基本信息后，点击"确定"，项目数据环境中的当前工程项目中将相应增加道路相关信息，如图 8-2 所示。

注意：一个项目下面可以创建多条道路，这个功能主要是考虑到路网设计或互通式立交设计的需要。

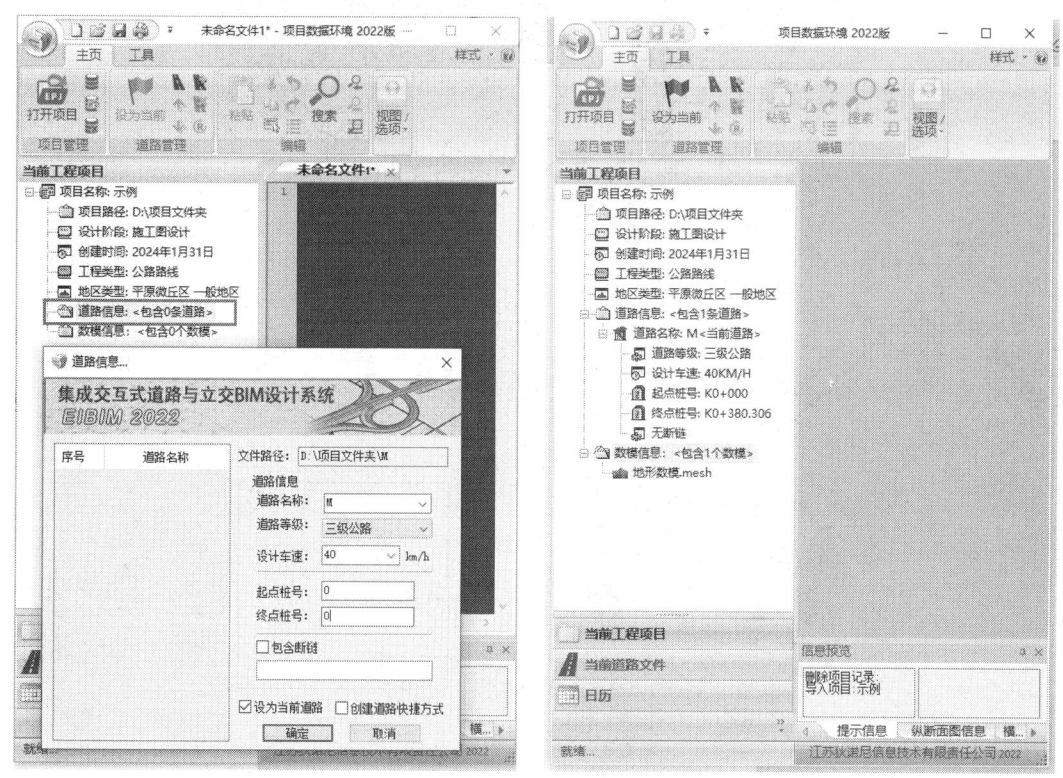

图 8-2　创建道路

项目及道路都创建好以后，就可以根据要求，按平纵横的顺序进行道路路线设计了。

2. 平面设计

（1）绘制道路中心线。

绘制路中线可采用图上布线、由外业数据文件导入、搜索转换 3 种方法。图上布线，通常情况下先绘出各交点连线（直线），使用平面布线命令布设三单元的平曲线，如图 8-3 所示。复杂的路线布线还可以使用"五单元平曲线""七单元平曲线""三单元回头曲线"和"五单元回头曲线"等平曲线的形式。

选择平面布线（图 8-4）后，鼠标将变成"□"，依次点选前后的直线段，将自动插入曲线段，并弹出"编辑三单元平曲线"对话框（图 8-5），输入或修改圆曲线半径、缓和曲线长度等参数后，曲线将实时进行刷新绘制。

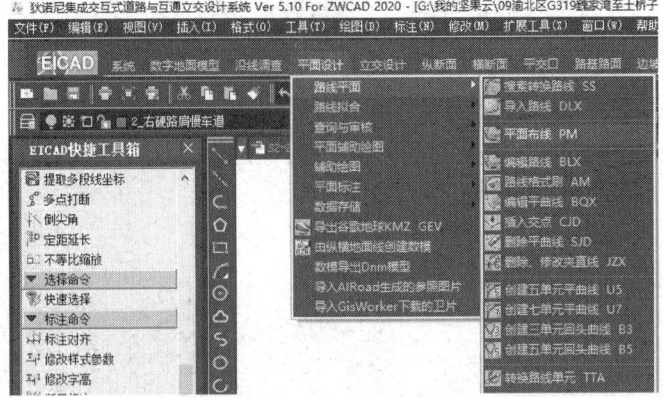

图 8-3　平面布线菜单选取

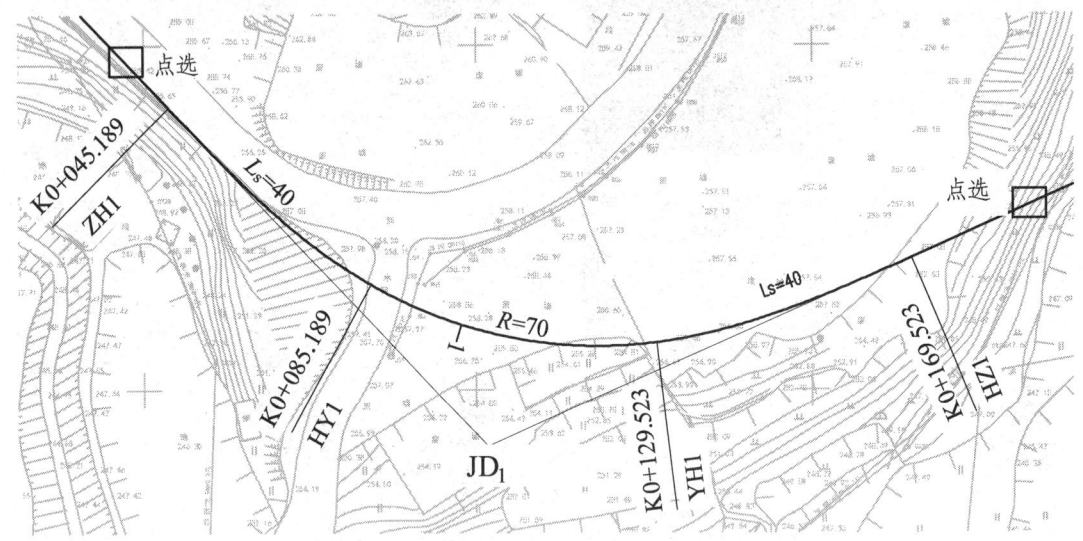

图 8-4　平面布线示意图

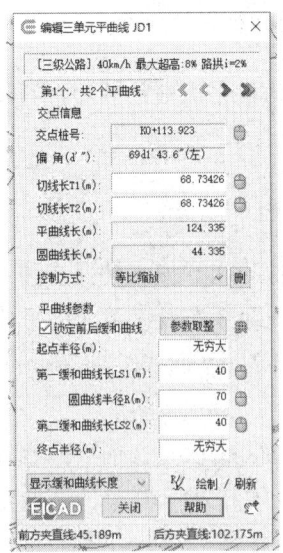 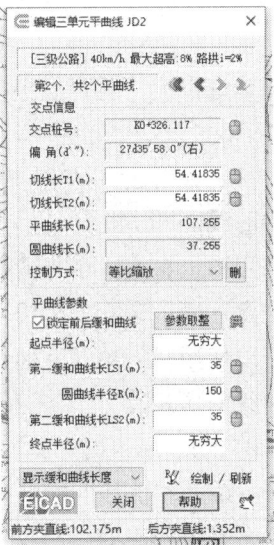

图 8-5　"编辑三单元平曲线"对话框

（2）保存平面设计数据。

完成道路中线的布设后，即可保存平面设计数据，依次点击 EICAD 菜单"平面设计"、"数据存储"、"保存平面资料"命令。软件将自动生成相关的平面资料，并保存到当前道路"M 道路"的文件夹中，如图 8-6 所示。

图 8-6　保存平面设计数据

（3）路线标注。

软件提供的路线标注命令，能够标注交点表格、路线设计参数、特征点、桩号，标注与绘制桥梁、涵洞、通道和隧道等构造物，并包含标注设置和标注实体的管理命令，如图 8-7 所示。对于常规的设计参数、特征点、桩号等，可用鼠标双击道路中心线，弹出编辑道路中心线对话框进行设置、修改和重绘，如图 8-8 所示。

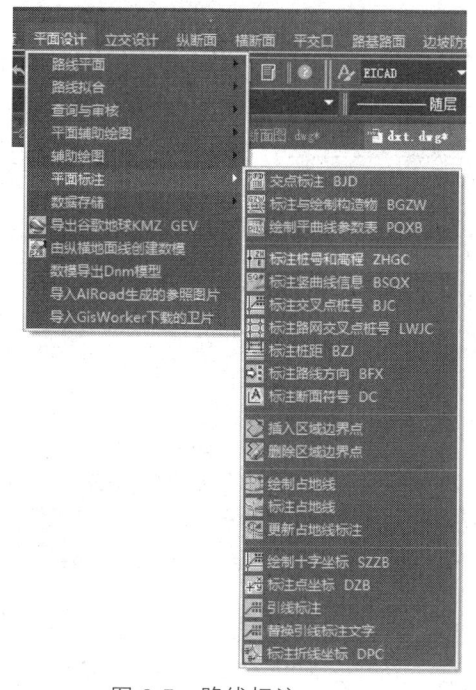

图 8-7　路线标注

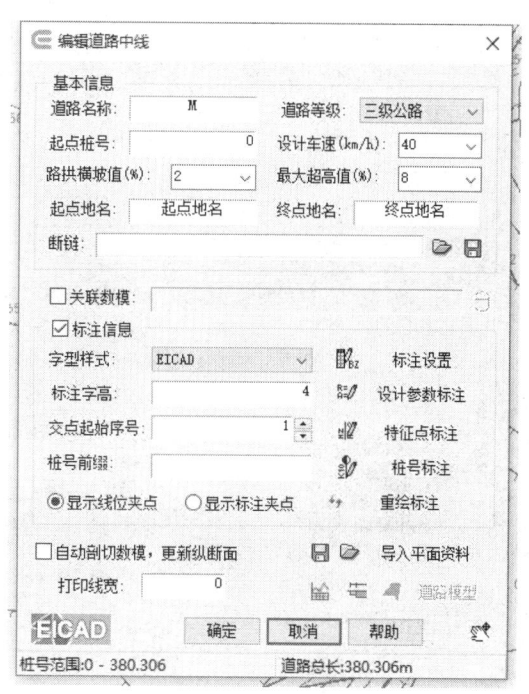

图 8-8　编辑道路中心线

（4）绘制路线偏置线。

依次选取 EICAD 菜单栏"平面设计"、"平面辅助绘图"、"定义路线偏置线"命令，选取需要定义的路线（上阶段确定的道路中心线），弹出"定义路线横断面宽度"对话框；设置需要绘制的桩号范围；点击"自动生成"按钮，弹出"创建公路路基模板向导"窗口。在"创建公路路基模板向导"中，可修改公路等级、车速，并会根据车道类型自动生成路基参数；也可直接修改路基参数。点击"定义路线横断面宽度"对话框中的"绘制/刷新"，可绘制道路路基顶部各部分偏置线，如图 8-9 所示。

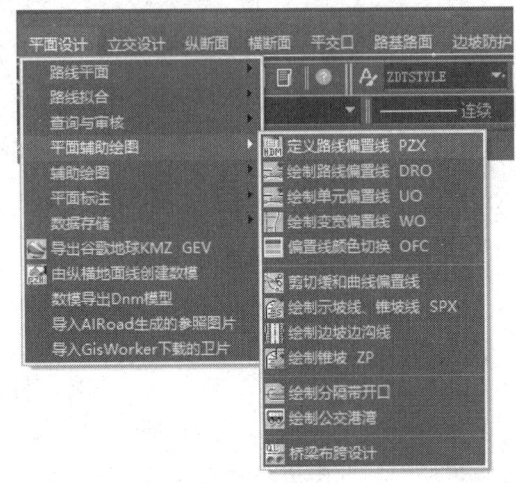
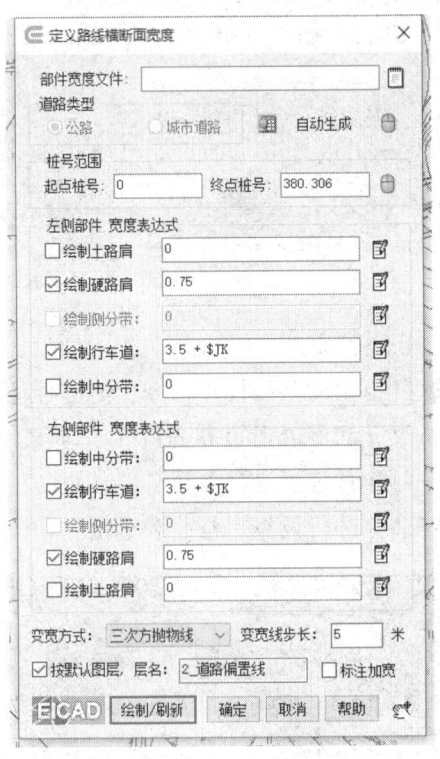

图 8-9　绘制路线偏置线

（5）生成平面图表资料。

图表的生成包括平面分幅、绘制占地图及各种表格的生成，如图 8-10、表 8-1、表 8-2 和图 8-11 所示。

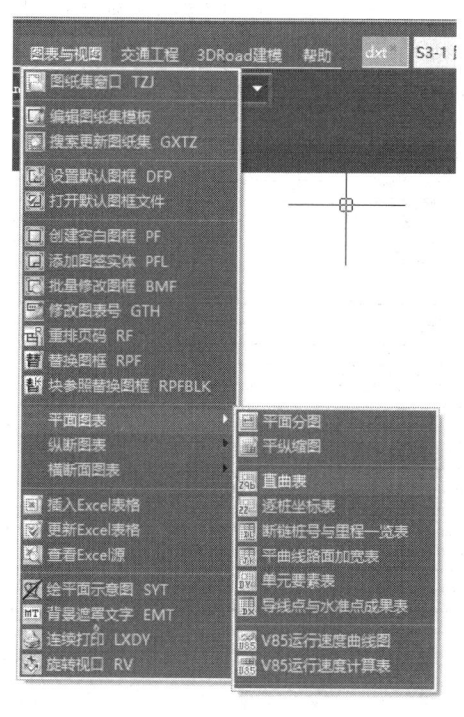
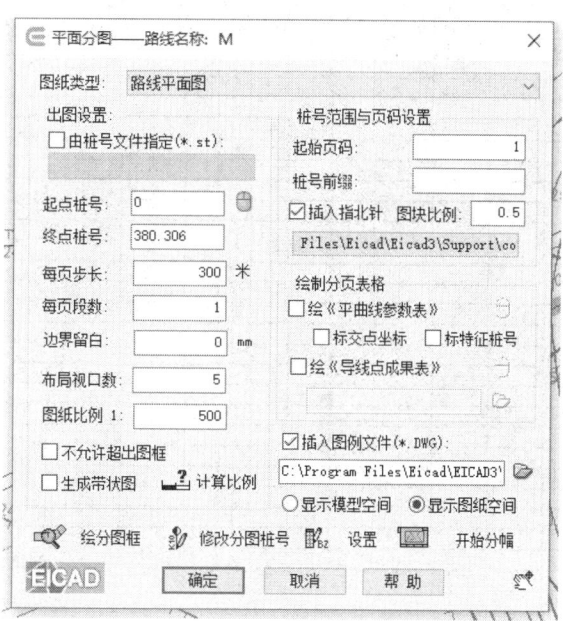
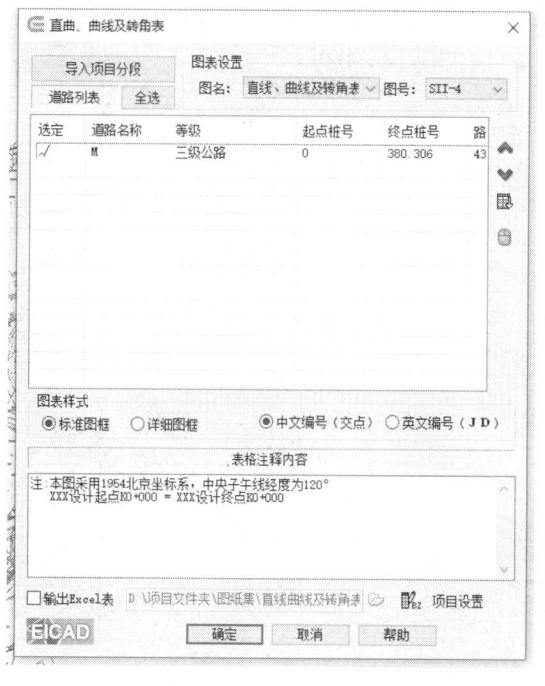

图 8-10　生成平面图表

表 8-1 直线、曲线及转角一览表

直线、曲线及转角表

交点号	交点坐标 X	交点坐标 Y	交点桩号	转角值 左转 (°'″)	转角值 右转 (°'″)	半径 R	曲线要素值(米) 第一缓和曲线参数 A1	第一缓和曲线长度 L1	第二缓和曲线参数 A2	第二缓和曲线长度 L2	第一切线长度 T1	第二切线长度 T2	曲线长度 L	外矢距 E	曲线位置 第一缓和曲线起点 ZH	第一缓和曲线终点 HY(ZY)	曲线中点 QZ	第二缓和曲线起点 YH(YZ)	第二缓和曲线终点 HZ	直线长度反方向 直线长度(米)	交点间距(米)	计算方位角 (°'″)	备注
起点	92223.305	86072.162	K0+000																	45.189	113.923	135°4'14.4"	
交点1	92141.012	86151.769	K0+113.923	49°1'43.9"		70.000	52.915	40.000	52.915	40.000	68.734	68.734	124.335	16.106	K0+045.189	K0+085.189	K0+107.356	K0+129.523	K0+169.523	102.175	225.328	86°5'58.3"	
交点2	92231.149	86358.630	K0+326.117		37°35'58.9"	150.000	72.457	35.000	72.457	35.000	54.418	54.418	107.255	4.809	K0+271.699	K0+306.699	K0+325.326	K0+343.954	K0+378.954	1.352	55.771	54°14'38.7"	
终点	92227.025	86414.248	K0+380.306																				
合计													231.590							148.716			

表 8-2 逐桩坐标表

逐桩坐标表

桩号	坐标 X	坐标 Y	桩号	坐标 X	坐标 Y	桩号	坐标 X	坐标 Y	桩号	坐标 X	坐标 Y
K0+000	92223.305	86072.162									
K0+020	92208.998	86086.138									
K0+040	92194.692	86100.113									
K0+060	92180.522	86114.226									
K0+080	92167.943	86129.741									
K0+100	92159.413	86147.756									
K0+120	92156.297	86167.444									
K0+140	92158.790	86187.226									
K0+160	92165.335	86206.107									
K0+180	92173.217	86224.488									
K0+200	92181.147	86242.849									
K0+220	92189.076	86261.210									
K0+240	92197.006	86279.571									
K0+260	92204.935	86297.932									
K0+280	92212.848	86316.300									
K0+300	92220.128	86334.924									
K0+320	92225.430	86354.193									
K0+340	92228.133	86373.995									
K0+360	92228.311	86393.984									
K0+380	92227.047	86413.943									
K0+380.306	92227.025	86414.248									

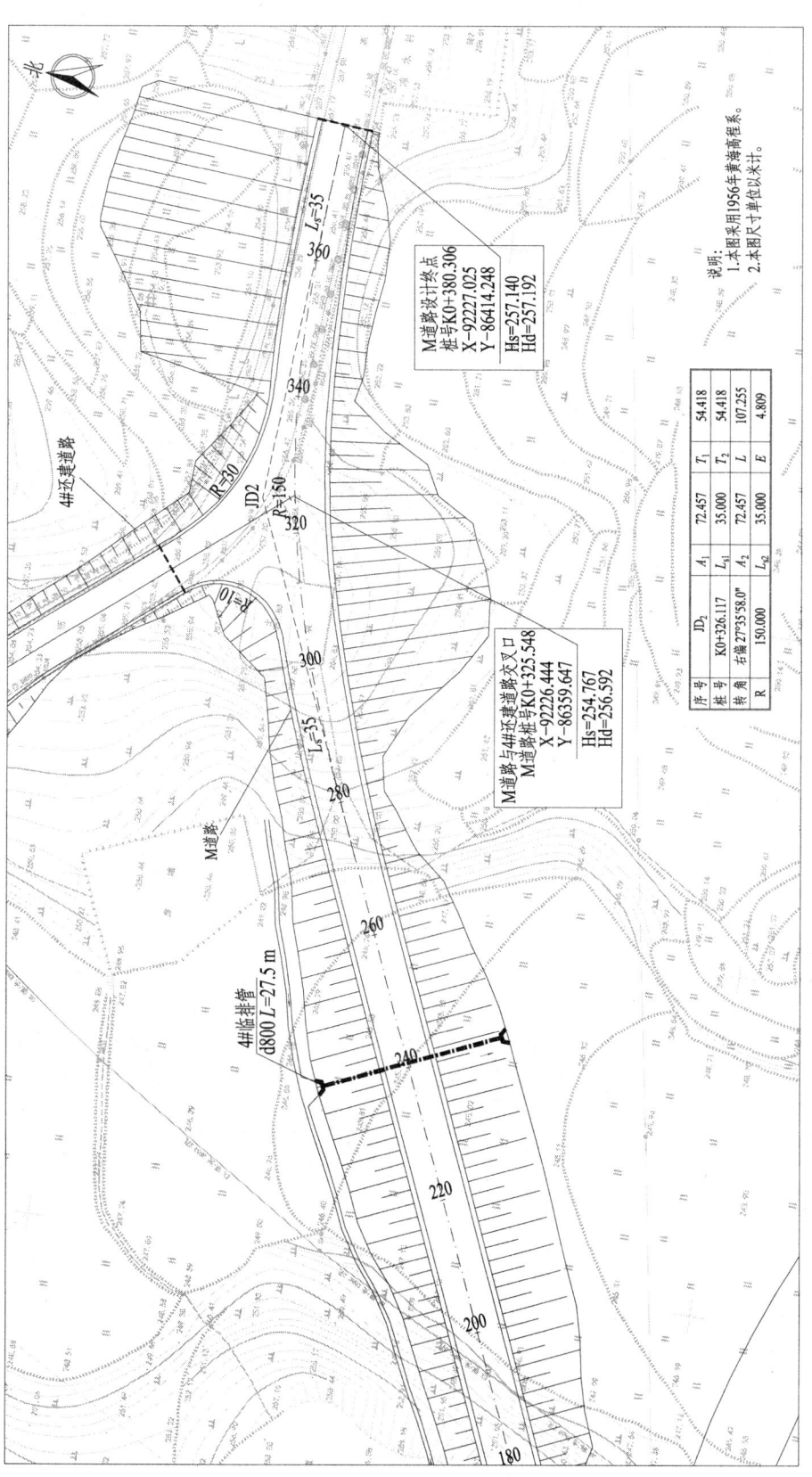

图 8-11 道路平面分图

8.2.3 纵断面设计

1. 创建拉坡工作图

在使用 EICAD 进行纵断面设计之前，还要先准备好纵地面线文件（*.dmx）和横地面线文件（*.hdx），这两个文件由野外勘测，或利用软件的插件 EIDTM 从电子地图中获得。有了这两个文件后，就可进行纵横断面的设计。

拉坡设计命令包括创建拉坡图、匝道拉坡图、平移纵地线数据、添加控制点、删除控制点、搜索更新控制点，如图 8-12 所示。

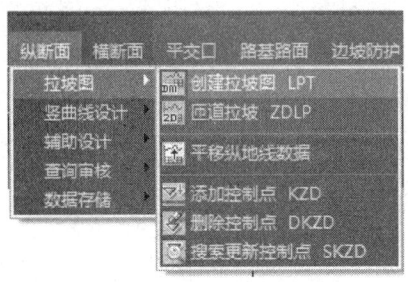

图 8-12 纵断面设计菜单

依次点击 EICAD 菜单栏"拉坡图"、"创建拉坡图"，在设计工作图中点选当前设计道路中心线，弹出"创建纵断面拉坡图"对话框，点击"确定"，软件将在设计工作图中绘制拉坡图（已绘制地面线），如图 8-13 所示。

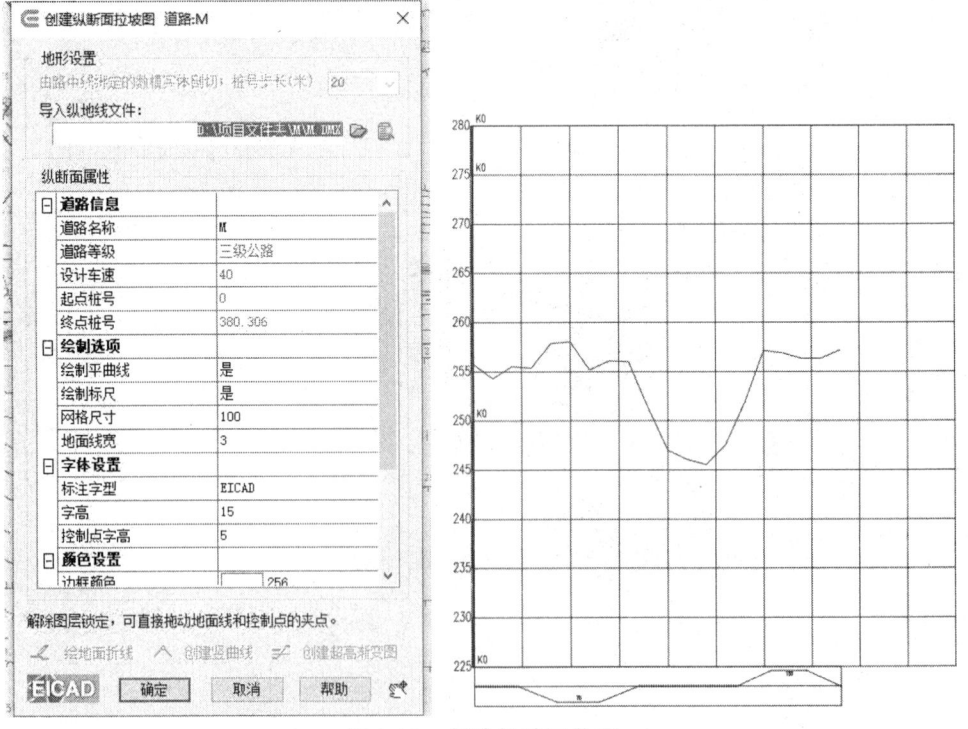

图 8-13 创建拉坡工作图

2. 插入控制点

在需要控制设计高程的地方插入控制点，如立体交叉、平面交叉。这在互通式立交设计当中用得较多，而在路线设计当中很多时候都不需要。所以，如果在设计中不需要控制设计高程时，此步骤可略过，直接进入下一步。

3. 纵断面设计

执行"创建竖曲线"命令，弹出"创建纵断面设计线"对话框。点击"确定"，软件将自行生成一条连接道路起终点地面标高的初始设计线，如图 8-14 所示。很明显在设计的过程中需要根据设计规范、道路沿线地形条件等对该初始设计线进行调整。软件提供了多种修改方式：在设计线的直坡段上双击即增加一个变坡点；在设计线或变坡点位置双击，即弹出"修改变坡点"对话框。鼠标移至设计线实体上时，将实时显示桩号、设计高、地面高、填挖高等信息。

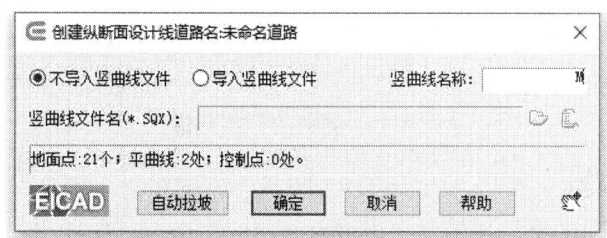

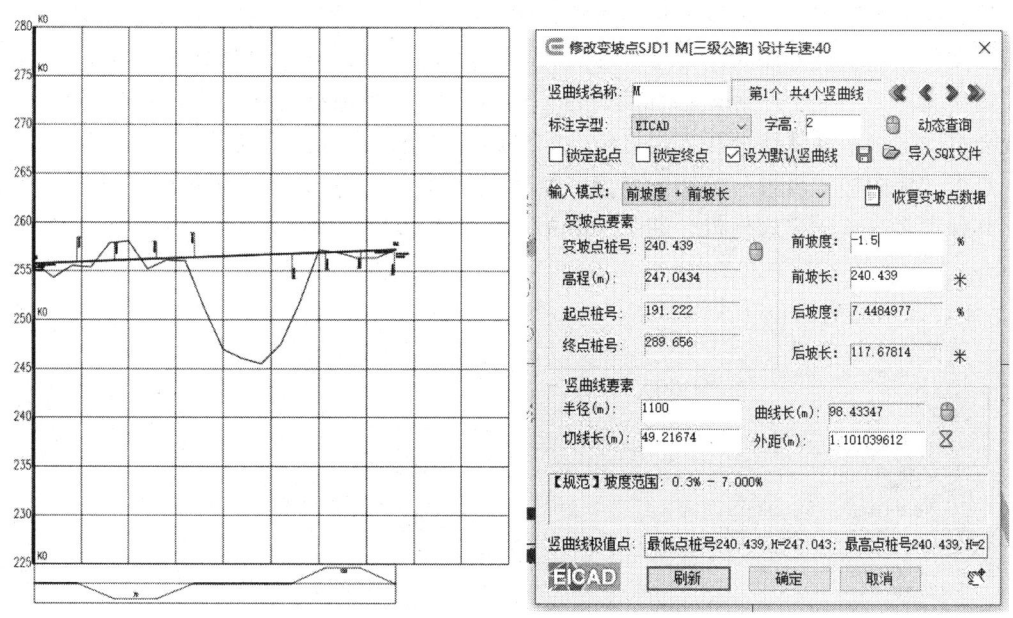

图 8-14 纵断面设计

4. 保存纵断面数据

调整后的道路拉坡图如图 8-15 所示，完成后依次点击菜单栏"纵断面"、"数据存储"、"导出纵断面资料"，可保存纵断面的设计成果，同时保存的竖曲线文件也是下面设计工作必需的一个文件，如图 8-15 所示。

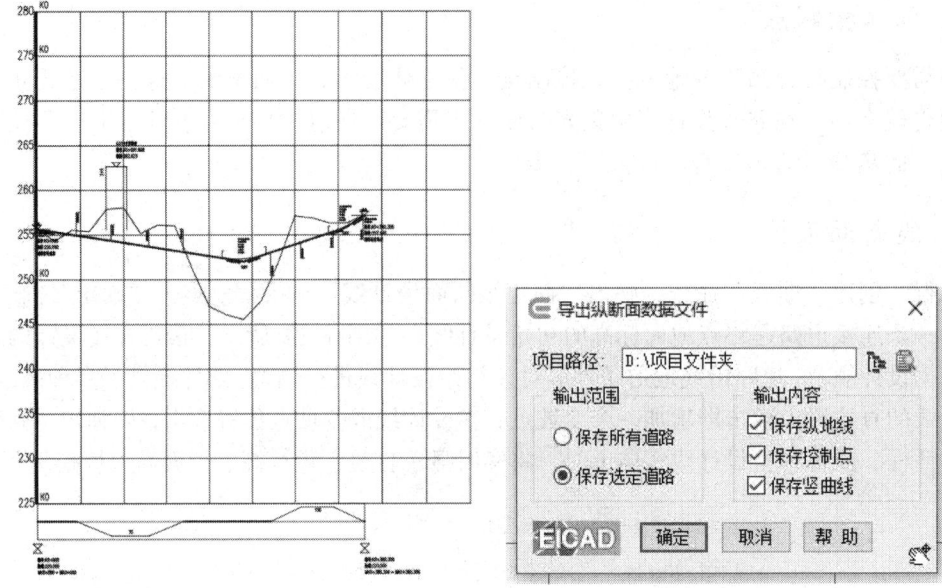

图 8-15 保存纵断面数据

5. 生成纵断面图

依次点击菜单栏"图表与视图"、"生成纵断面图"命令,选择当前道路设计线实体,弹出"纵断面成图"窗口。可设置绘图数据,包括起点桩号、终点桩号、高程系统标注;可设置绘图文件,包括桩号序列文件(*.ST)、构造物文件(*.GZX)、地质概况文件(*.DGK)、断面类型文件(*.DLX)、纵断面标注文件(*.ZBZ)等。当项目道路文件夹中有上述文件时,系统会自动把以上文件路径写入表格中,如要调整,则用户可自己设置。

点击"成图样式设置"按钮,弹出"纵断面成图样式"对话框,用户可自行设置成图样式,并保存多个成图样式模板,如图 8-16 所示。路线纵断面图如图 8-17 所示。

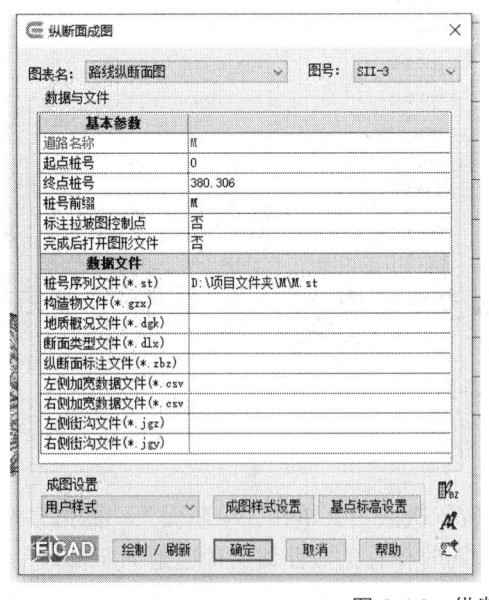 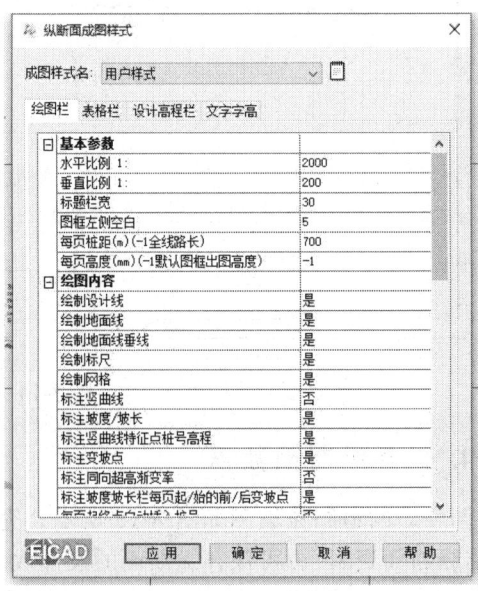

图 8-16 纵断面图成图设置

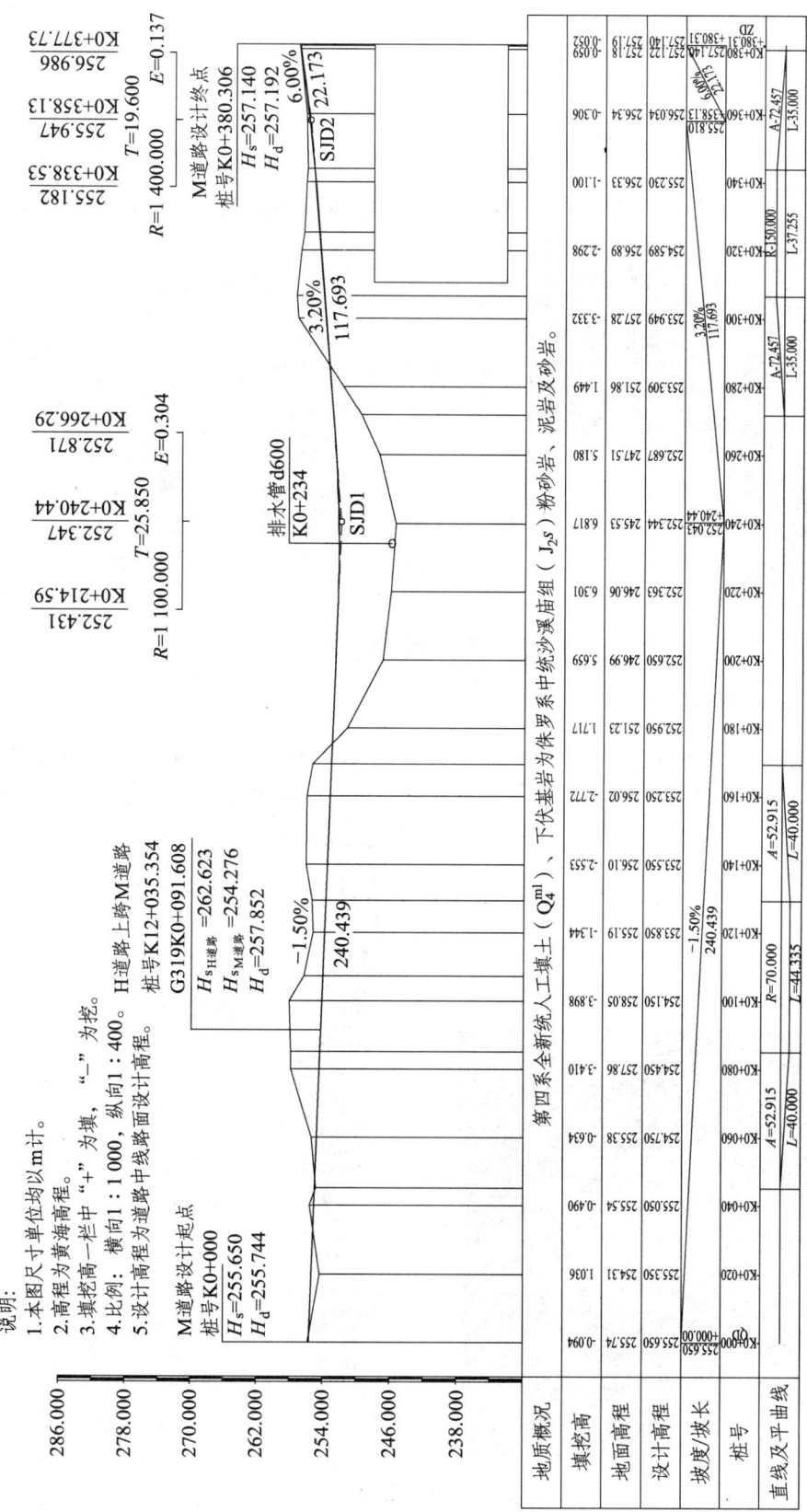

图 8-17 路线纵断面图

8.2.4 横断面设计

1. 绘制出超高渐变图

点击 EICAD 菜单栏"横断面"、"超高设计",执行"创建超高渐变图"命令,选择相关纵断面拉坡图,弹出"创建超高渐变图"对话框,编辑数据完成超高的设置,如图 8-18 所示。

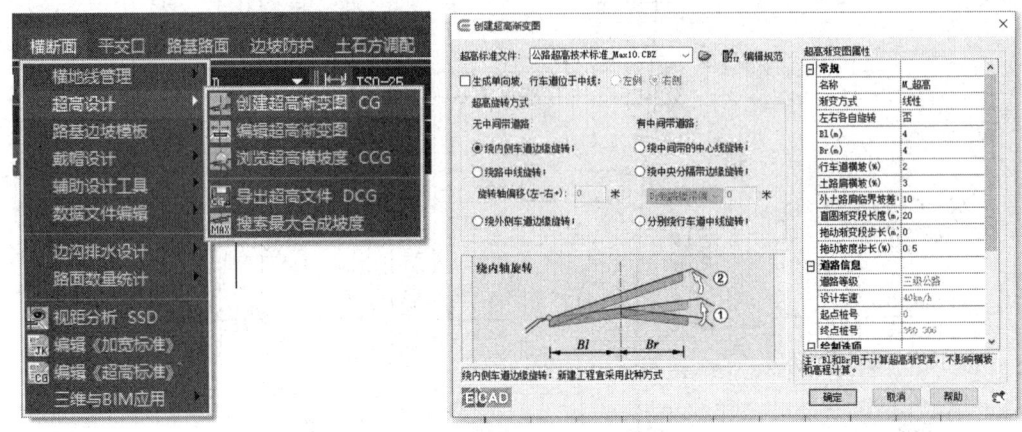

图 8-18 创建超高渐变图

2. 创建道路模型

点击 EICAD 菜单栏"横断面"、"戴帽设计",执行"创建道路模型"命令,点选道路中线实体,弹出"创建道路模型"对话框,编辑数据完成道路模型的创建,如图 8-19 所示。

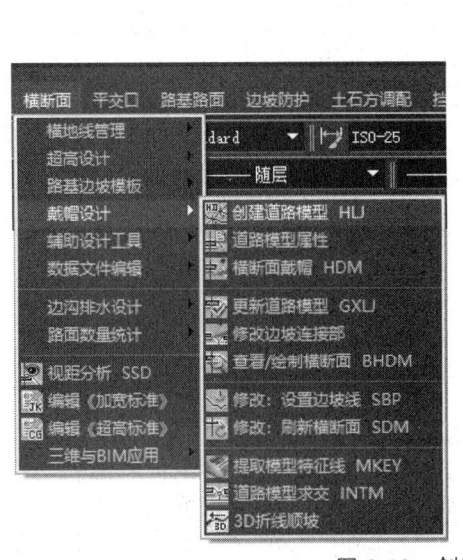 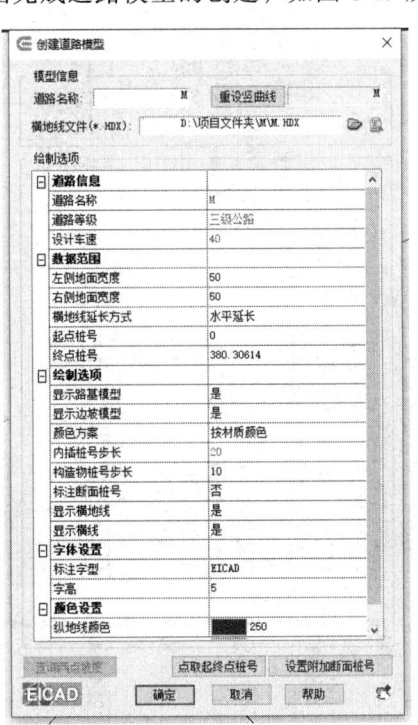

图 8-19 创建道路模型

3. 创建公路路基模板

点击 EICAD 菜单栏"横断面"、"路基边坡模板",执行"创建公路路基模板"命令,点选道路中线实体,选择模板基点坐标,弹出"创建公路路基模板向导"对话框,编辑数据完成公路路基模板的创建,如图 8-20 所示。

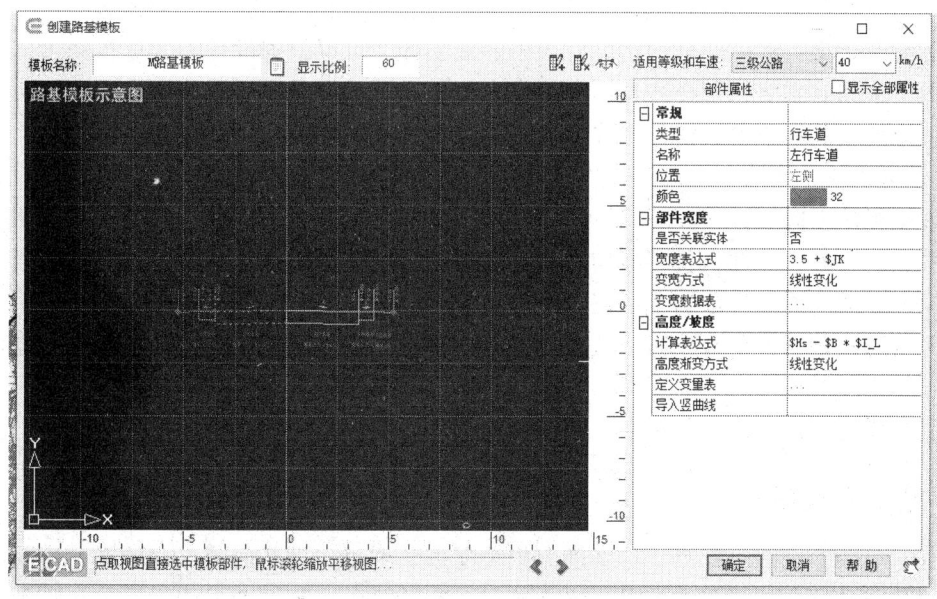

图 8-20 创建公路路基模板

4. 创建边坡模板

点击 EICAD 菜单栏"横断面"、"路基边坡模板",执行"创建边坡模板"命令,选择模板基点坐标,弹出"创建边坡模板向导"对话框,编辑数据完成边坡模板的创建,如图 8-21 所示。

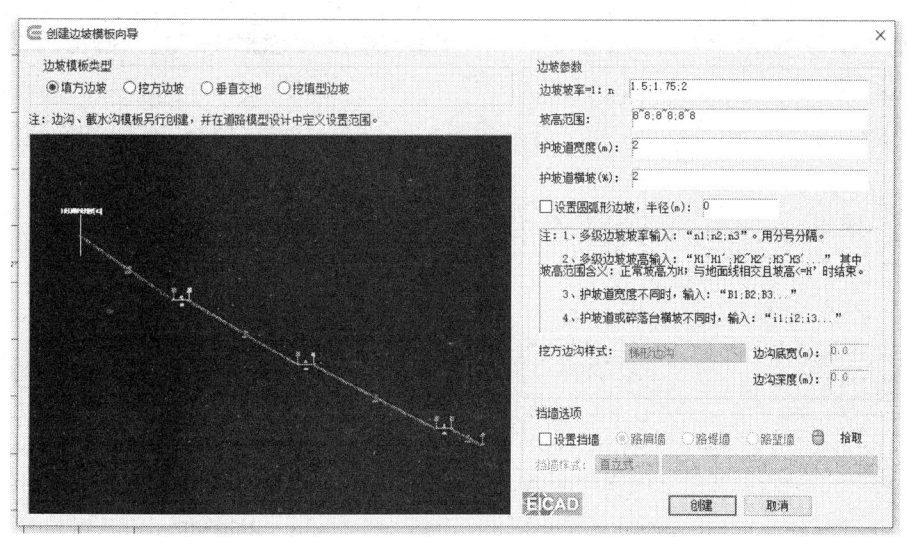

图 8-21 创建边坡模板

5. 横断面戴帽

点击 EICAD 菜单栏"横断面"、"戴帽设计",执行"横断面戴帽"命令,选取设计工作图中的道路模型实体,弹出"横断面戴帽设计"对话框,依次完成以下设置:

(1)路基设计:程序会自动读取与道路名称设置相同的路基设计模板(例如道路 M,对应的路基模板实体名称为"M 路基模板");可以根据设计需要装配多个路基模板。

(2)超高定义:程序会自动装配对应的超高实体,可以根据设计需要进行修改,单击按钮,选择一个超高实体,选择终点桩号;添加到超高旋转分段设置表格中。

(3)边坡设计:单击按钮,添加左右侧边坡模板。系统提示用户首先选择一组"边坡模板实体",可以逐一点取,也可以一次框选多个实体。选择边坡模板完成后,系统提示:"是否对边坡模板从上向下排序?",即有多个边坡模板,在戴帽时,按照从上向下方的顺序依次测试,一旦符合戴帽条件,就不再向下测试其他的边坡模板实体了。最后,点选"当前这一组边坡模板"适应的桩号范围(起终点桩号)。

(4)构造物信息:单击按钮,选择打开构造物信息文件;构造物桩号范围内不进行戴帽设计。

设置完成后单击"确定"按钮,如图 8-22 所示。

6. 横断面成图

执行"横断面成图"命令,选择道路模型实体,弹出"横断面图"对话框;横断面成图基本参数包括道路名称、起点桩号、终点桩号、起始页码;戴帽考虑清表、挖台阶则需添加清表土文件(*.BTG)和挖台阶文件(*.WTJ)。单击"成图样式设置",弹出"横断面成图样式"对话框,设置完成后绘制路基横断面图,如图 8-23 所示。路基横断面图如图 8-24 所示。

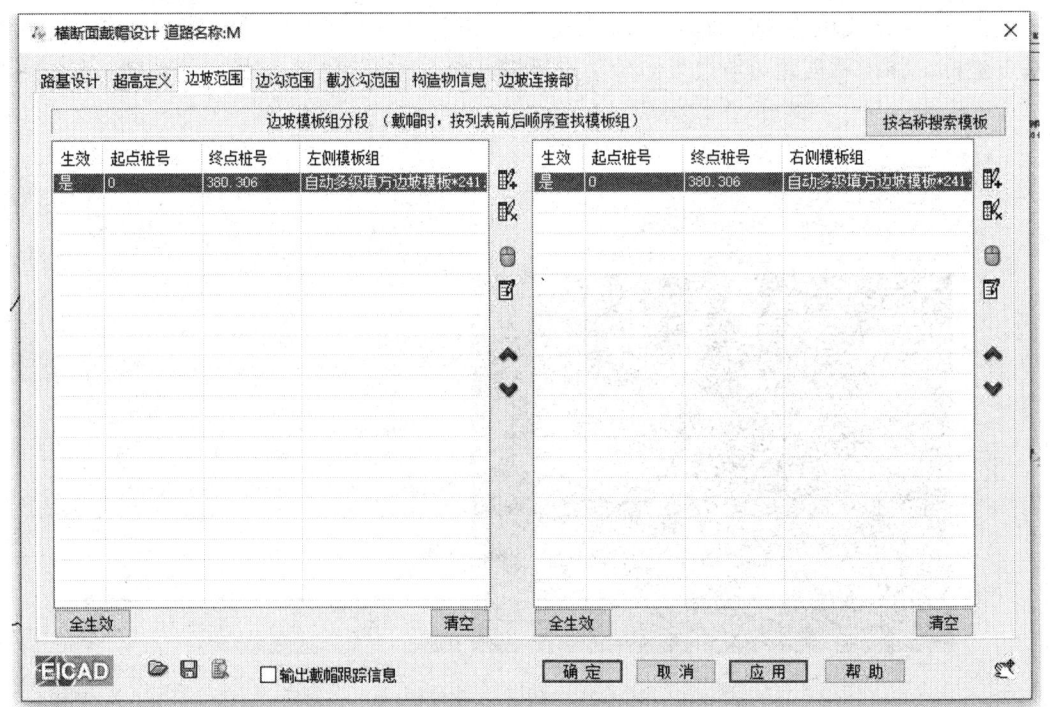

第 8 章 路线 CAD 辅助设计

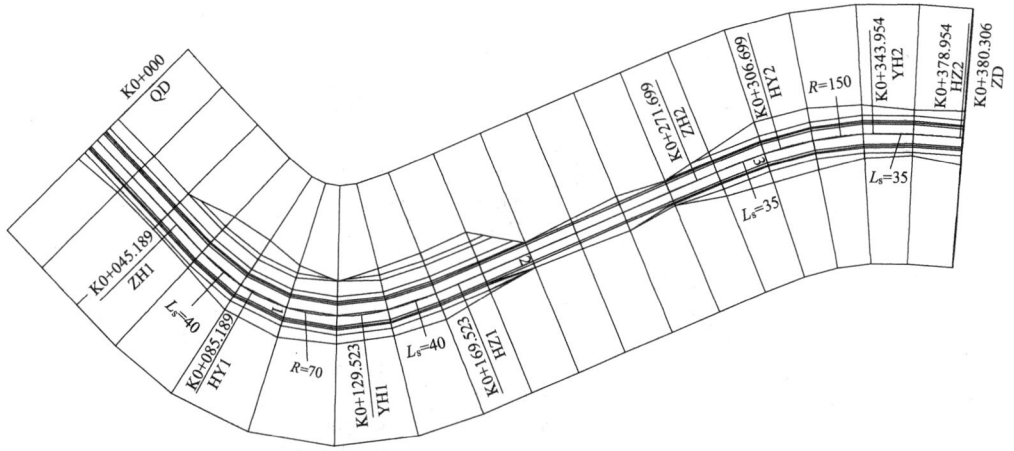

图 8-22 横断面戴帽

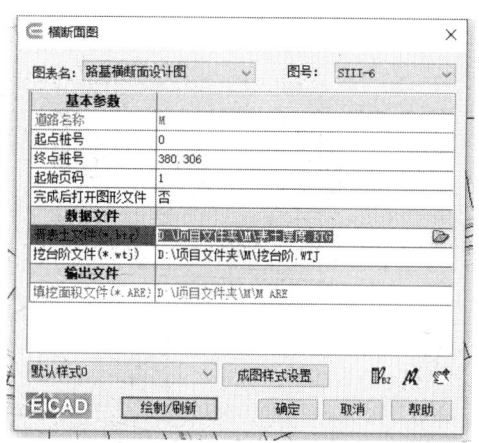

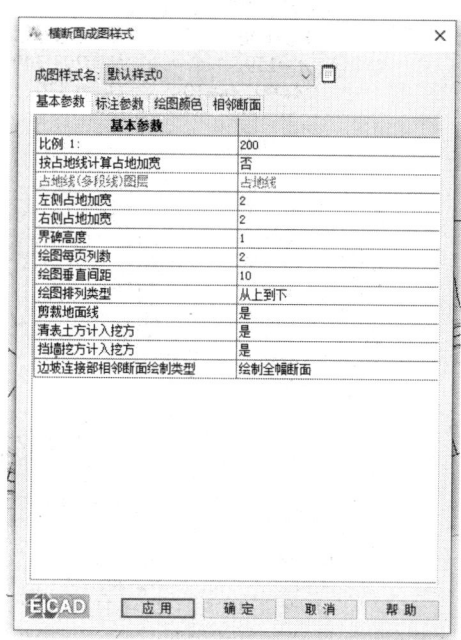

图 8-23 "横断面成图样式"对话框

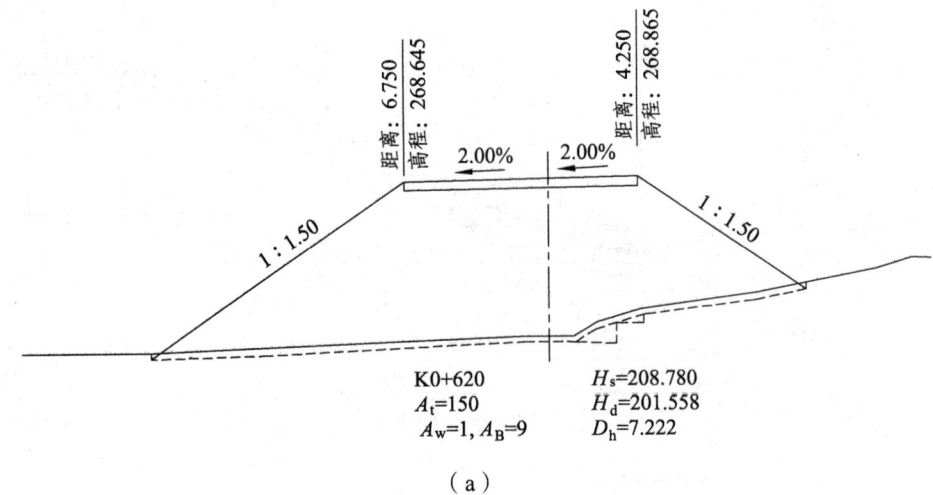

(a)

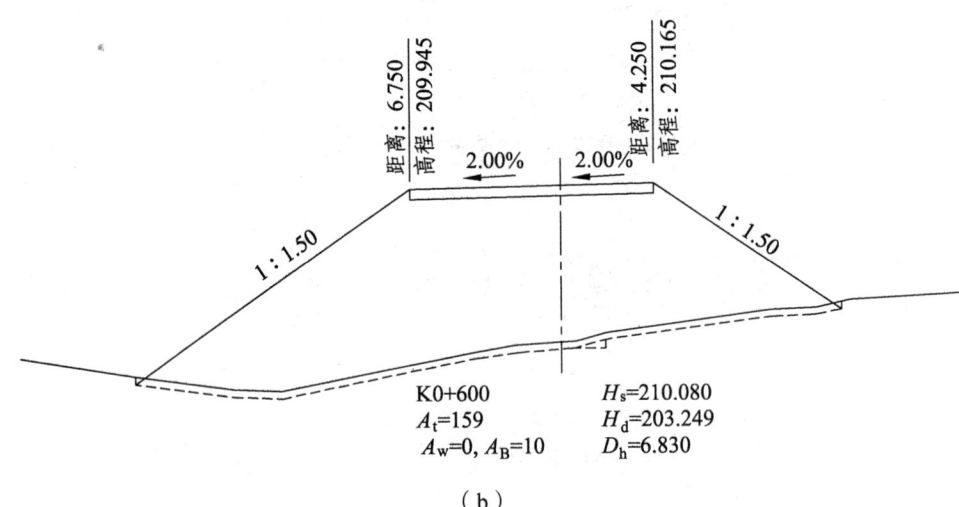

(b)

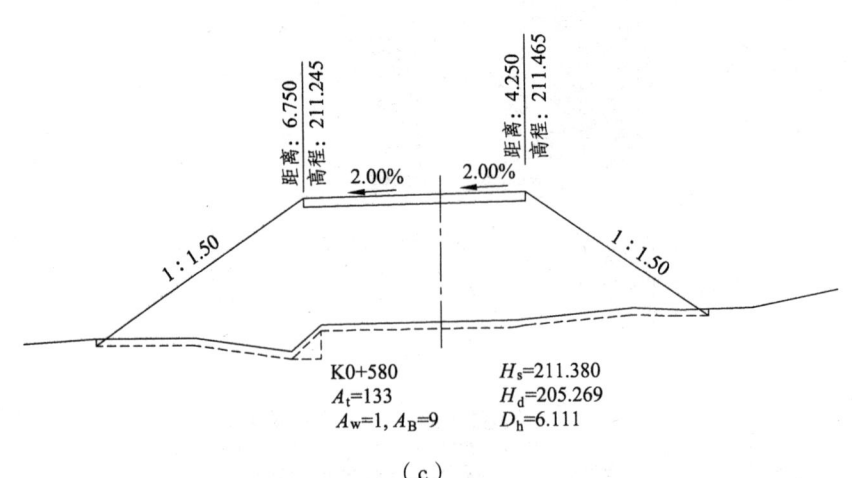

(c)

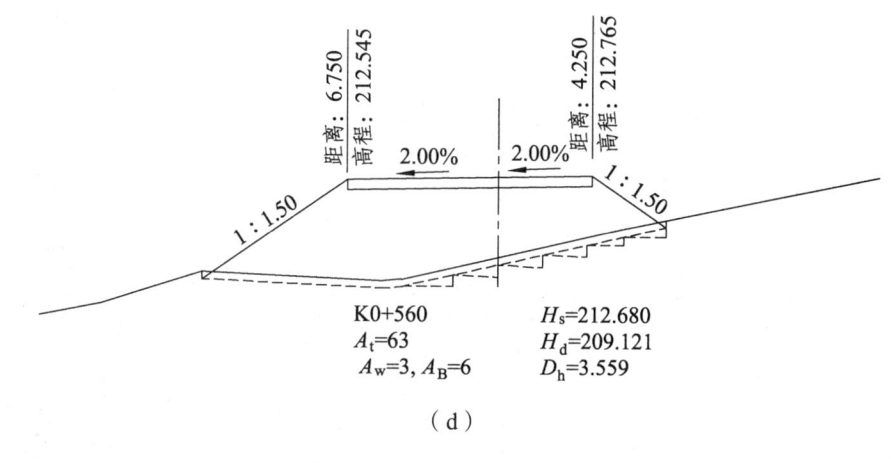

(d)

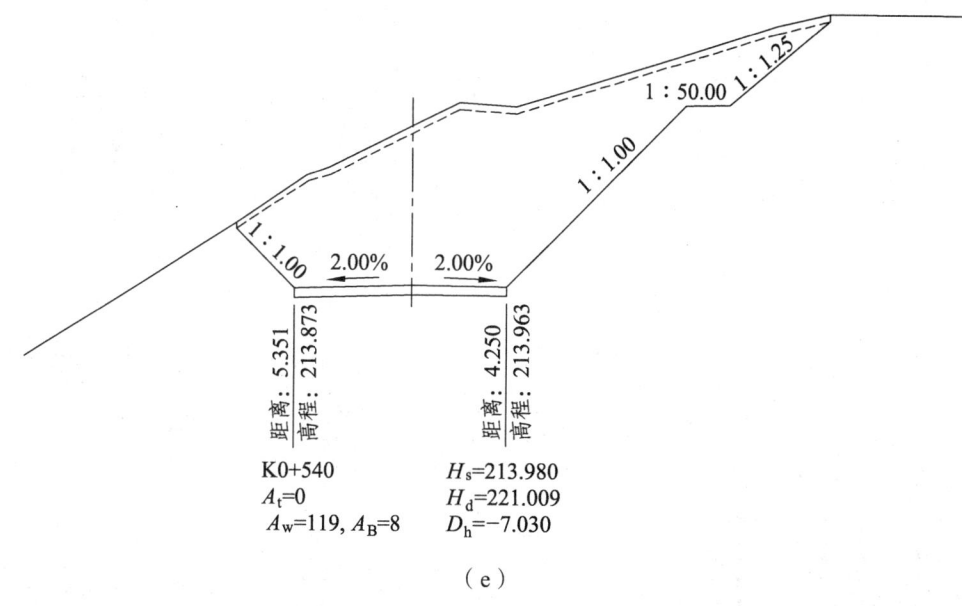

(e)

说明：
1. 图中尺寸单位除挖填面积以平方米（m²）计外，其余均以米（m）计。
2. 图纸比例为1:200。
3. 原地面横坡为1:50~1:2.50时，路堤底应挖台阶，台阶宽度不小于2m，台阶底应有>4%向内倾斜的坡度，挖台阶前应清除草皮、树根及生活、建筑垃圾。
4. A_t—填方面积；A_w—挖方面积，H_s—路面设计标高；H_d—地面标高；D_h—路面设计标高与地面标高的高差（带"-"表示挖方）。

图 8-24 路基横断面图

7. 生成路基设计表和土石方数量表

执行"路基设计表"命令，选择道路模型实体，弹出"路基设计表"对话框，设置完成后可生成路基设计表（表8-3）；执行"土石方数量表"命令，选择道路模型实体，弹出"路基土石方数量表"对话框，设置完成后可生成路基土石方数量表（表8-4）。

道路勘测设计

表 8-3 路基设计表

平曲线	坡度、坡长及竖曲线交点的桩号和标高	竖曲线要素		桩号	地面高程(米)	设计高程(米)	填挖高度(米)		横断面各点与设计线的距离(米)						横断面各点与设计高的高差(米)						备注
									左			右			左			右			
		凸	凹				填	挖	W_{B1}	W_{B2}	W_{B3}	W_{A3}	W_{A2}	W_{A1}	B1	B2	B3	A3	A2	A1	
1	2	3	4	5	6	7	8	9	10	11	12	13	14	15	16	17	18	19	20	21	22
	K0+000 250.65			K0+000	255.744	250.65		5.094	3.5	4.25		3.5	4.25		250.65	250.65		250.65	250.65		
				K0+020	254.314	250.35		3.964	3.5	4.25		3.5	4.25		250.35	250.35		250.35	250.35		
K0+045.189				K0+040	255.54	250.05		5.49	3.5	4.25		3.5	4.25		250.05	250.05		250.05	250.05		
				K0+060	255.384	249.75		5.634	3.686	4.436		3.722	4.472		249.75	249.75		249.75	249.75		
				K0+080	257.86	249.45		8.41	4.072	4.822		4.022	4.772		249.45	249.45		249.45	249.45		
			249.429 -1.05	K0+100	258.048	249.15		8.898	4.1	4.85		4.1	4.85		249.15	249.15		249.15	249.15		
				K0+120	255.194	248.85		6.344	4.1	4.85		6.1	4.85		248.85	248.85		248.85	248.85		
				K0+140	256.103	248.55		7.553	3.998	4.748		3.943	4.693		248.55	248.546		248.55	248.546		
				K0+160	256.022	248.25		7.772	3.586	4.336		3.643	4.393		248.256	248.245		248.255	248.344		
				K0+180	251.236	247.95		3.286	3.5	4.25		3.5	4.25		247.959	247.945		247.959	247.945		
	K0+240.439 247.043			K0+200	246.991	247.65	0.659		3.5	4.25		3.5	4.25		247.687	247.646		247.687	247.646		
		K0+214.589		K0+220	246.062	247.363	1.301		3.5	4.25		3.5	4.25		247.366	247.361		247.366	247.361		
		K0+266.299		K0+240	245.527	247.344	1.817		3.5	4.25		3.5	4.25		247.347	247.342		247.347	247.342		
				K0+260	247.508	247.687	0.179		3.5	4.25		3.5	4.25		247.688	247.687		247.688	247.687		
K0+271.609				K0+280	251.83	248.309		3.521	3.55	4.3		3.583	4.333		248.309	248.309		248.309	248.309		
			117.694 1.75	K0+300	257.136	248.949		8.187	3.816	4.566		3.783	4.533		248.949	248.949		248.949	248.949		
				K0+320	256.887	249.589		7.298	3.85	4.6		3.85	4.6		249.589	249.589		249.589	249.589		
		K0+338.523		K0+340	256.33	250.23		6.1	3.85	4.6		3.85	4.6		250.23	250.23		250.23	250.23		
	K0+356.123 250.81			K0+360	256.34	251.034		5.306	3.697	4.447		3.69	4.44		251.037	251.03		251.037	251.03		
		K0+377.733		K0+380	257.181	252.122		5.059	3.5	4.25		3.5	4.25		252.124	252.121		252.124	252.121		
K0+375.954	K0+390.306 252.14			K0+389.306	257.191	252.14		5.051	3.5	4.25		3.5	4.25		252.14	252.14		252.14	252.14		

表 8-4 路基土石方数量表

桩号	横断面积(平方米)			平均面积(平方米)			距离(米)	总数量	挖方分类及数量(立方米)												填方数量(立方米)		利用方数量(立方米)及运距(米)						借方数量及运距(米)		弃方数量及运距(米)		总运量(立方米·公里)				备注
									土				石										本桩利用		填缺		挖余										
	挖	填		挖	填				I		II		III		IV		V		VI		土	石	土	石	土	石	土	石	土	石	土	石	土	石	土	石	
		土	石		土	石			数量	数量		数量		数量		数量		数量		数量								送运利用向调距示意									
1	2	3	4	5	6	7	8	9	10	11	12	13	14	15	16	17	18	19	20	21	22	23	24	25	26	27	28	29	30	31	32	33	34	35	36	37
K0+000	1.36	0.25		2.05	8.52		20.00	41	20	8			80	33							170		8		162		33										
K0+020	2.75	16.79		6.22	19.50		20.00	124	20	25			80	100							390		25		365		100										
K0+040	9.70	22.21		9.38	28.75		5.19	49	20	10			80	39							149		10		139		39										
K0+045.19	9.07	35.29		14.50	44.98		14.81	215	20	43			80	172							666		43		623		172										
K0+060	19.94	54.66		37.50	27.49		20.00	750	20	150			80	600							550		150		400		600										
K0+080	55.06	0.31		75.44	0.27		5.19	391	20	78			80	313							1		1				77	313									
K0+085.19	95.83	0.22		78.38	0.89		14.81	1161	20	232			80	929							13		13				219	929									
K0+100	60.94	1.57		58.51	1.28		7.36	372	20	74			80	297							9		9				65	297									
K0+107.36	40.07	0.98		29.37	0.69		12.64	371	20	74			80	297							9		9				66	297									
K0+120	18.67	0.39		20.89	0.44		9.52	199	20	40			80	159							4		4				36	159									
K0+129.52	23.12	0.48		29.13	0.40		10.48	305	20	61			80	244							4		4				57	244									
K0+140	35.13	0.31		34.46	0.31		20.00	689	20	138			80	551							6		6				132	551									
K0+160	33.78	0.31		29.91	1.95		9.52	285	20	57			80	228							19		19				38	228									
K0+169.52	26.03	3.59		18.45	16.84		10.48	193	20	39			80	155							176		39		138		155										
K0+180	10.86	30.10		6.57	63.94		20.00	131	20	26			80	105							1279		26		1252		105										
K0+200	2.29	97.78		1.14	109.23		20.00	23	20	5			80	18							2185		5		2180		18										
K0+220		120.67			128.01		20.00														2560				2560												
K0+240		135.35			111.43		20.00														2229				2229												
K0+260		87.51			67.47		11.70														789				789												
K0+271.70		47.44		0.50	34.89		8.30	4	20	1			80	3							290		1		289		3										
K0+280	1.00	22.34		23.75	11.75		20.00	475	20	95			80	380							235		95		140		380										
K0+300	46.50	1.16		57.17	1.06		6.70	383	20	77			80	306							7		7				69	306									
K0+306.70	67.84	0.96		63.81	0.73		13.30	849	20	170			80	679							10		10				160	679									
K0+320	59.77	0.50		52.18	1.03		5.33	278	20	56			80	222							3		3				53	222									
K0+325.33	44.60	0.65		26.00	2.38		14.67	381	20	76			80	305							35		35				41	305									
K0+340	7.40	4.12		6.56	13.42		3.95	26	20	5			80	21							53		5		48		21										
K0+343.95	5.73	22.72																																			
本页合计								7696		1539				6157							11842		527		11315		1012	6157									
达前累加								7696		1539				6157							11842		527		11315		1012	6157									

☞ 【能力提升】

根据提供的地形图和项目位置示意图,进行道路路线平、纵、横设计。拟定道路等级为三级公路,设计速度为 40 km/h,双向两车道,路基宽 8.5 m。

☞ 【复习思考题】

1. 简述 EICAD 道路平面设计流程。
2. 简述 EICAD 道路纵断面拉坡设计流程。
3. 简述 EICAD 横断面戴帽设计的设计要点。

参考文献

[1] 交通运输部公路局，中交第一公路勘察设计研究院有限公司. 公路工程技术标准：JTG B01—2014[S]. 北京：人民交通出版社股份有限公司，2014.

[2] 中交第一公路勘察设计研究院有限公司. 公路路线设计规范：JTG D20—2017[S]. 北京：人民交通出版社股份有限公司，2017.

[3] 北京市市政工程设计研究总院有限公司. 城市道路工程设计规范（2016年版）：CJJ 37—2012[S]. 北京：中国建筑工业出版社，2016.

[4] 上海市政工程设计研究总院（集团）有限公司. 城市道路路线设计规范：CJJ 193—2012[S]. 北京：中国建筑工业出版社，2012.

[5] 华中科技大学. 城市道路交叉口设计规程：CJJ 152—2010[S]. 北京：中国建筑工业出版社，2010.

[6] 同济大学. 城市道路交叉口规划规范：GB 50647—2011[S]. 北京：中国计划出版社，2011.

[7] 华杰工程咨询有限公司. 公路项目安全性评价规范：JTG B05—2015[S]. 北京：人民交通出版社股份有限公司，2015.

[8] 中国公路工程咨询集团有限公司. 公路立体交叉设计细则：JTG/T D21—2014[S]. 北京：人民交通出版社股份有限公司，2014.

[9] 许金良，等. 道路勘测设计[M]. 5版. 北京：人民交通出版社股份有限公司，2018.

[10] 裴玉龙，程国柱，张倩. 道路勘测设计[M]. 2版. 北京：人民交通出版社股份有限公司，2018.

[11] 程建川，卞凤兰. 道路勘测设计[M]. 北京：机械工业出版社，2021.

[12] 廖明军，孟宪强. 道路勘测设计[M]. 北京：机械工业出版社，2020.

[13] 孙家驷. 道路勘测设计[M]. 4版. 北京：人民交通出版社股份有限公司，2018.

[14] 杨少伟. 道路勘测设计[M]. 3版. 北京：人民交通出版社，2009.

[15] 钱晓鸥. 道路勘测设计技术[M]. 北京：科学出版社，2012.

[16] 才西月. 道路勘测设计[M]. 沈阳：东北大学出版社，2006.

[17] 付清华，付永祥. 公路勘测设计[M]. 成都：西南交通大学出版社，2011.

[18] 周世红，李月姝. 公路勘测技术[M]. 北京：北京邮电大学出版社，2014.

[19] 曾玲. 公路勘测设计[M]. 北京：机械工业出版社，2013.

[20] 高涛涛，刘福明，梁亚宁. 道路勘测设计[M]. 哈尔滨：哈尔滨工业大学出版社，2017.

[21] 梁晓飞. BIM技术在市政道路设计中的运用[J]. 房地产导刊，2016（7）：69.

[22] 余萌. BIM技术在市政道路设计中的应用研究[J]. 四川建材，2016，42（2）：149-151.

[23] 张毅. BIM技术在市政道路设计中的应用[J]. 基层建设，2017.

[24] 刘利民. 新一代路线计算机辅助设计（CAD）软件研发与设计实践[M]. 北京：人民交通出版社股份有限公司，2020.